임원경제지
권18-20

예
원
지

藝
畹
志
1

임원경제지
권18-20

예원지

藝畹志 1

화훼농사 백과사전

권1 · 총서
권2 · 꽃류 (상)(꽃나무)
권3 · 꽃류 (하)(풀꽃)

풍석 서유구 지음 추담 서우보 교정 도올 김용옥 서문
임원경제연구소 고연희, 김남이, 정명현, 김용미 옮김

풍석문화재단

임원경제지 예원지1

지은이   풍석 서유구
교 정   추담 서우보
옮기고 쓴 이   🌿**임원경제연구소** [고연희, 김남이, 정명현, 김용미]
              교감·교열 : 최시남, 민철기
              김광명, 강민우, 김수연, 김현진
              서문 : 도올 김용옥
              감수 : 서정남(국립원예특작과학원 원예작물부 화훼과)
펴낸 곳   🏛️**풍석문화재단**
              펴낸 이 : 신정수
              진행 : 박시현, 박소해
              전화 : 02)6959-9921 E-mail : pungseok@naver.com
일러스트   임원경제연구소
편집디자인   아트퍼블리케이션 디자인 고흐
인 쇄   상지사피앤비
펴낸 날   초판 1쇄 2022년 6월 30일
ISBN   979-11-89801-56-4

* 표지그림 : 신명연의 화훼도 (花卉圖)·남계우의 꽃과 나비(국립중앙박물관 소장)
* 사진 사용을 허락해주신 국가생물종지식정보시스템, 국립원예특작과학원,
  국립고궁박물관, 국립민속박물관, 국립중앙박물관, 전북대 한국과학문명학연구소 전종욱 교수님,
  국립중앙과학관 신향숙 학예연구사님, 국립원예특작과학원 서정남 박사님,
  윤진상회 정성섭·김복남 대표님, 파주농업기술센터 강상수 팀장님, 사진작가 전영창 선생님,
  백마조경, 한밭수목원 이상직 사진가님 여러분께 감사드립니다.

펴낸이의 글

《임원경제지·예원지》를 펴내며

《임원경제지(林園經濟志)》 16지 중 〈섬용지(贍用志)〉(3권), 〈유예지(遊藝志)〉(3권), 〈상택지(相宅志)〉(1권), 〈예규지(倪圭志)〉(2권), 〈이운지(怡雲志)〉(4권), 〈정조지(鼎俎志)〉(4권), 〈보양지(葆養志)〉(3권), 〈향례지(鄕禮志)〉(2권), 〈전어지(佃漁志)〉(2권), 〈전공지(展功志)〉(2권)에 이어 〈예원지(藝畹志)〉를 총 2권으로 펴냅니다. 이제《임원경제지》 16지 중 11지가 출간이 되었습니다.

책이 출간될 때마다 2003년부터 청춘을 바쳐 임원경제지 번역에 매진해온 임원경제연구소 정명현 소장을 비롯한 구성원분들께 고마운 마음이 더욱 깊어집니다. 또 이 책의 번역과 출간에 아낌없는 지원을 해 주신 송오현 DYB교육 대표를 비롯한 많은 민간 후원자 여러분들, 그리고 힘든 여건에서도 이 책의 귀중한 가치에 공감하고 지원을 계속해주고 계신 문화체육관광부 전통문화과에도 깊은 감사를 드립니다. 오랜 공무원 생활을 마치고 풍석문화재단을 설립하면서 반드시《임원경제지》의 완역 완간만큼은 마치겠다고 결심한 저를 도와 많은 어려움을 이겨내면서 함께 해오고 있는 우리 풍석문화재단의 임원진, 직원 여러분께도 감사드립니다.

〈예원지〉의 서문에 풍석 서유구 선생께서는 〈예원지〉의 저술 목적을 아래와 같이 밝히셨습니다.

"사람은 지혜롭고 재주가 있어서 금수(禽獸)와는 같은 부류가 아니다. 금수는 입과 배를 기르는 일에만 급급할 뿐 그 밖의 것까지 미칠 겨를이 없다. 오직 사람만이 목숨을 보전하는 일 외에 별도로 완상(玩賞)거리들을 구하기도 하고, 또 목숨을 보전하는 일보다 더 많이 애쓰기도 한다."

이어서 선생은 "사물을 기르는 데 허(虛)가 있고 나서 실(實)을 기를 수 있어야 온전"할 수 있다는 이치를 밝히면서, "사람에게 입은 본래 내 몸이고, 귀와 눈, 코도 내 몸이다. 만약 저것(입)만을 기를 줄 알고 이것(귀·눈·코)을 기를 줄 모른다면 저것만 기르는 일은 한쪽으로 너무 치우친 일이 아니겠는가?"라면서 〈예원지〉의 편찬 목적이 바로 사람의 오감 중 청각, 시각, 후각을 위한 것임을 서술하고 있습니다.

서유구 선생은 인간의 삶의 지향점을 전인(全人)으로 보았고, 전인으로서의 삶을 구현하는 데 필요한 것은 곧 식력(食力, 먹고 사는 일)과 양지(養志, 뜻을 기름)에 있다고 보았습니다.

《임원경제지》 16지 중 "식력"에 해당하는 부분은 〈본리지〉, 〈전공지〉, 〈관휴지〉, 〈만학지〉, 〈정조지〉, 〈전어지〉, 〈위선지〉, 〈상택지〉, 〈예규지〉, 〈섬용지〉이고 "양지"에 해당하는 부분은 〈예원지〉, 〈유예지〉, 〈이운지〉, 〈보양지〉, 〈인제지〉, 〈향례지〉로 나누어 볼 수 있는데, 이렇게 보자면 《임원경제지》는 인류의 오랜 꿈이자 이상향인 전인적 삶을 목적으로 그 구현에 필요한 방법을 종합적으로 다룬 책이라고 할 수 있습니다.

서유구 선생이 추구했던 전인으로서의 삶과 그 삶을 구현하기 위해 "식력양지"를 익히고 실천하는 것은 오늘 현대 사회에서도 여전히 큰 의미가 있습니다. 치열한 경쟁에서 한 걸음 비켜서 스스로의 힘을 기르고 자립하여 사는 삶은 현대인에게 삶의 한 양태(樣態)로써 선택할 수 있고, 특히 수명이 점점 연장되면서 현직에서 물러나거나 은퇴한 연령층은 자립적 삶을 도모할 필요성이 점점 커지는 상황입니다. 이러한 상황 속에서 《임원경제지》에 담긴 정신은 큰 울림을 줄 뿐만 아니라 《임원경제지》는 오늘날에도 여전히 필요한 지식을 담고 있다는 점에서 다시 한번 완역 완간의 중요성을 깨닫게 됩니다.

서유구 선생께서 《임원경제지》를 편찬하면서 세운 "우리나라를 위해"라는 정신은 〈예원지〉에도 일관되게 살아있습니다. 다루고 있는 내용은 당시 우리나라에서 키우던 화훼류가 대부분이며 일부는 우리나라 기후와 토양을 고려해서 중국 등에서 도입했으면 좋은 것들도 포함되어 있습니다.

　　〈예원지〉에는 일반적으로 화훼류를 키우는 여러 가지 방법 즉, 파종과 옮겨심기, 접붙이기, 물주기와 북주기, 관리하기, 보호하기, 배치하기, 품평, 절기 맞추기, 보관하기를 비롯하여 자질구레한 말이라고 하여 적으신 그 밖의 여러 가지 정보가 수록되어 있고, 50종의 꽃류와 15종의 훼(卉)류를 소개하였으며 다시 화명고(花名攷)라고 하여 품종 분류가 다양한 모란·작약·난초꽃·국화를 연구하여 세세하게 분석하셨습니다. 특히 화명고의 꽃 중에서 조선의 품종을 소개하는 부분은 모두 서유구 선생이 직접 조사한 품종을 토대로 하여 소개하여 분류하였는데, 이와 같은 선생의 집필 체계에 다시 한번 감탄하게 됩니다.

　　아무쪼록 이 책 〈예원지〉가 아름다운 우리 화훼류를 잘 가꾸고 키워 우리 생활이 더욱 아름다워지고, 풍요롭게 될 수 있기를 기대해봅니다.

2022년 6월
풍석문화재단 이사장 신정수

차례

예원지 권제1 藝畹志 卷第一   임원십육지 18 林園十六志 十八

총서 總敍

예원지 권제2 藝畹志 卷第二   임원십육지 19 林園十六志 十九

꽃류(상)(꽃나무) 花類(上)

일러두기

- 이 책은 풍석 서유구의 《임원경제지》를 표점, 교감, 번역, 주석, 도해한 것이다.

- 저본은 정사(正寫) 상태, 내용의 완성도, 전질의 구성 등을 고려하여 고려대학교 도서관 소장본으로 했다.

- 현재 남아 있는 이본 가운데 오사카 나카노시마부립도서관본, 서울대학교 규장각한국학연구원본과 교감하고, 교감 사항은 각주로 처리했으며, 각각 오사카본, 규장각본으로 약칭했다.

- 교감은 본교(本校) 및 대교(對校)와 타교(他校)를 중심으로 하고, 필요에 따라서는 이교(理校)를 반영했으며 교감 사항은 각주로 밝혔다.

- 번역주석의 번호는 일반 숫자(9)로, 교감주석의 번호는 네모 숫자(⑨)로 구별했다.

- 원문에 네모 칸이 쳐진 注와 서유구의 의견을 나타내는 案, 又案 등은 원문의 표기와 유사하게 네모를 둘러 표기했다.

- 원문의 주석은 【 】로 표기했고, 주석 안의 주석은 〔 〕로 표기했다.

- 서명과 편명은 원문에는 모두 《 》로 표시했고, 번역문에는 각각 《 》 및 〈 〉로 표시했다.

- 표점 부호는 마침표(.), 쉼표(,), 물음표(?), 느낌표(!), 쌍점(:), 쌍반점(;), 인용부호(" ", ' '), 가운데점(·), 모점(、), 괄호(( )), 서명 부호(《 》)를 사용했고 인명, 지명 등 고유명사에는 밑줄을 그었다.

- 字, 號, 諡號 등으로 표기된 인명은 성명으로 바꿔서 옮겼다.

서문

격물치지에 관한 주희와 왕수인의 담론

격물치지(格物致知)! 사물을 바르게 인식하여 앎을 이룩한다는 뜻이다. 《대학》에 나오는 명구이다. 나는 《대학·학기 한글역주》(2009)를 통해 이 말의 의미가 통시적으로 어떻게 변화되었는지를 상론했다. 간단해 보이는 이한 글귀가 인간세를 바라보는 관점을 얼마나 크게 바꿀 수 있는지도 설명했다. 사상가로서 나는 객관적 사물과 인간세의 중층적 관계의 대강(大綱)을 설파했다.

양명학의 창도자 왕수인(王守仁, 1472~1528)은 청년 시절 아버지의 집무실 정원에 자라는 대나무를 7일 동안 맹렬히 궁구했다(1492년, 21세). 이른바 "격죽(格竹)"의 일화이다. 모든 유학자의 꿈이었던, 성인(聖人)이 되는 이치(理)를 알아내기 위한 치열한 작업이었다. 그러다 그 이치를 알아내기는커녕, 병이 나 눕기만 했다. 주자(朱子)라는 칭호를 얻으며 성인 반열에 올랐던 주희(朱熹, 1130~1200)의 격물치지론(格物致知論)에 경도되었던 명나라의 청년이 이를 실천에 옮기는 과정에서 생긴 시도였다.

그 격죽 경험을 바탕으로 왕수인은 격물치지론을 주희와는 다르게 입론할 수 있었다. 주희는 대나무라는 사물 자체의 이치 즉 물리(物理)를 탐구함으로써 앎에 이를 수 있다는, 객관주의적 입장이었다. 이에 대해 왕수인은 격물의 물(物)이 물리(物理)가 되면, 심(心)과 물(物)이 격절되어 물이 인간주체로부터 떨어져 나가기 때문에 아무런 의미가 없는 물이 되고 만다는 반론을 제기했다.

따라서 "격물치지"에 있어서 주희가 어디까지나 "격물"의 진실성을 강조한 데 반해, 왕양명은 "치지(致知)"의 근원성을 강조했다. "치지"는 격물을 통해서 달성하는 것이 아니라, 내 마음에 이미 구유되어 있는 선험적 능력인 "양지(良知)"의 발현이라고 본 것이다. 주희는 "치지"의 "지(知)"를 어디까지나 "지식(知識, 후천적으로 습득되는 분별적 앎의 축적)"으로 생각했지만, 왕양명은 "지"를 선험적 "양지(良知)"로 생각한 것이다.

그러니까 "치지"는 "치양지(致良知)"가 된다. 주희의 "치지(致知)"의 "치(致)"는 "극대화한다(推極)"라고 해석되어 전체적으로 "후천적 지식을 극대화한다"라는 의미가 되지만, 왕양명의 "치지"는 선험적 명덕(明德, 밝은 덕)의 본체인 양지(良知)를 발양시킨다(致)는 의미가 되어버린다. 그래서 "격물"의 "격(格)"을, 주희가 "이른다(至)"라고 한 데 반하여 양명은 "바르게 한다(正)"라고 훈(訓)하게 되는 것이다. 《대학·학기 한글역주》, 126~128쪽)

나는 28년 전, 청년 왕양명의 행동에 대해 다음과 같이 일갈했다.

"왕양명이 대나무앞에서 정좌(定座)하고 대나무를 궁격(窮格)한 것은 참으로 우매한 짓이다. 오늘날의 생물학자나 식물학자, 분자생물학자는 대나무를 궁격하는 데 있어서 양명이 생각조차 할 수 없었던 도리(道理)의 실마리들을 무난히 펼쳐내고 있다. 그러나 오늘의 생물학자는 자신이 궁격하고 있는 죽자(竹子, 대나무)의 도리가 궁극적으로 성인(聖人)이 되기 위한 것이라는 것은 꿈에도 생각치 않는다. 허나 오늘 양명이나 주희를 읽는 우리가 생물학자들에게 분명히 얘기해주어야 할 것은, 대나무의 궁격이 곧 위성(爲聖, 성인되기)의 길이라고 여겼던 양명의 정열이 지금도 유효하다는 것이다.

우리는 그러한 열정을 그들에게 가르쳐 주어야 하는 것이다. 과학도 도덕
이다.

　DNA의 헬릭스(helix)의 구조의 인식이 곧 나를 성인으로 만들게 하는 길
이라는 이 엄청난 진리를 그들에게 설파해주어야 하는 것이다. 헬릭스의
신비가 단지 전자현미경상의 사실이 아니라 우주전체의 모습과 연결되어있
다는 그 철학적 의미가 곧 그를 도덕적으로 만들 수 있는 새로운 발상이 21
세기 인류의 새로운 가치관으로 정립되지 않는 한 인류의 미래는 없으며,
인류의 문명은 천지(天地)를 멸절시키고 더불어 문명의 주체인 인간의 몸이
라는 천지를 멸절시키고야 말 것이다.”(〈해제: 陽明根本義〉, 《한 젊은 유학자의 초
상》, 통나무, 1994, 33~34쪽)

　청년 왕양명의 고뇌의 방식은 어리석은 측면이 있었다고 말할 수도 있겠
지만 그 속에 배어있는 진리탐구의 진정성과 우환의식(憂患意識)은 생명공학
이라는 첨단과학으로 인류를 휘몰아가는 20세기 말에서도 유효하며, 오히
려 더 강화해야 하는 측면이 있다는 사실을 강조했던 것이다.

　《대학》의 첫 문장인 “명명덕(明明德)”에서, 명덕(明德: 밝은 덕)이라고 하는
것은 저절로 밝아지는 것(明)이 아니라 격물치지의 과정을 통하여서만 밝아
질 수 있는 것이다. 이러한 주자의 입장은 매우 객관주의적이며, 주지주의
적이며, 진보적이다. 그러나 주자가 격물치지를 통하여 소기하고자 하는
이러한 진취적 입장은 실제로 관철될 길이 없었다. 물리(物理)를 탐구할 수
있는 물리학이 없었기 때문이다. 주희의 “격물”에 대한 이러한 진지한 요청
은 남송의 군주제도 하에서, 중세기의 인간들과는 질적으로 다른, 갈릴레
오·뉴튼과 같은 새로운 지식계급의 형성이 이루어지지 않았기 때문에, 또
다시 구태의연한 경학의 테두리로 후퇴하지 않을 수 없었다. 즉 격물의 물

이 누구도 알지 못했던 새로운 사실의 발견이 아니라, 경서에 쓰여져있는 사태로서의 물이 되어버리고 마는 것이다.

주희나 왕수인이나 비판적 안목으로 보면 모두 성취와 함께 한계 또한 뚜렷했다는 점을 나는 지적한 것이다.

격물치지 없는 격물치지,《예원지》

《예원지》서문을 쓰면서 나는 왜 철학적으로 복잡다단한 "격물치지"의 담론들을 다시 상기시키고 있는가? 물론《예원지》는 천지의 사물에 대하여 이처럼 복잡한 철학적 담론을 일삼지 않는다. 격물치지라는 말을 단 한 번도 쓰지 않았으면서 격물치지의 실제가 무엇이고, 그 실천이 어떠해야 하는지를 보여주려고 노력한다. 물리(物理)는 심리(心理)가 될 수밖에 없다고 믿었던 왕양명과는 다른 의미에서 지행합일(知行合一)을 추구했다고도 볼 수 있는 것이다. 화훼의 이름을 잘 알고 화훼를 잘 기를 수 있는 수많은 세세한 정보들이 비록 소도(小道)에 불과하지만, 이 소도가 축적됨으로써 대도(大道)를 이룰 수 있는 토대가 된다면, 이 또한 누군가는 인생을 걸고 시도해볼 만한 일이 아니겠는가?

모란꽃을 감상한다고 하자. 김영랑(金永郎, 1903~1950)은 모란에게서 "찬

활짝 핀 모란꽃(이상직, 한밭수목원에서 촬영)   꽃잎 시든 모란(신향숙, 한밭수목원·국립중앙과학관에서 촬영)

란한 슬픔의 봄"을 통찰했다.[1] 하지만 모란 자체에 그런 슬픔이 있는지 없는지 우리는 확언할 수는 없다. 일차적으로 시인의 감정이 투영되어 우러나온 언어이다. 그렇다고 김영랑이 격물치지를 제대로 하지 못했다는 것인가? 왕양명처럼 모란에게서 도덕적 자아의 근거를 확보해야 할 것인가?

모란을 모란이라는 식물 그 자체로, 있는 그대로 이해해줄 수는 없는가. 인간의 역사에 치란(治亂)의 흐름이 있다면, 모란에게도 치란의 자연사(自然史)가 있다. 인간세에서 난세를 극복하고 치세를 만들려 하듯이, 모란 역시 아무리 악조건에 처하더라도 치세의 번영을 회복하려 고투한다. 하지만 토양, 기후, 거름상태 등의 환경이 뒤받쳐주지 않으면, 모란은 소멸의 길을 걸을 것이다. 모란의 본성(性)을 알아야 모란을 융성케 할 수 있다. 예를 들어 온갖 꽃들 중에는 추위를 잘 견디는 꽃이 있는가 하면, 더위를 잘 견디는 꽃이 있기 때문이다.

이용후생과 화훼의 도덕성, 《예원지》

《예원지》는 화훼를 통하여, 성인이 되기 위한 인간의 도덕성의 근거

---

1 모란이 피기까지는
　나는 아직 나의 봄을 기다리고 있을 테요
　모란어 뚝뚝 떨어져 버린 날
　나는 비로소 봄을 여읜 설움에 잠길 테요
　5월 어느 날, 그 하루 무덥던 날
　떨어져 누운 꽃잎마저 시들어 버리고는
　천지에 모란은 자취도 없어지고
　뻗쳐 오르던 내 보람 서운케 무너졌느니
　모란이 지고 말면 그뿐, 내 한 해는 다 가고 말아
　삼백 예순 날 하냥 섭섭해 우옵내다
　모란이 피기까지는
　나는 아직 기다리고 있을 테요, 찬란한 슬픔의 봄을
　- 김영랑, 〈모란이 피기까지는〉(1934)

를 제시해주려는 목적에서 저술된 책은 아니다. 화훼의 본성을 있는 그대로 파악하고 이를 잘 발양할 수 있도록 방법을 적용하여(利用, 이용), 인간삶의 아름다움을 증대시키려는(厚生, 후생) 방향의 앎을 추구했을 뿐이다. 각종 화훼가 본성대로 자랄 수 있게 여건을 조성해주는 노력의 결과로, 수준 높은 화훼의 감상이라는 효용성을 얻을 수 있는 길을 제시하려 했다. 나는 그것 자체가 화훼의 도덕성이요, 그것을 기르는 인간의 도덕성이라고 생각한다.

들에 핀 꽃을 보면 사람들은 자신도 모르게 탄성을 지른다. 찔레꽃, 해당화, 들국화가 밥을 먹여주진 않는다. 그러나 이 꽃들을 보면, 기분이 좋아지고, 설렘과 막연한 기대로 마음이 부풀어 오른다. 뭔가 좋은 일이 일어날 것 같고, 난관에 부딪혔던 세상일을 잠시 잊게도 하고, 삶의 의지를 회복시켜주기도 한다. 화훼는 사람에게 천지의 일원으로서의 일체감을 길러준다. 인간존재의 도덕성은 궁극적으로 자연에서 온다.

사람은 자연의 아름다움을 맛보면 이를 지속시키고 싶어 하는 욕구가 생긴다. 그러다 보면 꽃의 아름다운 모습들을 보다 가까이에 모아 놓고, 지속적으로 감상하면서 감정의 극적효과를 최대화·최적화하려는 마음이 생기기 마련이다. 마당과 실내는 온갖 꽃들이 한꺼번에 자리잡기에는 너무나 제약된 공간이다. 《예원지》는 동아시아의 선인들이 그 제약을 극복해온 결과로 생겨난 지혜의 모음이다. 무질서하게 보이는 들판의 화훼를 인간의 주거지 공간의 한계 속에서 질서 있게 조화시키려는 장구한 노력이 면면히 이어져 온 결과인 것이다.

온갖 화훼가 구유(具有)한 본성의 파악을 통해 순성지도(順性之道)를 알게 되고, 순성지법(順性之法)의 적용을 통해 화훼의 번성이라는 실질적 효과를 얻을 수 있다. 그러므로 화초를 기를 때는 순성(順性)을 해야지, 역성(逆性)을 해서는 안 된다. 역성은 곧장 재배의 실패를 가져오기 때문이다. 이용후생의 달성은 화훼 재배를 통해서도 가능한 일이었던 것이다.

흑백사진 속 우리 조상의 삶은 발랄한 천연색이었다

우리는 과거를 생각할 때, 또는 고조선이나 조선을 떠올릴 때면 흑백으로 떠올리는 경향이 있다. 흑백사진 속의 꾀죄죄한 얼굴이나 색 바랜 고분벽화의 언발란스처럼. 하지만 그들은 총명했고 지혜로웠으며 발랄한 총천연색의 삶을 살았다. 옛날 사람들이 우리보다 모자랐을 것이라는 근거 없는 가정은 현대인의 오만이요 상상력의 빈곤일 뿐이다. 우리 조상들은 밖으로는 영토를 광대하게 확장하면서 새로운 환경에로의 인식을 확대했으며, 안으로는 철마다 차례대로 피고 지는 수많은 꽃과 나무들을 가꾸어 아름다운 자태를 즐길 줄 알았고, 인간이 만들 수 없는 꽃향기에서 심신의 안정을 찾았고, 떨어지는 꽃잎에 가슴 아파했다.

꽃을 구실 삼아 유흥을 한껏 즐기기도 했다. 꽃이 아직 피지 않았을 입춘에는 오신반(五辛盤, 오신채 음식)을 해 먹고, 인일(人日, 정월 7일)에는 높은 곳에 오르고, 대보름에는 다리 밟기를 하고, 중화절(中和節, 2월 1일)에는 풍년을 기원한다. 2월 2일에는 나물을 캐고, 화조(花朝, 2월 15일)에는 나비잡기를 한다. 한식에는 들놀이를 하고, 3월 삼짇날(3월 3일)에는 푸닥거리를 한다. 늦봄에는 살구꽃·복사꽃 구경을 하고, 석가탄신일에는 관등(觀燈) 놀이를 즐긴다. 4월에는 날리는 꽃잎을 흠상하기 위해 모인다. 화왕(花王)이라는 별명이 붙은 모란을 즐기기 위해서 음악과 술을 준비하고 좋아하는 사람들을 초대했다.

단오절(5월 5일)에는 쑥떡을 먹었고, 중하(仲夏, 5월)에는 앵두를 먹었으며,

유두절(流頭節, 6월 15일)엔 수단(水團, 곡물을 빻아 만든 경단에 꿀물을 부어 먹음)을, 복날엔 개장국을 먹었다. 한여름 만발하는 연꽃을 구경하는 관연절(觀蓮節)을 만들었고, 8월 8일에는 이죽회(移竹會, 대나무 옮겨 심는 날의 모임)를 열어 술을 마신다. 전중양절(展重陽節, 9월 19일)에는 국화를 감상하고, 납일[臘日, 동지가 지난 뒤 3번째 미일(未日)]에는 매화를 감상한다. 우리 조상들의 세시풍속은 이처럼 흐르는 세월과 어우러지며 우리 삶에 다양한 색과 여유와 흥을 선사했다. 그중에 꽃은 빠질 수 없는 매개였다. 이 모두《임원경제지 이운지》(문화예술 백과사전)에 나오는 얘기이다.

허실겸양(虛實兼養)과 오관구열(五官俱悅), 《예원지》의 효용

《임원경제지》중에서 여가시간을 보내는 방법은 《이운지》·《유예지》에 자세하다. 이 《예원지》는 주변에 가까이 두고 가꾸면서 감상할 화초들만을 소개했다. 책 제목인 예원(藝畹)은 〈예원지 해제〉에서 언급했다시피 굴원의 《초사(楚辭)》〈이소(離騷)〉에서 뜻을 취했다고 보아야 한다. "내 이미 9원(畹)에는 난 기르누나! 또 100묘(畝)에는 혜초 심지(予旣滋蘭之九畹兮, 又樹蕙之百畝)." 원(畹)은 밭 넓이의 단위로, 12묘(畝)라는 설도 있고, 30묘라는 설, 밭 중에 길이가 긴 밭이라는 등의 설이 있다. 어떤 설을 받아들이든지 간에 9원은 100묘(약 5,800여 평)가 넘는다.

굴원의 시에 과장이 섞여있다는 점을 감안하더라도, 곡식농사 지어 먹고 살기도 힘든 시절에 난을 기르는 밭을 수 천 평이나 가꾸다니, 주객이 전도되었거나 심하다는 생각이 들기도 했을 것이다. 천하태평하게 화초 기르는 법을 16개 분야 중 한 분야로 당당하게 독립시키려 했던 서유구의 의도가 못마땅해 이에 찬물을 끼얹는 사람이 있었나 보다. 그는 풍석에게 이렇게 쏘아 붙였다.

곡식과 채소 가꾸기는 삶을 넉넉하게 하는 일이라 실제에서 유익합니다. 그렇지만 화훼류 기르기 같은 경우는 단지 완상거리만을 제공하는 일인데 어찌 이리 급급해 하십니까? 전(傳)에, '무익한 일로 유익한 일을 해치지 않는다.'라고 했습니다. 이제 이《예원지》의 저술은 쓸 데 없는 일이 아니겠습니까?

이 비판을 염두에 둔 서유구는 〈예원지 서문〉에서 화초를 가꾸어야 할 필요성에 대해서 이렇게 말했다.

무릇 우리 사람은 살아가면서 오관(五官)을 사용한다. 그러나 단독으로 움직일 수 없으니, 반드시 자연의 사물에 힘입어 오관을 길러야 삶이 풍부해진다. 곡식이나 고기, 채소와 같은 것들은 입을 길러 주는 것으로, 그 구비됨이 충분하다. 그렇다면 귀, 눈 그리고 코에 대해서만 유독 길러 주는 바가 없겠는가.

아름다운 꽃을 기르고 감상하는 과정을 통해 인간의 성정을 골고루 길러야 한다는 것이다. 이런 순기능을 긍정하는 사람들도 있겠지만 꼬장꼬장한 성리학자들은 또 《서경》의 '완물상지(玩物喪志)'라는 말을 금과옥조로 여기며 반격할 지도 모른다. 일반적으로 완물상지는, 좋아하는 사물을 얻고 감상하는 데에 시간과 돈과 정력을 낭비하다가는 자신의 본성이나 애초에 품은 큰 뜻을 잃어버리기 쉽다는 뜻이다. 그러나 《서경》에서의 맥락은 왕이 귀한 말이나 개나 식물에 빠져서 국정을 돌보지 않으면 안 된다는 충고였지, 모든 사람들이 도학자(道學者)처럼 물(物)을 멀리하고 오로지 지(志)에만 올인해야 한다는 뜻은 아니다.

그들은 격물치지를 노상 운운하면서 완물상지의 경계를 맘에 품을 뿐, 《예원지》 같은 화훼서를 기피했던 것이다. 그래서 서유구도 노자의 허실(虛實)의 비유를 들어, 사람의 배를 채워 주는 곡식 못지않게, 우리 삶에 직접적인 효용이 없어 보이는 화훼의 필요성 또한 강조했다. 《예원지》가 무슨 쓸 데가 있겠냐고 쏘아 붙인 사람에게 한 대답이다.

"일반적으로 사물을 기르는 데 허(虛)가 있고 나서 실(實)을 기를 수 있어야 온
전하게 됩니다. 만약 실을 기르는 것만 힘쓴다면, 기르는 일이 도리어 황폐해
집니다. 반드시 허와 실을 함께 길러야만[虛實兼養] 비로소 온전해지지요. 노
담씨(老聃氏, 노자)가 말하지 않았습니까? '집에 문과 창을 만들어 밝은 공간을
만들 때 그 방의 아무것도 없는 빈 공간이야말로 방의 쓰임이다.'라고요. '없
음(無者)'은 '허(虛)'입니다. 허를 기르는 일이야말로 실(實)을 기르는 근원이 아
니겠습니까?"
(중략) 만약 우리가 누릴 만한 것들을 찾고자 한다면, 반드시 오관을 모두 즐겁
게 해 주는[五官俱悅] 요소들을 골고루 갖춘 뒤에라야 바른 기름이 될 것이다.

그래서 서유구는 《임원경제지》16분야 가운데 맨 앞에 곡식농사 백과
사전 《본리지(本利志)》와 채소·약초농사 백과사전 《관휴지(灌畦志)》를 차례
로 배치하여 입(口)을 기르도록 한 다음, 세 번째에 이 《예원지》를 두어 오
관을 두루 기를 수 있도록 했다. 오관구열(五官俱悅)은 허실겸양(虛實兼養)의
실천 없이는 불가능하다는 통찰인 것이다.

화훼에도 도(道)가 있다

《예원지》는 각 화훼마다 그 본성을 밝혀줬고, 그 본성에 맞는 재배법을
실행하도록 권유했다. 예를 들어 해제를 쓴 정명현의 조사에 따르면 《예원
지》에 "성(性)"이라는 글자가 55회 나온다고 한다. "성"은 《중용(中庸)》의 첫
구절인 "천명지위성(天命之謂性)"에도 나오는 글자라서 그 의미와 가치를 따지
자면 매우 복잡하지만, 《예원지》에 즉해서 간단히 말하자면 "본성", "성질"
이라는 뜻이다.

천(天)이 명(命)하는 것, 그것을 일컬어 성(性)이라 한다. 이 성(性)은 인간을 포함한 만물에게 주어지는 것이다. 너무나 당연한 말이지만 화훼에게도 각각 고유의 성이 있다. 《중용》은 서물의 성격상, 만물 중 특히 인간에 치중한 논의였을 뿐이다. "솔성지위도(率性之謂道)", "성을 따르는 것, 그것을 일컬어 도(道)라 한다."《중용》의 이 두 번째 구절 역시 만물에게 통하는 철학적 명제이다.

《예원지》는 궁극적으로 인간이 주어가 아니다. 화훼가 주어이다. 화훼의 성을 파악하여 그 도를 기술하려 한 것이다. 도덕적 인간을 논하는 경서(經書)만을 중시했던 당시의 학문 분위기와는 매우 이질적인 서물이었다. 하지만 이제 우리는《예원지》를 경학서들과 동등하게 대접해주어야 한다.

인간에게 유용한 화초만 선택했다

화훼의 본성을 말하는 내용은 예를 들면 이런 식이다.

모란·매화·복숭아꽃과 같은 종류는 위의 법대로 하여 꽃이 피지 않은 경우가 없다. 이는 비록 억지로 싹을 뽑아 조장(助長)하는 일이라 할 수 있겠지만, 반드시 추위나 더위를 좋아하는 본성(性)에 맞게 한 뒤에야 효과의 빼어남을 다 발휘할 수 있다.[2]

모란의 본성(性)은 찬 것을 좋아하고 열기를 두려워하며, 건조한 환경을 좋아하고 습한 환경을 싫어한다. 새 흙으로 덮어 주면 뿌리가 왕성하게 뻗는다. 햇볕이 잘 드는 곳에 심으면 본성이 잘 발현된다.[3]

2　"若牡丹、梅、桃之類, 無不然. 此雖揠而助長, 然必適其寒溫之性, 而後能臻其妙耳."《임원경제지 예원지》권제1〈총서(總敍)〉"자질구레한 말""꽃을 빨리 피게 하는 법(최화법)'.

3　"性宜寒畏熱, 喜燥惡濕. 得新土則根旺, 栽向陽則性舒."《임원경제지 예원지》권제2〈꽃류(상)〉(꽃나무)〉"모란(牡丹)""알맞은 토양'.

국화는 본성이 그늘을 좋아하면서도 정작 그늘에 심으면 오히려 꽃을 피우지 않는다.[4]

여기서 볼 수 있듯이 화초의 본성을 밝히려는 노력은, 각 화초의 본성 그 자체를 말하는 식물도감과 같은 역할을 주로 하지는 않는다. 인간의 삶과 관련하여 이 화초들의 기능을 밝히려는 것이다. 따라서 이《예원지》에서는 동아시아에 자생하는 모든 화초를 소개하지 않는다. 인간세에 의미가 있는 식물에만 한정했다. 유용한 식물이 아님이 밝혀졌거나, 적어도 당시까지는 유용성이 확인되지 않았다면 그 식물은 기술의 대상에서 제외되었다.

도덕적 교훈 따위를 주려 하지도 않았다

또한 우리에게 너무도 유명한 '화무십일홍(花無十日紅, 10일이나 붉은색을 유지하는 꽃은 없다는 뜻으로, 권력이나 부귀영화는 오래 가지 못함을 비유한 말)'이니, '오상고절(傲霜孤節, 심한 서릿발 추위 속에서도 굴하지 않고 홀로 절개를 지킨다는 뜻으로, 국화를 가리키며, 절개를 지키는 선비를 비유한 말)'이니, '매일생한불매향(梅一生寒不賣香, 매화는 추위 속에서 피고 지더라도 그 향기를 팔지 않는다는 뜻으로, 지조를 함부로 꺾지 않는 선비를 비유한 말)'이니 하는, 꽃에서 도덕적 교훈이나 삶의 지혜를 얻게 하는 구절이 전혀 없다. 화훼의 본성을 예리하게 통찰하되, 그 통찰은 특정 식물을 잘 기르기 위해서 필요한 실질적 지식으로만 남겨 두었다. 그야말로 화훼 전문서의 성격을 그대로 드러내 보인 것이다.

호사자(好事者)를 기다리며

서유구는《예원지》에서,《군방보(群芳譜)》·《박주모란사(亳州牡丹史)》·《청

---

4 "菊, 性喜陰, 而種陰, 又不發菊."《임원경제지 예원지》권제3 〈꽃류 (하)(풀꽃)〉 "국화" '알맞은 토양'.

천양화록(菁川養花錄, 또는 양화소록(養花小錄)》·《양주작약보(楊州芍藥譜)》·《낙양모란기(洛陽牡丹記)》·《금장난보(金漳蘭譜)》·《범씨국보(范氏菊譜)》·《천팽모란보(天彭牡丹譜)》와 같은 다양한 화훼 전문서적을 인용했다. 이와 동시에 자신이 직접 보고 들은 조선의 꽃과 식물도 비교적 자세히 소개했다.

예를 들어, 당시 중국에서 들여온 지 얼마 안 되는 수선화는 값이 비싸서 완상하기 쉽지 않다고 했고, 여주는 궁중에서만 겨우 재배된다고도 했다. 파초는 아열대식물로서 우리나라에서 많이 심기는 하지만 열매가 열리지 않는데, 남쪽 지방에서 거름을 잘 주고 관리를 잘하면 열매를 맺을 수 있을 것이라며 이를 시험해 볼 호사자가 나오기를 기다린다고도 했다.

서유구는 문헌과 견문을 통해 저술하는 데 한계를 느꼈을 것이다. 그래서 다양한 호기심을 가지고 화초를 외국에서 들여오기도 하고 실제로 재배도 하여 널리 보급도 할 수 있는 적극적인 호사자가 나오기를 간절히 기다렸던 것이다. 해제에서는, 11곳에서 조선에 자생하지 않는 외국의 품종을 사 와야 한다는 요청이 있었다고 분석했다. 이는 새 품종에 대한 풍석의 열망을 단적으로 보여주는 통계이다. 또한 전종욱 교수는 '호사자'가 《임원경제지》를 꿰뚫어볼 수 있는 키워드 중 하나라는 탁견을 제시했다.[5] 《예원지》도 예외가 아니었다.

《임원경제지》를 번역하고 있는 나의 제자들도 이런 호사자 중 하나이다. 이들은 《본리지》를 번역하기 위해서 텃밭을 전통적인 농법으로 가꾸는 실험을 수년 간 하기도 했다. 《정조지》를 번역하기 위해 직접 술을 빚

---

5 전종욱, 《임원경제지와 조선의 일용기술》, 들녘, 2022.

초송

고, 절기에 맞는 음식도 만들었으며, 관연절(觀蓮節) 행사를 개최하기도 했다. 《예원지》가 상재되는 지금도 제자들에게는 아쉬움과 호사자를 기다리는 마음이 공존한다고 한다. 왜냐하면 한·중·일의 식물명이 각각 다른 경우가 허다하고, 식물명과 실제 식물의 일치 여부를 확정하기 어려운 경우가 많기 때문이다.

예를 들면 조선 후기에 중국에서 들여온 초송(草松)이라는 식물이 있다. 서유구는 자신의 저술 《금화경독기(金華耕讀記)》를 인용하여 초송을 짤막하게 소개했기 때문에, 초송이 지금의 무슨 식물을 가리키는지 알기 어렵다. 서유구와 동시대인인 박윤묵(朴允默, 1771~1849)의 〈초송〉이라는 시를 찾았고, 이 시에서 묘사한 초송과 비교하면서, 임원경제연구소의 한학 전문가가 시를 번역하고, 식물학의 전문가와 토론이 있었다. 이를 통해서 초송을 현대의 '유홍초(留紅草, *Ipomoea quamoclit*)'라는 식물로 동정(同定, identification)했다고 한다. 그럼에도 아직 해결되지 않아서 후대의 호사자에게 남긴 화훼 이름들도 상당하다.

마당의 살구꽃을 바라보며, 나의 화훼철학

나의 서재 낙송암 마당에는 내가 일군 작은 채마밭이 있어 여러 채소를 길러 먹고 있다. 또 담 옆에서 당당한 체구를 자랑하며 한겨울을 버틴 살구나무가 화사한 꽃을 피워 저술에 지친 마음을 풀어주고 있다.

나는 평생 화훼와 인연이 깊다. 나는 천안읍 대흥동 231번지에서 태어났는데, 우리집은 병원채, 입원실채, 안채, 아래채로 구성이 되어 거의 잿빼기 언덕의 한 블럭을 다 차지하는 큰 저택이었다. 병원채 뒤로는 큰 밭이 있어 과일·채소의 상당량이 재배되었다.

그런데 나의 엄마는 이 세상 어느 누구도 따라갈 수 없는 화훼 전문가였다. 우리 식구가 사는 안채에는 우물이 있었고 또 연못이 있었고 또 장독대가 있었다. 그리고 장독대 주변 안채 마당을 가득 메우는 것은 화초였다. 나의 어머니는 온실을 따로 가지고 계시지는 않았지만 온갖 귀한 화초들을 구해다가 마당 가득 심어놓았고, 봄·여름·가을 끊임없이 아름다운 꽃이 피도록 배려를 해놓았고 조석으로 가꾸는 데 심혈을 기울였다.

나의 어머니 손에 들어온 화초는 죽은 법이 없었다. 어떻게 해서든지 살려내는 마술이 그 손에 붙어있었다. 엄마는 기독교에 헌신한 신앙인이었지만, 나는 우리 엄마의 진짜 신앙은 화훼였다고 생각한다. 화훼 속에서 진정한 하느님을 발견하는 그런 신앙인이었다. 우리 엄마는 교회를 지원하면서 수없이 많은 종교인들을 경험했지만 화훼처럼 거짓말을 하지 않고 향기를 뿜는 종교인은 없었다고 나에게 말씀하시곤 했다. 화훼는 생명이었고 하느님의 순결한 현현이었다.

나의 엄마의 꽃사랑에 관해 매우 감동적인, 평생 잊을 수 없는 일화를 하나 소개하려 한다.

우리가 자랄 때는 나팔꽃을 일본식으로 "아사가오"라고 불렀다. 일제가 끝난 지 얼마 안되는 시기였기에 일본말을 그대로 썼다. 아사가오는 "아침의 얼굴"이라는 뜻이다. 나팔꽃은 저녁에는 얼굴을 푹 죽이고 힘을 뺀다. 그러다가 새벽이 되면서 아침 우리가 눈을 뜰 때면 아주 고운 색깔의 얼굴을 활짝 드러낸다. 나팔꽃은 넝쿨식물이기 때문에 화단 앞쪽의 작은 기둥들과 툇마루 지붕을 연결한 줄이 있었는데 그 줄을 타고 올라갔다. 나팔꽃(Ipomoea nil)은 매우 흔한 한해살이풀이지만 사실 그 꽃은 색상이 다양하고 그 모습이 심히 아름답다.

엄마는 새벽에 먼동이 트기 전에 이미 외출복을 입고 새벽기도를 나가신다. 우리 엄마가 새벽기도 가실 때 흥얼거리는 찬송가는 로변에 밥을 짓는 아주머니들이 잠을 깨는 자명종과 같은 것으로 꽤 유명했다.

아마도 내가 초등학교 4학년 때쯤의 일인 것 같다. 어느날 엄마는 부시시 아침 눈을 뜬 나에게, "용옥아! 나는 보았다!"라고 말씀하시는데 그 얼굴이 얼마나 환희에 차 있었는지 그 환한 웃음을 잊을 수가 없다.

엄마는 매일 피어나는 아사가오의 얼굴이 어떻게 피어나는지를 두눈으로 꼭 확인하시고 싶었던 모양이다. 그때는 고속촬영기도 없었고, 사진기 자체가 없을 때였다. 더구나 동영상은 담을 수가 없었다. 하여튼 엄마는 나팔꽃이 피어나는 전 과정을 본인이 직접 세밀하게 관찰하고 싶었던 것이다. 평생 소원이었는데 기회가 없었던 것이다.

그래서 엄마는 어느날, 새벽기도를 갔다가 살짝 기도만 하고 부리나케

집으로 와서 혼자서 두 시간 넘게 나팔꽃을 지켜보았던 것이다. 그리고 나팔꽃의 얼굴이 피어나는 전 과정을 세밀하게 관찰하셨던 것이다. 그리고 이 말을 아무에게도 하실 수 없었던 것이다. 그리고 막내아들인 나에게 그 환희를 전해주셨던 것이다.

누구에게나 다 엄마사랑은 지극하겠지만, 나는 나팔꽃을 혼자 동쪽 하늘의 먼동과 함께 화단에서 지켜보신 엄마의 마음씨, 화훼와 인간존재가 동일한 주체로서, 동일한 감정을 소유한 생명으로서 합일이 되는 그 환희를 느낄 줄 아는 엄마의 마음씨는 두고두고 눈물겨웁게 내 인생의 한 클라이막스로 남아있다.

화훼는 자연을 사랑할 줄 아는 인간의 마음이다. 그러나 인간이 화훼를 대상화하고 흠상물로서 소외시킬 때는 그것은 진정한 화훼가 아니다. 화훼는 자연이다. 자연은 "스스로 그러함"이다. 즉 화훼 자체가 우주적 느낌의 주체이다. 화훼를 사랑한다는 것은 화훼의 느낌과 나의 느낌이 동격으로 공감된다는 것을 의미한다. 화훼를 잘 기른다는 것은 나팔꽃을 바라보는 나의 엄마의 마음과 같이 나팔꽃의 느낌을 직접 체험할 줄 아는 사람의 손길 속에서, 그 숨결 속에서 스스로 그러한 자기생존이 통섭된다는 것을 의미한다. 인간은 자연을 떠나서 행복할 수 없고 자연을 떠나서 도덕을 배울수 없다. 왜냐? 인간 자체가 자연이기 때문이다.

화훼에 대한 나의 철학은 한마디로 "나의 엄마의 마음"이다. 화훼가 오늘과 같이 비즈니스용품, 우아한 장식품으로 상품화되는 것과는 다른 독자적 가치를 지니고 있다는 사실을 독자들이 서유구의 《예원지》에서 배우기를 갈망한다.

《예원지》는 강희안(姜希顔, 1417~1464)의 《양화소록(養花小錄, 1474)》[《예원지》

에서는《청천양화록(菁川養花錄)》으로 기재됨] 이후 화훼 전문서가 거의 없다시피 했던 조선 원예학사(園藝學史)의 정점이다. 최근 국제사회로부터 선진국으로 인정받은 우리나라는 비록 부의 불평등한 분배로 인해 많은 갈등을 겪고 있지만, 우리나라 국민은 조선시대의 인민과는 비교가 불가능할 만큼 풍요를 구가하고 있다. 삶의 여유는 화초에 대한 애호를 불러일으키기 마련이다.

그럼에도 선인들의 화초재배법의 정수인《예원지》의 전모에 접근할 수 있는 사람은 아무도 없었다. 그 이유는 분명하다. 아무도 번역을 하지 않아서이다. 이토록 중요한 고전이 드디어 대중에게 최초로 한글 완역된 것이다. 늦은 감이 있지만, 지금이라도 세상에 빛을 낼 수 있어서 그저 반갑고 번역자들이 대견하다.

우리들의 심상에 있었던 조선의 흑백사진을, 이제 디지털 카메라로 포착한 색감보다 더 아름다운 칼라사진으로 재현할 수 있게 되었다. 한 글자 한 글자를 정성스럽게 고증하고 치열하게 한글로 옮겨놓은 새로운 한글《예원지》덕분이다.

2022년 5월 11일
낙송암(駱松菴)에서
철학자 도올 김용옥 쓰다

《예원지》 해제[1]

1) 제목 풀이

《예원지》는 화훼농사 백과사전으로 5권 2책, 총 67,436자로 이루어져 있다.

우선 '화훼농사'라는, 《예원지》의 성격 규정에 대한 설명이 필요하다. '화훼농사'라는 명명은 현대의 입장에서는 자연스럽다. 하지만 조선 시대에는 '화훼'와 '농사'라는 용어가 나란히 사용된다는 인식이 거의 없었다. 양화 (養花), 즉 화훼재배를 농사의 범주로 취급하지 않았기 때문이다. 양화는 개인이나 각 가정에서 각자의 취미나 상황에 맞게 추구할 영역이었지, 이를 곡물농사나 채소농사처럼 업으로 삼을 만한 분야는 아니었다. 물론 이 같은 경향은 조선 후기로 갈수록 일부 품목이 상품화되기도 하면서 변화의 과정을 겪었지만, 이조차도 한양을 비롯한 대도회지의 일부에서나 일어나는 현상이었지 전 국토에서 보이는 일반적인 현상은 아니었다. 이 같은, 인식의 부조화 경향이 있었던 당시 풍토에서 저자 서유구의 《예원지》 저술은 '양화'와 '농사', 이 두 분야를 조화롭게 연관 짓기 위한 노력이었다. 이 때문에 임원경제연구소에서는 《예원지》를 '화훼농사 백과사전'이라고 규정했다.

'예원(藝畹)'은 '원(畹)에서 가꾼다[藝]'는 뜻이다. 〈예원지 서문〉에서는 '자

---

1 이 글은 정명현, 〈예원지 해제〉, 서유구 지음, 정명현·민철기·정정기·전종욱 외 옮기고 씀,《임원경제지 : 조선 최대의 실용 백과사전》, 씨앗을 뿌리는 사람, 2012, 545~559쪽에 실린 내용을 토대로 증보, 보완한 것이다.

란(滋蘭)'의 뜻을 취하여 예원이라 이름지었다고 했다. 자란은 '난을 기른다'
는 말이다. 이 말은 굴원(屈原)의 〈이소〉에 나오는 다음과 같은 시에서 그
의미를 취한 것으로 보인다. "내 이미 9원(畹)에는 난 기르누나! 또 100묘
(畝)에는 혜초 심지(予旣滋蘭之九畹兮, 又樹蕙之百畝)."[2]

이 시에서 '자란지구원(滋蘭之九畹)'과 '수혜지백묘(樹蕙之百畝)'는 상호 대구
가 되는 병문(騈文)이다. 그러니 '9원(畹)'과 '100묘(畝)'도 그 차원에서 이해해
야 한다. '원'은 주석서에서 밭 넓이의 단위로 풀이하고 있는데, 12묘라는
설도 있고 30묘라는 설도 있다. 또 밭 중에 길이가 긴 밭을 가리킨다고도
한다. 《초사》의 대표적 주석가인 후한의 왕일(王逸, ?~?)이나 송대의 홍흥조
(洪興祖, 1090~1155), 주희(朱熹, 1130~1200) 모두 12묘 혹은 30묘 설을 소개하
고 있다.[3] 특히 홍흥조는 1원이 12묘든 20묘든 간에 9원이라 했다면 모두
100묘를 넘는 것이니, 난을 혜초보다 더 많이 길렀다고 전제하고서, 이것
이 옛사람들이 난을 더 귀하게 여긴 뜻이라 했다.[4] 혜초든 난이든, 그리고
〈이소〉의 이 글 뒤에 나오는 여러 식물도 모두 화초이기 때문에 〈이소〉의
이 구절은 화초 재배에 관한 글로 이해하기에 충분하다.[5]

그렇다면 '자란'을 취해 지은 '예원'이라는 이름은 '넓은 밭에서 화초를
기른다.'는 정도의 뜻으로 이해할 수 있으리라. 이때의 화초는 《본리지》와
《관휴지》에서 다루지 않은 관상용 꽃과 풀이 대부분이다. 즉 먹지는 못하
고 보기만 하는 식물의 백과사전이 되겠다.

〈예원지 서문〉은 다른 지의 서문과 달리, '예원'의 뜻과 수록한 내용을

---

2 《楚辭》〈離騷〉.

3 "十二畝爲畹, 或曰田之長爲畹也." 王逸, 《楚辭章句》卷1〈離騷經章句〉第1; "十二畝曰畹, 或曰
   田之長爲畹也. …중략… 說文'田三十畝曰畹'." 洪興祖, 《楚詞補注》卷1; "畹, 十二畝, 或曰三十畝
   也." 朱熹, 《楚辭集注》卷1〈離騷經〉第1 '離騷 1'.

4 "畹, 或曰十二畝, 或曰三十畝, 九畹蓋多於百畝矣. 然則種蘭多於蕙也, 此古人貴蘭之意." 洪興祖,
   앞의 책, 같은 곳.

5 뒤에 이어지는 구절은 다음과 같은데, 밑줄 부분은 모두 향이 나는 풀이라고 주석가들은 설명한
   다. "畦留夷與揭車兮, 雜杜衡與芳芷."

서두에서만 간략하게 소개하고 있다. 그리고 이후 끝까지는, 저자가 왜《예원지》 같은 책을 쓸 수밖에 없었는지를 부연하는 내용으로 채워져 있다. 《본리지》나《관휴지》, 그리고 뒤이을《만학지》나《전공지》 등은 시골생활에 반드시 필요한 지식임을 굳이 강조하지 않아도 된다. 하지만 화훼를 전문으로 다루는 내용은 당시의 평범한 사대부들에게조차도 좀 지나치다고 여긴 듯하다. 먹고살기도 힘든 시절인데, 호사스런 취미가 아닌가 하는 세간의 통념 때문이다.

또한 유학자들은 화초 가꾸기처럼 사소해 보이는 일에 마음을 쓰다 보면 대의를 잃어버리고 성인(聖人)이 되는 도에서 멀어진다고 여겼기에 이를 일부러 외면하려는 경향도 매우 강했다. '완물상지(玩物喪志)'⁶라는 말로 대표되는, 사물이나 기물에 대한 경계를 많은 사대부들이 진지하게 받아들였기 때문이다. 완물상지는 사물을 좋아하여 거기에 정신이 팔리면 원대한 이상을 잃어버린다는 뜻이다.

이에 대한 풍석의 입장은 이렇다. 사람에게는 오관(五官)이 있다. 그런데 곡식·채소·고기 등은 오관 중 입만 길러주는 음식들이다. 사람은 짐승과 달라 입과 배를 기르는 일[口腹之養]로만 만족하지 못한다. 배를 채우는 목숨 보전[保生]도 중요하지만 완상거리[觀玩之供]를 찾는 일도 중요하다는 것이다. 풍석은 이 같은 주장의 근거를《노자》의 '허실론(虛實論)'에서 취한다. 《노자》에서 유명한 11장의 일부인 "집에 문을 뚫어 밝게 만들려면, 그 방이 비어야 방의 쓰임이 있다(鑿戶牖以爲明, 當其無, 有室之用)."는 말을 인용하고, "사물을 기르는 데 '허'가 있고 나서 '실'을 기를 수 있어야 온전하게" 된다며 "허를 기르는 일이야말로 실을 기르는 근원"이 아니냐고 반문한다. 《노자》 원문의 글자 한 자를 바꿔서까지 허의 효용을 부각시키고 있다.⁷

---

6 "玩人喪德, 玩物喪志."《尙書注疏》卷13〈旅獒〉第7(《十三經注疏整理本》3, 389쪽).
7 '鑿戶牖以爲明'의 '明'은《老子》에 '室'로 되어 있다. 저자가 '室'을 '明'으로 바꾼 것이다.

굴원이 노래한 "자란지구원(滋蘭之九畹), 수혜지백묘(樹蕙之百畝)"의 그림(《이소전도(離騷全圖)》)

실용의 측면에서 말한다면 입으로 들어가는 물질적인 음식만이 진정한 실용이라 할 일반적인 공감대에 대해, 완상의 취미는 실용의 '허'적인 측면임을 강조한 것이다. 여기서 화훼 기르기와 감상 역시 인간의 심성을 도야하는 데 필요한 정서적 자양분이라는 그의 믿음을 엿볼 수 있다. 풍석은 여기서 더 나아가 실이 실이 되기 위해서는 허의 뒷받침이 필수적임을 강조하고 있다. 생명 보전의 공이 보이는 음식에만 있는 것처럼 보이지만, 그보다는 보이지 않는 화훼 감상이야말로 생활의 활력소를 제공하고 심성을 연마하는 근원적 수양 행위라는 것이다.

만약 우리 사람에게 보탬이 될 만한 것들을 찾고자 한다면, 반드시 오관을 모두 만족시키는 것을 찾은 뒤에라야 좋을 터이다. 이것이 《본리지》와 《관휴지》에 이어 《예원지》를 쓰는 까닭이다.[8]

---

8 〈예원지 서문〉.

서문에 나오는 풍석의 발언을 글자 그대로 보다 보면 허가 오히려 실보다 더 중요하다는 것을 부각시킬 수도 있으나, 그 발언 전체의 의도는 어디까지나 실과 허를 동시에 길러야 온전한 인간이 된다는 데 있다. 허를 기른 뒤 실을 기를 수 있다는 말이 시간상 선후관계를 이야기하는 것이 아니라, 허의 중요성을 강조함으로써 허와 실의 겸비를 주장하려는 논리적 수사로 이해해야 할 것이다. 허를 기르는 일상의 체험이 바로 화훼 재배와 감상에서 비롯된다는 믿음으로 이 《예원지》를 저술했다고 풍석은 밝히고 있다. 《예원지》는 《본리지》·《관휴지》와는 성격이 다르며, 이 다른 성격의 내용을 왜 16지 중 하나의 지에 포함했는가를 역설했던 것이다.[9]

2) 목차 내용에 대한 설명

《예원지》는 모두 5권으로, 권1은 〈총서〉이고, 권2·3은 〈꽃류〉, 권4는 〈훼류(관엽류)〉, 권5는 〈꽃 이름 고찰〉이다. 〈총서〉에서는 파종법과 옮겨 심는 법, 접붙이는 법, 물 주고 북 주는 법, 꽃나무를 손질하거나 특정 모양으로 만드는 법, 보호하는 법, 화훼나 화분의 배치법, 화훼류에 대한 다양한 품평, 절기 맞추기, 개화 시기를 앞당기는 법, 꽃색 바꾸는 법, 보관하는 법 등을 다룬다. 채소와 약초 농사를 소개한 《관휴지》, 나무나 넝쿨열매를 다루는 《만학지》와 총론에서 서로 겹칠 법하지만 그렇지 않다. 화훼류에만 적용되는 노하우들이 얼마나 다양한지를 여기서 살필 수 있다.

50종의 꽃류를 다룬 권2·3에서는 모란·해당화·매화·자미화·무궁화 등 나무에 꽃이 피는 목본류 총 22종이 권2에서, 난초꽃·국화·작약·수선화·양귀비·패랭이꽃 등 풀에 꽃이 피는 초본류 총 28종이 권3에서 소개된다. 예를 들어, "해당화" 조에서는 서유구 자신이 장단에 거처할 때 해당화

---

9 이 문제와 관련해서는 뒤의 '6) 《예원지》의 성격과 의의'에서 상론한다.

무궁화(목근)《본초강목》

를 관찰했던 일화를 적기도 했다. "무궁화[木槿]" 조에서는 이 꽃이 아침에
피었다가 저녁에 진다는 특성, 한 순간에 아름답게 핀다는 특성 때문에 '근
(槿)'이나 '순(蕣)'이라는 명칭이 붙었고, 조선에서는 무궁화(無宮花)로 불린다
고 밝히고 있다. 이로써 무궁화라는 명칭이 오래되었음을 알 수 있다. 당시
의 물명(物名) 사전인《물명고(物名考)》나《광재물보(廣才物譜)》에서 한글로 '무
궁화'라고 표기한 사실[10]에서도 무궁화가 당시 조선에서 통용되던 명칭이었
음을 알 수 있다.

"난초꽃" 조에서는 난초꽃에 대한 이름 고증을 상세히 하기도 했다. "수
선화"는 최근에 중국에서 들여와 호사자들이 즐기는 꽃인데, 비싸서 완
상이 쉽지 않음을 얘기했다. "여주[錦荔枝]"처럼 우리나라에서 거의 재배되
지 않지만 궁중에서 본 적이 있었던 꽃에 대해서도 수록하고, 재배법을 얻
지 못했음을 밝히기도 했다. "수국"이나 "한련" 같은 경우는 참고할 자료가

10 鄭良婉・洪允杓・沈慶昊・金乾坤,《朝鮮後期漢字語彙檢索辭典》, 韓國精神文化硏究院, 1997,
174~175쪽.

없었던 듯 풍석 자신의 저술(《금화경독기》)과 안설(案說)로 대부분의 표제어를 채우기도 했다. 특히 "한련"은 《금화경독기》만 인용했다.

권4에서는 15종의 훼(卉)류를 소개한다. 여기에는 석창포·파초·만년송·종죽·종려 등 주로 꽃보다는 잎과 줄기의 아름다움을 즐기는 초목들이 들어있다. "파초"의 경우 본래 아열대 지역에서 서식하는 식물인데 우리나라에서도 많이 재배한다 했다. 꽃은 3년이 되어야 피고, 열매는 중국 북방에서는 나지 않고 강남 중에도 남쪽(지금의 광동성, 복건성)에서나 맺는다. 풍석은 파초가 본디 열매를 맺는 식물임을 알고 조선의 남쪽 지방에서 제대로 재배한다면 열매를 맺을 것이라며 이런 시도를 하는 호사자가 없음을 안타까워하기도 했다. 풍석은 젊은 시절, 한여름 폐병으로 고생하던 때 갑자기 파초 잎에 떨어지는 빗방울 소리의 청량감을 문학적으로 잘 묘사하기도 했다.[11] 또 중국에서 최근에 들여온 "초송(草松)"을 소개하여 파종과 가꾸기, 쓰임새 등을 자신의 저술에서 모두 발췌했다.

또 조선에 없는 훼류도 소개했다. "호자(虎刺)"가 그 한 예이다. 조선에 없으니 중국에서 사 와야 한다고 했다. 하지만 호자는 제주에 자생하는 식물이다. 풍석은 거기까지는 몰랐던 듯하다. '소철'도 일본에서 사 온 것은 가격이 너무 비싸 재력이 많은 사람이 아니면 구할 수 없다는 언급도 있다. "종려(棕櫚)"도 마찬가지이다. 중국으로 가는 사신단에서 화분으로 들여온

---

11 "방 남쪽 작은 언덕에 파초 네댓 그루를 새로 심었다. 어느 새 십여 척으로 자라 저물녘 그늘이 창을 덮어 안석과 평상, 서책과 책갑이 이 때문에 맑고 푸르러 좋아할 만했다. 이때 날씨가 매우 무더웠다. 나는 폐병으로 앓아누워 땀이 줄줄 흘렀으며 정신이 몽롱하고 기운이 빠져 잠이 든 듯한 때가 여러 번이었다. 그런데 갑자기 섬돌 사이에서 또르르 또르르 하는 소리가 들리면서 청량한 기운이 얼굴을 때리는 것이었다. 일어나 보니, 뭉게구름이 빽빽이 펼쳐지고 빗방울이 갑자기 파초 잎을 치고 있었다. 무성한 잎에 후드득 후드득 떨어져 구슬처럼 흩어져 떨어졌다. 내가 그 소리를 귀 기울여 오랫동안 듣자 정신이 상쾌하고 기운이 맑아져 병세가 호전되었음을 알았다. 室南小塢, 新植芭蕉四五本, 驟長十餘尺, 晚陰覆牖, 几榻書帙爲之澄碧可念. 時暑甚, 余病肺卧, 汗涔涔昏蠶若睡者數矣. 忽聞除砌間有淅瀝聲, 淸涼撲面. 起視則陣雲密布, 雨鈴驟打蕉葉上. 拍拍簌簌, 琳琅散落, 余竦聽久之, 神爽氣朗, 覺病良已." 《楓石全集》《楓石鼓篋集》卷2 〈記〉 '雨蕉堂記'(《韓國文集叢刊》 288, 231쪽). 번역은 金大中, 《《楓石鼓篋集》의 評語 연구》, 서울대 석사 학위 논문, 2005, 63쪽 참조.

조선 선비들은 파초를 각별하게 바라보았다.
〈정조대왕필파초도(正祖大王筆芭蕉圖)〉

〈파초도〉. 청나라 고봉한
(高鳳翰)

다고 한다. 이런 내용은 모두 호사자의 적극적인 새 품종 도입을 보여주는
기사들이다. 중국이나 일본에만 있는 것이라도 조선에서 필요하다는 판단
이 서면 자신의 의견을 개진하는 편집 방침을 살펴볼 수 있다.[12]

각론의 내용은 《관휴지》와 비슷하게 이름과 품종, 알맞은 토양, 파종
시기, 심기와 가꾸기, 거름주기, 접붙이기, 보호하기, 보관하기, 치료하기,
종자 보관하기, 쓰임새 등을 다루고 있다. 이와 함께 특정 꽃나무의 특성에
따라 달라지는 재배법이나 품평 등을 추가하고 있다. 또한 〈꽃류〉를 다룬
권2·3에서는 휴전(畦田, 두렁밭)을 이용하는 재배법이 10회나 소개되기도 했
다. 두렁밭이 채소나 약초만의 재배지는 아니었음을 알 수 있다.

권5에서는 앞에서 다룬 50종의 꽃 중 색이 다양하면서 어디에서나 쉽게
볼 수 있는, 따라서 품종의 분류가 매우 다양한 4종의 꽃 이름에 대한 연

---

12 《예원지》에서의 새 품종 도입과 관련한 내용 분석은 뒤에서 자세히 설명한다.

구서의 성격을 띤다. 이런 정보를 통해 일 벌이기를 좋아하는 사람들(즉 호사자)이 구입하는 데 도움을 주겠다는 취지가 들어 있다. 4종의 꽃은 모란·작약·난초꽃·국화이다.

"모란" 조에서는 총 11가지로 꽃 색깔을 분류하고 마지막에 조선의 모란 항목을 배치한 뒤, 총 304항목에서 323종이나 소개했다. 여기서 홍색류는 143항목에서 150종(조선 모란 2종 포함, 전체의 약 46%)으로 가장 많은 종을 보여주었고, 백색류가 53항목 57종(조선 모란 1종 포함, 전체의 약 18%)으로 그 다음이었다. 모란 한 종에 대해 이토록 많은 이종을 수록할 수 있었던 데에는, 《낙양모란기》·《천팽모란보》·《박주모란사》·《군방보》와 같은 모란 및 화훼 전문서를 대거 활용했기에 가능했다. 조선의 모란으로는 《청천양화록》을 통해 4종을 소개했으나, 이중 풍석이 직접 본 조선의 모란으로는 짙은 홍색과 옅은 홍색 두 종류뿐이라 했다. 또한 모란을 '목단(牧丹)'이라고 부르는 우리나라의 풍속은 잘못이라는 점도 지적했다.

"작약" 조에서는 4종의 꽃 색깔로 분류하고, 40항목에서 42종을 소개했다. 여기서 홍색류가 22항목에서 22종(조선 작약 1종 포함, 전체의 52%)으로 가장 많았고, 황색류가 7항목 7종(전체의 약 17%)으로 그 다음이었다. 중국의 작약 품종은 모두 《양주작약보》에서 인용되었다. 그중 조선의 백색·홍색·분홍색 3종을, 저자 자신의 저술인 《금화경독기》를 인용하여 보고했다.

"난초꽃" 조에서는 3가지로 꽃 색깔을 분류하고, 총 56항목에서 56종을 소개했다. 그중 조선의 난초꽃은 몇 종 되지 않으며 자색 꽃이 피는 호남의 자란이 가장 좋다고 했다. 여기서 백색류가 24항목에서 24종(전체의 약 43%)으로 가장 많았고, 자색류가 18항목 18종(조선 난초꽃 1종 포함, 전체의 약 32%)으로 그 다음이었다. 중국의 품종은 《금장난보》·《왕씨난보》·《군방보》·《오잡조》·《삼재도회》·《화한삼재도회》에서 인용했으며, 조선 품종은 《금화경독기》를 인용했다.

"국화" 조에서는 6종의 꽃 색깔로 분류하고서 총 315항목에서 326종을 소개했다. 여기서 황색류가 113항목에서 117종(조선 국화 8항목 11종 포함, 전체의 약 36%)으로 가장 많았고, 백색류가 82항목 85종(조선 국화 6항목 9종 포함, 전체의 약 26%)으로 그 다음이었다. 품종 수로는 권5에서 다루는 4종의 꽃류 중 가장 많았다. 중국 국화는 《군방보》·《범촌국보》·《유씨국보》·《사씨국보》·《심씨국보》·《사씨월중국보》·《주씨낙양보》·《광군방보》·《도씨본초주》 등에서 추출되었다. 또 조선 국화의 품종도 26항목 36종이나 소개했다. 이는 앞의 모란·작약·난초꽃의 조선 품종 수에 비해 훨씬 많은 품종이었다. 이중 홍색류는 8항목 12종(조선 국화 전체의 약 33%), 황색류는 8항목 11종(조선 국화 전체의 약 31%), 백색류는 6항목 9종, 분홍색류는 4항목 4종이었다. 이 36종은 모두 《금화경독기》에서 인용되었다. 저자는 자신의 안설(案說)에서 "내가 궁벽한 시골에서 살기 때문에 일일이 국화 이름을 물어서 기록할 방법이 없다. 그러므로 우선 직접 본 국화만 써서 지자(知者)를 기다린다."라고 하여 100여 종이나 되는 국화의 품종을 일일이 열거하지 못하는 한계를 밝히기도 했다.

이상 권5에서 소개한 꽃류 4종에 대해 조선 품종을 소개하는 항목에서는 모두 서유구가 직접 본 품종을 토대로 소개하고 있었다. 당시까지만 해도 이런 꽃들에 대한 분류학 관련 서적이 거의 없었던 것으로 보인다. 실제로 《예원지》에 인용된 조선문헌은 《청천양화록》을 제외하고는 거의 모두 화훼 재배법에 초점을 두었지, 품종들을 소개하는 데까지 나아가지 않았다. 《산림경제보》·《증보산림경제》 등 《산림경제》를 보완한 문헌도 마찬가지였다.

《예원지》에 이토록 많은 화훼류를 소개하고 있는데, 일반 백성으로서는 누리기 힘든 종들이 상당히 많다. 비싸고 귀한 화훼까지 구매하여 그 완상을 할 수 있는 사람들을 '호사자(好事者)'로 지칭하는 곳을 자주 볼 수 있다. 고급 취미의 향유자라 할 수 있는 이런 호사자들은 당시 '경화세족'으로 대표되는 재력 있는 집안 사람으로, 《예원지》의 일부 정보들은 이들을 위한 자료라 할 수 있을 것이다. 경화사족을 대변하는 듯한 이런 태도를 두고 백

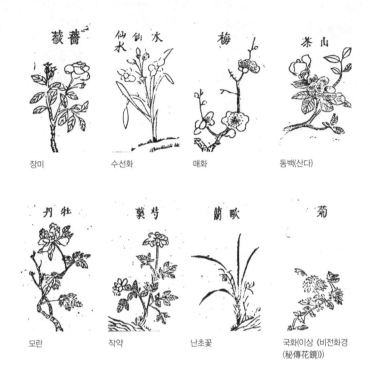

장미   수선화   매화   동백(산다)

모란   작약   난초꽃   국화(이상 《비전화경(秘傳花鏡)》)

성에 대한 풍석의 배려가 부족하다는 현대 학자들의 비판도 있다.

권5를 번역하면서 애로점은, 확인할 수 없는 품종이 대부분이었다는 점이다. 따라서 각 품종에 대한 미묘한 묘사를 파악하는 데 적지 않은 난관을 만났다. 그럼에도 몇 품종은 현재까지 보전되어서 온라인상에서 그 모습을 확인할 수 있었다. 물론 이름과 실제 품종이 잘못 동정된 경우가 많아, 원문에서 묘사한 내용과 대조하면서 품종의 일치여부를 확인하는 검증 과정을 거쳤다. 이 과정에서 서정남 박사님의 치밀한 감수가 크게 도움이 되었다.

매화·석류·연·노송·종죽 등은 《만학지》에서 다루고 있어서 꽃과 관련된 정보만 수록하겠다고 하여 다른 지와 중복을 피하는 동시에 교차 색인이 되도록 하기도 했다.

3) 편집 체제[13]

《예원지》는 총 5권으로, 대제목이 5개, 소제목이 79개, 표제어가 387개, 소표제어가 701개, 기사 수는 1,447개, 인용문헌 수는 156개이며 총 67,436자이다. 각 권마다 1개의 대제목이 배치되어 있고, 소제목은 권 순서대로 각각 10개, 22개, 28개, 15개, 4개이다. 표제어는 34개, 110개, 138개, 77개, 28개로 배치되어 있다. 《예원지》는 특히 소표제어 수가 매우 많은데, 권5에 집중되어 있다. 소표제어는 모두 꽃 색깔에 따른 품종명이다.

《예원지》의 총론 격인 권1 〈총서〉는 《관휴지》의 〈총서〉보다는 분량이 많고, 《만학지》의 〈총서〉보다는 적다. 〈꽃류〉에 해당하는 권2·3이 전체의 40퍼센트를 웃도는 분량(41.7퍼센트)을 차지하고 있으며, 권4 〈훼류(관엽류)〉는 7.8퍼센트를 차지하여 가장 분량이 적다. 주로 중국의 문헌을 인용한 권5의 〈꽃 이름 고찰〉은 39.3퍼센트로 《예원지》에서 가장 많은 내용을 담고 있다. 이는 총 4종의 꽃 이름 자료를 모았지만, 그만큼 소상하게 소개한 중국의 책들이 구비되었음을 보여준다.

안설을 포함한 기사 수는 총 1,447개로, 기사 당 원문글자 수는 평균 47자이다.

〈표1〉《예원지》 표제어류 및 기사 통계

권 수	대제목	소제목	표제어	소표제어	기사 수	인용문헌 수	원문글자 수
인							383
목차							208
1	1	10	34		83	26	6,977
2	1	22	110		257	43	12,187
3	1	28	138		268	40	15,901

---

13 인용문헌 및 조선 문헌의 비중에 인용된 통계자료는 최시남·김광명·김용미가 조사했다.

4	1	15	77		96	22	5,286
5	1	4	28	701	743	25	26,494
합 계	5	79	387(부록포함)	701	1,447	156	67,436

〈표2〉《예원지》기사 당 원문글자 수

원문글자 수	기사 이외의 글자 수	기사 글자 수	기사 수 (안설 포함)	기사 당 원문글자 수
67,436	4,665	62,771	1,447 (1,388+59)	47

〈표3〉《예원지》소제목별 표제어류 및 기사 통계

권번호	대제목	소제목	표제어	부록	소표제어	기사수	인용문헌수	원문글자수
서문								383
목차								208
1	1	1	4			10	26	6,977
		1	2			4		
		1	2			13		
		1	5			10		
		1	4			15		
		1	2			6		
		1	8			9		
		1	3			6		
		1	2			7		
		1	2			3		
2	1	1	11			45	43	12,187
		1	8			21		
		1	9			22		
		1	4			13		
		1	8			17		

		1	2			6		
		1	4			10		
		1	8			18		
		1	6			14		
		1	4			9		
		1	5			7		
		1	5			9		
		1	2			6		
2	1	1	2			2	43	12,187
		1	6			8		
		1	3			4		
		1	5			14		
		1	4			7		
		1	2			4		
		1	4			5		
		1	6			10		
		1	2			6		
		1	12			42		
		1	13			45		
		1	8			24		
		1	6			14		
		1	6			15		
3	1	1	5			5	40	15,901
		1	5			9		
		1	7			8		
		1	2			2		
		1	3			3		
		1	4			6		

3	1	1	3			3	40	15,901
		1	3			5		
		1	2			2		
		1	3			4		
		1	5			8		
		1	2			3		
		1	2			2		
		1	7			9		
		1	5			6		
		1	4			6		
		1	3			4		
		1	4			9		
		1	6			10		
		1	4			4		
		1	3			3		
		1	7			12		
		1	4			5		
4	1	1	10			19	22	5,286
		1	4			4		
		1	3			3		
		1	7			9		
		1	2			2		
		1	3			3		
		1	6			7		
		1	4			4		
		1	6	1		9		
		1	3			3		
		1	6			6		

4	1	1	5			5	22	5,286
		1	6			6		
		1	7			9		
		1	4			7		
5	1	1	12		301	303	25	26,494
		1	5		40	40		
		1	4		46	72		
		1	7		314	328		
합계	5	79	386	1	701	1447	156	67,436

4) 필사본 분석

3종이 모두 현존한다. 《예원지》역시 오사카본의 편집 지시가 매우 중요한 저술 과정을 보여준다. 《관휴지》의 편집 지시의 예와 마찬가지로 《계신잡지》 등의 책으로 교정한 흔적이 보인다. 《관휴지》에 비하면 편집 내용이 적고(총 65군데) 그 대부분도 한두 글자를 삽입하라는 지시이다. 권5는 교

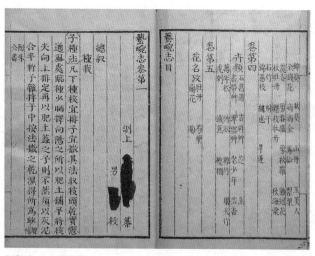

《예원지》 오사카본 첫면

《예원지》 고려대본 첫면

정이 한 군데밖에 없어 초기에 완정본이 성립된 것 같다. 오사카본은 '자연경실장' 원고를 사용하지 않았다.

또한 오사카본의 편집 지시에 없는 대목이 전사본에 나타나 오사카본이 고대본의 직접적인 모본이 아님을 알 수 있다.

5) 인용문헌 소개

인용문헌은 총 95종이다. 다른 지와 마찬가지로 재인용한 서적이 많으므로, 실제로 참조한 책의 수는 더 적다. 《예원지》에서는 《군방보(群芳譜)》의 의존도가 매우 높았다(522회). 전체 기사 중 1/3에 육박한다. 《박주모란사(亳州牡丹史, 또는 박주모란기亳州牡丹記)》도 인용 횟수가 많은데(101회), 인용 내용은 모란의 품종을 소개하는 데 집중되어 있다. 《금화경독기(金華耕讀記)》(61회)와 《청천양화록(菁川養花錄, 또는 양화소록(養花小錄)》(61회) 같은 서유구의 저술을 포함한 조선 문헌도 많이 인용되었다.

30회 이상 인용된 서적은 《양주작약보(楊州芍藥譜)》(38회)·주사후(周師厚)의 《낙양모란기(洛陽牡丹記)》(40회)·《금장난보(金漳蘭譜)》(36회)·《범씨국보(范氏

菊譜)》(33회)·《천팽모란기(天彭牡丹記, 또는 천팽모란보(陸氏天彭牡丹譜)》(31회)·《초화보》(33회) 등이다. 이렇게 빈출 인용서뿐 아니라 많은 인용서들이《광군방보(廣群芳譜)》에 수록되어 있어, 대부분의 정보를 이 책에서 취한 것으로 보인다. 그렇다면《예원지》는《광군방보》에 의지를 매우 많이 했을 것이다.《화한삼재도회》(25회)도 비교적 많이 인용되었다. 또한 인용된 조선 문헌은《금화경독기》와《청천양화록》을 비롯하여《증보산림경제》(26회)·《본사》(7회)·《산림경제보》(4회)·《지봉유설》(1회)·《행포지》(3회) 등 총 7종이었다. 이 중《본사》는 저자의 할아버지 서명응의 농서로, 이 저술의 일부를 젊은 시절 풍석이 보완하기도 했다. 서유구의 저술은《금화경독기》와《행포지》 2종이다.

《예원지》는 화훼 전문 저술이다. 따라서 인용문헌도 이와 관련된 전문 저술의 인용이 특기할 만하다. 예를 들어, '모란'에서는《설씨박주모란사》(107회)·《천팽모란보》(31회)·구양수(歐陽修)의《낙양모란기(洛陽牡丹記)》(28회)·《낙양화목기(洛陽花木記)》(10회)가, '함박꽃'에서는《양주작약보》(38회)가, '국화'에서는《범씨국보》(33회)·《유씨국보(劉氏菊譜)》(25회)·《사씨국보(史氏菊譜)》(10회)가, '난'에서는《금장난보》(36회)·《왕씨난보(王氏蘭譜)》(26회)가, '해당화'에서는《해당기(海棠記)》(6회)가 주로 인용되었다.

또 특기할 것은 중국의 대표적인 농서인《왕씨농서》는 한 번도 인용되지 않았고《제민요술》도 단 1회만 인용되었다는 점이다. 또한《농정전서》(19회)도 다른 농업 관련 지에 비하면 많이 인용되지 않았다. 이를 통해 예전에는 화훼 재배가 농사와 그다지 관련이 없었던 분야로 취급되었음을 추측할 수 있다.

서유구의 안설은 총 59회에 걸쳐 2,041자가 반영되어 전체에서 총 3퍼센트의 비율을 보인다. 출현 횟수는《금화경독기》·《청천양화록》 다음으로 많았다.

《예원지》에서 서유구 저술 이외의 조선문헌은 7퍼센트, 서유구 저술은 12.4퍼센트여서《예원지》의 조선 문헌은 총 19.1퍼센트이다.

〈표4〉《예원지》에서 서유구 저술 이외의 조선문헌 비중

인용 조선 문헌	글자 수	기사 수
청천양화록	2,724	61
증보산림경제	1,236	26
본사	467	7
산림경제보	81	4
지봉유설	10	1
합계	4,518	99
비율(%)	7(4,518/67,436)	7(99/1,447)

〈표5〉《예원지》에서 서유구 저술의 비중

구분	글자수	기사수
서문	383	
목차	208	
권수, 권차, 권미제, 저자명, 교열자명	157	
대제목, 소제목, 표제어, 소표제어	3,367	
안설	2,041	59
금화경독기	1,524	61
행포지	106	3
기타	566	
합계	8,352	123회(기사수)
비율	12.4%(8,352/67,436)	

〈표6〉《예원지》에서 조선문헌의 비중

구분	글자 수	비고
서유구 저술 이외의 조선문헌	4,518	
서유구 저술	8,352	
합계	12,870	
비율	19.1%(12,870/67,436)	

〈표7〉《예원지》에서 중국문헌 비중

인용 중국 문헌	글자 수	기사 수
군방보	23,776	510
박주모란사	2,846	101
범씨국보	2,416	33
금장난보	2,095	36
낙양모란기(주사후)	1,662	40
증보도주공서	1,477	29
낙양화목기	1,446	10
준생팔전	1,401	4
농정전서	1,291	19
양주작약보	1,280	38
본초강목	1,214	21
왕씨난보	1,113	26
낙양모란기(구양수)	822	28
유씨국보	782	25
종수서	778	24
학포여소	738	21
초화보	696	33
천팽모란보	612	31
오잡조	492	15
여초태설	450	1
원포일고	437	13
계신잡지	373	6
양란구결	352	1
관원야사	272	1
화경	264	6
해당기	259	6
유환기문	228	2

거가필용	224	5
농상집요	219	2
병화보	191	1
삼재도회	179	4
서계총화	172	1
도경본초	164	4
화사	130	3
물류상감지	126	7
사씨국보	124	11
심씨국보	104	8
쾌설당만록	103	2
병사	101	1
사씨월중국보	100	4
구선신은서	90	3
우약영 설(우금동설)	84	3
모정객화	77	1
범씨매보	77	1
완화잡지	77	5
본초습유	72	2
화보	72	1
동파집	69	1
석함론	63	1
장춘비용	62	2
퇴거편	61	1
고금의통	60	2
장민숙찬	59	1
초본화보	59	3
구황본초	54	1

증단백찬	54	1
편민도찬	54	3
도씨본초주	51	1
개보본초	50	1
고금비원	50	2
격물총론	49	1
송씨종식지	46	1
여산기	44	1
여남포사	43	1
무본신서	40	1
비아	39	1
퇴재아문록	37	2
본초회편	36	2
박문록	27	2
본초별설	27	1
포박자	27	1
사민월령	26	1
약포동춘	26	1
계암만필	22	1
이씨화목기	20	1
제민요술	20	1
촉본초	19	1
광군방보	18	1
쇄쇄록	18	1
예화보	18	1
장락지	15	1
사시유요	13	1
미공비급	10	1

주씨낙양보	9	1
합계	53,453	1,196
비율	79.3%(53,453/67,436)	82.7%(1,196/1,447)

〈표8〉《예원지》에서 일본문헌 비중

인용 일본 문헌	글자 수	기사 수
화한삼재도회	1,113	25
합계	1,113	25
비율	2%(1,113/67,436)	4%(50/1,447)

6) 《예원지》의 성격과 의의

서유구는 〈임원경제지 서문〉에서 《임원경제지》에서 다루는 내용을 크게 두 분야로 구분했다. 식력(食力) 분야와 양지(養志) 분야가 그것이다. 첫 두 지인 《본리지》·《관휴지》는 식력 분야다. 《예원지》는 양지 분야다. 풍석이 나눈 이 두 분야가 어떤 특징을 갖는지에 대해서는 내 견해를 이미 정리한 적이 있기에, 양지 분야가 시작되는 이 책에 다시 인용하여 상기하고자 한다.

"《임원경제지》는 물질적 풍요뿐만 아니라 정신적 풍요를 위한 방안까지 모두 포괄한다. 진정한 풍요는 이 두 측면이 적절히 어우러진 뒤에야 가능하다는 인식이 저자에게 깃들어 있다. 그것은 〈임원십육지 서문〉에서 말한 "식력食力"과 "양지養志"를 조화시키기 위한 방도였다. 공직에 몸담지 않은 조선의 지식인에게 필요한 지식이 이 정도는 되어야 고아하고 품격 있는 청수지사(淸修之士)가 될 수 있다는 것이다."14

"〈임원십육지 서문〉에서는 시골의 삶에서 필요한 16가지를 다음과 같이 나열했다.

---

14 정명현, 〈《임원경제지》 해제〉, 서유구 지음, 정명현·민철기·정정기·전종욱 외 옮기고 씀, 위와 같은 책, 260쪽. 이중 일부 내용을 수정했다.

무릇 ① 밭 갈고, 베 짜고, 작물을 재배하고, 나무를 심는 기술과, ② 음식을 만들고, 가축을 기르고 사냥하는 방법은 모두 시골에 사는 사람에게 필수이다. 또 ③ 날씨의 변화를 예상하여 농사에 힘쓰고, 터를 살펴보아 살 만한 곳을 가려 집을 지으며, 재산을 늘려 생계 문제를 경영하고, 기구를 구비하여 사용에 편리하도록 하는 일들도 역시 마땅히 있어야 할 것들이다. 이 때문에 지금 자료들을 수집한 것이다.

그러나 힘써 일하여 먹고사는 일들이 잘 갖춰져 있다고 해서 시골에서 수양하는 선비가 어찌 먹는 일에만 신경 쓸 수 있겠는가? ④ 화초 가꾸는 법을 익히고, 글과 그림을 바르게 공부하는 것에서, 보양하는 방법에 이르기까지도 그만둘 수 없는 일들이다. ⑤ 의약 같은 것은 궁벽한 곳에서 위급할 때 쓸 수 있고, ⑥ 경사나 흉사 때의 예식도 이를 공부하고 실행에 옮길 수 있도록 대략 첨가해야 해서 이에 관한 것들도 함께 수록했다.[15]

인용문에서 ①은 《본리지》·《전공지》·《관휴지》·《만학지》를, ②는 《정조지》·《전어지》를, ③은 《위선지》·《상택지》·《예규지》·《섬용지》를, ④는 《예원지》·《유예지》·《이운지》·《보양지》를, ⑤는 《인제지》를, ⑥은 《향례지》를 염두에 둔 말이다.

인용문의 첫째 단락은 식·의·주 즉 먹고사는 일, 즉 생업에 관련된 분야인 지(志)들을 거론했다. 생업은 농업뿐만 아니라 공업과 상업에 의지할 수도 있다. 둘째 단락은 "시골에서 수양하는 선비가 어찌 먹는 일에만 신경 쓸 수 있겠는가?"라는 말에서 알 수 있듯이, 먹고사는 일들에 머무르지 않고 마음을 수양하는 차원으로 삶의 양식을 확대하는 일과 관련된 지들을 나열했다. 양지, 즉 뜻을 기르는 일은 사대부의 공부에서 가장 역점을 두

---

15 정명현 옮김, 〈임원십육지 서문〉, 서유구 지음, 정명현·민철기·정정기·전종욱 외 옮기고 씀, 위와 같은 책, 405~406쪽.

는 사안이기도 하다.

풍석의 《임원경제지》 개요에 관한 이 같은 간략한 나열은 《임원경제지》 전체 구조를 이해하는 데 중요한 암시를 준다. 〈임원십육지 서문〉의 첫 대목에서 이야기했듯이 벼슬하지 않을 때는 "힘써 일하여 먹고살면서 뜻을 기르는 일" 곧 "식력양지(食力養志)"에 힘써야 한다고 말한 바 있다. 이 '식력양지'는 다시 '식력'과 '양지'로 나눌 수 있다. 식력은 생업에 힘쓴다는 말이고, 양지는 뜻을 기른다는 뜻이다. 풍석이 말한 16지의 개요는 바로 이 두 분야를 구별했다. 먼저 식력에 필요한 분야를 얘기했고, 이어 양지를 위한 분야를 열거했다.

위의 구분으로 볼 때 식력 분야는 ①~③에 해당하며 총 10개의 지다. 양지 분야는 ④~⑥에 해당하며 총 6개의 지다(〈표9〉 참조). 식력 분야는 사람이라면 누구나 필요한 식·의·주의 영역이고, 양지 분야는 사대부로서, 지성인으로서 갖춰야 할 교양이나 지켜야 할 마을(공동체) 윤리나 각자가 향유하려 하는 문화의 영역이다.

〈표9〉 《임원경제지》 편성 구조

힘쓸 일	분야	해당 지	편성 이유	사농공상 해당 분야
식력	① 밭 갈고, 베 짜고, 작물을 재배하고, 나무를 심는 기술	본리지·전공지·관휴지·만학지	시골에 사는 사람에게 필수	농
	② 음식을 만들고, 가축을 기르고 사냥하는 방법	정조지·전어지		
	③ 날씨의 변화를 예상하여 농사에 힘쓰고, 터를 살펴보아 살 만한 곳을 가려 집을 짓는 법	위선지·상택지	마땅히 있어야 할 것들	
	재산을 늘려 생계 문제를 경영하고, 기구를 구비하여 사용에 편리하도록 하는 일	예규지·섬용지		공·상

양지	④ 화초 가꾸는 법을 익히고, 글과 그림을 바르게 공부하는 일에서, 보양하는 방법까지	예원지·유예지·이운지·보양지	그만둘 수 없는 일들	사
	⑤ 궁벽한 곳에서 위급할 때 쓸 수 있는 의약	인제지	공부하고 실행에 옮겨야 할 일들	
	⑥ 경사나 흉사 때의 예식	향례지		

시골의 삶에서 '식력'과 '양지'는 사대부 삶의 큰 두 축이다. 이기론(理氣論)으로 말하자면 식력은 몸의 기운을 유지·확대시킨다는 측면에서 기(氣)의 영역이요, 양지는 마음을 수양한다는 측면에서 리(理)의 영역이다. 음양론(陰陽論)으로 말하면 식력은 집밖에 나가 생산 활동을 왕성하게 한다는 측면에서 양(陽)의 세계요, 양지는 집안에서 평안하게 심지를 굳히는 수양에 힘쓴다는 측면에서 음(陰)의 세계다.

그러나 이기론이나 음양론의 논리가 그렇듯 이 양자는 서로가 서로를 배제할 수 없는 긴밀한 유기적 관계를 이룬다. 구분의 시도가 무리인 줄 알면서도 내가 여기서 굳이 두 영역으로 짝짓기를 하려 했던 이유는 식력과 양지라는 속성을 좀 더 가까운 영역으로 배치시킴으로써 방편적인 이해를 도모하기 위해서다. 그러나 식력과 양지가 별개의 두 영역으로 존재하지는 않는다. 시골의 사대부 한 사람이 동시에 갖춰야 할 두 속성이라는 뜻이다.

그런데 풍석의 의도와는 달리, 조선의 사대부는 식력 분야와 양지 분야를 나누려 했다. 그리고 식력을 생산 활동에 종사하는 농(農, 농부)·공(工, 장인)·상(商, 상인)의 역할로 규정하고, 사(士, 사대부) 자신들은 오로지 양지에만 주안을 둠으로써 국가의 부름을 받을 때 뜻을 펼치는 '잠재적 권력자'로서 행세하고 싶어 했다. 물론 풍석이 《임원경제지》에서 다뤘던 양지 분야를 사대부들이 모두 실천했다는 의미는 아니다. 단지 노동을 통한 생업에 대한 사회적 차별을 두었다는 의미에서 양지 분야에만 마음을 두었다는 뜻이다. '잠재적 권력자'라는 사대부의 권위(계급) 의식은 시골 마을에서는 실제로 '현실적 권력자' 행세로 이어지기도 했다.

사대부는 농사나 장사나 잡일을 하지 않고 오로지 세상을 어떻게 구제할까만 고민함으로써 그 존재 의의를 갖는다는 논리를 제공한 이는 바로 맹자(孟子, BC 372년경~BC 289년경)다. 맹자가 말한 "치인자(治人者, 다스리는 사람)·치어인자(治於人者, 다스림을 받는 사람)"의 논리로 말하면, '식력'이 '치어인자'가 종사하는 직분이고, '양지'는 '치인자'가 종사하는 직분이다. 맹자의 노력자(勞力者, 육체노동자)·노심자(勞心者, 정신노동자)의 논리로 말하면, 식력은 '노력자'가 담당하고, 양지는 '노심자'가 담당한다. 또 사인(食人, 남에게 식량을 공급하는 일)·사어인(食於人, 남에게 식량을 공급을 받는 일)의 논리로 말하면, 식력이 '사인'의 영역이요, 양지가 '사어인'의 영역이다.[16] 항산자(恒産者, 일정한 생산요소가 있는 사람)·항심자(恒心者, 일정한 마음상태를 유지하는 사람)의 논리로는 식력이 '항산자'의 영역이요, 양지가 '항심자'의 영역이다.[17]

이렇듯 맹자가 '치인·치어인', '노심·노력', '사어인·사인'의 구분처럼 화이트칼라와 블루칼라를 나눠 선비를 화이트칼라로 규정했다는 식으로 동아시아의 지식인 대부분은 이해했다. 세상일에는 각기 처한 직분에 따라 분업을 함으로써 질서 있게 유지될 수 있다는 맹자의 신념에서 나온 말이다. 따라서 대인(大人)의 일과 소인(小人)의 일이 있으며 대인은 세상을 구제하는 일을 충실히 하는 사대부이고, 소인은 각자가 맡은 일을 충실히 하는 농·공·상이다.

풍석의 문제의식을 바로 여기에 끄집어낼 수 있다. '공무원'이 아닌 선비는 향촌에 살면서 식력과 양지 분야를 동시에 종사해야 함에도 불구하고, 양지만 선호하여 당최 식력을 거들떠보지도 않았다고 그는 보았다. 양지만

---

16 "故曰: 或勞心, 或勞力. 勞心者治人, 勞力者治於人. 治於人者食人, 治人者食於人, 天下之通義也."《孟子》〈滕文公 上〉.

17 "無恒産而有恒心者, 惟士爲能. 若民則無恒産, 因無恒心. 苟無恒心, 放僻邪侈無不爲已."《孟子》〈梁惠王 上〉.

이 사대부의 고유한 권한이기라도 한 양, 당시 사대부는 농사나 공업이나 상업은 어떠한 상황이 오더라도 종사할 마음이 없다는 것이다. 이로 인해 농업이나 공업의 수준이 거칠고 지리멸렬한 상황에 이르렀다는 것이다. 풍석은 《임원경제지》에서 시골의 사대부는 이 책에서 제시한 영역에 능통하거나 최소한 전문적 소양을 지녀야 한다고 주장한다. 사대부의 영역이라고 여기는 양지에만 머물지 말고 우선 생계를 위해 농사짓는 일부터 시작해서 농사지을 상황이 여의치 않다면, 장사라도 해서 가족을 부양해야 한다는 것이 풍석의 지론이다."[18]

《임원경제지》의 전체 구조를 논한 이상의 식력·양지 논의와 관련하여 전종욱 교수는 최근 다음 표와 같이 분석했다. 나의 설명과 유사하면서도 그보다 더 《임원경제지》를 통관하는 통찰이 돋보이는 대목이므로 여기에 소개한다.

〈표10〉《임원경제지》의 통합 구조[19]

	신분 또는 전문분야의 구분	
맹자	노력자·치어인: 피지배자	노심자·치인: 지배자
조선	향촌인: 현장 실무지식	사대부: 이론 교양지식
임원16지의 구분	식력(食力) 구복지양(口腹之養)	양지(養志) 이목지양(耳目之養)
서유구의 통합	식력양지, 허실겸양, 오관구열의 인간. 일을 좋아하는 호사자(好事者), 일을 즐기는 삼매(三昧), 정신을 고양하는 아취(雅趣)	

《예원지》에는 다음과 같은 몇 가지 특징을 지적할 수 있다. 첫째, 여러 문헌을 비교하면서 그 차이를 밝히고 잘못된 것을 지적하는 치밀한 고증적

---

18 이상은 정명현, 위와 같은 글, 266~268쪽. 이중 일부 내용을 수정하거나 보충했다.
19 전종욱 지음, 《임원경제지와 조선의 일용기술》, 들녘, 2022(근간).

태도를 보인다. 이는《임원경제지》전체에서 나타나는 특징이기도 하다. 중국과 조선의 화훼 이름을 비교하면서 이름은 같으나 실물이 다른 경우를 지적했고, 필요하면 일본 화훼와 비교하기도 했다. 이 과정에서 중국과 일본 문헌에 나타나지 않고 조선에서만 애호하는 화훼를 추가하기도 했다.

둘째, 조선에서의 적용가능성에 근거한 입장을 견지했다. 중국의 화훼 재배법을 소개하면서도 조선의 토양을 염두에 두었던 것이다. 예를 들어 중국 강남의 재배법은 조선의 영호남에서도 적용할 만하다고 자신의 의견을 제시하는 식이다. 이 과정에서 화훼에 대한 당시 사대부들의 취향을 반영했다. 전체 5권 중 꽃 이름 고증을 다룬 권5에 가장 많은 분량을 할애한 데서 조선 후기 박학자의 관심을 읽을 수 있으며, 또한 화훼의 물명과 형상 및 색채 비교의 상세한 서술에서 화훼에 대한 당시의 섬세한 접근을 엿볼 수 있다.

셋째, "우리나라에는 이러한 종이 없으니, 중국에서 사다가 널리 심어야 한다."(권4의 운향)라거나, "다만 그런 호사자(好事者)가 없을까 걱정스러울 뿐이다."(권4의 파초)라거나, "가격이 비싸서 재력이 있는 사람이 아니면 얻을 수 없다."(권4의 소철)는 등의 기록에서, 당시 경화사족을 비롯한 고급 취향의 사대부들이 즐긴 원예 생활을 함축적으로 반영하고 있다.[20]

《예원지》에는 "성(性)"이란 글자가 총 55회 사용되었다(〈표11〉 참조). "성(性)"은 동아시아의 사상에서 철학적으로 매우 중요한 글자 중 하나다. 주자학(朱子學)을 성리학(性理學)이라고 표현하듯이, 주자학의 핵심 용어이기도 하다.《논어(論語)》에서 등장하는 성(性)과 달리,《중용(中庸)》에서는 이 성이 심오한 철학적 개념으로 사용되었고, 수많은 학자들이 이 한 글자를 풀기 위해 심혈을 기울였다. 이 때문에 성(性)의 의미를 설명하기 위해서는 한우

---

20 《예원지》에 드러난 특징에 대해서는 《예원지》 공동역자인 고연희 교수의 〈예원지 해제〉(미출간 본) 참고.

충동(汗牛充棟)의 책을 섭렵해야 할 정도다.

하지만 《예원지》에서는 유학 경서(經書)나 그 주석서에서 그랬던 것처럼 굳이 그렇게 깊이 들어갈 필요는 없다. 인간의 성이 아니라, 사물의 성에 한정해서 사용되었고, 그때의 의미는 대부분 "본성"이나 "성질"이라는 의미다(번역에서는 모두 '본성'으로 통일했다). 《중용》 1장에서 "천명지위성[天命之謂性, 천(天)이 명(命)하는 것, 그것을 일컬어 성(性)이라 한다]"이라 했을 때의 성(性)이 그렇듯이, 《예원지》에 등장하는 성도 생물에게 후천적으로 발현된 특성이라기보다 선천적으로 타고난 특성을 말한다.

성이란 글자는 《예원지》에서 두 사례를 제외하고 모두 식물에 한정해서 사용되었다(《표11》의 37·55번만 각각 돌과 흙의 본성으로 사용됨). 〈표11〉에서는 가급적 단문만 제시했기 때문에 성이란 글자가 쓰인 맥락을 파악하기 쉽지 않지만, 본문을 확인해 보면 화훼류를 포함한 식물의 '본성'은 모두 화훼류 식물을 잘 재배하기 위해 필요한 지식이었다. 예를 들어 "묏대추의 본성은 따뜻하다", "모란의 본성은 야윈 상태를 좋아해서 똥거름을 좋아하지 않는다", "해당은 본성이 대부분 배나무와 비슷하다", "난화의 본성은 그늘을 좋아한다", "파초의 본성은 추위를 두려워한다", "씨는 본성이 굳세어서 엄동설한에 눈에 두텁게 덮여도 죽지 않는다."는 식의, 본성에 대한 지식은 각각의 화초가 본성대로 잘 자랄 수 있는 환경을 조성하는 데 필요한 요소였던 것이다.

〈표11〉 성(性, 본성)이라는 글자가 들어간 문장

권수	대제목	순서	번역문	원문	출처
1	총서	1	그(생울타리나무의) 본성을 따라 당겨서 대나무시렁에 묶어 놓는다.	順其性而攀結之.	4. 관리하기 5) 병풍처럼 엮는 법
		2	묏대추의 본성은 따뜻하다.	棘性暖.	5. 보호하기 2) 서리 막는 법
		3	본성이 벌레를 죽일 수 있다.	性能殺蟲.	5. 보호하기 3) 벌레 물리치는 법

1	총서	4	하지만 반드시 추위나 더위를 좋아하는 본성에 맞게 한 뒤에야 효과의 빼어남을 다 발휘할 수 있다.	然必適其寒溫之性, 而後能臻其妙耳.	9. 자질구레한 말 1) 꽃을 빨리 피게 하는 법(최화법)
2	꽃류(상) (꽃나무)	5	모란의 본성은 찬 것을 좋아하고 열기를 두려워하며, 건조한 환경을 좋아하고 습한 환경을 싫어한다.	性宜寒畏熱, 喜燥惡濕.	1. 모란 2) 알맞은 토양
		6	햇볕이 잘 드는 곳에 심으면 본성이 잘 발현된다.	栽向陽則性舒.	위와 같은 곳
		7	아마도 참죽나무와 엄나무가 그 본성이 서로 비슷해서이지 않겠는가.	豈樗與奄, 性相近歟.	1. 모란 5) 접붙이기
		8	모란의 본성은 야윈 상태를 좋아해서 똥거름을 좋아하지 않는다.	牡丹性瘦, 不喜糞.	1. 모란 6) 물주기와 거름주기
		9	그 잎이 짙은 녹색이고 넓으면서 두꺼운 서향은 그 본성을 잃지 않은 것이다.	其葉深綠廣厚者, 是不失常性也.	2. 서향 6) 치료하기
		10	그 본성은 추위를 싫어하므로, 겨울에는 반드시 온실이나 움 속에 거두어 둔다.	性畏寒, 冬月須收煥室或窖內.	2. 서향 7) 보관하기
		11	촉다는 본성이 특히 추위를 싫어하며, 또 화분에 심는 것을 좋아하지 않는다.	蜀茶, 性特畏寒, 又不喜盆栽.	3. 산다(동백류) 7) 보호하기
		12	본성이 또한 추위를 싫어하므로 꽃이 진 뒤에는 실내에 보관해야 한다.	性亦畏寒, 花後宜藏室中.	3. 산다(동백류) 9) 품등
		13	매화는 본성이 청결하고 햇볕 쪼이기를 좋아한다.	性潔喜曬.	5. 매화 4) 물주기와 거름주기
		14	매화의 본성은 벌레가 많으면 쉽게 상하므로 그때그때 벌레를 잡아 주어야 한다.	性多蟲易敗, 宜時時去之.	5. 매화 6) 치료하기
		15	해당은 본성이 대부분 배나무와 비슷하다.	海棠, 性多類梨.	8. 해당 4) 심기와 가꾸기

2	꽃류(상) (꽃나무)	16	본성이 깨끗함을 좋아한다.	性好潔.	15. 매괴 4) 물주기와 거름 주기
		17	본성이 거름을 좋아하고 물을 싫어한다.	性喜肥惡水.	16. 박태기나무 3) 물주기와 거름 주기
		18	본성이 그늘을 좋아한다.	性喜陰.	18. 진달래 2) 알맞은 토양
		19	본성이 기름진 것을 싫어하니, 매일 이른 아침 강물을 뿌려 준다.	性惡肥, 每早 以河水澆.	18. 진달래 4) 물주기와 거름 주기
		20	본성이 더운 것을 싫어하고 서 리와 눈을 싫어하지 않으니, 초여름부터 늦가을까지 매일 강물을 뿌려 주어야 한다.	性畏熱, 不畏 霜雪, 自初夏 至深秋, 宜日 以河水澆之.	위와 같은 곳
		21	이는 아마도 그 가지와 줄기 가 부드럽고 약하여 풀의 본 성에 가깝기 때문일 것이다.	蓋以其柔枝弱 條, 近於草性 也.	21. 영춘화 1) 이름과 품종
3	꽃류(하) (풀꽃)	22	난화뿌리를 대번에 나누면 갈라져서 본성을 잃게 된다.	蘭之驟亦分拆 失性,	1. 난화 5) 심기와 가꾸기
		23	난은 본성이 추위와 더위를 두려워하고, 먼지나 때를 더욱 꺼린다.	性畏寒暑, 尤 忌塵埃.	1. 난화 7) 보호하기
		24	이때 잎 지고 다른 본성 따르 게 하려면, 가위로 잎 잘라 줄 때 더욱 많아진다네.	此時葉退從他 性, 翦了之時 愈見多.	1. 난화 9) 12개월의 난화 기르는 비결
		25	난화의 본성은 그늘을 좋아한다.	性喜陰.	1. 난화 12) 자질구레한 말
		26	국화는 본성이 그늘을 좋아하면서도 정작 그늘에 심으면 오히려 꽃을 피우지 않는다.	菊, 性喜陰, 而種陰, 又不 發菊.	2. 국화 2) 알맞은 토양
		27	국화는 본성이 습함을 좋아 하면서도 정작 물이 고이게 되면 오히려 말라 시든다.	性喜濕, 而有 積水, 又枯槁.	위와 같은 곳
		28	국화의 본성은 추위를 잘 견딘다.	菊之性耐於 寒.	2. 국화 4) 종자 보전하기
		29	본성에 키가 쉽게 커지는 국화가 있다.	菊之本性有易 高者.	2. 국화 8) 관리하기

3	꽃류(하) (풀꽃)	30	국화는 본성이 열을 두려워하니, 반드시 높은 울타리나 큰 나무 옆에 두어서 햇볕을 피하도록 해야 한다.	菊, 性畏熱, 須傍高籬、大 樹, 以避日色.	2. 국화 9) 보호하기
		31	중정화는 본성이 닭똥을 좋아한다.	中庭花, 性喜 鷄糞.	11. 산단 4) 물주기와 거름 주기
		32	건드리면 곧 터지면서 씨가 모두 뿔뿔이 흩어진다. 그러므로 이 씨에 '급성자(急性子, 본성이 성질 급한 씨)'라는 이름이 생겼다.	觸之卽裂, 子 皆迸散, 故有 "急性子"之名.	15. 봉선화 1) 이름과 품종
		33	남월에서 난 품종은 본성이 추위를 두려워하므로, 겨울에는 움 속에 넣어 둔다.	出南越者, 性 畏寒, 冬入窖 中.	19. 전추라 7) 보관하기
		34	본성이 음지를 좋아하여, 한번 햇빛을 보면 곧 시든다.	性喜陰, 一見 日色則瘁.	23. 추해당 2) 알맞은 토양
		35	수구는 본성이 그늘지고 습한 곳을 좋아하므로 햇볕이 내리쬐는 곳에 심으면 안 된다.	繡毬, 性喜陰 濕, 不可種陽 曝之地.	27. 수구 2) 알맞은 토양
		36	본성이 그늘을 좋아하므로 만약 햇볕이 강하게 쬐는 곳에 두면 곧 시든다.	性喜陰, 若置 曝陽處卽萎.	28. 한련 2) 알맞은 토양
4	훼류 (관엽류)	37	다만 새로 얻은, 짙은 적색의 곤석은 화성(火性)이 없어지지 않았기 때문에 여기에 석창포를 옮겨 심기에는 알맞지 않다.	第新得深赤色 者, 火性未絕, 不堪栽種.	1. 석창포 6) 돌에 석창포 기르는 법
		38	양두석(羊肚石)의 본성은 돌 중에 가장 짜기 때문에 이를 바로 쓰면 석창포가 종종 겨울을 날 수 없다.	其性最鹹, 往往不能過冬.	위와 같은 곳
		39	대개 창포는 본성이 흙에 심으면 잎이 굵어지고, 돌에 심으면 가늘어진다.	蓋菖蒲, 本性 見土則粗, 見石則細.	1. 석창포 7) 호수창포 기르는 법
		40	오랠수록 더욱 배게 나고, 환경이 척박할수록 잎이 더욱 가늘어진다. 이런 환경에서는 석창포가 그 성정대로 자랄 수 있고, 그 본성을 기를 수 있다.	愈久則愈密, 愈瘠則愈細, 可以適情, 可 以養性.	1. 석창포 10) 품등

4	훼류 (관엽류)	41	파초의 본성은 가장 무르고 연약하여 너무 건조 하면 잎이 타들어가고, 너무 습하면 썩어 문드러진다.	性最軟脆, 太燥則焦、太濕則敗.	4. 파초 2) 알맞은 토양
		42	파초의 본성은 추위를 두려워한다.	性畏寒.	4. 파초 5) 보관하기
		43	본성이 부드러운 끈과 같다.	性柔紉.	5. 서대초(書帶草) 1) 이름과 품종
		44	취운초의 본성은 그늘을 좋아한다.	性好陰.	6. 취운초(부처손) 3) 품등
		45	만년송의 본성은 사람기운과 불기운을 싫어하고, 또한 추위를 잘 견딘다.	性惡人氣、火氣、亦能耐寒.	9. 만년송(누운향 나무) 4) 보호하기
		46	그러나 노송은 본성이 까다로워 잘 살지 못하는 것이 많다.	然性慘多不活.	9. 만년송 (누운향나무) 6) 화분에 노송 재 배하는 법
		47	종려죽의 본성은 그늘을 좋 아하고 찬바람을 싫어한다.	性喜陰畏寒風.	11. 종려죽 5) 보호하기
		48	난천죽의 본성은 그늘을 좋아하고 습기를 싫어한다.	性好陰而惡濕.	12. 난천죽(남천) 2) 알맞은 토양
		49	씨는 본성이 굳세어서 엄동설한에 눈에 두껍게 덮여도 죽지 않는다.	子, 性堅, 雖嚴冬厚雪, 不能敗.	13. 호자(虎刺) 1) 이름과 품종
		50	소철의 본성은 추위와 습기를 가장 두려워한다.	性最畏寒濕.	14. 소철(철초) 4) 보호하기
		51	이는 이 소철이 수성(水性)이 어서, 금(金)이 수(水)를 생 하게 할 수 있기 때문이다.	蓋此樹水性, 金能生水也.	14. 소철(철초) 5) 치료하기
		52	소철의 본성은 습기를 두려워한다.	性畏濕.	위와 같은 곳
5	꽃 이름 고찰 (화명고)	53	본성이 그늘을 좋아한다.	性喜陰.	1. 모란 2) 홍색류 2-54) 매주홍
		54	본성이 거름을 매우 잘 받아들인다.	性頗受肥.	3. 난화 1) 자색류 1-2) 오란
		55	본래 자랐던 토지의 본성을 얻어야 한다.	冀得其本生土地之性.	3. 난화 1) 자색류 1-3) 반화

《예원지》에는 조선에서 자생하지 않거나 조선의 품종이 좋은 않은 화훼류를 중국이나 일본에서 사 올 것을 주문한 사례가 11곳 보인다(〈표12〉 참조). 외국에서 새 품종이나 새로운 식물을 들여오자는 서유구의 의견은 비단 《예원지》에만 보이지 않는다. 《임원경제지》 전반에 걸쳐 나타나는 주장이다. 새 품종의 적극적 도입은 풍석의 트레이드 마크가 되다시피 한 주장인 것이다. 새 품종을 도입할 사람들을 그는 일 벌이기를 좋아하는 사람이라는 뜻을 가진 호사자(好事者)라고 칭했다.

납매·석류화·매괴(이상 권2), 난초꽃(권3 및 권5), 파초·운향·난천죽·호자(이상 권4) 등이 외국에서 사 와야 할 대상이었다. 이중 당시 우리나라에 전혀 없던 화훼류는 납매·매괴·운향·난천죽·호자, 5종이었다. 나머지는 조선 자생종의 품종이 적거나 향이 나지 않아 품등이 떨어진다고 판단한 화훼류이다. 대부분 중국에서 들여 올 품종이고, 특히 난초꽃은 중국뿐 아니라 일본에서도 도입할 필요성을 언급했다. 앞에서 언급했다시피 이중에서 호자는 제주에 자생하지만 저자는 그 사실을 알지 못했다.

〈표12〉 호사자의 활동을 바라는, 조선에서 나지 않는 화훼류

권 수	대제목	순서	번역문	원문	출처
2	꽃류(상) (꽃나무)	1	우리나라의 원예를 공부하는 선비들 또한 납매씨를 사서 널리 번식시켜야 한다.	吾東學圃之士, 亦宜購種傳殖也.	6. 납매 1) 이름과 품종
		2	우리나라에서 나는 품종으로는 다만 홑꽃만 있어서, 사계류·병자류·중대석류화 등의 특이한 품종과 같은, 겹꽃 몇 품종은 보지 못했다. 석류씨를 사서 대를 널리 번식시켜야 한다.	吾東之産, 只有單葉, 千葉數種如四季, 餠子, 重臺等異種未之見焉. 宜購種傳殖也.	7. 석류화 1) 이름과 품종
		3	우리나라에는 매괴가 없으니, 연경에서 사 와야 한다.	我東無玫瑰, 宜購諸燕京.	15. 매괴 1) 이름과 품종
3	꽃류(하) (풀꽃)	4	난초꽃은 중국이나 일본에서 사 와야 한다. 우리나라에서 나는 난초꽃은 대체로 향이 없기 때문이다.	當購於中國或日本. 東産大抵無香.	1. 난화 4) 종자 고르기

4	훼류 (관엽류)	5	진실로 좋은 종자를 얻어서 영남 혹은 호남의 가장 남쪽 지방에 심은 뒤에 물주기를 알맞은 법에 따라 잘 하면 열매를 맺지 못할 이유도 없을 것이다. 다만 그런 호사자(好事者)가 없을까 걱정스러울 뿐이다.	誠得佳種, 種於嶺、湖極南 地方, 如法澆灌, 無由不結實, 但患無好事者耳.	4. 파초 1) 이름과 품종
		6	우리나라에는 이러한 종이 없으니, 중국에서 사다가 널리 심어야 한다.	我東無其種, 宜購諸中國而廣 蒔之.	8. 운향 1) 이름과 품종
		7	우리나라에는 이 나무가 없으니, 중국에서 그 종을 사 와야 한다.	我東無之, 當購 其種於中國.	12. 난천죽 1) 이름과 품종
		8	우리나라에는 이 종이 없으니, 중국에서 사 와야 한다.	我東無之, 當購 諸中國.	13. 호자 1) 이름과 품종
5	꽃 이름 고찰 (화명고)	9	화훼 가운데 품종의 분류방식이 번잡한 것으로는 오직 모란·작약·난·국화가 가장 그러하다. 이제 선인들이 지은 보(譜)나 기(記) 형식의 책을 두루 모아서, 이 네 종류 화훼에 대한 꽃 이름 고찰[花名攷]을 작성했다. 그리하여 호사자들이 이를 바탕으로 화훼의 이름을 살피고 그 종자를 사 올 수 있게 한다.	花卉中品類式繁 者, 唯牡丹、芍 藥、蘭、菊爲最. 今蒐羅前人譜、 記, 作四種花名 攷, 俾好事者得 以按名購種云.	1. 모란
		10	우리나라의 난(蘭)과 혜(蕙)는 비록 종류가 많지 않으나, 우리의 가장 남쪽 지방은 기후가 중국 복건(福建)이나 항주(杭州) 등의 항란이 나는 지역과 큰 차이가 없다. 그러므로 만약 좋은 종자를 사 와서 거름주기와 물주기를 법대로 할 수 있다면 처음부터 재배하지 못할 것도 없다.	我國蘭、蕙, 雖無 多種, 然極南地 方寒暖之候, 與 中國建、杭等産 蘭州郡, 不甚相 遠. 苟能購得佳 種, 培澆有法, 則未始不可滋養 也.	3. 난화 3) 기타 종류 3-1) 항란
		11	우리나라의 난화는 품종이 많지 않다. 호남에서 나는 난화가 가장 좋으나 자색류의 일종에 지나지 않는다. 이름을 살펴 중국에서 사 와야 한다. 일본산은 대마도(對馬島)에서 종자를 사 와야 한다.	我東蘭花品類不 多. 湖南産者最 佳, 而亦不過紫 花一種而已. 宜 按名購求於中國. 日本産者, 宜從 對馬島購種耳.	3. 난화 4) 우리나라 난화 4-1) 자란

《예원지》에서는 또한 조선에 자생하지 않았지만, 호사자의 노력으로 도입된 새로운 화훼류 4종의 현황을 알려주기도 했다(〈표13〉 참조). 수선·옥미인·소철·종려가 그것들이다. 소철은 일본에서 사 왔고, 나머지 3종은 중국 북경에서 사 왔다. 이중 수선과 소철은 재력 있는 사람이나 구할 수 있는 고가품이었다. 여기서 주목해야 할 대목이 있다. 앞에서 언급했듯이 서유구는 새 품종 도입에 적극적이었다. 도입 과정에는 적지 않은 비용이 소요될 것임은 두말할 나위 없다. 하지만 새 품종을 도입했던 이들과 앞으로 도입하고자 했던 이들이 모두 경화사족처럼 재력이 있는 집안 사람이었다거나, 경화사족은 아니지만 그들에게 고가로 팔 수 있기 때문에 도입에 적극적이었다고 단정지을 수 없다. 《예원지》에서 조선의 화훼의 거래값을 언급한 곳은 수선과 소철에서 뿐이었다. 물론 이 두 종은 수입품목에 들어간다. 국내, 특히 한양과 그 주변에서 거래되는 화훼류 중 고가로 팔리는 경우도 있었다. 강이천(姜彝天, 1768~1801)은 치자·석류·동백나무(산다)가 한양의 부잣집에 팔렸다고 했으며, 이옥(李鈺, 1760~1812)은 동백·치자·영산홍·자미화·종려·왜철쭉·유자도 남쪽 지방에서 배로 싣고 와 한양의 권세가에 공급했다는 자료도 있다.[21]

〈표13〉 조선에서 나지 않았으나 최근에 사 와서 재배하는 화훼류

권	대제목	순서	번역문	원문	출처
3	꽃류(하) (풀꽃)	1	우리나라에는 옛날에 수선이 없었다. 근래에 비로소 북경의 시장에서 사 온 것이 있다. 호사자들은 종종 그림을 그린 화분에 뿌리를 나누고 심어 책상에 두면서 기이한 완상물이라 자랑한다. 그러나 값이 비싸 재력이 있는 사람이 아니면 그 취미를 누릴 수 없다.	我東舊無水仙, 近始有購諸燕市而來者. 好事者往往以畫盆分根, 置之几案, 詫爲奇玩. 然價重, 非有力者, 不能致也.	5. 수선 1) 이름과 품종

21 윤지안, 〈조선후기 화훼문화의 확산과 화훼지식의 체계화〉, 《농업사연구》 제15권 1호, 한국농업사학회, 2016, 53~54쪽.

3	꽃류(하) (풀꽃)	2	예전에는 이런 종이 없었다. 그런데 20년 전 북경에 갔던 사람이 옥미인의 종자를 얻어 왔다. 잎은 국화잎과 비슷하지 만 그보다 마르고 가늘다. 5월 에 꽃이 피고, 분홍색·짙은 홍 색 2가지 색이 있다. 분홍색은 겹꽃이고 짙은 홍색은 홑꽃이 다. 아침에 피었다가 저녁에 지 며, 연달아 계속해서 피고 진다.	舊無其種, 廿年前, 赴燕者 得其種而來. 葉如菊葉而瘦 細. 五月開花, 有粉紅、深紅二 色. 粉紅者千葉, 深紅者單葉, 朝開暮落, 接續 開謝.	12. 옥미인 1) 이름과 품종
4	훼류 (관엽류)	3	우리나라 사람 중에도 일본에 서 사 온 소철이 있지만 가격이 비싸서 재력이 있는 사람이 아니면 얻을 수 없다.	東人亦有購得於 日本者, 而價重, 非有力者, 不能 致也.	14. 소철 1) 이름과 품종
		4	우리나라에는 이런 종이 없었 다. 그런데 연경(燕京)에 사신 으로 갔던 사람마다 화분에 심은 종려를 사 온 이후로 북주 고 길러 알맞은 조건을 조성했 더니, 역시 길이가 10척 정도로 자란 경우가 있었다.	我東無其種. 每使燕者, 購盆種者以來, 培養得宜, 亦有長丈許者.	15. 종려 1) 이름과 품종

《예원지》에서는 뿌리·줄기·잎 등 화초의 다른 부분은 다루지 않고, 꽃만 분리하여 다루는 사례도 있었다. 매화·석류화·연꽃·노송·종려죽 5종이 그 것들이다(〈표14〉 참조). 《임원경제지》의 일반적인 서술 방침을 볼 때, 예를 들 어 "매화"의 경우 매실나무에 피는 꽃이기 때문에, "매화" 항목에서 매실나 무와 관련된 전체 정보를 다루어야 한다. 하지만 "매실나무"는 나무와 풀 열매류를 다룬 《만학지(晚學志)》에서 이미 상세히 설명했다. 그렇기 때문에 "매화"만 따로 다룬 《예원지》에서는 내용의 중복을 피하기 위해 꽃 관련 내용만 취급했다는 것이다. 나머지 4종도 모두 《만학지》에서 본격적으로 다루었음을 저자는 자신의 안설(案說)에서 설명했다.

권	대제목	순서	번역문	출처
2	꽃류(상) (꽃나무)	1	매화는 이미 《만학지》에 보인다. 여기에는 대목에 접붙이는 법, 화분에 심는 법 및 꽃을 가꾸는 여러 가지 법 등을 별도로 기록했다.	5. 매화
		2	석류는 《만학지》에서 이미 상세하게 다루었으므로 여기에서는 다만 꽃의 품등과 꽃에 물주는 법만을 기록한다.	7. 석류화
3	꽃류(하) (풀꽃)	3	연(蓮)은 이미 《만학지》에 보인다. 여기에서는 다만 꽃을 기르는 여러 가지 방법만을 기록한다.	4. 하화
4	훼류 (관엽류)	4	노송에 대해서는 《만학지》에 상세하게 보인다.	9. 만년송 (누운향나무) 부록 화분에 노송 재배하기
		5	《만학지》에 상세하게 보인다.	11. 종려죽(종죽)

《예원지》는 화초 재배의 전통적 모습과 화훼에 대한 당대의 식물학적 이해 방식을 알려준다. 중국 및 한국의 전통 사회에서 화훼에 얼마나 가치를 부여했느냐를 통해 전통 미의식과 가치관을 제시하고 있는 것이다. 정원의 양상도 엿볼 수 있는데, 예를 들어 작약·매화·해당화 등의 배치법, 계절별 화훼 배치법, 패랭이와 범부채 등 작은 들꽃을 이용해 꽃 병풍을 만드는 방법 등이 소개되었다. 오늘날에도 활용할 여지가 많은 방법들이다. 《예원지》는 또한 조선 초목의 특징을 포괄적으로 담은 전통 자료이다. 《청천양화록》 이후의 수많은 화훼 전문 문헌과 풍석이 몸소 보고 들은 내용이 새롭게 추가되면서 당대 조선의 화훼 정보를 가장 많이 담을 수 있었다. 예를 들어 진달래가 조선에서만 난다는 고유성이나, 해당화나 동백의 특이한 식생 등의 지식을 통해 당시에도 조선에서 연출할 수 있는 독특한 멋을 창출해낼 수 있었을 것이다.[22]

---

22 고연희, 〈예원지 해제〉(미출간본) 참고.

15세기 유일한 화훼 저술인 강희안(姜希顏, 1417~1464)의 《청천양화록(양화소록)》은 《예원지》에서 가장 많이 인용한 조선 문헌이다. 《예원지》에 인용된 내용은 대부분 전문적 재배법에 관한 것이지만, 《청천양화록》은 화훼 재배를 통해 오히려 인간의 심지와 덕성을 기를 수 있다는 확신을 바탕으로 저술된 책이다. '완물상지(玩物喪志)'라는 경계론을 '격물치지(格物致知)'라는 유학의 핵심 틀로 되받아친 것이다. 《예원지》는 《청천양화록》의 취지와 맞닿아 있다. 그리고 19세기의 늘어난 정보는 그 취지에 부합한 내용을 훨씬 방대하게 체계적으로 집대성할 수 있었다.

7) 연구사 정리

《예원지》를 주제로 다룬 연구는 많지 않았다. 김대중은 〈예원지 서문〉을 분석하면서, 서유구의 문집에서 보여준 화훼관을 함께 다뤘다. 그 결과 "서유구의 사유는 '사적 영역의 긍정'과 '공적 영역에 대한 책임감'이 결합되어 나란히 감으로써 더욱 투철하면서도 깊고 풍부해지는 방향으로 운동하고 있다."고 평가했다. 이와 동시에 "'허'와 '실'의 종합은 치밀한 이론적 토대를 확보하지 못한 채 다소 '절충적'인 방향으로 이루어진 감이 없지 않"아 다소 미진한 면을 보여준다는 비판도 곁들였다.[23]

윤지안은 전반적으로 확산된 조선후기의 화훼문화를 보여주면서, 《산림경제(山林經濟)》 중 꽃 재배를 다룬 〈양화(養花)〉(권2)와의 비교를 통해, 《임원경제지 예원지》에 이르러 이전 화훼서에 비해 보다 실용적이고 정확도가 높다고 보았다. 화훼문화의 확산을 통해 화훼명과 지식 정보가 재정리 되는 과정에 체계화가 되었다고 평가했다.[24]

23 김대중, 〈화훼에 대한 서유구의 감수성과 그 의미〉, 《한국실학연구》 11, 한국실학학회, 2006, 39~40쪽.
24 윤지안, 〈조선후기 화훼문화의 확산과 화훼지식의 체계화〉, 《농업사연구》 15, 한국농업사학회, 2016, 70쪽.

전종욱은 《임원경제지》에서 이루려는 이상을, 구복지양(口腹之養)뿐만 아니라 이목지양(耳目之養)을 추구함으로써 오관구열(五官俱悅)의 삶을 추구하려 한다는 〈예원지 서문〉에서 찾았다. 사대부는 허실겸양(虛實兼養)과 오관구열(五官俱悅)을 이룸으로써 전인(全人)과 성인(聖人)이 되는 길로 나아갈 수 있다고 풍석이 확신했다는 것이다. 그러면서 "신체의 동등한 기관으로서 구복(口腹)과 이목(耳目)이지만 이목의 활동은 제한이 없이 무한히 위대해질 수도 있고 무한히 추락할 수도 있다. 이는 천지와 우주 속의 인간이란 존재에게 그 권한과 책임을 매우 크게 부여하는 유학의 흐름 위에 함께 가면서도 동시에 인간의 다양한 욕망을 상당 부분 인정하고 권장하는 《임원경제지》의 서유구식 사유의 특징이라고 할 만하다."고 하여, 《예원지》의 의의를 크게 부여했다.[25] 또한 전종욱이 인간의 양생(養生)을 '몸-자연-사회'에 연계시켜 봐야 한다는 "천지양생(天地養生)"의 개념을, 《임원경제지》 전체를 관통하여 제시했을 때도 《예원지》에서 풍석이 보여 준 개념들이 핵심적으로 반영되었다.[26]

서정남 등은 《예원지》를 학계에 소개하고, 이 책에 소개되는 화훼류가 현재의 어떤 종에 해당하는지를 밝히는 동정(同定) 연구를 했다.[27]

또한 김동현 등은 조선 시대(15~19세기)의 정원 및 화훼 관련서 6종을 대상으로 정원에 대한 지식정보가 전개되는 특징을 시기별로 도출했다. 이를 통해 《예원지》를 포함한 《이운지》·《상택지》·《섬용지》 등 《임원경제지》의 정원·화훼 관련 저술에는, 저술 당시 발달한 농업기술과 전문지식을 반영한 정원 관련 지식이 대폭 보강되었고, 다룬 조경식물의 종도 가장 많았으며, 내

---

25 전종욱, 《임원경제지와 조선의 일용기술》, 들녘, 2022(근간).

26 전종욱, 〈《林園經濟志》와 朝鮮 養生의 志向에 대한 研究 : "몸-자연-사회의 연계를 중심으로"〉, 《대한한의학원전학회지》 35(2), 대한한의학원전학회, 2022.

27 서정남·고연희·김남이, 조선 후기 화훼원예 백과사전인 임원경제지 예원지, 한국원예학회 학술발표요지, 한국원예학회, 2015; 서정남·김광진·한경숙·고연희·김남이, 〈임원경제지 예원지에 기술된 초본화훼류의 동정〉, 《한국원예학회 학술발표요지》, 한국원예학회, 2017.

용면에서도 이전의 성취를 집대성하는 양상을 볼 수 있다고 파악했다.[28]

8) 금화(金華) 지명 고증과 그 의미

이번에 출판하는 《예원지》에서 특기할 점은 '금화(金華)'라는 지명의 고증이다. 이 지명은 《예원지》 기사에서 처음으로 나온다. 서유구는 《예원지》에서 자신의 저술 2종을 인용했다. 그중 하나가 《금화경독기(金華耕讀記)》이고, 분량도 자신의 다른 인용 저술인 《행포지(杏蒲志)》에 비해 14.5배가량 더 많다. 뿐만 아니라 《금화경독기》는 《임원경제지》 전체에서도 자신의 저술 중 가장 많은 분량으로 인용된 저술이다. 그렇기 때문에 이미 출판된 다른 지(志)들에서도 거의 빠짐없이 이 서명이 등장한다. 하지만 기사에 지명으로 등장한 적은 없었다. 《예원지》에서는 서유구의 안설(案說)에 "내가 금화(金華)산장에서 살 때 뒷산 기슭에 작은 나무가 떨기지어 났다."라 하여, 해당(海棠, 권2 〈꽃류(상)(꽃나무)〉)을 목격했던 경험담 중에 이 지명이 나온다.

《금화경독기》가 《임원경제지》에서 가장 중요한 저자 저술의 인용서임에도, 책명에 들어 있는 '금화'라는 지명을 제대로 규명하지 못했던 점이 내 마음에 오랫동안 걸렸다. 그간 학계에서는 금화를 경기도 포천시 영중면에 있는 금화봉 일대로 받아들였지만, 몇몇 정황상 나로서는 이 견해를 선뜻 받아들이지 않았다. 그 대신 파주시 군내면(조선의 장단 지역), 서울시 도봉구·노원구·의정부시·양주시 등 조선 시대 양주(楊州)의 서쪽 일대에 해당하는 지역을 후보로 염두에 두었지만, 결정적인 단서를 찾지는 못했다. 그러던 도중 2019년에 그 실마리를 찾으면서, 금화를 경기도 양주시 유양동 일대(양주시 백석읍 서쪽 끝 포함)로 고증했다.

그렇게 되면, 《임원경제지》 저술은 서유구가 병인년(丙寅年, 1806)에 관직

---

28 김동현·이원호, 〈조선시대 정원의 지식정보 전개와 수용 － 15~19세기 편찬된 정원 및 화훼 관련 서적을 중심으로 －〉, 《한국전통조경학회지》 38호, 한국전통조경학회, 2020.

에서 물러나 파주 장단으로 옮기기 전, 망해촌(望海村, 서울시 도봉구 도봉동 일
대)에 임시로 거주하다 금화산장으로 자리를 잡으며 양주에서 4~5년 동안 거
주하면서부터(1809년에 금화산장에 살았다는 기사는 "해당" 조 주석에 자세하다) 본격적
으로 시작되었다고 판단할 수 있다. 그는 병인년 이후 세상을 뜰 때까지 거
주지를 4번 옮겼다고 술회했다.[29] 그곳은 금화·대호[帶湖, 난호(蘭湖, 장단 지역
동쪽의 임진강 상류 일대로, 지금의 파주시 진동면 용산리로 추정됨)]·번계(樊溪, 서울시 도봉
구 번동)·두릉(斗陵, 경기도 남양주시 조안면)[30]이었다. 이 4곳이, 그 사이에 임시로

---

29 "吾於丙寅以後凡四遷其居. 金華以山無拱抱, 疤近官路棄. 帶湖以背無靠依, 土亦赤黏棄. 樊溪以
基窄田埆, 經濟莫施焉. 近所占斗陵, 江山最昭曠可喜, 而所乏者前坪耕稼之 耳."《楓石全集·金華
知非集》卷3〈書〉"示七輔".

30 서유구 직계 후손 서면석(徐勉錫) 선생님(1935~ , 88세)의 증언에 따르면, 양평군 강하면 운심리
에서 선대가 살았다는 이야기를 집안 어른들에게서 들었다고 한다. 이 점에 근거하여, 풍석이 운
심리에 자리를 잡았다고 추측할 수 있다. 그러나 운심리는 두물머리(양수리)에서 남한강 상류로
약 7~8km 올라간 곳에 있어서 운심리 일대를 두릉이라고 보기는 어렵다.
　　풍석이 거주했던 두릉의 집은 이전에 풍석의 일족인 서용보(徐龍輔, 1757~1824)의 별장이었다
고 한다. 윤제규(尹濟奎, 1810~1879)는〈두릉(斗陵)〉이라는 시에, "뱃사람들 습관처럼 정승지
(丁承旨)를 말하니, 현세의 동파옹(東坡翁, 소동파)이란 말 허명이 아니라네. 또한 서씨(徐氏) 집
안의 정원이 좋다는데, 중간에 주인 바뀌었어도 성씨 여전히 서씨로다. 舟人慣說丁承旨, 現世坡翁
譽不虛. 又是徐家園子好, 中年易主姓仍徐."라 했다. 그리고 이 시 아래에, "다산 정약용(丁若鏞,
1762~1836)의 정원과 정자가 여기에 있다. 또 재상 서용보의 별서(별장)가 여기에 있었다. 지금은
봉조하 서유구가 그 별서를 사 거처하면서 문장과 부귀로 일시에 이름을 날렸다(丁茶山園亭在此,
又有徐相國龍輔別業, 今徐奉朝賀有架買居, 而文章·富貴, 一時擅名)."라는 원주가 달려 있다. 윤
제규,《(국역) 扐堂 尹濟奎 先生文集》〈斗陵〉(영인본), 한국학술정보, 2012, 521~522면. 김지
영,〈조선 후기 斗陵 일대에 대한 공간 인식의 변화와 그 의미〉,《大東漢文學》53집, 대동한문학
회, 2017, 247쪽에서 재인용.
　　풍석이 세상을 떠난 20여 년 뒤에는 풍석을 종유(從遊)했던 박규수(朴珪壽, 1807~1877)가 그
의 집을 사서 살았다. 박규수는 서유구의 학문적 스승 박지원(朴趾源, 1737~1805)의 손자다. "지
난번에 두릉에서 낡은 집 한 채를 얻었습니다. 그 집은 곧 서풍석(徐楓石, 서유구)의 옛집이었지
요. 向得一老屋於斗陵, 卽徐楓石舊宅也." 朴珪壽,《瓛齋集》卷9〈書牘〉'與尹士淵(7번째)【丁
卯, 1867】'. 조창록,〈楓石의 실학자적 위상과 '林園經濟'〉, 조창록·김문식·염정섭·박권수·김호,
《풍석 서유구 연구(上)》, 성균관대학교 출판부·사람의무늬, 2014, 60~61쪽과 한국고전종합DB
참조.
　　이상을 종합해 보면 풍석이 죽고서 몇 년 간은 그의 후손이 두릉에 살았는지는 모르겠으나, 박
규수에게 집을 판 이후에는 그 근처의 강하면 운심리에 정착을 했던 것으로 보인다.

기거했던 곳들을 제외한 주요 거주지였다.[31]

그 동안은 금화의 지명을 확정할 수 없었기 때문에, 《임원경제지》를 파주 장단에서 저술하기 시작했고 저자가 사망할 때까지 약 39년 간 저술이 이어졌다고 나는 주장했다. 이제 이를 철회하고, 양주시 유양동에 있던 금화산장(金華山莊)에서 저술이 개시되었다고 본다. 내가 논문을 따로 발표할 기회가 없어서 이 주장은 심명주 박사님의 박사논문에만 나의 견해로 반영이 되었을 뿐이다.[32] 이번 기회에 거기에 자료를 더 추가하여 정리했다.

9) 마무리

화초는 나비나 벌, 개미와 같은 곤충들만 좋아하는 대상이 아니다. 사람 또한 좋아한다. 단지 좋아한다는 감정을 넘어 화훼를 향한 진지한 심미적 추구는 인간 감정의 순화에까지 영향을 미친다. 요즘도 실내에 화분 하나 없는 곳이 거의 없고, 전원의 풍경을 떠올릴 때 화초 없는 장면을 상상하기 어렵다. 도로변이나 도시의 조경에도 화초는 빠질 수 없다. 다 쓰러져가는 시골집 마당에도 그와는 너무나 대조적으로 아름다운 화초들은 무성하게 자란다.

왜 이런 모습이 자연스레 형성되었는지는 묻지 않아도 명약관화다. 화훼가 제공하는 시각적 아름다움과 후각적 향기를 향유하고 싶어 하는 마음은 거의 인간의 본성에 가깝다. 화훼를 선호하는 이 같은 인간의 집단적

---

31 1806년 유양(維楊)의 각심촌(角心村)에 살았고, 풍석의 아들 서우보에 따르면 정묘년(1807)에는 노원(蘆原, 서울시 노원구 중계동)에서 살았다고도 한다. "丁卯(1807)秋, 媼有風眩之疾, 避寓于椒洞, 而余將往覲家大人于蘆原寓所, 歷省媼病." 徐宇輔, 《秋潭小橐》卷下 〈文〉 "祭庶曾祖母密陽朴氏文", 서울대 규장각한국학연구원 소장본(도서번호: 古3428-310), 27면. 또 신미년(1811)에는 두호(豆湖, 서울시 성동구 옥수동으로 추정됨. 조창록, 위와 같은 논문, 87쪽)에서도 살았다고 한다. "辛未(1811)春, 復隨家大人, 來居于豆湖." 徐宇輔, 위와 같은 곳. 그러나 이곳들은 임시 거주지였기 때문에 서유구는 위의 4곳에서 제외했을 것이다.
32 심명주, 《〈형비포치(衡泌鋪置)〉를 통해 본 서유구(徐有榘)의 향촌 공간 구상》(이화여자대학교 박사학위논문), 2020, 13쪽 주 29번.

지향의 결과다. 먹고사느라 피곤에 찌들고 윗사람들 눈치 보느라 심리적 압박에 휩싸여 있어서 잠시의 호사를 누릴 수 없는 조선의 백성들조차도 화훼를 들판에서만 감상하지 않고 적극적으로 자신들의 거주지 안에 들였던 것이다.

감수를 맡아주신 서정남 박사님은 《예원지》에 나오는 모든 화훼명의 고증에 특히 혼신의 힘을 다해주셨다. 현대의 명칭과 일치하는지 여부를 확인하는 과정에서 자신의 확신이 서지 않으면 최종 명칭을 유보하면서 오랜 동안의 동정 연구 결과를 반영할 수 있도록 해주셨다. 이러한 철저한 검증이 끝난 후에 해당 화훼의 사진을 기꺼이 제공해주셨다. 지면을 빌어 다시한 번 감사드린다.

자료 사진에 아쉬움이 많다. 주변에서 흔히 보기 때문에 그 중요성을 간과했던 여러 화초들이 싹을 틔우면서부터 한살이 동안 변모해가는 모습을 사진으로 전달하고 싶었다. 하지만 항상 시간 부족에 시달렸고 1년 동안의 촬영을 꾸준히 이어가기에는 역부족이었기에 한두 번의 필드 촬영을 통해 부족분을 메꿀 수밖에 없었다. 난화나 모란, 국화 등은 물론이고, 봉선화나 양귀비, 맨드라미 같이 주변에서 흔히 만날 수 있는 꽃들의 다양한 아름다운 모습을 담지 못했던 것이다. 그런 와중에 사진을 기꺼이 제공해주신 분들이 너무도 고마웠다. 그에 대한 감사 표시는 책 맨 앞에 판권지에서 했다.

정명현(임원경제연구소 소장)

《예원지》 서문

藝畹志引

일반적으로 풀 종류 중에서 먹을거리가 될 만한 것은 모두 《관휴지》의 채소류에 넣었다. 먹기에는 맞지 않지만, 꽃이나 잎의 완상거리를 제공할 만한 것들은 따로 구별하여 《예원지》로 만들었다. 이 제목은 '난초를 기른다'[1]는 뜻을 취한 것이다.

凡艸之可爲口實者總歸於蔬茹. 其不中於食而有花葉可供觀玩者, 別之爲《藝畹志》, 取滋蘭之義也.

모두 5권인데, 제1권은 '총서'이고, 제2·3권은 '꽃류', 제4권은 '훼류', 제5권은 '꽃 이름 고찰'이다.

凡五卷, 其第一曰總敍, 第二、第三曰花類, 第四曰卉類, 第五曰花名攷.

무릇 우리 사람은 살아가면서 오관(五官)[2]을 사용한다. 그러나 단독으로 움직일 수 없으니, 반드시 자연의 사물에 힘입어 오관을 길러야 삶이 풍부해진다. 곡식이나 고기, 채소와 같은 것들은 입을 길러 주는 것으로, 그 구비됨이 충분하다. 그렇다면 귀, 눈 그리고 코에 대해서만 유독 길러 주는 바가 없겠는가.

夫吾人之生有五官之用焉. 然不能獨行, 必資天物以養之, 得厚其生. 如粟米、羶腥、殽蔌之倫, 所以養口者, 極其備矣. 則於耳目與鼻, 獨無所養乎?

---

1 난초를 기른다[滋蘭]:굴원(屈原)이 9원(畹)에서 난초를 길렀다는 전거가 있다. "이미 9원에는 난초 기르누나! 또 100묘에는 혜초 심지. 予旣滋蘭之九畹兮, 又樹蕙之百畝."《楚辭》〈離騷〉.
2 오관(五官):눈·귀·코·입·피부의 다섯 감각 기관.

藝畹志引

凡艸之可爲口實者總歸於蔬茹其不中於食而有
花葉可供觀玩者別之爲藝畹志取滋蘭之義也凡
五卷其第一曰總叙第二第三曰花類第四曰卉類
第五曰花名攷夫吾人之生有五官之用焉然不能
獨行必資天物以養之得厚其生如粟米饘腥穀穀
之倫所以養口者極其備矣則於耳目與鼻獨無所
養乎人者慧而巧與禽獸不倫也禽獸者急於口腹
之養無暇及於其外惟人則保生以後別求所以觀
玩之供又多於保生焉及其甚也至有壞邦捐軀而

87

사람은 지혜롭고 재주가 있어서 금수와는 같은 부류가 아니다. 금수는 입과 배를 기르는 일에만 급급할 뿐 그 밖의 것까지 미칠 겨를이 없다. 오직 사람만이 목숨을 보존하는 일 외에 별도로 완상거리들을 구하기도 하고, 또 목숨을 보존하는 일보다 더 많이 애쓰기도 한다. 심한 경우에는 나라를 망하게 하고 몸을 망치면서도 그만두지 못하는 경우도 있다. 이것은 어떤 이유에서인가?

人者慧而巧, 與禽獸不倫也. 禽獸者急於口腹之養, 無暇及於其外. 惟人則保生以後, 別求所以觀玩之供, 又多於保生焉. 及其甚也, 至有喪邦損軀而不能已者. 此曷故焉?

어떤 사람이 나를 비난하며 말하였다.

"곡식과 채소 가꾸기는 삶을 넉넉하게 하는 일이라 실제에서 유익합니다. 그렇지만 화훼류 기르기 같은 경우는 단지 완상거리만을 제공하는 일인데 어찌 이리 급급해 하십니까? 전(傳)에, '무익한 일로 유익한 일을 해치지 않는다.'[3]라고 했습니다. 이제 이 《예원지》의 저술은 쓸 데 없는 일이 아니겠습니까?"

或難之曰: "稼穡蔬茹, 所以厚生, 有益於實者也. 至於花卉, 但供玩好, 何用汲汲? 傳曰: '不作無益害有益.' 今此《藝畹志》之述, 不其贅與?"

이에 내가 답하였다.

"그렇지 않습니다. 일반적으로 사물을 기르는 데 허(虛)가 있고 나서 실(實)을 기를 수 있어야 온전하게 됩니다. 만약 실(實)을 기르는 것만 힘쓴다면, 기르는 일이 도리어 황폐해집니다. 반드시 허와 실을 함

答曰: "不然. 凡物之養, 有虛者然後, 養實者全矣. 若但知養實之是務, 則所養反鹵莽矣. 必也虛實兼養, 乃可完矣. 老聃氏不云乎?

---

3 무익한……않는다: "不役耳目, 百度惟貞, 玩人喪德, 玩物喪志. 志以道寧, 言以道接. 不作無益害有益, 功乃成. 不貴異物賤用物, 民乃足." 《尚書正義》卷13〈旅獒〉第7《十三經注疏整理本.》3, 389쪽). 여기에 나오는 "완물상지(玩物喪志)"는 사물을 좋아하는 취미에 휩쓸리는 유학자들을 경계하는 말로 자주 언급되며, 사물에 정신이 팔리면 원대한 이상을 잃어버린다는 뜻이다.

不能已者此曷故焉或難之曰稼穡蔬茹所以厚生
有益於實者也至於花卉但供玩好何用汲汲傳曰
不作無益害有益今此藝畹志之述不其贅與答曰
不照凡物之養有虛者照後養實者全矣若但知養
實之是務則所養反鹵莽矣必也虛實兼養乃可完
矣老聃氏不云乎鑿戶牖以為明當其無有室之用
無者虛也養虛非所以養實乎其於人也口回吾有
也且目鼻亦吾有也若但知養彼而不知養此則彼
養者不其偏乎如欲求吾人之供必有五官俱悅者
照後可矣此所以本利灌畦之後承以藝畹也與

께 길러야만[虛實兼養] 비로소 온전해지지요. 노담씨(老聃氏, 노자)가 말하지 않았습니까? '집에 문과 창을 만들어 밝은 공간을 만들 때 그 방의 아무것도 없는[無] 빈 공간이야말로 방의 쓰임이다.'⁴라고요. '없음[無者]'은 '허(虛)'입니다. 허를 기르는 일이야말로 실(實)을 기르는 근원이 아니겠습니까?

사람에게 입은 본래 내 몸이고, 귀와 눈, 코도 내 몸이다. 만약 저것(입)만을 기를 줄 알고 이것(귀·눈·코)을 기를 줄 모른다면 저것만 기르는 일은 한쪽으로 너무 치우친 일이 아니겠는가? 만약 우리가 누릴 만한 것들을 찾고자 한다면, 반드시 오관을 모두 즐겁게 해 주는[五官俱悅] 요소들을 골고루 갖춘 뒤에라야 바른 기름이 될 것이다. 이것이 《본리지》·《관휴지》 뒤에 《예원지》를 배치한 까닭이로다.

'鑿戶牖以爲明[1], 當其無, 有室之用.' 無者, 虛也. 養虛非所以養實乎."

其於人也口固吾有也, 耳目鼻亦吾有也. 若但知養彼而不知養此, 則彼養者不其偏乎? 如欲求吾人之供, 必有五官俱悅者, 然後可矣. 此所以《本利》·《灌畦》之後, 承以《藝畹》也與.

4　집에……있다: "三十輻共一轂, 當其無, 有車之用; 埏埴以爲器, 當其無, 有器之用; 鑿戶牖以爲室, 當其無, 有室之用. 故有之以爲利, 無之以爲用."《老子》第11.
[1]　明: 《老子》에는 "室". 《노자》의 맥락으로는 '室'이 정확한 표현이다.

1

예원지 권제 1
藝畹志 卷第一

임원십육지 18
林園十六志十八

Ⅰ. 총서

꽃나무에 물 주는 법은 제각각 다르다. 목서(木樨)는 돼지똥을 써야 하고, 서향(瑞香)은 돼지고기 삶은 국물을 써야 하고, 포도는 쌀뜨물과 고기국물을 써야 효과가 더욱 빼어나다. 꽃나무에 똥을 사용해서는 안 되는 경우가 매우 많으므로 더욱 자세히 물어보고 사용해야 한다. 똥거름이 알맞지 않은 꽃나무에 똥거름을 주면 꽃나무가 바로 말라 버린다.

- I -

총서

總敍

1. 파종과 옮겨심기

種栽

1) 파종하는 법

子種法

일반적으로 파종할 때에 핵[核][1]은 줄지어 심어야 하고, 씨[子]는 흩뿌려 심어야 한다. 파종하는 법은 다음과 같다. 가지 끝의 마른 열매를 거두어 바람이 통하는 곳에 매달아 둔다. 파종할 때가 되면 씨를 햇볕에 쬐어 조금 말린다. 볕이 잘 드는 곳을 골라서 거름흙을 고르게 펴고 핵의 뾰족한 부분이 위로 향하도록 핵을 줄지어 심은 다음 다시 거름흙으로 덮는다.

凡下種, 核宜排, 子宜撒. 其法: 收枝頭乾實, 懸通風處. 臨種[1]少曬, 擇向陽之所, 以肥土鋪平[2], 將核尖向上排定, 再以肥土蓋之.

반면 씨는 그렇지 않다. 반드시 재와 진흙을 절반씩 섞고, 씨를 그 속에 섞어 넣어서 파종법에 따라 뿌린다. 이때 습도를 적절하게 맞추면 효과가 빼어나다. 《증보도주공서(增補陶朱公書)[2]》[3]

子則不然, 須以灰泥合半, 將子雜拌于中, 按法撒之. 乾濕得所爲妙. 《增補陶朱公書》

---

1 핵[核] : 속씨를 보호하는 단단한 껍질이 있는 씨. 복숭아씨·살구씨 등과 같은 종류를 말한다.
2 증보도주공서(增補陶朱公書) : 저자 미상. 도주공(陶朱公)은 중국 춘추 시대 월(越)나라 왕 구천(句踐)의 신하인 범려(范蠡)이다. 범려는 화식(貨殖, 재물 증식)에 뛰어났기에 상왕(商王)으로 불렸다. 그런 그의 이름에 가탁하여 쓴 책으로 추정된다. 중국 명(明)나라 말기의 문인 진계유(陳繼儒)가 지은 《증보도주공치부기서(增補陶朱公致富奇書)》가 전해지며, 본문의 《증보도주공서》 기사와 일치하는 부분이 일부 있지만 같은 책인지 확정할 수 없다.
3 출전 확인 안 됨 ; 《重訂增補陶朱公致富奇書》〈栽花總論〉, 139~140쪽.
[1] 種 : 《重訂增補陶朱公致富奇書·栽花總論》에는 없음.
[2] 平 : 《重訂增補陶朱公致富奇書·栽花總論》에는 "半"

2) 꺾꽂이법

일반적으로 꽃나무를 꺾꽂이할 때는 반드시 동지 이후부터 입춘 이전까지 해야 한다. 엄지손가락 굵기만 한 학슬(鶴膝)[4]이 있는 곧은 가지를 자르되, 길이는 2척 정도이다. 이를 토란 속에 끼워 넣는다.

흙을 널찍하게 파서 진흙물을 섞는다. 여기에 생파 1단을 잘게 잘라 진흙 속에 고루 섞고, 가지 끼운 토란을 넣는다.[5] 이를 고운 흙으로 덮은 다음 다지지는 않는다. 이렇게 하면 그 해에는 꽃이 피고, 다음 해에는 열매를 맺는다. 《종수서(種樹書)[6]》[7]

봄에 꽃이 이미 반쯤 피었으면 칼로 꽃이 나온 가지의 밑부분을 잘라 바로 무[蘿蔔] 위에 꽂는다. 화분에 흙을 담아서 이를 심고 때때로 물을 준다. 나중에 꽃이 지면 뿌리가 이미 났을 것이다. 꽃이 살려는 뜻을 해치지 않으면서도 옮겨 심을 수도 있으니, 또한 기이한 법이다.[8] 《계신잡지(癸辛雜識)[9]》[10]

扦插法

凡種花木[3], 須冬至後立春前. 斫直幹有鶴膝如大拇指者, 長二尺許, 扎于芋魁中.

掘土令寬, 調泥漿. 細切生蔥一束[4], 攪於泥中, 以細土覆之, 勿令實. 當年有花, 次年結實. 《種樹書》

春花已半開者, 用刀翦下, 卽揷之蘿蔔上, 却以花盆用土種之, 時時澆漑. 異時花過, 則根已生矣. 既不傷生意, 又可得種, 亦奇法. 《癸辛雜識》

4　학슬(鶴膝):나뭇가지에 학의 무릎처럼 불룩하게 솟아 있는 부분.

5　가지……넣는다:《종수서》에는 "攪於泥中" 뒤에 "將芋魁置泥中"라는 구절이 있어서 이를 반영하여 옮겼다.

6　종수서(種樹書):중국 당(唐)나라의 원예사(園藝師) 곽탁타(郭橐駝)가 쓴 농서. 나무의 천성을 거스르지 않고 그대로 온전히 얻게 함으로써 나무들이 절로 번성하는 방법을 수록했다. 탁타는 낙타(駱駝)인데, 그의 등이 불룩 솟아 마치 낙타와 닮았기 때문에 그렇게 불렸다고 한다.

7　《種樹書》卷下〈花〉(《叢書集成初編》1469, 46~47쪽).

8　봄에……법이다:이상의 《계신잡지》의 기사를 서유구는 본래 이 다음의 기사와 연결된 하나의 기사로 인용했다. 그리고 출처를 《농정전서》로 달았다. 추후에 《계신잡지》 원문을 확보한 뒤에 《계신잡지》에 의거하여 대대적으로 수정을 가했다. 오사카본에는 그 수정의 흔적이 고스란히 남아 있다.

9　계신잡지(癸辛雜識):중국 남송의 주밀(周密, 1232~1298)이 지은 유서. 4권 481개의 조항으로 구성되어 있다.

10　《癸辛雜識續集》卷上〈揷花種菊〉(《叢書集成初編》1561, 230쪽).

[3] 木:《種樹書·花》에는 "藥".

[4] 束:《種樹書·花》에는 "升".

〔扦挿法〕凡種花木須冬至後立春前所直幹有鶴膝

如大拇指者長二尺許扎于芋魁中掘土令寬調

泥漿細切生葱一束攬於泥中以細土覆之勿令

實當年有花次年結實 種樹書

下即挿之 雜蔔上 花盆內種之 春花半開者

過則根生不傷生意又可得種亦奇法也 立夏日

取交春一個時辰內扦挿各色樹木入地四五寸

無不活者當年即便生活 全書農政 立秋時辰扦者

無有不活 譜芳

〔移栽法〕凡花木有直根一條謂之命根趁小栽時便

《계신잡지》 인용 기사의 개고 흔적(오사카본 《예원지》)

입춘일, 봄기운이 교차하는 한 시진(時辰, 2시간) 내에 각종 수목을 꺾꽂이하여 땅으로 0.4~0.5척 들어가게 한다. 그러면 살지 않는 나무가 없고, 그 해에 바로 열매를 맺는다. 《농정전서(農政全書)[11]》[12]

立春[5]日, 取交春一個時辰內, 扦插各色樹木, 入地四五寸, 無不活者, 當年卽便生結[6]. 《農政全書》

입추(立秋, 양력 8월 7·8일경)의 한 시진에 꺾꽂이를 하면 살지 않는 나무가 없다. 《군방보(群芳譜)[13]》[14]

立秋時辰扦者, 無有不活. 《群芳譜》

3) 옮겨 심는 법

일반적으로 꽃나무에는 곧은 뿌리 1가닥이 있는데, 이를 '명근(命根)[15]'이라 한다. 명근이 작을 때를 틈타 편의대로 소반을 대거나, 벽돌로 받쳐서 아래로 자라나지 못하게 하면 나중에 옮겨심기 쉽다. 《종수서》[16]

移栽法

凡花木有直根一條, 謂之 "命根". 趁小栽時, 便盤了, 或以磚石[7]承之, 勿令生下, 則他日易移.《種樹書》

접붙인 꽃나무를 옮겨 심으려면 반드시 접붙인 곳을 흙 위로 나오게 해야 한다. 《종수서》[17]

花木接者移種, 須令接頭在土外. 同上

---

11 농정전서(農政全書) : 중국 명(明)나라 후기의 학자이며 정치가인 서광계(徐光啓, 1562~1633)가 편찬한 농서. 한(漢)나라 이후 특히 발달하기 시작한 농학자의 여러 설을 총괄·분류하고 수시로 자기의 설(說)을 첨부하여 집대성한 책으로, 농본(農本)·전제(田制)·농사(農事)·수리(水利)·농기(農器)·수예(樹藝)·잠상(蠶桑) 등 12문(門)으로 되어 있다.

12 《農政全書》 卷37 〈種植〉 "宗法", 1027쪽.

13 군방보(群芳譜) : 중국 명나라의 왕상진(王象晉, 1561~1653)이 편찬한 식물서. 청나라의 왕호(汪灝, ?~?)가 이를 증보하여 《광군방보(廣群芳譜)》를 편찬했다.

14 《二如亭群芳譜》〈貞部〉 "花譜簡首" '扦花'(《四庫全書存目叢書補編》80, 675쪽).

15 명근(命根) : 줄기에서 땅속으로 곧장 뻗은 근본 뿌리. 주근(主根)이라고도 한다.

16 《種樹書》 卷下 〈花〉(《叢書集成初編》 1469, 49쪽).

17 《種樹書》 卷下 〈花〉(《叢書集成初編》 1469, 44쪽).

[5] 春 : 저본에는 "夏". 문맥에 근거하여 수정.

[6] 結 : 저본에는 "活". 《農政全書·種植·宗法》에 근거해 수정.

[7] 石 : 《種樹書·花》에는 "瓦".

먼저 가지의 방향을 기록하고 대나무칼로 흙을 판다. 이때 아래로는 뿌리를 상하지 않게 하고, 위로는 잎을 훼손하지 않도록 해야 한다. 앞의 방법대로 옮겨 심고, 거름흙을 다시 더하여 사방 가장자리에 가득 메운다. 또 돌과 대나무를 둘러 꽂아 안정시키고, 나무를 삼껍질로 단단하게 감아 바람에 흔들리는 일을 막는다.

先記枝之所向, 將竹刀掘起, 下勿傷根, 上勿損葉. 如前種之, 再加肥土, 塡滿四邊. 又以石、竹扦定, 麻皮縛牢以防風搖.

또 돌을 평평하게 깔아서 나무가 진흙에 더러워지는 것을 막는다. 만약 진흙에 한 번이라도 더러워져 잎이 누렇게 되어 떨어지면 바로 물을 적절하게 주어야 한다. 며칠 동안 바람과 햇빛을 조심히 피하면 나무가 살아난다. 《증보도주공서》[18]

又以石子鋪面以防泥濺. 如泥一濺, 葉則黃脫, 仍須澆灌得宜, 謹避風日數日則活. 《增補陶朱公書》

휘묻이[壓枝][19]는 반드시 추분(秋分, 양력 9월 22·23일경)에 해야 하고, 옮겨심기는 반드시 춘분(春分, 양력 3월 20~21일)에 해야 한다. 하지만 뿌리째 파서 옮겨심기는 절기에 구애받지 않는다. 《완화잡지(浣花雜志)[20]》[21]

壓枝必在秋分, 移栽必在春分, 鑿根不拘時候. 《浣花雜志》

4) 포기 나눠 옮겨 심는 법

2월에 꽃나무의, 옆으로 자라난 줄기 중에서 줄기를 나눌 수 있을 만한 작은 줄기를 취하여 먼저

隔根分栽法

二月, 取花木旁生小株可分者, 先就連處劈分, 用大

---

18 출전 확인 안 됨;《重訂增補陶朱公致富奇書》〈栽花總論〉, 140~141쪽.
19 휘묻이[壓枝] : 식물의 가지를 잘라 내지 않고 가지에서, 뿌리를 내어 번식시키는 방법. 일반적으로 휜 줄기를 땅에 묻어 뿌리를 낸다.
20 완화잡지(浣花雜志) : 미상.
21 출전 확인 안 됨;《汝南圃史》卷9〈本花部〉下 "海棠"(《續修四庫全書》1119, 94쪽).

휘묻이　　　　　　　　　　　　　　　　　　　새 뿌리

그루터기에서 줄기가 연결된 곳을 갈라 나눈다. 이
어서 큰 나무 조각을 이용하여 나눈 포기를 갈라 벌
리고, 북을 주어 각각 스스로 뿌리를 내리도록 한
다. 그러면 다음해라야 옮겨 심을 수 있다. 이 방법
은 핵(核)을 심는 법보다 나으니, 2년이면 무성해진
다. 《군방보》22

木片隔開, 土培, 令各自生
根, 次年方可移植. 勝於核
種, 二年卽茂.《群芳譜》

---

22 《二如亭群芳譜》, 위와 같은 곳.

2. 접붙이기

接換

1) 접붙이기 총론

장자(張鎡)[1]의 꽃나무 접붙이는 법: 접붙이기 할 때 접지(접가지)[2]와 대목(臺木)[3]은 껍질은 껍질끼리, 줄기는 줄기끼리 접붙인다. 접붙인 부위를 삼껍질로 단단하게 묶고, 그 위는 댓잎을 넓게 덮어 둔다. 새싹이 조금 자랐을 때 바로 댓잎을 거두면 잘 자라지 않는 꽃이 없다. 《유환기문(游宦紀聞)[4]》[5]

일반적으로 접붙이기를 하려면 접지와 대목이 반드시 서로 균형이 맞아야 한다. 큰 것을 접붙일 때는 높게 잘라야 하고, 작은 것을 접붙일 때는 낮게 잘라야 한다.

대접(對接)할 때는 위의 접지와 아래의 대목을 각각 정확하게 반쪽씩 잘라 반쪽은 버린다. 편접(偏接)

接樹總訣

張約齋接花法: 要接時, 將頭與本身, 皮對皮, 骨對骨. 用麻皮緊纏, 上用箬葉寬覆之. 如萌茁稍長, 卽撤去箬葉, 無有不成也. 《游宦紀聞》

凡接換必須相稱, 貼大宜高截, 貼小宜低截.

對接, 上下各正去半片. 偏接, 上下各斜去半片.

---

1 장자(張鎡): 1153~?. 중국 남송의 관료. 자는 약재(約齋). 사고로 좌천되었으나 집안이 매우 부유하여 호수와 정원을 건축하고 취미생활을 하면서 여생을 보냈다.
2 접지(접가지): 나무를 접붙이할 때 접본(椄本)에 붙이는 나뭇가지나 눈, 또는 그러한 일. 접수(椄穗)라고도 한다.
3 대목(臺木): 나무에 접붙이기를 할 때 밑에 위치한 뿌리를 가진 바탕나무.
4 유환기문(游宦紀聞): 중국 남송의 장세남(張世南, ?~?)이 지은 유서. 역법·기술·문물제도 등 다양한 내용이 수록되어 있다.
5 《游宦紀聞》卷6(《唐宋史料筆記叢刊·游宦紀聞·舊聞證誤》, 54~55쪽).

할 때는 위의 접지와 아래의 대목을 각각 비스듬하게 잘라 반쪽은 버린다.

삽접(揷接)할 때는 본 뿌리(대목)는 평평하게 자르고, 삽입할 가지는 비스듬하게 잘라 껍질 안쪽에 꽂는다. 같은 종류를 합접(合接)할 때는 두 가지를 각각 반으로 갈라 각각의 반쪽은 버리고, 남은 두 반쪽을 모두 삼끈으로 묶고 지지할 수 있도록 대나무를 덧댄다. 이를 진흙으로 봉하여 죽순껍질로 싼다.

揷接, 截平本[1]根, 削斜分枝, 揷皮內. 合接同種, 兩枝各削去半邊, 俱用麻縛篾幇, 泥封籜裏.

접붙인 나무 사방에 가시나무를 둘러 까마귀나 참새를 막는다. 항상 물을 뿌려 주고 또 햇빛을 피하도록 한다. 만약에 폭풍이나 폭우를 만나면 나무를 급히 가려서 보호해야 한다. 그렇지 않으면 살지 못한다. 《증보도주공서》[6]

四圍扞棘以防烏雀, 常將水灑, 更避日色. 若遇狂風大雨, 急宜遮護, 否則不活.《增補陶朱公書》

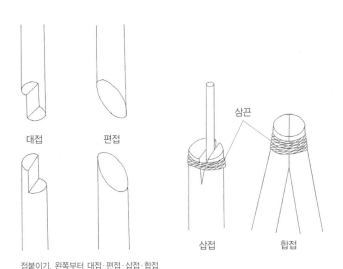

접붙이기. 왼쪽부터 대접·편접·삽접·합접

삼끈

대접   편접   삽접   합접

---

6 출전 확인 안 됨;《重訂增補陶朱公致富奇書》〈栽花總論〉, 139쪽.

[1] 本:《重訂增補陶朱公致富奇書·栽花總論》에는 "木".

일반적으로 꽃나무를 접붙일 때는 비록 이미 접붙인 곳이 살아서 안에 수지(樹脂)[7]의 힘이 있더라도 아직 온전히 살았다고는 할 수 없다. 따라서 접붙인 곳은 아주 조심히 보호해야 한다. 만약 장맛비가 그 껍질에 스며들면 결코 살지 못한다. 《종수서》[8]

凡接花木, 雖已接活, 內有脂力, 未全包生, 接頭處切要愛護. 如梅雨浸其皮, 必不活.《種樹書》

2) 2가지 꽃나무 접붙이는 법

接花兩般色法

꽃나무나 과일나무 2가지를 붙이려면 그 법은 다음과 같다. 가령 수구[9]를 접붙이려면, 먼저 팔선화(八仙花, 수구의 홑꽃원종)를 질그릇 화분에 옮겨 심는다. 이듬해 봄에 팔선화 심은 화분째로 수구 심은 밭에 옮겨 심는다.

欲花果兩般合色則其法: 假如欲接繡毬花, 先取八仙花栽培于瓦盆中, 次年春, 連盆移就繡毬花畔.

팔선화줄기 중 뿌리에서 0.7~0.8척 정도 떨어진 부분에서 껍질의 반쪽을 대략 0.2~0.3척이 되게 깎아서 제거한다. 또한 수구의 어린 가지에서도 껍질의 반쪽을 깎아서 제거한다.

將八仙花梗, 離根七八寸許, 刮去半邊皮, 約二三寸. 又將繡毬花嫩枝, 亦刮去皮半邊.

팔선화와 수구의 깎은 부분을 한 몸으로 맞대어 합하고 삼끈으로 묶은 뒤, 물을 자주 준다. 10월이 되어 껍질이 생겨나 한 몸으로 합쳐지면 수국의 본줄기를 잘라 낸다. 이를 흙에 옮겨 심으면 저절로 무성해진다. 한 해를 보내고 잘라내면 효과가 더욱 빼어나다.

彼此挨合一處, 用麻繩縛, 頻用水澆. 至十月, 候皮生合爲一處, 截斷繡毬本, 入土栽培, 自然暢茂. 周歲斷者, 尤妙.

---

7 수지(樹脂) : 나무에서 분비되는 점성이 있는 액체.
8 《種樹書》卷下〈花〉(《叢書集成初編》1469, 45쪽).
9 수구 : 쌍떡잎식물 꼭두서니목 인동과의 낙엽활엽 관목. '불두화(佛頭花)'라고도 쓴다.

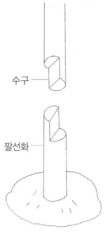

수구

팔선화

무성화만으로 이루어진 수구(중국왕설구화로 추정)는 대목으로 꽃차례 가운데 유성화가 있는 원종 팔선화에 접을 붙여서 번식시켰다는 것을 의미한다. 이들의 꽃과 형태가 유사한 설구화(오른쪽)와 설구화 원종(왼쪽).

팔선화와 수구 접붙이는 법(근대 이후로 수구는 대부분 이 법과 달리 삽목법으로 접붙인다)

백목련[玉蘭]10을 접붙일 때는 목련[木筆]11을 대목으로 하되, 위와 같은 법으로 한다.《종수서》12

貼玉蘭花, 以木筆, 同上法爲之.《種樹書》

---

10 백목련[玉蘭] : 쌍떡잎식물 목련과의 낙엽 교목. 중국 황하 이남 지역에 고루 분포한다.

11 목련[木筆] : 쌍떡잎식물 목련과의 낙엽 교목. 우리나라 전 지역에 분포하며, 꽃이 필 때 끝이 북쪽을 향하기 때문에 북향화(北向花), 꽃눈이 붓을 닮았기 때문에 목필(木筆)이라 한다. 중국에서는 우리와 다른 종을 가리킬 수 있다는 견해도 있다.

12 출전 확인 안 됨;《農政全書》卷37〈種植〉"種法"(《農政全書校注》中, 1031쪽).

3. 물주기와 거름주기

澆壅

1) 거름 주는 법

일반적으로 꽃나무를 심어 꽃을 많이 얻으려면 반드시 거름흙을 써야 한다. 가을과 겨울 사이 뿌리에 거름 주면 봄에 꽃 필 때 꽃이 저절로 풍성해진다. 돼지똥을 흙에 섞고 열이 나게 하면 거름흙이 된다. 《종수서》[1]

식물은 흙을 모태로 삼지 않는 것이 없다. 더욱이 향기롭고 꽃다운 풀[芳草]은 화분에서 길러지기 때문에 기운을 받는 데 한계가 있어 오로지 좋은 흙의 자양분에 의지하게 된다. 흙에 대해 잘 알고 유념하여 흙을 가려 낼 수만 있으면 꽃을 옮겨 심고 가꾸는 법도에 대해 반 이상은 알고 있는 것이다[思過半][2]. 《여남포사(汝南圃史)[3]》[4]

일반적으로 흙을 저장할 때는 반드시 생풀을 호미질해 뽑아 놓고 그 위에 거름을 뿌린 다음 재를

壅培法

凡種花欲得花多, 須用肥土. 秋冬間壅根, 春來着花自然盛. 以猪糞和土, 令發熱爲肥土. 《種樹書》

植物莫不以土爲母. 況芳草在盆, 受氣有限, 全賴良土滋養. 但能於①土, 留心揀擇, 栽花之道, 思過半矣. 《汝南圃史》

凡貯土, 須鋤靑草, 以糞澆之, 煨過再澆, 如此數度.

---

1 《種樹書》卷下〈花〉(《叢書集成初編》1469, 48쪽).
2 반……것이다[思過半]:《周易》〈繫辭下篇〉에 나오는 표현이다.
3 여남포사(汝南圃史):중국 명나라의 주문화(周文華, ?~?)가 지은 원예에 관한 책. 1620년 간행되었다.
4 《汝南圃史》卷9〈草本花部〉上 "蘭"(《續修四庫全書》1119, 114쪽).
① 於:저본에는 "爲".《汝南圃史·草本花部》에 근거하여 수정.

만들어 다시 뿌린다. 이와 같은 과정을 여러 번 한다. 이를 찧어 잘게 부순 다음 체로 곱게 쳐서 벽돌·질그릇조각·풀뿌리 등을 골라 내고, 항아리 속에 보관하여 햇볕 들고 비 맞는 곳에 잘 둔다.

또는 황토진흙을 12월에 만든 거름에 담가 1년 정도가 지난 뒤에 꺼내어 햇볕에 말려서 쓰기도 한다. 다시 잿가루와 질그릇조각을 거름구덩이에 넣어 놓은 다음 화분에 깔아 주는 용도로 삼는다.《증보도주공서》[5]

일반적으로 화분에 꽃나무를 심을 때는 반드시 먼저 거름흙이 필요하다. 겨울에 해가 드는 도랑의 진흙을 가져다가 햇볕에 말리고 체를 쳐서 질그릇조각·자갈 등을 제거한 뒤, 똥물의 맑은 즙을 뿌려 축축하게 한다. 이와 같이 3~4번 한 뒤 마른 땔나무와 풀 1겹, 거름흙 1겹을 쌓고 불을 붙여 태워 낸 뒤 보관한다. 이 거름을 1월에 꽃나무나 과일나무를 옮겨 심거나 꽃나무의 씨를 심는 데 사용한다.《거가필용(居家必用)[6]》[7]

또 다른 법: 적색이나 흑색의 토양에 관계없이 찰

搗碎篩淨, 揀[2]去磚[3]瓦、草根, 收藏缸內, 安頓日照雨灑處.

或將黃泥浸臘糞中, 年餘取出, 曬乾用之. 復將炭屑及瓦片浸糞窖中, 以爲鋪盆[4]用.《增補陶朱公書》

凡種盆花樹, 必先要肥土. 冬間取陽溝泥, 曬乾, 篩去瓦、礫, 用大糞淸潑濕. 如此三四次了, 以乾柴草一重, 肥土一重, 發火燒過, 收藏. 正月間, 便栽花果樹木, 或種花木子粒.《居家必用》

又法: 不論赤、黑壤, 取不

5　출전 확인 안 됨;《重訂增補陶朱公致富奇書》〈栽花總論〉, 141쪽.
6　거가필용(居家必用):중국 원나라 때 편찬된 작자 미상의 유서. 갑집(甲集)부터 계집(癸集)까지 10집으로 구성되어 있다.
7　《居家必用事類全集》戊集〈花草類〉"種盆內花樹法", 192~193쪽.
[2]　揀:《重訂增補陶朱公致富奇書·栽花總論》에는 "操".
[3]　磚:《重訂增補陶朱公致富奇書·栽花總論》에는 "壤".
[4]　盆:저본에는 "糞".《重訂增補陶朱公致富奇書·栽花總論》에 근거하여 수정.

지지 않으면서 기름진 흙을 가져다가 와기조각과 자 갈을 체로 걸러 내고 똥물의 맑은 즙을 뿌려 햇볕에 말 린다. 이렇게 2~3번 하면 비록 불을 붙여 태우지 않 아도 거름으로 쓸 수 있다. 《청천양화록(菁川養花錄)⁸》⁹

粘肥厚者, 篩去瓦⑤、礫, 用大糞淸潑之, 曬乾. 二三 次. 雖不發火燒過, 亦得. 《菁川養花錄》

다른 법: 햇볕에 말린 도랑의 진흙을 2/3로 하 고, 잘 삭은 똥을 1/3로 한 다음 섞어서 쌓아 놓는 다. 이때 쌓아 놓은 거름더미 위를 밟는 일을 금한 다. 《증보산림경제(增補山林經濟)¹⁰》¹¹

一法: 溝泥曬乾爲二分, 熟 糞爲一分, 和合積苫. 忌脚 踏積苫之上. 《增補山林經 濟》

2) 물 주는 법

꽃나무에 물 주는 법은 제각각 다르다. 목서(木 樨)¹²는 돼지똥을 써야 하고, 서향(瑞香)¹³은 돼지고기 삶은 국물을 써야 하고, 포도는 쌀뜨물과 고기국물

灌澆法

灌漑花木, 各自不同. 木樨 ⑥當用猪糞, 瑞香當用燖猪 湯, 葡⑦萄當用米泔水、肉

---

8 청천양화록(菁川養花錄): 조선의 문신이자 서화가인 강희안(姜希顏, 1417~1464)이 직접 꽃을 키우며 지 은 원예서. 노송·만년송·오반죽·국화·매화·난혜·서향 등 16종의 식물과 괴석에 대해 재배법, 종자 보관 법 등이 자세히 기술되어 있다. 그의 동생 강희맹(姜希孟, 1424~1483)이 편찬한 《진산세고(晉山世稿)》에 《양화소록(養花小錄)》이라는 서명으로 수록되어 있다.
9 《養花小錄》〈種盆內花樹法〉, 28쪽; 《增補山林經濟》卷4〈養花〉"儲肥土法"(《農書》3, 209쪽).
10 증보산림경제(增補山林經濟): 유중림(柳重臨, 1705~1771)이 홍만선(洪萬選)의 《산림경제(山林經濟)》를 증보하여 1766년에 편찬한 유서(類書). 복거(卜居)·치농(治農)·종수(種樹)·양화(養花)·양잠(養蠶)·목양 (牧養)·치포(治圃)·섭생(攝生)·치선(治膳)·구황(救荒)·가정(家政)·구사(救嗣)·구급(救急)·증보사시찬 요(增補四時纂要)·사가점후(四家占候)·선택(選擇)·잡방(雜方)·동국산수록(東國山水錄)·남사고십승보 신지(南師古十勝保身地)·동국승구록(東國勝區錄) 등 23항목으로 구성되었다. 《임원경제지(林園經濟志)》 편찬의 근간이 되었다.
11 《增補山林經濟》卷4〈養花〉"儲肥土法"(《農書》3, 209~210쪽).
12 목서(木犀): 쌍떡잎식물 물푸레나무과의 상록 소교목. 중국 원산이며 우리나라 남부에 식재한다. 껍질을 약재로 쓰며, 목재는 가구·도구 등을 만드는 데 쓴다. 금목서(金木犀)·은목서(銀木犀)가 있다.
13 서향(瑞香): 쌍떡잎식물 팥꽃나무과의 상록 관목. 중국이 원산지이며 우리나라에 있는 것은 대부분 수나무이 므로 열매를 보기 힘들다. 꽃·뿌리껍질·잎을 약재로 쓴다. 《예원지》권2〈꽃류(상)(꽃나무)〉"서향"에 자 세히 보인다.
⑤ 瓦:《養花小錄·種盆內花樹法》·《增補山林經濟·養花·儲肥土法》에는 "沙".
⑥ 樨:《種樹書·花》에는 "犀".
⑦ 葡: 저본에는 "蒲".《種樹書·花》에 근거하여 수정.

은목서

금목서

을 써야 효과가 더욱 빼어나다. 꽃나무에 똥을 사용해서는 안 되는 경우가 매우 많으므로 더욱 자세히 알아보고 사용해야 한다. 똥거름이 알맞지 않은 꽃나무에 똥거름을 주면 꽃나무가 바로 말라 버린다. 《종수서》14

汁, 尤妙⑧. 花木有不宜用糞穢者甚多, 尤宜審問用之. 非其宜, 立枯. 《種樹書》

일반적으로 화훼는 삼복의 뜨거운 한낮에 물주어서는 안 된다. 냉기와 열기가 서로 괴롭혀서 화훼를 금방 마르게 하기 때문이다. 《군방보》15

凡花卉不宜伏熱日午澆灌, 冷熱相逼, 頓令枯萎. 《群芳譜》

꽃나무에 거름이나 물을 줄 때는 반드시 아침과 저녁을 구분해야 한다. 아침에는 거름물을 뿌리에 주어야 한다. 그 법은 다음과 같다. 여린 생풀을

澆灌花木, 必分早晚. 早宜肥水澆根. 其法: 鋤嫩靑草, 拌陰溝泥, 同罨缸

---

14 《種樹書》卷下〈花〉(《叢書集成初編》1469, 45쪽).
15 《二如亭群芳譜》〈貞部〉"花譜簡首" '衛花'(《四庫全書存目叢書補編》80, 676쪽).
⑧ 肉汁尤妙:《種樹書·花》에는 "和黑豆皮".

백서향

호미질해서 뽑아다가 그늘진 도랑의 진흙과 반죽하여 함께 항아리에 넣고 덮어 둔다. 한참 지나면 맑은 물이 저절로 나오는데, 이 물을 준다.

저녁에는 맑은 물을 잎에 뿌려야 한다. 그 법은 다음과 같다. 빗물[天落水]이나 혹은 강물·연못물을 항아리 안에 담고 돌멩이 몇 개를 여기에 넣어 두었다가 물이 맑아지면 잎에 뿌린다. 만약 저녁에 소나기가 오면 화초가 비를 절대 맞지 않도록 해야 한다. 뜨거운 햇볕을 쬔 뒤에 열기가 꽃을 훈증할까 염려되기 때문이다. 《증보도주공서》[16]

다른 법: 12월에 땅을 파서 큰 독을 묻되, 땅으로 3~4척 정도 들어가게 하고 걸죽한 똥을 채워 저장한다. 그 위는 나무판으로 덮고 흙을 메워 단단히 밀봉한다. 봄이 되어 얼음이 풀어지면 찌꺼기가 모두 녹아 맑은 물만 남는데, 이를 '금즙(金汁)'이라 한다. 일반적으로 화초를 기를 때 이를 쓰면 무성해지

內. 久則自然流出淸水, 澆之.

晩宜淸水灑葉. 其法: 取天落水或河、池水, 置缸內, 投石子數枚, 澄過灑之. 若晩間驟雨, 切勿令見. 恐烈日曬後, 熱氣蒸花也. 《增補陶朱公書》

一法: 於臘月之內, 掘地埋大甕, 入地三四尺許, 積貯濃糞. 上用板蓋, 塡土密固. 至春氷釋, 渣滓俱化, 止存淸水, 名爲"金汁". 凡花草經之, 無不向榮, 山園

---

16 출전 확인 안 됨;《重訂增補陶朱公致富奇書》〈栽花總論〉, 141쪽.

지 않는 경우가 없으니, 임원(林園)에서는 반드시 미리 마련해야 한다. 《증보도주공서》[17]

必當豫辦. 同上

매일 술지게미에 닭털이나 거위털 튀한 물을 거름물에 섞어 물을 준다【거름물은 곧 똥물의 맑은 즙이다】. 만약 꽃나무 위로 싹이 트고, 아래로 뿌리를 뻗으면 이때는 거름물을 주면 안 된다. 거름물을 주면 죽기 때문이다. 어린 가지 위로 꽃봉오리가 날 때 바로 다시 거름물을 준다. 꽃이 필 때는 거름물을 주면 안 되고, 매일 아침 일찍과 저녁 무렵에 맑은 물만 준다.

每日用糟過退鷄、鵝毛水, 與肥水相和澆之【肥水, 卽大糞淸】. 如花上發萌, 下便行根, 此時不可澆肥, 澆肥則死. 嫩條上生花頭時, 便再澆肥. 花開時不可澆肥, 逐日早晩只澆淸水.

만약 과일나무에 열매가 맺혔으면 거름물을 주면 안 된다. 거름물을 주면 열매가 떨어지기 때문이다. 만약 닭털이나 거위털 삭힌 물이 없다면 잠사(蠶沙)[18]를 담갔던 물이 더욱 좋다. 《거가필용》[19]

如結果者實已結, 不可澆肥, 澆肥則落矣. 如無鷄、鵝毛水, 蠶沙浸作水尤佳. 《居家必用》

거름물을 많이 주면 곧 꽃나무의 뿌리를 상하게 한다. 그러므로 말똥을 물에 담갔다가 쓰는 것만 못하다. 말똥즙이 맑아지기를 기다렸다가 이 즙을 주면 좋다. 《청천양화록》[20]

多澆肥水, 便傷花根, 不如用馬糞浸水, 待淸澆之爲良. 《菁川養花錄》

꽃에 물을 줄 때는 물뿌리개를 써야 한다. 그 제도는 다음과 같다. 납을 녹여 작은 동이를 만든다.

灌花宜用噴筒. 其制: 鎔鉛作小盆, 闊底銳口. 亂

---

17 출전 확인 안 됨;《重訂增補陶朱公致富奇書》〈栽花總論〉, 141~142쪽.
18 잠사(蠶沙):누에똥과 뽕잎 찌꺼기가 섞인 것. 약재나 거름으로 썼다.
19 《居家必用事類全集》戊集〈花草類〉"種盆內花樹法", 193쪽.
20 《養花小錄》〈種盆內花樹法〉, 28쪽.

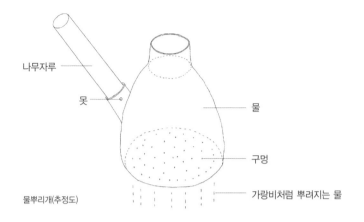

나무자루

못

물

구멍

가랑비처럼 뿌려지는 물

물뿌리개(추정도)

이때 바닥은 넓고 입구는 좁게 한다. 바닥에 작은 구멍을 여기저기 뚫고, 물뿌리개 옆면에 나무자루를 달고, 동이에 물을 채운다. 그 자루를 잡고 쉬지 않고 손을 흔들어 물을 뿌리되, 가랑비에 젖는 것처럼 물줄기를 가늘게 하여 촉촉하게 뿌리면 먼지가 깨끗이 없어진다.

《동리품휘록(東籬品彙錄)》[21]에 "꽃나무에 물을 줄 때는 물뿌리개로 뿌려 주는 것이 가장 좋다."[22]라 했다. 그 제도를 생각해 보면 마땅히 이와 같아야 할 것이다. 《금화경독기(金華耕讀記)》[23][24]

鑿細孔于底, 旁接木柄, 貯水盆中. 執其柄, 不住手遙灑之, 令霶霖細潤, 塵埃淨盡.

《東籬品彙》云 : "澆花, 以噴壺噴之最良", 其制想當如此.《金華耕讀記》

---

21 동리품휘록(東籬品彙錄) : 중국 명나라의 노벽(盧璧, ?~?)이 가정(嘉靖) 연간(1522~1566)에 간행한 책.
22 꽃나무에⋯⋯좋다 : 출전 확인 안 됨 ; 《御定佩文齋廣群芳譜》 卷51 〈花譜〉 "菊花" 4(《廣群芳譜》 12, 1222쪽).
23 금화경독기(金華耕讀記) : 서유구(徐有榘, 1764~1845)가 지은 독서기. "금화(金華)에서 농사를 지으며 독서를 한 기록"이라는 제목에서 표방하듯이, 단순한 독서의 기록이 아니라 밭 갈고 농사지으며 실천한 기록이다. 수록 범위가 곡물농사, 건축, 생활용구, 음식, 기상 예측, 사냥, 정원꾸미기, 예술품 감상법, 집터 잡는 법, 팔도의 시장 등 《임원경제지》 전 영역에 걸쳐 있다. 농업전문서이면서 수필집이요, 산업기술서이면서 역사서이다. 하지만 현전하는 필사본에는 《임원경제지》에서 인용한 기사의 대부분이 확인되지 않는다. 이로써 완전본 《금화경독기》는 현전본보다 훨씬 분량이 많을 것으로 추정된다. 진재교 등이 번역하여 《금화경독기》(2019, 자연경실)로 출간했다.
24 출전 확인 안 됨.

4. 관리하기

葺理

1) 굽은 나무 손질법

일반적으로 수간(줄기)이 굽은 꽃나무는 우묵한 곳을 칼로 곧게 잘라 내야만 점점 자라면서 곧아진다. 《고금비원(古今秘苑)[1]》[2]

治曲樹法

凡花樹身曲者, 宜以刀竪劃其凹[1]處, 則逐漸長[2]直. 《古今秘苑》

2) 나무를 기이하게 성숙하도록 하는 법

일반적으로 꽃나무를 잘 관리하려면 반드시 그 꽃나무의 정취에 맞도록 나무의 군더더기를 제거해야 한다. 가지가 아래로 뻗으면 줄기를 찌르고, 가지가 안으로 뻗으면 엉기며, 가지가 얽히면 번잡해진다. 가지가 어지러이 많으면 바람을 맞고, 가지가 가늘고 길면 옆으로 뻗는다. 그러므로 가지가 새로 나면 잘라 낸다.

말똥에 진흙을 섞어서 젖은 곳을 덮거나 생선 부산물 삭힌 액을 주면 바로 이끼가 나면서 전원의 정취를 더욱 돕는다. 만약 가지를 구불구불하게 하려

治樹令老奇法

凡修治花木, 須得意趣, 去瀝樹[3]. 枝向下者刺身, 枝向內者駢紐, 枝連結者宂雜, 枝多亂者風, 枝細長者傍, 枝新發者, 仍將大枝截去.

以馬糞和泥, 罨其潤處, 或用魚腥水澆之, 便生苔蘚, 尤助野趣. 如欲曲折,

---

1 고금비원(古今秘苑) : 중국 송나라의 증조(曾慥, ?~1155)가 고금의 비술(秘術)을 저술한 서적으로, 의약·천문·지리·인사 등을 거론하고 있으며, 실용적 가치가 매우 뛰어나다.
2 《古今秘苑》1集 卷3〈曲樹令直〉, 1쪽.
[1] 凹 : 저본에는 "四".《古今秘苑·曲樹令直》에 근거하여 수정.
[2] 漸長 : 저본에는 "長漸". 오사카본·《古今秘苑·曲樹令直》에 근거하여 수정.
[3] 樹 : 저본에는 "水".《重訂增補陶朱公致富奇書·栽花總論》에 근거하여 수정.

면 그 껍질에 어림짐작으로 줄을 그은 다음 원하는 모양대로 휘어 종려나무[3]끈으로 묶어 준다. 《증보도주공서》[4]

略劃其皮, 隨意轉摺以椶縛之. 《增補陶朱公書》

3) 화분에 심는 법

일반적으로 꽃은 3~4월에 비로소 화분에 심을 수 있다. 그렇게 하면 뿌리를 생장시키지 않고 곧 꽃을 피운다. 뿌리가 많으면 꽃을 피우지 않는다. 《청천양화록》[5]

凡花三四月間, 始可上盆. 然則不生長根卽生花. 根多則無花矣. 《菁川養花錄》

1~2월에 거름흙을 써서 꽃나무를 화분에 심는다. 화분은 반드시 통이 두툼한 질그릇화분을 써야 한다. 만약 자기화분을 쓰면 대부분 꽃나무가 말라서 손상된다. 《증보산림경제》[6]

正二月間, 用肥土便上花樹於盆. 盆須用體厚瓦盆. 若磁盆多致枯損. 《增補山林經濟》

登盆法

安盆法

4) 화분 두는 법

화분은 반드시 햇볕이 적당히 들면서 그늘진 곳에 두어야 한다. 또 반드시 벽돌 위에 두어야 좋다. 그러나 석류(石榴)[7]·치자(梔子)[8]·산다(山茶)[9]·사계화

花盆須置陰陽備處. 又必置甎甓上乃佳. 然石榴、梔子、山茶、四季等惡燥者,

---

3 종려나무 : 야자나무과의 상록교목. 중국, 동남아시아가 원산지이며 상록성의 관엽식물로, 실내정원을 장식하는 식물로 많이 쓰인다.
4 출전 확인 안 됨 ;《重訂增補陶朱公致富奇書》〈栽花總論〉, 140쪽.
5 《養花小錄》〈種盆內花樹法〉, 28쪽 ;《增補山林經濟》卷4〈養花〉"盆種花樹法"(《農書》3, 210쪽).
6 《增補山林經濟》卷4〈養花〉"盆種花樹法"(《農書》3, 210~211쪽).
7 석류(石榴) : 쌍떡잎식물 석류나무과의 낙엽 소교목. 이란·아프가니스탄 등지 원산으로, 관상용·식용·약용으로 쓴다. 석류열매는 씨가 많아 다산을 상징한다.《예원지》권2〈꽃류(상)(꽃나무)〉"석류화"에 자세히 보인다.
8 치자(梔子) : 쌍떡잎식물 꼭두서니과의 상록 관목. 중국 남부·일본 등지가 원산으로, 관상용·식용·약용·염료 등으로 쓴다. 적당히 그늘진 곳에서 잘 자란다.《예원지》권2〈꽃류(상)(꽃나무)〉"치자"에 자세히 보인다.
9 산다(山茶) :《예원지》권2〈꽃류(상)(꽃나무)〉"산다"에 자세히 나온다.

석류꽃   석류열매   치자

산다1   산다2   산다3

(四季花)[10] 등 건조함을 싫어하는 꽃나무는 꽃이 진 뒤에 반드시 땅을 파고 화분을 묻되, 화분 입구가 지면과 서로 나란해지도록 하여 땅의 기운을 받게 해야 한다. 《청천양화록》[11]

花謝後, 須掘地埋盆, 與地面相齊以受地氣. 《菁川養花錄》

화분을 담이나 울타리 아래에 오래 두면 꽃자루와 가지와 잎이 모두 사람 쪽으로 쏠린다. 반드시 수시로 방향을 돌려 놓아 한쪽만 오래 보지 않도록 해야 한다. 《청천양화록》[12]

花盆久置墻籬下, 則花蒂、枝葉皆向人傾倒. 須時數輪轉, 勿令久當一面. 同上

---

10 사계화(四季花):《예원지》권2 〈꽃류(상)(꽃나무)〉 "사계화"에 자세히 보인다.
11 《養花小錄》〈排花盆法〉, 29쪽;《增補山林經濟》卷4 〈養花〉 "盆種花樹法"(《農書》3, 210쪽).
12 《養花小錄》〈養花法〉, 29쪽;《增補山林經濟》卷4 〈養花〉 "盆種花樹法"(《農書》3, 210쪽).

화분은 반드시 벽돌 위에 두어야 한다. 만약 벽돌이 없으면 질그릇조각을 써서 화분의 바닥을 고루 지탱하게 한다. 그 높이는 몇 촌이 되게 하고, 황토진흙으로 그 사방을 봉한 다음 작은 구멍 1개만 남겨 바람이 통하고 물이 스며들도록 한다.《증보산림경제》13

花盆須置甎甓上. 如無甎甓, 用片瓦周撑盆底, 令高數寸, 用黃泥封其四面, 只留一小穴, 令通風滲水.《增補山林經濟》

5) 병풍처럼 엮는 법

縮屛法

일반적으로 생울타리[翠屛, 취병]14를 엮어 만들 때는 대나무와 나무를 쓴다. 어린 나무를 사용하여 생울타리용 나무를 사이에 두고 팔뚝크기만 한 대나무를 두 줄로 꽂는다. 또 대나무를 얇고 길게 잘라 먼저 꽂았던 대나무 위에 가로로 걸쳐 여러 층의 시렁을 만든다. 이때 씨줄과 날줄을 서로 단단하게 엮는다.

凡縮結翠屛, 用竹若木, 臂大者夾其樹而兩行列揷之. 又削竹令薄而長, 橫作層架, 令經緯相固.

주목1

주목2

---

13 《增補山林經濟》卷4〈養花〉"盆種花樹法"(《農書》3, 210쪽).

14 생울타리[翠屛, 취병]: 엮어서 담장이나 병풍의 모양으로 만든 나무. '산울타리'라고도 한다. 여러 가지 형태가 있으며, 사철나무를 생울타리 형식으로 만든 것도 그 예이다.

측백나무

측백나무 생울타리

사철나무

대나무 사이에서 자라는 생울타리나무의 가지와 줄기에 싹이 나온 지 얼마 되지 않아서 쉽게 구부러지는 것을 보면 그 본성을 따라 당겨서 대나무시렁에 묶어 놓는다. 만약 가지가 너무 크면 눌러서 구부려 놓는다. 쓸모없는 가지는 잘라 버린 뒤 나머지 부위를 삼껍질이나 칡껍질로 묶는다. 이때 너무 꽉 묶으면 안 된다. 만약 그 나뭇가지의 껍질 부위를 세게 조여 끊기면 기맥이 통하지 않아 대부분 말라 죽기 때문이다.

일반적으로 직송(直松)[15]·적목(赤木, 주목)[16]·측백(側栢)[17]·사철나무[杜沖][18]와 같은 종류는 화분에 심든 땅에 심든 관계없이, 각지게 만들거나 둥글게 만들거나 나무병풍의 모양을 만들 수 없는 것이 없다【2~7월에는 병풍처럼 생울타리를 엮을 수 있으

視其枝幹之萌苗未久, 易於揉屈者, 順其性而攀結之. 若枝大則鉗而曲折之. 宂枝則削去之, 用麻、葛皮纏束之, 不宜太緊. 若刺斷其膚, 則氣脈不貫, 多致枯死也.

凡直[4]松、赤木、側柏、杜沖之類, 勿論就盆就地, 方圓隨形無所不可【二月七月可結, 水上則禁】.《增補山林經濟》

---

15 직송(直松) : 속이 누런 소나무인 황장목(黃腸木)의 이칭. 여기서는 똑바르게 자란 소나무를 뜻하는 듯하다.
16 적목(赤木, 주목) : 겉씨식물 구과식물아강 주목목 주목과의 상록교목.
17 측백(側栢) : 겉씨식물 측백나무과의 상록 교목. 한국·중국 등지에 분포한다. 생울타리용·방풍림으로 사용되며, 식용·약용으로도 쓰인다.《만학지》권4 〈나무류〉 "측백나무"에 자세히 보인다.
18 사철나무[杜沖] : 쌍떡잎식물 두충과의 낙엽활엽 교목. 중국이 원산이며 우리나라 전역에 분포한다. 정원수로 심고 있으며 약용으로도 쓴다.
[4] 直 :《增補山林經濟·養花·老松》에는 "常".

나 물가에서는 금한다】.《증보산림경제》[19]

일반적으로 덩굴성 꽃나무는 가지가 부드러워 구부릴 수 있으니, 모두 시렁을 만들어 병풍처럼 엮을 수 있다. 이런 취병은 보고 감상하기에 이미 좋고, 게다가 잡초를 멀리하고 온갖 벌레를 물리칠 수 있다. 그러나 오로지 추운 겨울에도 시들지 않는 나무가 좋다.《금화경독기》[20]

凡花木之籐蔓者, 枝軟可揉者, 皆可架木縛屛. 旣宜觀翫, 且可遠草穢辟蟲蟻. 然惟凌冬不凋者爲佳.《金華耕讀記》

갯버들[杞柳][21]을 엮어 취병을 만들 때는 두께는 2척, 길이와 너비는 임의대로 한다. 갯버들을 격자모양으로 성글게 엮어 영롱무늬[22]를 만들려면 거름흙

編杞柳爲屛, 厚可二尺, 長廣隨意. 令疏櫺玲瓏, 塡實肥土于中. 取石竹、射干

수원 화성의 영롱담에 보이는 영롱무늬

19 《增補山林經濟》卷4〈養花〉"老松"'翠屛縮結法'(《農書》3, 213~214쪽).

20 출전 확인 안 됨.

21 갯버들[杞柳] : 쌍떡잎식물 버드나무과의 낙엽활엽 관목. 중국·일본·러시아·우리나라에 분포한다. 관상용·방풍림·약용으로 쓴다. 고리버들이라고도 한다. 《만학지》권4〈나무류〉"버드나무 (부록) 고리버들, 갯버들"에 자세히 보인다.

22 영롱무늬 : 벽돌·기와 등을 장식으로 둘씩 둘씩 짝지어 만든 파도 무늬 또는 네 개씩 합하여 이어진 고리모양을 가리킨다. 이처럼 구멍을 내어 쌓아 하중을 담당하지 않는 담장을 가리켜, '영롱담[玲瓏墻]'이라 한다. 이처럼 쌓는 조적 기법을 '영롱 쌓기[玲瓏積]'라 한다. 《섬용지》권1〈건물 짓는 제도〉"담장" '영롱담'에 자세히 보인다.

패랭이꽃(석죽)1

패랭이꽃2

범부채(사간)1

범부채2

을 그 중간에 꽉 채운다. 여기에 줄기가 짧고 색이 고운 패랭이[石竹, 석죽]23·범부채[射干, 사간]24 등 일체의 들꽃을 취하여 격자모양으로 엮인 갯버들을 따라 섞어 심는다. 그러면 꽃이 필 때 오색이 현란하여 완연히 한 폭의 수놓은 비단병풍이 될 것이다. 《금화경독기》25

等一切野花之短莖色艶者, 逐櫺雜植之. 時至花發, 五彩絢爛, 宛一錦繡屛也. 同上

---

23 패랭이[石竹, 석죽]: 쌍떡잎식물 석죽과의 여러해살이풀. 중국·러시아 극동부·우리나라에 분포한다. 관상용·약용으로 사용한다. 구맥(瞿麥)·대란(大蘭)이라고도 한다. 《예원지》 권3 〈꽃류(하)(풀꽃)〉 "패랭이꽃"에 자세히 보인다.
24 범부채[射干, 사간]: 외떡잎식물 붓꽃과의 여러해살이풀. 중국·러시아·우리나라 등지에 분포한다. 관상용·약용으로 쓴다. 《예원지》 권3 〈꽃류(하)(풀꽃)〉 "범부채"에 자세히 보인다.
25 출전 확인 안 됨.

5. 보호하기

護養

1) 꽃 기르는 법

養花法

꽃나무를 보호하는 일은 적당한 때에 맞추도록 힘써야 한다. 예를 들어 갑자기 바람이나 해가 꽃나무를 서로 덮치거나 한기나 열기가 꽃나무에 거세게 이르면, 장막을 쳐서 가려 주거나 대바구니로 덮어 주어야 한다.

保護花木, 務令適時. 儻風日相侵, 寒熱暴至, 當以布帳遮之, 或篾籃覆之.

만약 약간 흐리고 부슬비가 내리는 날이나 바람이 약간 부는 맑은 날에는, 선반을 뜰에 내어 놓고 선반 위에 화분을 올려 꽃나무가 땅바닥에 닿지 않게 해야 한다. 이는 꽃나무의 뿌리가 길어져 온갖 벌레를 끌어들일 일이 염려되기 때문이다. 화분의 꽃을 기르는 법은 이보다 더 중요한 일이 없다. 《증보도주공서》[1]

如遇輕陰細雨, 淡日和風, 出架庭中, 勿令着地. 恐致根長, 及引蟲蟻. 盆花之法, 莫過于此.《增補陶朱公書》

세간의 모든 이름난 꽃은 태양으로 근원을 삼지 않는 것이 없다. 그러므로 꽃은 물에서 불을 일으키고, 여기에 다시 하늘의 마음을 내보이는 것이다.[2]

世間一切名花, 未有不以太陽爲祖者也, 而水中起火, 復見天心. 冬月之日,

---

1 출전 확인 안 됨;《重訂增補陶朱公致富奇書》〈栽花總論〉, 140쪽.
2 물에서……것이다:수중기화(水中起火)는 《장자익(莊子翼)》의 주석에 나오는 내용이다[《莊子翼》卷6〈雜篇〉"外物"第26(《文淵閣四庫全書》1058, 227쪽)]. 거센 비가 올 때 벼락이 치는 것은 물에서 불을 일으키

묏대추(국가생물종지식정보시스템)

겨울철의 태양은 더욱 긴요하지만 초여름이나 늦가을과 같은 시기에도 모두 해를 가까이 해야 한다. 오직 한여름이나 초가을의 열기가 심할 때만 꽃나무를 반드시 동쪽 볕에 두어, 서쪽에서 드는 볕을 피해야 한다. 《석함론(石函論)》[3][4]

尤爲樞要, 至如初夏、深秋, 皆宜近日. 惟盛夏、初秋大熱之時, 須就東陽而避西照.《石函論》

2) 서리 막는 법

4월에는 묏대추[棘][5]잎이 난다. 묏대추의 본성은 따뜻하다. 꽃 기르는 법에 묏대추가지 몇 개를 꽃떨기 위에 얹어 두면 서리를 피하고 꽃눈을 보호할 수 있다. 《군방보(群芳譜)》[6]

拒霜法

四月, 棘葉生, 棘性暖. 養華之法, 以棘數枝, 置華叢上, 可以避霜, 護其華芽.《群芳譜》

는 이치라는 의미이다. 이는 음양의 조화로 조물주의 이치를 이루는 것을 말하며, 이것이 바로 꽃이 피는 원리라는 뜻이다.

3 석함론(石函論) : 중국 동진(東晉)의 도사 허손(許遜, 239~301)이 지은 연단서인 《허진군석함기(許眞君石函記)》로 추정된다.

4 출전 확인 안 됨.

5 묏대추[棘] : 쌍떡잎식물 갈매나무과의 낙엽 관목. 중국·우리나라·유럽 등지에 분포한다. 목재·식용·약용 등으로 쓴다. 열매를 산조인(酸棗仁), 잎을 극엽(棘葉), 꽃을 극자화(棘子花)라 한다. 《만학지》 권2 〈과일류〉 "대추"에 자세히 보인다.

6 《二如亭群芳譜》〈貞部〉 "花譜簡首" '衛花'(《四庫全書存目叢書補編》 80, 675~676쪽).

3) 벌레 물리치는 법

꽃나무에 좀구멍이 있으면 구멍을 유황가루로 막 거나, 팥꽃나무[7]꽃[芫花]을 구멍 속에 넣거나, 백부 (百部)[8]잎을 넣는다.《고금비원》[9]

매년 1월 1일 아침 나무 위를 불로 두루 쬐거나, 꽃나무를 심을 때 마늘 1쪽과 감초(甘草) 0.1척을 먼 저 뿌리 아래에 놓아 두면 온갖 벌레의 피해를 영원 히 없앨 수 있다. 만약 개미집이 있으면 향유(香油, 참 기름)나 양뿔[10]로 개미를 유인한다【안 만약 양뿔이 없으면 소뼈를 쓴다】. 지렁이 구멍이 있다면 구멍에 거위똥이나 잿물을 붓는다.《증보도주공서》[11]

응애[蛛網][12]는 꽃잎에 거미줄을 잘 친다. 이를 제 거하지 않으면 꽃을 거의 다 싸서 꽃의 색이 없어지 게 된다. 이때는 반드시 응애를 찾아 멀리 쫓아 버 려야 한다.《청천양화록》[13]

꽃나무나 과일나무의 뿌리 아래 만약 온갖 벌레

辟蟲法

花樹有蠹孔, 以硫黃末塞 之, 或以芫花納孔中, 或納 百部葉.《古今秘苑》

每年元朝, 將火遍照樹上, 或種時, 將大蒜一枚、甘草 一寸, 先放根下, 永無諸蟲 之患. 若有蟻窠, 以香油或 羊角引之【案 如無羊角, 用 牛骨】. 有蚓穴, 以鴨糞或灰 水澆之.《增補陶朱公書》

蛛網喜着花葉, 不去則籠 蔽殆盡, 令花無色, 須覓蛛 遠去①之.《菁川養花錄》

花果根下, 若蟲蟻, 宜煮

---

7 팥꽃나무:쌍떡잎식물 팥꽃나무과의 낙엽 관목. 중국·우리나라·일본 등지에 분포하며, 관상용·종이 원 료·약용으로 쓴다. 꽃과 꽃봉오리를 원화(芫花), 뿌리를 원화근(芫花根)이라 한다.
8 백부(百部):외떡잎식물 백부과의 여러해살이풀. 중국·우리나라 등지에 분포하며 약용으로 쓴다.
9 《古今秘苑》1集 卷3〈辟蠹〉.
10 양뿔:한의학에서는 풍병을 치료하고, 벌레를 죽이고, 열을 내리는 등의 효과가 있는 약재라 보았다.
11 출전 확인 안 됨;《重訂增補陶朱公致富奇書》〈栽花總論〉, 141쪽.
12 응애[蛛網]:거미강 진드기목의 따응애과, 마디응애과, 나비응애과 따위의 절지동물을 통틀어 이르는 말. 몸의 길이는 1~2mm이고 두흉부와 배 사이의 구분이 없어 거미와 구별된다.
13 《養花小錄》〈養花法〉, 33쪽.
① 遠去:《養花小錄·養花法》에는 "卽滅".

가 생긴다면 오화(烏禾, 돌피)를 삶아 그 물을 부어 주어야 한다. 오화는 돌피[稊]의 다른 이름이다. 본성이 벌레를 죽일 수 있다.《금화경독기》[14]

烏禾沃之. 烏禾, 稊之一名也, 性能殺蟲.《金華耕讀記》

4) 주의사항

宜忌

꽃은 사향(麝香)[15]을 가장 꺼리지만, 마늘이나 염교[薤][16]와 같은 종류를 넉넉히 심으면 사향으로 인한 손해가 없다.《종수서》[17]

花最忌麝香, 膁栽蒜、薤之類則不損.《種樹書》

꽃이 사향에 닿아 손상되면, 바람이 불어오는 방향에서 쑥과 웅황(雄黃)[18]가루를 태워야 곧 처음처럼 된다.《사민월령》[19]

花遇麝香觸損, 宜於上風頭, 以艾和雄黃末焚之, 卽如初.《四民月令》

사향

사향노루(국가생물종지식정보시스템, 국립수목원)

---

14 출전 확인 안 됨.
15 사향(麝香) : 수컷 사향노루의 복부에 있는 향낭을 말린 가루. 약재나 향료로 쓴다.
16 염교[薤] : 외떡잎식물 백합과의 여러해살이풀. 중국·우리나라·일본 등지에 분포한다. 식용·약용으로 쓰인다.《관휴지》권1 〈채소류〉 "염교"에 자세히 보인다.
17 《種樹書》〈花〉(《叢書集成初編》1469, 14쪽);《增補山林經濟》卷4 〈養花〉 "雜法"(《農書》3, 208쪽).
18 웅황(雄黃) : 삼류화비소를 주성분으로 하는 광석으로, 약재로 사용된다. 석웅황(石雄黃)이라고도 한다.
19 출전 확인 안 됨;《增補山林經濟》, 위와 같은 곳.

일반적으로 화원 속의 식물에 사향을 가까이 두는 이유는 나쁜 기운을 완전히 없애기 때문이다. 《군방보》[20]

凡花園中植逼麝香[2], 極袪邪氣. 《群芳譜》

꽃은 기름 묻은 손으로 만지는 일을 금하고, 밀실에 보관하는 일을 금하며, 밤에는 반드시 하늘을 보도록 해야 한다. 꽃에 물을 줄 때는 우물물 사용을 금한다. 우물물은 맛이 짜서 꽃을 손상시키기 때문이다. 강물이나 빗물이 좋다. 《군방보》[21]

花忌油手拈弄, 忌藏密室, 夜須見天. 澆花忌用井水, 味醎損花, 河水、天落水佳. 同上

일반적으로 좋은 꽃나무나 과일나무의 곁에는 참깨를 심지 말아야 한다【안 참깨는 초목을 죽이기 때문이다】.《증보도주공서》[22]

凡嘉花果之旁, 勿種芝麻【案 爲其殺草也】.《增補陶朱公書》

풀이나 나무의 꽃은 양에게 먹히면 모두 꽃이 피지 않는다. 《물류상감지(物類相感志)[23]》[24]

草木花被羊食, 竝不發.《物類相感志》

20 《二如亭群芳譜》〈貞部〉 "花譜簡首" '衛花'(《四庫全書存目叢書補編》80, 676쪽).
21 출전 확인 안 됨;《增補山林經濟》卷4〈養花〉 "雜法"(《農書》3, 208쪽).
22 《二如亭群芳譜》〈貞部〉 "花譜簡首" '花忌'(《四庫全書存目叢書補編》80, 679쪽).
23 물류상감지(物類相感志):중국 송나라의 소식(蘇軾, 1036~1101)이 지은 유서(類書).
24 《物類相感志》〈花竹〉(《叢書集成初編》1344, 24쪽).
② 香:오사카본에는 "樹".

6. 배치

1) 이름난 정원의 고아한 화훼 배치(명원아칭)

화훼가 아름답기로 이름난 정원은 전적으로 화훼를 잘 배치하는 일에 달려 있다. 옥당(玉堂, 신선의 거처)의 신선 같은 손님[1]이 어찌 비루한 밭의 거렁뱅이를 모시겠는가. 금옥(金屋, 화려하고 아름다운 집)의 곱고 아름다운 아가씨는 목난(木難)[2]이나 화제(火齊)[3]와 같은 보석을 차야 어울리는 법이기 때문이다.

매화[梅][4]는 맑음을 나타내므로, 그윽한 창 앞이 좋고, 험준한 봉우리에 좋으며, 성긴 울타리가 좋고, 굽은 샛길이 좋으며, 가파른 바위에서 홀로 휘파람 불 만한 곳이 좋고, 바둑 둘 만한 평평한 바위가 좋다.

난(蘭)[5]은 그윽함을 품격으로 삼으므로, 깊숙한 방이 좋고, 안방이 좋으며, 자기그릇이 좋고, 아름다운 무늬의 돌이 좋으며, 시원한 바람이 부는 곳과

名園雅稱

佳卉名園, 全賴布置, 如玉堂仙客, 豈陪卑田乞兒. 金屋嬋娟, 宜珮木難、火齊.

梅標淸, 宜幽窓, 宜峻嶺, 宜疏籬, 宜曲徑, 宜危巖獨嘯, 宜石枰着棋.

蘭品幽, 宜曲房, 宜奧室, 宜磁斗, 宜綺石, 宜涼颸輕灑, 宜朝雨微沾.

1　옥당의……손님 : 아름다운 꽃을 귀한 손님에 비유한 말이다.
2　목난(木難) : 보석의 일종. 색은 황색이고 동이(東夷) 지역에서 났다고 한다. 《남월지(南越志)》에서는 푸른 빛을 띤다고 했다.
3　화제(火齊) : 보석의 일종. 《본초강목》에서는 유리와 같은 것이라 했다.
4　매화[梅] : 매실나무의 꽃. 4월에 피며 연한 붉은색을 띤 백매화, 꽃 전체가 붉은 홍매화가 있다. 《예원지》 권2 〈꽃류(상)(꽃나무)〉 "매화"에 자세히 보인다.
5　난(蘭) : 《예원지》 권3 〈꽃류(하)(풀꽃)〉 "난화"에 자세히 보인다.

물을 가볍게 뿌려줄 만한 곳이 좋고, 아침비에 약간
젖을 만한 곳이 좋다.

　국화[菊]⁶는 절개를 지니므로, 띠풀로 엮은 처마　菊操介, 宜茅簷, 宜幽徑,
가 좋고, 그윽한 샛길이 좋으며, 채소밭이 좋고, 서　宜蔬圃, 宜書齋, 宜帶露餐
재가 좋으며, 이슬 맺혀 반짝이는 곳이 좋고, 물가　英, 宜臨流泛蕊.
의 꽃송이[蕊] 뜬 곳이 좋다.

　연꽃[蓮]⁷은 아름다움을 바탕으로 삼으므로 서늘　蓮膚妍, 宜涼榭, 宜芳塘,
한 정자가 좋고, 꽃 핀 연못이 좋으며, 붉은 난간이　宜朱欄, 宜碧柳, 宜香風噴
좋고, 벽색 버드나무가 좋으며, 향긋한 바람이 사향　麝, 宜曉露擎珠.
향을 실어 부는 곳이 좋고, 새벽이슬이 구슬처럼 맺
히는 곳이 좋다.

　모란[牧丹]⁸은 화려하게 자태를 꾸미므로 옥항아　牡丹姿麗, 宜玉缸貯, 宜
리 재배가 좋고, 아로새긴 누대가 좋으며, 코가 흰　雕臺安, 宜白鼻猧, 宜紫絲
발바리[猧]가 곁에 있으면 좋으며, 자색 실로 수놓은　障, 宜丹靑團扇, 宜紺綠
장막이 좋고, 붉은색과 푸른색 둥근 부채가 좋으며,　商彝.
감록(紺綠)색의 상나라 이(彝)⁹모양의 화분이 좋다.

　작약(芍藥)은 향기를 가득 뿜으므로, 높은 누대가　芍藥豐芳, 宜高臺, 宜淸
좋고, 맑은 못이 좋으며, 아로새긴 난간이 좋고, 사　沼, 宜雕檻, 宜紗窓, 宜脩
(紗, 날실 2올을 꼬아 짠 견직물)로 장식한 창이 좋으며, 긴　篁縹緲, 宜怪石嶙峋.
대숲이 아득히 보이는 곳이 좋고, 괴석(怪石)이 겹겹
이 우뚝 솟은 곳이 좋다.

6　국화[菊] : 쌍떡잎식물 국화과의 여러해살이풀. 동양에서 재배하는 관상식물 중 가장 역사가 오랜 꽃이며,
　사군자의 하나로 귀히 여겨왔다. 식용·약재로도 쓰인다.
7　연꽃[蓮] : 쌍떡잎식물 미나리아재비목 수련과의 여러해살이 수초. 7~8월에 홍색 또는 백색의 꽃이 핀다.
　《예원지》권3〈꽃류(하)(풀꽃)〉"하화";《만학지》권3〈풀열매류〉"연밥"에 자세히 보인다.
8　모란[牡丹] : 작약과의 낙엽 활엽 교목. 《예원지》권2〈꽃류(상)(꽃나무)〉"모란";《예원지》권5〈꽃 이름
　고찰〉"모란"에 자세히 보인다.
9　이(彝) : 중국 상나라 때 주로 사용되던 청동 제기. 납작한 단지와 비슷한 모양이며 양쪽에 손잡이가 있다.

이(彝)(《박고도(博古圖)》)

해당(海棠)[10]은 아리땁게 무리지어 있으므로, 옥계
단이 좋고, 붉은 난간에서 보기 좋으며, 난간에 기
대어 보기 좋고, 베개 높이 베고 보기 좋으며, 은촛
대의 촛불을 사르며 보기 좋고, 벽색 비단장막 너머
로 보기 좋다.

海棠暈嬌, 宜玉砌, 宜朱
檻, 宜憑欄, 宜欹枕, 宜燒
銀燭, 宜障碧紗.

부용(芙蓉)[11]은 한가로운 마음을 생기게 하므로,
차가운 강이 좋고, 가을날 연못이 좋으며, 엷은 그
늘이 좋고, 부슬비 내릴 때가 좋으며, 갈대꽃이 희
게 비추는 곳이 좋고, 단풍잎이 붉게 흔들리는 곳이
좋다.

芙蓉襟閑, 宜寒江, 宜秋
沼, 宜輕陰, 宜微霖, 宜蘆
花映白, 宜楓葉搖丹.

복숭아꽃[桃]은 자태[醴]가 예쁘므로, 작은 정원
이 좋고, 별장이 좋으며, 산마루가 좋고, 냇가가 좋
으며, 고운 햇빛이 지는 밝은 노을이 좋고, 가벼운
바람이 불고 밝은 달빛 비치는 곳이 좋다.

桃醴冶, 宜小園, 宜別墅,
宜山巓, 宜溪畔, 宜麗日明
霞, 宜輕風皓魄.

살구꽃은 화려하고 무성하므로, 지붕 어귀가 좋

杏華繁, 宜屋角, 宜墻頭,

---

10 해당(海棠): 쌍떡잎식물 장미과의 낙엽교목. 4~5월에 분홍색 꽃이 핀다. 핀다.《예원지》권2〈꽃류(상)(꽃
나무)〉"해당"에 자세히 보인다.
11 부용(芙蓉): 쌍떡잎식물 이판화군 아욱과의 낙엽 관목. 주로 관상용으로 재배하며, 한방에서 해독·해열·
양혈·소종 등에 약재로 쓰인다. 꽃 모양은 무궁화꽃처럼 생겼다. 연꽃의 꽃을 가리키는 용어기기도 하다.

고, 담장 머리가 좋으며, 성긴 숲이 좋고, 작은 텃밭이 좋으며, 제멋대로 뒤섞인 푸른 버들이 좋고, 비스듬히 은병(銀瓶)에 꽂으면 좋다.

자두꽃은 운치가 깨끗하므로, 달밤이 좋고, 새벽바람이 좋으며, 은은한 연기가 좋고, 엷은 안개가 좋으며, 술잔에 띄우면 좋고, 청아하게 부르는 노래가 좋다.

석류꽃은 색이 아름다우므로, 초록 이끼가 좋고, 회칠한 벽이 좋으며, 아침 햇살이 좋고, 맑게 갠 저녁이 좋으며, 섬세한 자태가 비치는 연못이 좋고, 떨어지는 꽃잎이 점점이 내리는 곳이 좋다.

목서[桂]¹²는 향기가 강렬하므로, 높은 봉우리가 좋고, 밝은 달빛이 좋으며, 그림 같은 누각이 좋고, 높은 누대가 좋으며, 밝은 달이 고독한 나뭇가지를 비추는 곳이 좋고, 산들바람이 그윽한 운치를 날리는 곳이 좋다.

소나무는 골격이 푸르므로, 높은 산이 좋고, 그윽한 골짜기가 좋으며, 괴석 한 조각이 좋고, 수죽(脩竹)¹³ 무성한 큰 대나무숲이 좋으며, 굽이굽이 산골의 돌이 비치도록 맑은 물이 좋고, 찬 안개 자욱한 곳이 좋다.

대나무는 운치가 차가우므로, 강가가 좋고, 바위의 끝이 좋으며, 반석이 좋고, 눈 쌓인 봉우리가 좋

宜疏林, 宜小瞳, 宜橫參翠柳, 宜斜揷銀瓶.

李韻潔, 宜夜月, 宜曉風, 宜輕煙, 宜薄霧, 宜泛醇酒, 宜供淸謳.

榴色艷, 宜綠苔, 宜粉壁, 宜朝旭, 宜晚晴, 宜纖態映池, 宜落英點地.

桂香烈, 宜高峯, 宜朗月, 宜畫閣, 宜崇臺, 宜皓魄照孤枝, 宜微颸颺幽韻.

松骨蒼, 宜高山, 宜幽洞, 宜怪石一片, 宜脩竹萬竿, 宜曲澗粼粼, 宜寒煙漠漠.

竹韻冷, 宜江幹, 宜巖際, 宜盤石, 宜雪巘, 宜曲檻

---

12 목서[桂]: 쌍떡잎식물 물푸레나무과의 상록 대관목. 원문의 한자는 '계수나무 계(桂)'이지만, 이는 현대의 계수나무를 가리키는 것이 아니라 은목서(銀木樨)를 가리킨다.
13 수죽(脩竹): 밋밋하게 자란 가늘고 긴 대.

으며, 돌고 도는 굽이진 난간이 좋고, 우뚝 솟은 높은 소나무가 좋다.

여기에 겸하여 주인이 너그럽고 온화하며 호사자이면서 시 잘 짓는다면, 아름다운 손님이 집을 방문할 때 차를 달이고 꽃을 감상할 것이다. 이렇다면 꽃이 전해 주는 시원스런 마음은 곧 구석(九錫)[14]이나 삼가(三加)[15]도 견줄 수 없을 것이다. 《여초태설(呂初泰說)[16]》[17]

소나무는 기암괴석의 곁이 좋다. 대나무 중에 큰 것은 정원 서북쪽에 심어서 정원 안의 온갖 꽃을 보호하도록 해야 한다. 대나무 중에 작은 것은 꽃 핀 언덕이나 물가 중에 알맞지 않은 곳이 없다.

홍도(紅桃, 분홍복사꽃)와 벽도(碧桃, 흰복사꽃)는 동쪽 담 안에 심어 꽃가지가 담장에서 하늘거리면서 풍성하게 꽃을 피우면 고아한 정취가 있다. 벽오동(碧梧桐)[18]은 동쪽 마당에다 심어 초승달이 먼저 걸리도록 하되, 연지(蓮池, 연꽃 심은 못) 가까이에 두지 않도록

廻環, 宜喬松突兀.

更兼主人蘊藉, 好事能詩, 佳客臨門, 煮茗淸賞, 花之快意, 卽九錫、三加未堪比擬也.《呂初泰說》

松宜奇巖怪石之側. 竹之大者宜種園之西北以護園內百花, 小者花塢、水邊無處不宜.

紅、碧桃宜種東墻之內, 令花枝拂墙而開饒有雅趣. 碧梧桐宜種東庭以先受初月, 愼勿近蓮池. 菊宜東籬之下, 梅宜濱水之地.《金

---

14 구석(九錫): 천자가 공이 있는 신하에게 특별히 내리는 9가지 혜택. 거마(車馬, 황제의 수레와 비슷한 수레)·의복(衣服, 곤룡포와 면류관)·악기(樂器, 팔일무를 할 수 있는 권한)·주호(朱戶, 문에 붉은 칠을 할 수 있는 권한)·납폐(納陛, 천자의 계단으로 오르내리는 권한)·호분(虎賁, 300명의 호위군대)·궁시(弓矢, 역적을 마음대로 토벌할 수 있는 활과 화살)·부월(斧鉞, 권위와 생사여탈권을 상징하는 도끼)·거창(秬鬯, 천자의 제사에 쓰는 술을 사용하는 권리)이다.

15 삼가(三加): 관례(冠禮) 때 복식을 3번 갈아입는 의식. 시간이 지날수록 절차를 지키지 않았기 때문에 삼가를 모두 하는 것은 의전이 모두 갖추어진 것을 의미한다.

16 여초태설(呂初泰說): 중국 명(明)나라의 분경 이론가인 여초태(呂初泰, ?~?)가 《분경(盆景)》에서 밝힌 화초에 관한 해설. 여초태의 저서로는 《화정(花政)》이 있다.

17 출전 확인 안 됨;《二如亭群芳譜》〈貞部〉"花譜簡首"'雅稱'《四庫全書存目叢書補編》80, 676쪽).

18 벽오동(碧梧桐): 벽오동과에 속하는 낙엽활엽교목. 오동나무의 잎과 같이 생겼으나 나무껍질이 초록색이라서 벽오동이라는 이름이 붙여졌다. 열매에서 추출한 기름은 식용유로도 사용한다.

조심해야 한다. 국화는 동쪽 울타리 아래가 좋고, 매화는 물가의 땅이 좋다. 《금화경독기》[19]

파초는 물가의 정자나 서늘한 누대 곁에 연[荷]과 짝을 지어 심는 것이 좋다. 옛사람이 "연 10,000그루를 심되 그 중의 0.5묘(畝)를 파초로 그늘지게 하면 사람의 정신을 꿈속에서 노니는 듯 향기롭게 하고, 피부를 초록빛이 되게 한다."[20]라 했다. 이것이 더위를 피하는 최고의 법이기 때문이다.

파초가 아름다운 대나무를 가려 덮거나 난초·원추리를 그늘지게 하지 않도록 조심해야 한다. 대나무 정원인 기원(淇園)[21]에서 파초 탄핵하는 글을 갑자기 받는 일이【심약(沈約)[22]이 〈대나무가 파초를 탄핵하는 글[竹彈芭蕉文]〉을 지었다[23]】 있을 수도 있기 때문이다. 《금화경독기》[24]

취운(翠雲)[25]은 그늘을 좋아하니, 파초 아래에 심어야 한다. 《금화경독기》[26]

華耕讀記》

芭蕉宜水榭涼臺之側伴荷種之. 古人云: "種荷萬柄, 蔭蕉半畝, 令人魂夢馨香, 肌膚翠綠." 是爲逃暑上法也.

愼勿障蔽佳竹, 蔭翳蘭、萱, 橫遭淇園彈文【沈約撰《修竹彈芭蕉文》】, 可也. 同上

翠雲好陰, 宜種芭蕉之下. 同上

---

19 출전 확인 안 됨.

20 연······한다:《紫桃軒雜綴》卷1.

21 기원(淇園):중국 춘추 시대 위(衛)나라의 원림(園林). 대나무를 많이 심었다고 전해진다.

22 심약(沈約):중국 남조 시대 양(梁, 555~587)의 문학가, 사학자.

23 심약이······지었다:대나무가 파초를 탄핵한다는 의미의 글로, 아첨하는 말은 믿기 어려움을, 파초가 무성하여 그늘이 생기는 것에 비유한 글이다. 자세한 내용은《二如亭群芳譜》〈卉譜〉2 "甘蕉"《四庫全書存目叢書補編》80, 819쪽) 참조.

24 출전 확인 안 됨.

25 취운(翠雲):관다발식물 석송목 부처손과의 여러해살이풀. 부처손.《예원지》권4〈훼류(관엽류)〉"취운초"에 자세히 보인다.

26 출전 확인 안 됨.

부용은 특히 물가가 좋다. 심은 부용의 종류가 같지 않으면 앞서거니 뒤서거니 피기 때문에 마땅히 섞어서 심어야 한다. 《금화경독기》[27]

芙蓉特宜水際, 種類不同, 先後開, 故當雜植之. 同上

2) 화분 배치법

排盆法

일반적으로 화분을 배치할 때 키가 큰 나무는 뒷줄이 좋고, 낮고 작은 나무는 앞줄이 좋다. 《청천양화록》[28]

凡排置花盆, 其樹高者宜後行, 短小者宜前列. 《菁川養花錄》

---

27 출전 확인 안 됨.
28 《養花小錄》〈排花盆法〉, 29쪽.

7. 품등

品第

1) 화훼 8종[1]의 상품

八種上品

① 매화[梅]는 겹매화[重葉梅]·녹악매(綠萼梅)[2]·옥접매(玉蝶梅)[3]·백엽상매(百葉緗梅)가 상품이다. ② 해당(海棠)은 서부(西府)[4]해당의 자금(紫錦)[5]이 상품(上品, 좋은 품종)이다. ③ 모란(牡丹)은 황루자(黃樓子)[6]·녹호접(綠蝴蝶)[7]·서과양(西瓜瓤)[8]·대홍무청예(大紅舞靑猊)[9]가 상품이다. ④ 작약(芍藥)[10]은 관군방(冠群芳)[11]·어

梅, 以重葉、綠萼、玉蝶、百葉緗梅爲上. 海棠, 以西府紫錦爲上. 牡丹以黃樓子、綠[1]蝴蝶、西瓜瓤[2]、大紅舞靑猊爲上. 芍藥, 以冠群芳、御衣黃、寶裝成爲上.

---

1 8종:여기서 다룬 화훼는 실제로 9종이다.

2 녹악매(綠萼梅):매화의 일종으로, 꽃이 희고 꽃받침이 녹색이다. 청매화라고도 한다.

3 옥접매(玉蝶梅):매화의 일종으로, 흰색겹꽃이다. 《예원지》 권2 〈꽃류(상)(꽃나무)〉 "매화"에 보인다.

4 서부(西府):중국의 중서부 지역인 운남(雲南), 감숙(甘肅), 섬서(陝西), 산서(山西), 하북(河北), 요녕(遼寧) 등지를 가리킨다. 서부해당은 이 지역에서 나는 해당이다.

5 자금(紫錦):해당화의 일종으로, 자주색이며 중국 사천성 지역에서 난다. 《예원지》 권2 〈꽃류(상)(꽃나무)〉 "해당"에 보인다.

6 황루자(黃樓子):《예원지》 권5 〈꽃 이름 고찰〉에는 작약의 일종으로 되어있다. 꽃송이에 금색 선이 있으며 향이 매우 깊다.

7 녹호접(綠蝴蝶):모란의 일종으로, 겹꽃이며 꽃잎이 크고 늦게 핀다. 《예원지》 권5 〈꽃 이름 고찰〉 "모란"에 보인다.

8 서과양(西瓜瓤):모란의 일종으로, 꽃봉오리가 홍색이다. 《예원지》 권5 〈꽃 이름 고찰〉 "모란"에 교가서과양(喬家西瓜瓤)·대홍서과양(大紅西瓜瓤)·도홍서과양(桃紅西瓜瓤)이 보인다.

9 대홍무청예(大紅舞靑猊):《예원지》 권5 〈꽃 이름 고찰〉 "모란" '홍색류'에 자세히 보인다.

10 작약(芍藥):《예원지》 권3 〈꽃류(하)(풀꽃)〉 "작약";《예원지》 권5 〈꽃 이름 고찰〉 "작약"에 자세히 보인다.

11 관군방(冠群芳):작약의 일종으로, 꽃잎이 크고 풍성하며 짙은 홍색이다. 《예원지》 권5 〈꽃 이름 고찰〉 "작약"에 보인다.

① 綠:《瓶史·品第》에는 "玉".

② 瓤:저본에는 "穰".《瓶史·品第》에 근거하여 수정.

의황(御衣黃)¹² · 보장성(寶裝成)¹³이 상품이다.

⑤ 석류[榴花]는 심홍색이면서 중대(重臺)¹⁴가 상품이다. ⑥ 연꽃[蓮花]은 벽대련(碧臺蓮)¹⁵ · 금변련(錦邊蓮)¹⁶이 상품이다. ⑦ 목서(木樨)는 구자(毬子)¹⁷ · 조황(早黃)¹⁸이 상품이다. ⑧ 국화[菊]는 여러 색의 학령(鶴翎)¹⁹ · 서시(西施)²⁰ · 전융(翦絨)²¹이 상품이다. ⑨ 납매(蠟梅)²²는 경구향(磬口香)²³이 상품이다. 《병사(瓶史)²⁴》²⁵

榴花, 深紅重臺爲上. 蓮花, 碧臺、錦邊爲上. 木樨, 毬子、早黃爲上. 菊, 以諸色鶴翎、西施、翦絨爲上. 蠟梅, 磬口香爲上.《瓶史》

12 어의황(御衣黃) : 《예원지》 권5 〈꽃 이름 고찰〉에는 국화의 일종으로 되어 있다. 겹꽃이며 깊은 아황색이다.

13 보장성(寶裝成) : 《예원지》 권5 〈꽃 이름 고찰〉에는 "국화"에는 보이지 않는다.

14 중대(重臺) : 석류화 중에 꽃봉오리 중심이 누대처럼 높이 솟은 꽃이다. 《예원지》 권2 〈꽃류(상)(꽃나무)〉 "석류화"에 보인다.

15 벽대련(碧臺蓮) : 연꽃의 일종으로, 흰색이고 화판 위에 푸른빛의 점이 있다. 《예원지》 권3 〈꽃류(하)(풀꽃)〉 "연꽃"에 보인다.

16 금변련(錦邊蓮) : 연꽃의 일종으로, 꼭지는 녹색이고 꽃은 흰색이다. 꽃이 필 때는 녹색이 희미해지고 붉은색 선이 1줄 둘러진다. 《예원지》 권3 〈꽃류(하)(풀꽃)〉 "하화"에 보인다.

17 구자(毬子) : 목서의 일종.

18 조황(早黃) : 목서의 일종. 잎이 빨리 노랗게 물드는 종으로 추정된다.

19 학령(鶴翎) : 국화의 일종으로, 색이 다양하다. 《예원지》 권5 〈꽃 이름 고찰〉 "국화"에 학령홍(鶴翎紅) · 황학령(黃鶴翎) · 분학령(粉鶴翎) · 자학령(紫鶴翎) · 백학령(白鶴翎)이 보인다.

20 서시(西施) : 국화의 일종으로 색이 다양하다. 《예원지》 권5 〈꽃 이름 고찰〉 "국화"에 금서시(錦西施) · 황서시(黃西施) · 마노서시(瑪瑙西施) · 분서시(粉西施) · 누자분서시(樓子粉西施) · 취서시(醉西施) · 새서시(賽西施) · 납판서시(蠟瓣西施) · 백서시(白西施) · 납판분서시(蠟瓣粉西施) · 이색서시(二色西施) · 밀서시(蜜西施)가 보인다.

21 전융(翦絨) : 가늘고 고운 꽃잎이 돋아 있는 형태의 겹꽃. 여러 꽃에서 이러한 모양이 보인다. 국화로는 《예원지》 권5 〈꽃 이름 고찰〉 "국화"에 황전융(黃翦戎) · 홍전융(紅翦絨) · 자전융(紫翦絨) · 백전융(白翦絨)이 보인다.

22 납매(蠟梅) : 납매과의 낙엽교목. 1~2월에 노란빛을 띤 흰 꽃이 핀다. 꽃 색깔이 밀랍과 비슷하여 이러한 이름이 붙었다. 《예원지》 권2 〈꽃류(상)(꽃나무)〉 "납매"에 자세히 보인다.

23 경구향(磬口香) : 납매의 일종으로, 활짝 핀 꽃도 절반쯤만 벌어져 있어 승경(僧磬, 부처에게 참배할 때 흔드는 구리방울)의 주둥이 같은 모양이다. 《예원지》 권2 〈꽃류(상)(꽃나무)〉 "납매"의 경구매(磬口梅)이다.

24 병사(瓶史) : 중국 명나라의 원굉도(袁宏道, 1568~1610)가 지은 화훼서.

25 《瓶史》 卷下 〈品第〉(《叢書集成初編》 1559, 5쪽).

2) 정자 주변에 심는 꽃에 대한 논평

구양수(歐陽修)[26]가 사도인(謝道人)[27]에게 꽃나무를 심으라며 보낸 시[28]에서 다음과 같이 말했다.

"짙은 홍색과 옅은 흰색이 서로 섞여야 좋으니
앞뒤로 연이어 차례대로 심어야 하리.
사계절 술과 함께 나 감상하려 하니
하루라도 꽃 피지 않는 날 없게 하게나."[29]

내가 생각해 보니 산사람의 집은 넓지 않은 땅을 얻더라도 산으로 길을 내어 편안하고 한가롭게 보냈을 것이다. 만약 보통 품등의 화훼로 집의 절반을 차지하도록 심어 놓은들 어찌 산골짜기의 흥취를 얻을 만하겠는가.

사계절 심는 꽃에 대해서는 내가 《모란보(牡丹譜)》[30] 등의 화보류에서 논했다. 하지만 수많은 아름다운 종류 중에 내 눈으로 직접 본 꽃은 또한 적다.

산다화·석류화의 색과 같은 대홍(大紅)색은 그림으로 형상을 그려 놓은 모양은 보았지만, 땅에 뿌리를 내린 모양은 보지 못했다. 그밖에 장원홍(狀元紅)[31]·경운홍(慶雲紅)[32]·왕가홍(王家紅)[33]·소도홍(小桃

花榭詮評

歐陽公示謝道人種花詩云:

"深紅淺白宜相間,
先後仍須次第栽.
我欲四時携酒賞,
莫教一日不花開."

余意山人家, 得地不廣, 開徑怡閑. 若以常品花卉植居其半, 何足取也?

四時所植, 余爲詮評《牡丹譜》類, 數多佳本, 過目亦少.

大紅如山茶、石榴色者, 寓形于圖畫有之, 托根于土壤未見. 他如狀元紅、慶雲紅、王家紅、小桃紅, 雲容

---

26 구양수(歐陽修) : 1007~1072. 중국 북송의 관료. 자는 영숙(永叔), 호는 취옹(醉翁), 시호는 문충(文忠). 왕안석(王安石)의 신법과 대립한 구법당(舊法黨)의 대표적인 인물이며, 문장도 뛰어나 당송팔대가(唐宋八大家)의 한 명으로 꼽힌다. 저서로 《신당서(新唐書)》 등이 있고, 문집으로 《구양문충공집(歐陽文忠公集)》이 있다.

27 사도인(謝道人) : 미상. 《유설(類說)》 등에서는 구양수의 막객(幕客, 고문)이라 했다.

28 구양수(歐陽修)가……시 : 구양수가 저주(滁州, 현재 중국 안휘성 일대)에 귀양 갔을 때 막객(幕客)이었던 사판관(謝判官)에게 유곡(幽谷, 산의 깊은 골짜기)에 꽃을 심게 했다. 사판관이 어떻게 심어야 할지 그 방법을 청하자, 구양수가 답장을 보내며 그 끝에 이 시를 덧붙여 보냈다고 한다. 이 시의 제목은 〈사판관유곡종화(謝判官幽谷種花)〉이다.

29 짙은……하게나 : 《歐陽文忠公集》11〈居士集〉卷11 "謝判官幽谷種"(《文淵閣四庫全書》1102, 96쪽).

30 모란보[牡丹譜] : 《준생팔전(遵生八牋)》의 저자 고렴(高濂, 1573~1620)이 지은 《모란화보(牡丹花譜)》를 말한다.

31 장원홍(狀元紅) : 짙은 홍색의 겹꽃 모란. 《예원지》 권5〈꽃 이름 고찰〉 "모란"에 자세히 보인다.

紅)[34]과 같은 꽃은 구름의 모양으로 담긴 듯 이슬에 젖은 듯하고, 조의주(趙宜主)[35]가 새로 단장한 듯하다.

　가자(茄紫)·향자(香紫)[36]·연지루(臙脂樓)[37]·발묵자(潑墨紫)[38]는 미인[國色]이 연기에 싸여 가린 듯하여, 둥근 달에 매우 취한 듯하다. 척소백(尺素白)[39]·전융(翦絨)은 수정으로 만든 발을 걷어 올리면 이들 꽃이 달빛에 드러나면서 향이 난다.

　어의황(御衣黃)·무청예(舞靑霓)[40]·일념홍(一捻紅)[41]·

露濕，飛燕新粧.

茄紫、香紫、臙脂樓、潑墨紫，國色煙籠，玉環沈醉. 尺素白、翦絨，水晶簾捲，月露生香.

御衣黃、舞靑霓、一捻紅、

대모(《매원개보》)

32　경운홍(慶雲紅) : 도홍색의 국화. 《예원지》 권5 〈꽃 이름 고찰〉 “국화”에 자세히 보인다.

33　왕가홍(王家紅) : 《예원지》 권5 〈꽃 이름 고찰〉에는 실려 있지 않다. ‘왕홍’(王紅)이라고도 하며, 《준생팔전(遵生八牋)》〈거실안처조(居室安處條)〉 “고자화사전평(高子花榭詮評)”에 그 화명이 보인다. 아래에 석류홍과 비슷하고, 대홍수구와 같은 종류라는 내용이 있다.

34　소도홍(小桃紅) : 한 꽃 안에 적색·황색·백색이 섞여 있는 국화. 《예원지》 권5 〈꽃 이름 고찰〉 “국화”에 자세히 보인다. 그곳에 대표명은 해당국(海棠菊)이라 되어 있다.

35　조의주(趙宜主) : ?~?. 중국 전한(前漢) 성제(成帝)의 황후로, 시호는 효성황후(孝成皇后). 용모가 뛰어나고 춤과 노래에 뛰어나, 나는 제비 같다고 하여 조비연(趙飛燕)이라 불렸다. 자식을 낳지 못한 것에 한을 품고 자식을 낳은 궁녀들을 죽이는 등의 행동을 하다 성제가 죽자 탄핵되어 서인(庶人)으로 강등되어 자살했다.

36　가자(茄紫)·향자(香紫) : 자색의 일종.

37　연지루(臙脂樓) : 연지처럼 붉은색 모란. 《예원지》 권5 〈꽃 이름 고찰〉 “모란”에 자세히 보인다.

38　발묵자(潑墨紫) : 홑꽃 흑색 모란. 《예원지》 권5 〈꽃 이름 고찰〉 “모란”에 자세히 보인다.

39　척소백(尺素白) : 송이가 큰 백색모란으로 추정된다.

40　무청예(舞靑霓) : 꽃 가운데 푸른색 꽃잎이 몇 장 나는 형태. 《예원지》 권5 〈꽃 이름 고찰〉 “모란”에 바탕색이 다른 꽃이 5종 보인다.

41　일념홍(一捻紅) : 《예원지》 권2 〈꽃류(상)(꽃나무)〉 “동백”과 《예원지》 권5 〈꽃 이름 고찰〉 “국화”에 보인다.

녹호접(綠蝴蝶)은 대모(玳瑁)[42]등껍데기에 아침노을의 광채가 퍼지는 듯하다. 이 몇 종 외에는 많이 심을 필요가 없다.

작약은 광릉(廣陵)[43]의 화보(花譜)[44]에 30종 남짓이 있지만, 내가 본 종류는 또한 몇 종뿐이다. 금대위(金帶圍)[45]·서련홍(瑞蓮紅)[46]·관군방(冠群芳)은 자색 옷에 주색(朱色, 붉은색의 일종)을 칠한 듯, 살짝 연하게 붉은 색이 스친 듯하다.

천엽백(千葉白)·옥소요(玉逍遙)·무예백(舞霓白)[47]·옥반우(玉盤盂)[48]는 뭉게구름과 보드라운 옥 같고 색이 고운 초록구슬 같다.

분수구(粉繡毬)[49]·자수구(紫繡毬)[50]【자수구는 민간에서 '마엽분단(麻葉粉團)'이라 한다】는 환단(歡團)[51] 같이 동그란 꽃송이가 발그레한 얼굴처럼 차례로 단장하듯 피어난다.

벽도(碧桃)[52]·단판백도(單瓣白桃, 홑꽃잎흰복숭아꽃)는 맑고 깨끗한 서리 같은 자태로 앞다투어 피면서 자

綠蝴蝶, 玳瑁闌開, 朝霞散彩. 數種之外, 無地多栽.

芍藥, 在廣陵之譜, 三十有奇, 而余所見亦惟數種. 金帶圍、瑞蓮紅、冠群芳, 衣紫塗朱, 容閑紅拂.

千葉白、玉逍遙、舞霓白、玉盤盂, 膩雲軟玉, 色艶綠珠.

粉繡毬、紫繡毬【俗名"麻葉粉團"】, 歡團霞臉, 次第粧新.

碧桃、單瓣白桃, 瀟灑霜姿, 後先態雅.

---

42 대모(玳瑁) : 한글명 바다거북. 거북의 일종으로, 황갈색의 등껍질은 빛나고 매끄러워 장식품을 만드는 데 사용된다. 《전어지》 권4 〈물고기 이름 고찰〉 "바닷물고기" '껍데기가 있는 종류'(풍석 서유구 지음, 임원경제연구소 옮김, 《임원경제지 전어지》 2, 풍석문화재단, 2021, 465쪽)에 자세히 보인다.

43 광릉(廣陵) : 지금의 중국 강소성(江蘇省) 양주시(揚州市) 일대.

44 광릉(廣陵)의 화보(花譜) : 중국 강소성 양주시 지역에서의 모란 재배와 관련된 기록으로 보인다.

45 금대위(金帶圍) : 가지와 줄기 끝이 가는 국화. 《예원지》 권5 〈꽃 이름 고찰〉 "국화"에 자세히 보인다.

46 서련홍(瑞蓮紅) : 미상. 홍색 연꽃의 일종으로 추정된다.

47 무예백(舞霓白) : 무청예(舞靑霓)와 같이 꽃 가운데 흰색 꽃잎이 몇 장 나는 형태로 보인다.

48 옥반우(玉盤盂) : 겹꽃이며 끝이 평평한 모란. 《예원지》 권5 〈꽃 이름 고찰〉 "모란"에 보인다.

49 분수구(粉繡毬) : 불두화류.

50 자수구(紫繡毬) : 중국 사천 지역의 수국. 《예원지》 권3 〈꽃류(하)(풀꽃)〉 "수구"에 보인다.

51 환단(歡團) : 찹쌀과 설탕을 반죽하여 만든 동그란 모양의 음식.

52 벽도(碧桃) : 복숭아나무의 일종. 겹꽃이 핀다. 《예원지》 권5 〈꽃이름 고찰〉 "국화" '분홍색류'의 승비도(勝緋桃) 항목에도 이 명칭이 보인다.

태가 우아하다.

수사해당(垂絲海棠)⁵³·철경해당(鐵梗海棠)⁵⁴·서부해당(西府海棠)·모과해당(木瓜海棠)⁵⁵·백해당(白海棠)은 연기를 머금은 듯 물에 비쳐 풍류와 운치가 사람을 매료시킨다.

옥란화(玉蘭花)·신이화(辛夷花, 목련의 일종)는 본래 아름답고 향이 맑아 예쁘고 고운 모습이 사람의 이목을 끈다.

천판분도(千瓣粉桃, 분홍겹복숭아꽃)【민간에서는 '이색도(二色桃)'라 한다】·비도(緋桃)⁵⁶【민간에서는 '소주도(蘇州桃)'라 한다. 꽃잎이 전융과 같고, 강도(絳桃)⁵⁷가 아니다. 강도와 같은 경우는 개화한 지 오래되면 색이 나빠지는 점을 사람들이 싫어한다】·대홍단판도(大紅單瓣桃, 대홍홑복숭아꽃)는 현도(玄都)⁵⁸의 기이한 종으로, 유우석(劉禹錫)⁵⁹도 알지 못했다.⁶⁰

垂絲海棠、鐵梗海棠、西府海棠、木瓜海棠、白海棠, 含煙照水, 風韻撩人.

玉蘭花、辛夷花, 素艷淸香, 芳鮮奪目.

千瓣粉桃【俗名"二色桃"】、緋桃【俗名"蘇州桃". 花瓣如翦絨, 非緋桃也. 若絳桃, 惡其開久色惡】、大紅單瓣桃, 玄都異種, 未識劉郞.

53　수사해당(垂絲海棠) : 분홍색이며 아래쪽을 향하여 피는 해당. 《예원지》 권3 〈꽃류〉 "해당"에 보인다.

54　철경해당(鐵梗海棠) : 미상. 《예원지》 권2 "해당"에는 첩경해당(貼梗海棠)만 나온다.

55　모과해당(木瓜海棠) : 미상.

56　비도(緋桃) : 중국 강소성(江蘇省) 소주(蘇州) 지역에서 나는 복숭아꽃으로 추정된다.

57　강도(絳桃) : 장미과 복숭아나무속 낙엽관목. 겹꽃의 진분홍 꽃이 핀다.

58　현도(玄都) : 현도관(玄都觀)에서 나는 복숭아의 일종으로 추정된다. 현도관은 중국의 북주(北周)·당(唐) 때에 장안에 있던 통고관(通道觀)이라 부른 도관(道觀)으로, 수나라 때 현도관(玄都觀)이라 불렸고 복숭아나무가 많이 있었다고 한다. 지금은 남아 있지 않다.

59　유우석(劉禹錫) : 772~842. 중국 당나라의 관료이자 시인. 자는 몽득(夢得). 두우(杜佑)의 막료로 정치개혁을 추진했으나 실패했다. 시문으로 이름을 날렸으며, 유종원(柳宗元)·백낙천(白樂天) 등과 교유했다. 문집으로 《유몽득문집(劉夢得文集)》·《외집(外集)》이 있다.

60　현도(玄都)의……못했다 : 유우석의 시에 등장하는 많은 복숭아꽃을 끌어다 언급한 말이다. 환관 구문진(俱文珍)이 순종(順宗)을 퇴위시키고 헌종(憲宗)을 옹립했을 때 유우석이 쫓겨나게 된다. 10년 뒤에 그가 다시 중앙으로 복귀했는데, 도교의 사원인 현도관에 만개한 도화(桃花)를 보고 "붉으레한 거리는 온통 홍진이 얼굴을 스치고, 복숭아꽃 보고 온다고 말하지 않는 사람 하나 없네. 현도관 안에는 복숭아나무 천 그루가 있지만, 모두 내가[劉郞] 떠난 후 심은 것이라네(紫陌紅塵拂面來, 無人不道看花回. 玄都觀裏桃千樹, 盡是劉郞去後栽)."라는 시를 지어 풍자하였고, 유우석의 〈재유현도관(再游玄都觀, 다시 현도관에 와서)〉이라는 시를 보면 "현도관 가운데 넓은 뜰엔 이끼가 태반, 복사꽃 다 사라지고 채소만 자랐구나. 복사꽃 심었던 도사는 어디로 갔나, 지난번 유랑이 지금 다시 왔는데(百畝庭中半是苔, 桃花淨盡菜花開. 種桃道士歸何處, 前度劉郞今又來)."라고 노래했다.

자미(배롱나무, 《왜한삼재도회》)

천판대홍중대석류(千瓣大紅重臺石榴)[61]·천판백류(千
瓣白榴, 겹꽃흰석류화)·천판분홍류(千瓣粉紅榴, 겹꽃분홍석
류화)·천판아황류(千瓣鵝黃榴, 겹꽃아황석류화)·단판백분
이색류(單瓣白粉二色榴, 홑꽃흰·분홍석류화)는 서역(西域)[62]
의 특별한 나무로, 장건(張騫)[63]도 놀랐을 것이다.

자미(紫薇)[64]·분홍미(粉紅薇, 분홍배롱나무)·백미(白
薇, 흰배롱나무)는 자금성의 긴 밤에 서늘한 달빛을 누
워서 끌어온다.

千瓣大紅重臺石榴、千瓣白
榴、千瓣粉紅榴、千瓣鵝黃
榴、單瓣白、粉二色榴, 西
域別枝, 堪驚博望.

紫薇、粉紅薇、白薇, 紫禁
漏長, 臥延涼月.

---

61 천판대홍중대석류(千瓣大紅重臺石榴) : 대홍색 겹꽃이며 중심 화판이 누대가 서 있는 형태의 석류화.
62 서역(西域) : 좁은 의미로는 중앙아시아의 타림분지 주변의 국가들을 가리키고, 넓은 의미로는 페르시아와
   아라비아까지를 포함하는 지역을 가리킨다.
63 장건(張騫) : ?~B.C. 114. 중국 전한의 관료. 무제(武帝) 때 월지국(月支國)과 동맹을 맺기 위하여 서쪽으로
   파견되어 가던 도중 흉노에 13년간 억류되어 지내다가 탈출하여 서역과 교류를 맺었다. 위청(衛靑, ?~B.C.
   106)이 흉노를 정벌할 때 수행했기 때문에 박망후(博望侯)에 봉해졌다.
64 자미(紫薇) : 백일홍의 이칭. 《예원지》 권2 〈꽃류(상)(꽃나무)〉 "자미화"에 자세히 보인다.

금계(金桂)[65] · 월계(月桂, 은목서)【사계절에 개화하며 씨를 맺는 것】는 광한(廣寒, 달의 별칭)의 높고 추운 곳까지 구름 밖으로 향기로운 바람을 전해 준다.

조수매(照水梅)[66]【개화하면 송이송이 아래로 늘어진다】· 녹악매(綠萼梅) · 옥접매(玉蝶梅) · 경구납매(磬口臘梅)[67]【꿀 같은 황색이고, 자색 꽃심이 있다. 꽃잎은 백매(白梅)와 같지만 그보다 조금 크다. 예전에 홍호(洪皓)[68]가 거주했다는 산속 정자에서 보았는데, 그 향기가 사람에게 밀려왔다. 그러나 지금 '납매(臘梅)'라 하는 것은 모두 연꽃잎을 말한다. 겨우 구영(狗英)[69]을 면할 정도이다】는 달빛이 파리하고 연기가 자욱할 때 외딴 섬에 오르며 시를 읊는 듯하다.

분홍산다(粉紅山茶) · 천판백산다(千瓣白山茶, 겹꽃흰산다) · 대홍전다(大紅滇茶)[70]【꽃이 찻잔처럼 크다. 이 종류는 운남(雲南)[71]에서 난다】· 마노산다(瑪瑙山茶)[72]【홍색 · 황색 · 백색 3가지 색이다. 꽃잎이 겹겹이 많아 꽃의 중심에 꽃잎이 쌓여 있는 듯하다. 바깥쪽 큰 꽃잎은 주사(硃砂)[73]의 홍색이다】· 보주학정산다(寶珠鶴

金桂、月桂【四時開生子者】, 廣寒高冷, 雲外香風.

照水梅【花開朶朶下垂】、綠萼梅、玉蝶梅、磬口臘梅【黃色如蜜, 紫心. 瓣如白梅, 少大. 曾于洪宣公山亭見之, 其香撲人. 今云"臘梅"者, 皆荷花瓣也, 僅免狗英】, 月瘦煙橫, 騰吟孤嶼.

粉紅山茶、千瓣白山茶、大紅滇茶【大如茶盞, 種出雲南】、瑪瑙山茶【紅、黃、白三色, 夥作堆心, 外大瓣硃砂紅色】、寶珠鶴頂山茶【中心如饅, 叢簇可愛. 若吐白

---

65 금계(金桂) : 쌍떡잎식물 물푸레나무과의 상록 소교목. 꽃이 밝은 황색이다. 금목서(金木犀)라고도 한다.

66 조수매(照水梅) : 중국 운남성(云南省) 등충현(騰冲縣) · 여강(麗江) 등지에서 나는, 매실이 크고 꽃이 아래를 향해 피는 매화나무. 《예원지》권2 〈꽃류(상)(꽃나무)〉 "매화"에 보인다.

67 경구납매(磬口臘梅) : 《예원지》권2 〈꽃류(상)(꽃나무)〉 "납매"에 보인다.

68 홍호(洪皓) : 1088~1155. 중국 남송의 관료. 자는 광필(光弼), 시호는 충선공(忠宣公). 북송 휘종 때 급제하여 벼슬을 시작했다. 성품이 강직하여 금나라에 15년간 억류되었는데, 진회(秦檜)의 미움을 사서 좌천되었다. 문집으로 《파양집(鄱陽集)》이 있다.

69 구영(狗英) : 납매의 일종. 꽃이 작고 향이 옅어 최하품이다. 《예원지》권2 〈꽃류(상)(꽃나무)〉 "납매"에 보인다.

70 대홍전다(大紅滇茶) : 대홍전다이며 꽃술이 꽉 차 있는 산다. 학정다(鶴頂茶)라고도 한다. 《예원지》권2 〈꽃류(상)(꽃나무)〉 "산다"에 보인다.

71 운남(雲南) : 지금의 중국 운남성(雲南省) 일대.

72 마노산다(瑪瑙山茶) : 《예원지》권2 〈꽃류(상)(꽃나무)〉 "산다"에 보인다.

73 주사(硃砂) : 수은으로 이루어진 붉은 색의 황화 광물.

頂山茶)[74]【중심이 만두 같다. 떨기지어 피면 사랑스럽다. 흰 꽃술을 토해 내는 품종은 좋지 않다】는 노을에 쪄서 눈으로 빚은 술을 마시다 산속에서 매우 취한 듯하다.

대홍근(大紅槿, 대홍무궁화)·겹꽃흰무궁화[千瓣白槿][75]는 늦가을 몇 송이가 숲 밖에서 외롭게 향기를 낸다.

다매화(茶梅花)[76]【작은 송이이다. 분홍색에 황색 꽃심이 있다. 11월에 개화한다. 갖은 꽃들이 깨끗이 다 떨어졌을 때, 이 꽃을 얻으면 감상할 만하다】·명화(茗花)[77]【향기가 맑아 병에 꽂아두면 오래도록 감상할 만하다】는 추운 계절에 가지 1개만으로도 서재[齋頭]의 청아한 즐길거리가 된다.

내 소견으로 고른 이상의 것들이 남들과 같을 수도 있다. 하지만 혹시라도 다른 사람과 나의 호오가 같지 않다면 꽃에 대한 내 소견을 쓰거나 버리는 일은 오직 사람들이 스스로 취해야 할 것이다. 《준생팔전(遵生八牋)[78]》[79]

鬚者不佳】, 霞蒸雪釀, 沈醉中山.

大紅槿、千瓣白槿, 殘秋幾朶, 林外孤芳.

茶梅花【小朶, 粉紅黃心, 開在十一月. 各花淨盡之時, 得此可玩】、茗花【香清, 挿瓶, 可久可玩】, 冷月一枝, 齋頭淸供.

我之所見, 調亦可同, 儻人我好惡不侔, 用捨惟人自取.《遵生八牋》

---

74 보주학정산다(寶珠鶴頂山茶):《예원지》권2〈꽃류(상)(꽃나무)〉"산다"의 '학정다(鶴頂茶)'와 '백보주(白寶珠)'의 특징이 함께 있는 산다로 보인다.
75 겹꽃흰무궁화[千瓣白槿]:《예원지》권2〈꽃류(상)(꽃나무)〉"목근"에 보인다.
76 다매화(茶梅花):《예원지》권2〈꽃류(상)(꽃나무)〉"산다"에 보인다.
77 명화(茗花): 차나무꽃. 흰색이며 꽃술이 많다.
78 준생팔전(遵生八牋): 중국 명나라의 고렴(高濂, 1573~1620)이 지은 유서. 8가지 대분류로 구성되어 있다.
79 《遵生八牋》卷7〈起居安樂牋〉上 "高子花榭詮評"(《遵生八牋校注》, 228~229쪽).

3) 화훼의 3가지 품등

상급의 높은 품등으로는 유란(幽蘭)[80]·건란(建蘭)[81]·혜란(蕙蘭)[82]·주란(朱蘭)[83]·백산단(白山丹)[84]·황산단(黃山丹)·전추라(翦秋羅)[85]·이색계관(二色鷄冠)[86]【하나의 꽃 속에서 자색과 백색 둘로 나뉘어 한 꽃받침에서 같이 난다】·[87]

황련(黃蓮)[88]·겹꽃말리[千瓣茉莉][89]·홍작(紅芍, 홍색작약)·겹꽃백작약[千瓣白芍]·매괴(玫瑰)[90]·추해당(秋海棠)[91]·백색월계화(白色月季花)·대홍불상(大紅佛桑, 하와이무궁화)[92]·대련(臺蓮)[93]【개화했다가 꽃이 다 진 다음 연방(蓮房)[94] 속에서 낱알마다 그대로 꽃잎이 난다】·

협죽도화(夾竹桃花)[95]·홑꽃수선화(單瓣水仙花)·노란

草花三品

上乘高品, 若幽蘭、建蘭、蕙蘭、朱蘭、白山丹、黃山丹、翦秋羅、二色③鷄冠【一花中分紫、白二色, 同出一蒂】、

黃蓮、千瓣茉莉、紅芍、千瓣白芍、玫瑰、秋海棠、白色月季花、大紅佛桑、臺蓮【花開落盡, 蓮房中每顆, 仍發花瓣】、

夾竹桃花、單瓣水仙花、黃

---

80 유란(幽蘭) : 산 깊은 계곡에 피는 난화.

81 건란(建蘭) : 《예원지》 권2 〈꽃류(상)(꽃나무)〉 "난화"에 보인다.

82 혜란(蕙蘭) : 황색이나 자색으로 피는 난화. 《예원지》 권5 〈꽃 이름 고찰〉 "난화"에 보인다.

83 주란(朱蘭) : 꽃송이가 한 구석으로 거꾸로 나 있는 난화. 《예원지》 권5 〈꽃 이름 고찰〉 "난화"에 보인다.

84 백산단(白山丹) : 흰색 나리류. 《예원지》 권3 〈꽃류(하)(풀꽃)〉 "산단"에 자세히 보인다.

85 전추라(翦秋羅) : 《예원지》 권3 〈꽃류(하)(풀꽃)〉 "전추라"에 자세히 보인다.

86 이색계관(二色鷄冠) : 계관(鷄冠, 맨드라미)은 《예원지》 권3 〈꽃류(하)(풀꽃)〉 "계관화"에 자세히 보인다.

87 화훼의 여러 품종을 나열하는 이 부분은 단락을 나눌 수 없으나, 가독성을 위해 단락을 도중에 나누었다. 이후의 이와 유사한 단락의 형태도 마찬가지이다.

88 황련(黃蓮) : 쌍떡잎식물 매자나무과의 여러해살이풀. 깽깽이풀이라고도 한다. 꽃은 관상용으로 쓰고 뿌리줄기는 약용한다.

89 겹꽃말리[千瓣茉莉] : 겹꽃재스민으로 추정된다. 쌍떡잎식물 물푸레나무과에 속한다. 약 200여 종이 있다.

90 매괴(玫瑰) : 지금의 해당화이다. 《예원지》 권2 〈꽃류(상)(꽃나무)〉 "매괴"에 자세히 보인다.

91 추해당(秋海棠) : 쌍떡잎식물 베고니아과의 여러해살이풀. 지금은 일반적으로 베고니아라 한다. 《예원지》 권3 〈꽃류(하)(풀꽃)〉 "추해당"에 자세히 보인다.

92 대홍불상(大紅佛桑, 하와이무궁화) : 무궁화의 일종. 《예원지》 권2 〈꽃류(상)(꽃나무)〉 "목근"에 자세히 보인다.

93 대련(臺蓮) : 《예원지》 권3 〈꽃류(하)(풀꽃)〉 "하화"에 보인다.

94 연방(蓮房) : 연꽃의 열매인 연밥이 박혀 있는 송이. 연봉(蓮蓬)이라고도 한다.

95 협죽도화(夾竹桃花) : 봉선화(鳳仙花)의 이명. 《예원지》 권3 〈꽃류(하)(풀꽃)〉 "봉선"에 자세히 보인다.

③ 色 : 저본에는 "包". 《遵生八牋·起居安樂牋·高子草花三品說》에 근거하여 수정.

원추리[黃萱花]96, 황장미(黃薔薇)97·국화 종류인 자모란(紫牡丹)98·백모란(白牡丹)99·자작약(紫芍藥)100·은작약(銀芍藥)101·금작약(金芍藥)102·밀작약(蜜芍藥)103·금보상(金寶相)104, 그리고 어자란(魚子蘭)105·창포화(菖蒲花)106·야합화(夜合花)107 같은 품종이 있다.

이상 여러 종은 색과 자태가 그윽하고 아름다우며 풍채와 모양이 우아하고 담백하다. 그렇기 때문에 화분에 심고 고아한 서재에 두어 매일 금(琴)108을

萱花、黃薔薇、菊之紫牡丹、白牡丹、紫芍藥、銀芍藥、金芍藥、蜜芍藥、金寶相、魚子蘭、菖蒲花、夜合花.

已上數種, 色態幽閑, 豐標雅淡, 可堪盆架高齋, 日共琴書清賞者也.

보상화문 은합

보상국화문

96 노란원추리[黃萱花]:《예원지》권3〈꽃류(하)(풀꽃)〉“훤”에 보인다.
97 황장미(黃薔薇):《예원지》권2〈꽃류(상)(꽃나무)〉“장미”에 보인다. 색이 짙고 꽃이 크며 아름답다.
98 자모란(紫牡丹):국화의 일종으로, 처음 꽃이 필 때는 홍색·황색이 섞여 있다가 분자색(粉紫色)이 된다. 《예원지》권3〈꽃류(하)(풀꽃)〉“국화”에 자모란(紫牡丹)이 보이고, 모란 항목에는 보이지 않는다.
99 백모란(白牡丹):《예원지》권5〈꽃 이름 고찰〉“국화”에 보인다.
100 자작약(紫芍藥):국화의 일종으로, 색이 홍색→자색→담홍색→회백색으로 변한다. 《예원지》권3〈꽃류(하)(풀꽃)〉“국화”와《예원지》권5〈꽃 이름 고찰〉“국화”에 보이고, 작약 항목에는 보이지 않는다.
101 은작약(銀芍藥):국화의 일종으로, 은색일 것으로 생각된다.《예원지》권3〈꽃류(하)(풀꽃)〉“국화”에 보이고, 작약 항목에는 보이지 않는다.
102 금작약(金芍藥):국화의 일종으로, 꽃봉오리는 황홍색이고, 꽃은 금색이며 빛이 난다. 금모란(金牡丹)이라고도 한다.《예원지》권3〈꽃류(하)(풀꽃)〉“국화”;《예원지》권5〈꽃 이름 고찰〉“국화”에 보이고, 작약 항목에는 보이지 않는다.
103 밀작약(蜜芍藥):국화의 일종.《예원지》권3〈꽃류(하)(풀꽃)〉“국화”에 보이고, 작약 항목에는 보이지 않는다.
104 금보상(金寶相):국화의 일종으로, 금색일 것으로 생각된다.《예원지》권3〈꽃류(하)(풀꽃)〉“국화”에 보이고, 작약 항목에는 보이지 않는다.
105 어자란(魚子蘭):쌍떡잎식물 홀아비꽃대과의 상록 관목인 다란(茶蘭). 열매가 구슬처럼 동그래서《화경(花經)》에서는 진주란(眞珠蘭)이라고 했다.
106 창포화(菖蒲花):석창포(石菖蒲)의 일종.《예원지》권4〈훼류(관엽류)〉“석창포”에 자세히 보인다.
107 야합화(夜合花):국화의 일종.《예원지》권5〈꽃 이름 고찰〉“국화”에 보인다.
108 금(琴):중국 현악기. 고금(古琴)·아금(雅琴)·칠현금(七絃琴)·휘금(徽琴)이라고도 한다. 가야금·거문고처럼 길다란 판에 줄을 얹은 모양이며, 왼손으로 줄을 짚어 음높이를 조절하고 오른손 손가락으로 튕기거나

금(국립국악원)

타고 글씨 쓰며 청아하게 감상할 만한 것이다.

중급의 빼어난 품등으로는 백합화(百合花)·오색융규(五色戎葵)[109]【이 융규(접시꽃)는 여러 종류를 심는게 좋다. 우리 집 1묘(畝)[110] 넓이의 땅에 꽃 100~200포기를 가져다 놓았다. 그 종류·형태·색의 차이를 견주어 보니 모두 50여 종이 있었다. 형태와 색이 곧잘 변하므로 본종(本種)을 확정할 수 없다】·

백계관(白鷄冠)·왜계관(矮鷄冠)·쇄금봉선화(灑金鳳仙花)[111]·사면련(四面蓮)[112]·영춘화(迎春花)·금작(金雀)[113]·소형(素馨)[114]·산반(山礬)[115]·홍산단(紅山丹)·백화

中乘妙品, 若百合花、五色戎葵【此宜多種, 余家一畝中, 收取花朶一二百枝. 比類、形、色不同, 共有五十多種, 能作變態, 無定本也】、

白鷄冠、矮鷄冠、灑金鳳仙花、四面蓮、迎春花、金雀、素馨、山礬、紅山丹、白花

당겨 연주한다. 우리나라 문헌에서는 거문고를 그냥 금이라 쓰기도 한다. 연주법은 서유구 지음, 임원경제연구소 옮김, 《임원경제지 유예지》 3, 풍석문화재단, 2018, 210~271쪽에 자세하다.

109 오색융규(五色戎葵) : 촉규(蜀葵, 접시꽃)의 이칭. 《예원지》 권3 〈꽃류(하)(풀꽃)〉 "촉규"에 자세히 보인다.

110 1묘(畝) : 240보(步). 《임원경제지 본리지》 권1에 인용된 서유구의 《행포지》 내용에 따르면, 현재(조선 후기)의 묘(畝)를 정의하는 묘법(畝法)에서 1묘=240보(步)이고, 1보는 사방 5척으로 보았다. 과거에는 1보가 6척이었다. 1척 약 23센티미터이다. 《임원경제지 본리지》 권1 〈토지제도〉 "경묘법과 결부법" '1) 과거와 현재의 묘법'(풍석 서유구 지음, 임원경제연구소 옮김, 《임원경제지 본리지》 1, 2008, 45~49쪽) 참조.

111 쇄금봉선화(灑金鳳仙花) : 봉선화의 일종. 봉선화는 《예원지》 권3 〈꽃류(하)(풀꽃)〉 "봉선"에 자세히 보인다.

112 사면련(四面蓮) : 꽃받침이 4개 있는 연꽃. 《예원지》 권3 〈꽃류(하)(풀꽃)〉 "하화"에 보인다.

113 금작(金雀) : 콩과에 속한 상록 소관목. 5월경 잎겨드랑이에 나비 모양의 노란 꽃이 핀다.

114 소형(素馨) : 쌍떡잎식물 물푸레나무과의 상록 관목 말리화(茉莉花, 자스민)의 일종. 꽃은 차로 음용하기도 한다. 이 꽃은 향기가 좋아 정원에 관상용으로 재배한다.

115 산반(山礬) : 운향(芸香)의 이칭. 《예원지》 권4 〈훼류(관엽류)〉 "운향"에 자세히 보인다.

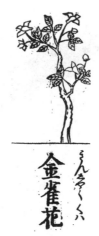

금작(《왜한삼재도회》)

손(白花蓀)·자화손(紫花蓀)116·길상초화(吉祥草花)117·
복건(福建)의 작은치자꽃[小梔子花]·

황호접(黃蝴蝶)118·녹총(鹿蔥)119·전춘라(翦春羅)120·
하라(夏羅)·번산단(番山丹, 참나리)121·수목서(水木樨)122·
요양화(鬧陽花)·석죽(石竹)123·오색(여러 색)의 앵속(罌粟,

蓀、紫花蓀④、吉祥草花、
福建小梔子花、
黃蝴蝶、鹿蔥、翦春羅、夏
羅、番山丹、水木樨、鬧陽
花、石竹、五色罌粟、黃·白

116 백화손(白花蓀)·자화손(紫花蓀): 미상.《예원지》에는 여기 외에 이 꽃의 이름이 보이지 않는다.
117 길상초화(吉祥草花): 길상초(吉祥草): 백합과의 여러해살이풀. 가을에 연보라색 꽃이 꽃줄기 끝에 이삭 모
    양으로 피고, 열매는 처음에는 붉으나 마르면 검은 색으로 바뀐다.《예원지》권4〈훼류(관엽류)〉"길상초"
    에 자세히 보인다.
118 황호접(黃蝴蝶): 노란 모란이나 국화를 가리키는 것으로 보인다. 호접(蝴蝶)은 여러 꽃의 이름에 그 꽃의 색
    깔을 지칭하는 단어와 함께 붙여 쓴다.《예원지》에서는 모란과 국화에 이 명칭이 붙어 있다.
119 녹총(鹿蔥): 원추리의 이칭.
120 전춘라(翦春羅):《예원지》권3〈꽃류(하)(풀꽃)〉"전춘라"에 자세히 보인다.
121 번산단(番山丹, 참나리): 산단(山丹)의 일종.《예원지》권3〈꽃류(하)(풀꽃)〉"산단"에 자세히 보인다. 홍색
    꽃잎에 흑색 반점이 찍혀 있다.
122 수목서(水木樨): 봉선화의 일종. 일명 지갑(指甲). 가지가 연하고 입은 가늘며 작고 노란 꽃이 핀다. 목서와
    비슷하지만 향이 약하다.
123 석죽(石竹): 쌍떡잎식물 석죽과의 여러해살이풀.《예원지》권3〈꽃류(하)(풀꽃)〉"석죽"에 자세히 보인다.
④ 紫花蓀:《遵生八牋·起居安樂牋·高子花榭詮評》에는 없음.

양귀비과의 일종)·황색과 백색의 두견[杜鵑]124·황매괴(黃玫瑰)·황색과 백색과 자색 삼색의 불상(佛桑)·

금사라(金沙羅)·금보상(金寶相)·여춘(麗春)125·목향(木香)126·자심백목향(紫心白木香)·황목향(黃木香)·다미(茶薇)·간간홍(間間紅)·십자매(十姉妹)127·영아화(鈴兒花, 등대꽃)128·능소화[凌霄]129·

우미인(虞美人)130·호접만원춘(蝴蝶滿園春)131·함소화(含笑花)132·자화아(紫花兒)133·자색과 백색 옥잠화[玉簪]134·금피퇴(錦被堆)135·쌍원국(雙鴛菊)·노소년(老少

杜鵑、黃玫瑰、黃·白·紫三色佛桑、

金沙羅、金寶相、麗春、木香、紫心白木香、黃木香、茶薇、間間紅、十姉妹、鈴兒花、凌霄、

虞美人、蝴蝶滿園春、含笑花、紫花兒、紫·白玉簪、錦被堆、雙鴛菊、老少年、雁

색비름

---

124 두견[杜鵑] : 진달래. 《예원지》 권2 〈꽃류(상)(꽃나무)〉 "두견화"에 자세히 보인다.

125 여춘(麗春) : 쌍떡잎식물 양귀비과의 두해살이풀. 《예원지》 권3 〈꽃류(하)(풀꽃)〉 "여춘"에 자세히 보인다.

126 목향(木香) : 엉거싯과에 딸린 여러해살이풀. 《예원지》 권2 〈꽃류(상)(꽃나무)〉 "목향"에 자세히 보인다.

127 십자매(十姉妹) : 장미의 일종. 《예원지》 권2 〈꽃류(상)(꽃나무)〉 "장미"에 보인다.

128 영아화(鈴兒花, 등대꽃) : 쌍떡잎식물 진달래과의 낙엽 관목. 종 모양의 꽃이 난다.

129 능소화[凌霄] : 쌍떡잎식물 능소화과의 낙엽 덩굴식물. 금등화(金藤花)·양반꽃이라고도 한다.

130 우미인(虞美人) : 《예원지》 권3 〈꽃류(하)(풀꽃)〉 "앵속"·"여춘"에 언급된다. 양귀비과의 일종으로 보인다.

131 호접만원춘(蝴蝶滿園春) : 《예원지》 권3 〈꽃류(하)(풀꽃)〉 "앵속"에 만원춘이 언급된다. 양귀비과의 일종으로 보인다.

132 함소화(含笑花) : 쌍떡잎식물 목련과의 상록 교목. 초령목(招靈木)이라고도 한다. 이 나무를 불상 앞에 꽂는 관습이 있다. 멸종위기 야생식물 2급으로 지정되어 있다.

133 자화아(紫花兒) : 황화아(黃花兒)가 훤화(萱花, 원추리)의 일종이듯 자화아도 자색 훤화의 일종으로 보인다.

134 옥잠화[玉簪] : 외떡잎식물 백합과의 여러해살이풀. 중국 원산이며 관상용으로 심는다. 《예원지》 권3 〈꽃류(하)(풀꽃)〉 "옥잠화"에 자세히 보인다.

135 금피퇴(錦被堆) : 장미의 일종.

닥풀

年, 색비름)¹³⁶·안래홍(雁來紅, 색비름의 일종)·십양금(十樣錦)¹³⁷·추규(秋葵, 닥풀)¹³⁸·

취부용(醉芙蓉)¹³⁹·대홍부용(大紅芙蓉)¹⁴⁰·옥부용(玉芙蓉)¹⁴¹·각종 국화·감국화(甘菊花)¹⁴²·금변정향(金邊丁香)¹⁴³·훤화(萱花, 원추리)¹⁴⁴·겹꽃수선화[千瓣水仙]·

來紅、十樣錦、秋葵、

醉芙蓉、大紅芙蓉、玉芙蓉、各種菊花、甘菊花、金邊丁香⑤、萱花、千瓣水仙、紫·

---

136 노소년(老少年, 색비름) : 쌍떡잎식물 비름과의 한해살이풀. 안래홍(雁來紅)이라고도 한다. 안래홍은 노소년의 이칭이기도 하지만 여기에 나란히 언급한 것을 보면 약간 다른 종인 것으로 보인다. 《예원지》 권4 〈훼류(관엽류)〉 "노소년"에 자세히 보인다.

137 십양금(十樣錦) : 늦가을에 홍색과 황색이 섞여 있는 잎이 나는 노소년. 면서풍(錦西風)이라고도 한다. 《예원지》 권4 〈훼류(관엽류)〉 "노소년"에 자세히 보인다.

138 추규(秋葵, 닥풀) : 쌍떡잎식물 아욱과의 한해살이풀. 한지를 제조할 때 접착제로 쓰인다. 《예원지》 권3 〈꽃류(하)(풀꽃)〉 "추규"에 자세히 보인다.

139 취부용(醉芙蓉) : 목부용(木芙蓉)의 일종. 꽃이 아침에는 흰색, 낮에는 도홍색, 저녁에는 대홍색이라 한다. 《예원지》 권2 〈꽃류(상)(꽃나무)〉 "목부용"에 보인다.

140 대홍부용(大紅芙蓉) : 목부용(木芙蓉)의 일종. 《예원지》 권2 〈꽃류(상)(꽃나무)〉 "목부용"에 보인다.

141 옥부용(玉芙蓉) : 《예원지》 권5 〈꽃 이름 고찰〉 "모란"·"국화"에 각각의 일종으로 자세히 보인다.

142 감국화(甘菊花) : 국화의 일종. 진국(眞菊)·가국(家菊)·다국(茶菊)이라고도 한다. 《예원지》 권5 〈꽃 이름 고찰〉 "국화"에 자세히 보인다.

143 금변정향(金邊丁香) : 정향(丁香)의 일종. 정향은 《예원지》 권2 〈꽃류(상)(꽃나무)〉 "정향"에 자세히 보인다.

144 훤화(萱花, 원추리) : 외떡잎식물 백합과의 여러해살이풀. 《예원지》 권3 〈꽃류(하)(풀꽃)〉 "훤"에 자세히 보인다.

⑤ 金邊丁香 : 《遵生八牋·起居安樂牋·高子花榭詮評》에는 "金邊丁香、紫白丁香".

자색과 백색과 대홍색의 각종 봉선화[鳳仙]·

　　금발우(金鉢盂)[145]·금대화(錦帶花, 병꽃나무)[146]·금가

화(錦茄花)[147]·거상화(拒霜花)[148]·금경화(金莖花)[149]·홍

두화(紅荳花)[150]·화석류(火石榴)[151]·지갑화(指甲花)[152]·

석암화(石巖花)·나팔꽃[牽牛花, 견우화][153]·

　　담죽화(淡竹花, 솜대)[154]·명협화(蓂莢花)[155]·목청화

白·大紅各種鳳仙、

金鉢盂、錦帶花、錦茄花、

拒霜花、金莖花、紅荳花、

火石榴、指甲花、石巖花、

牽牛花、

淡竹花、蓂莢花、木淸花、

원추리(왕원추리, 서정남)

거상화(목부용,《왜
한삼재도회》)

금경화(《삼재도회》)

145 금발우(金鉢盂) : 장미의 일종. 《예원지》 권2 〈꽃류(상)(꽃나무)〉 "장미"에 보인다.

146 금대화(錦帶花, 병꽃나무) : 쌍떡잎식물 인동과의 낙엽 관목. 우리나라 특산으로 전역에 자란다.

147 금가화(錦茄花) : 금규(錦葵). 《예원지》 권3 〈꽃류(하)(풀꽃)〉 "금규(錦葵)"에 자세히 보인다. 전규(錢葵)라고도
한다.

148 거상화(拒霜花) : 목부용. 《예원지》 권2 〈꽃류(상)(꽃나무)〉 "목부용"에 자세히 보인다.

149 금경화(金莖花) : 쌍떡잎식물 십자화과의 식물. 중국 신선들이 사는 곳에 자란다는 전설이 있다.

150 홍두화(紅荳花) : 쌍떡잎식물 콩과의 상록 덩굴나무. 상사자(相思子)라고도 한다.

151 화석류(火石榴) : 석류화의 일종. 《예원지》 권2 〈꽃류(상)(꽃나무)〉 "석류화"에 보인다.

152 지갑화(指甲花) : 봉선화의 이칭.

153 나팔꽃[牽牛花, 견우화] : 쌍떡잎식물 메꽃과의 한해살이 덩굴식물. 씨를 견우자(牽牛子)라 하며 약용한다.

154 담죽화(淡竹花, 솜대) : 외떡잎식물 화본과의 대나무. 꽃은 60년을 주기로 개화한다 한다. 줄기·잎·진액 등
을 약용한다.

155 명협화(蓂莢花) : 장미과에 속하는 낙엽 활엽 관목인 사계화나 월계화(月季花)로 추정된다. 명협(蓂莢)은
전설 속의 서초(瑞草, 길사를 부르는 식물)의 일종이라 하는데 매달 1일부터 하루에 한 개씩 꽃이 피며 보
름부터는 한 잎씩 진다. 매달 피는 꽃이라 명협에서 이름을 따다 붙인 것으로 보인다. 월계화는 《예원지》
권2 〈꽃류(상)(꽃나무)〉 "사계화"·"월계화" 참조.

(木清花)156 · 진주화(眞珠花)157 · 모과꽃[木瓜花]158 · 적로화(滴露花) · 자라란(紫羅襴)159 · 홍맥(紅麥) · 번초(番椒)160 · 녹두꽃161과 같은 품종이 있다.

眞珠花、木瓜花、滴露花、紫羅襴、紅麥、番椒、菉荳花。

이상 여러 종은 향과 색이 화려하고 풍성한 채색을 띠는 것이 각 절반씩이다. 핵심은 모두 난간에 봄바람이 부는 듯한 느낌의 화초이니, 모두 사계절의 아름다운 꾸밈을 다하는 것들이다.

已上數種, 香色間繁, 豐采各半, 要皆欄檻春風, 共逞四時粧點者也。

하급의 갖춰진 품등으로는 금사도(金絲桃)162 · 고자화(鼓子花)163 · 추모란(秋牡丹)164 · 전지모란(纏枝牡丹, 메꽃류)165 · 사계화(四季花) · 소백화(小白花)166[또 '접골초(接骨草)'라고도 한다] · 사군자화(史君子花)167 · 금두화(金荳花)168 · 금전화(金錢花)169 · 홍색과 백색의 욱리화(郁

下乘具品, 如金絲桃、鼓子花、秋牡丹、纏枝牡丹、四季、小白花(又名"接骨草")、史君子花、金荳花、金錢花、紅·白郁李花、繰絲花、萵

---

156 목청화(木淸花) : 목부용이나 목근(무궁화)와 비슷한 종류의 꽃으로 추정된다.

157 진주화(眞珠花) : 쌍떡잎식물 장미과의 낙엽 활엽 관목. 우리 이름은 '가는잎조팝나무'이다. 꺾꽂이와 포기나누기로 쉽게 번식되며 뿌리를 약용한다.

158 모과꽃[木瓜花] : 쌍떡잎식물 장미과의 낙엽 교목인 모과의 꽃. 《만학지》 권2 〈과일류〉 "모과"에 자세히 보인다.

159 자라란(紫羅襴) : 쌍떡잎식물 십자화과의 여러해살이풀.

160 번초(番椒) : 중국 남부에서 나는 후추. 《만학지》 권2 〈과일류〉 "후추"에 보인다.

161 녹두꽃 : 쌍떡잎식물 콩과의 한해살이풀인 녹두의 꽃.

162 금사도(金絲桃) : 국화의 일종. 《예원지》 권5 〈꽃 이름 고찰〉 "국화"에 보인다.

163 고자화(鼓子花) : 전지모란(纏枝牡丹)의 일종. 《예원지》 권3 〈꽃류(하)(풀꽃)〉 "전지모란"에 보인다.

164 추모란(秋牡丹) : 국화의 일종. 국화 중 꽃이 풍성하고 키가 작은 것을 모란이라 이름 붙인다 한다. 《예원지》 권5 〈꽃 이름 고찰〉 "국화"에 보인다.

165 전지모란(纏枝牡丹, 메꽃류) : 쌍떡잎식물 메꽃과의 여러해살이 덩굴식물. 《예원지》 권3 〈꽃류(하)(풀꽃)〉 "전지모란"에 자세히 보인다.

166 소백화(小白花) : 쌍떡잎식물 꿀풀과의 여러해살이풀. 속단(續斷)이라고도 한다. 어린 순을 식용하고 뿌리를 약용한다.

167 사군자화(史君子花) : 쌍떡잎식물 사군자과의 덩굴성 상록 관목. 종자를 약용한다.

168 금두화(金荳花) : 미상.

169 금전화(金錢花) : 쌍떡잎식물 아욱목 벽오동과의 한해살이풀. 어린 잎을 식용하고, 꽃은 약용한다. 《예원지》 권3 〈꽃류(하)(풀꽃)〉 "금전화"에 자세히 보인다.

李花)[170] · 소사화(繰絲花)[171] · 와거화(萵苣花)[172] · 소추계관화(掃帚鷄冠花)[173] · 국화 종류인 만천성(滿天星)[174] · 구기화(枸杞花)[175] · 호자화(虎茨花)[176] · 자고화(茨菇花)[177] · 금등(金燈)[178] · 은등(銀燈)[179] · 양척촉(羊躑躅)[180] · 금련(金蓮) · 겹꽃은련[千瓣銀蓮][181] · 금등롱(金燈籠)[182]과 각종의 약초꽃 · 황화아(黃花兒)[183] · 산수화(散水花)[184] · 근수화(槿樹花)[185] · 백두화(白荳花)[186] · 만년청화(萬年靑花)[187] · 해아국화(孩兒菊花)[188] · 전지련(纏枝蓮)[189] · 백빈화(白蘋花)[190] · 홍료화(紅蓼花)[191] · 석선화(石

萵苣花、掃帚鷄冠花、菊之滿天星、枸杞花、虎茨花、茨菇花、金燈、銀燈、羊躑躅、金蓮、千瓣銀蓮、金燈籠、各種藥花、黃花兒、散水[6]花、槿樹花、白荳花、萬年靑花、孩兒菊花、纏枝蓮、白蘋花、紅蓼花、石蟬花.

---

170 욱리화(郁李花):쌍떡잎식물 범의귀과의 낙엽 관목. 까치밥나무·산앵도라고도 한다.

171 소사화(繰絲花):쌍떡잎식물 장미과의 일종.

172 와거화(萵苣花):쌍떡잎식물 국화과의 한해살이풀 상추의 꽃.

173 소추계관화(掃帚鷄冠花):계관화(鷄冠花, 맨드라미)의 일종. 《예원지》권3〈꽃류(하)(풀꽃)〉 "계관화"에 보인다.

174 만천성(滿天星):국화의 일종. 《예원지》권5〈꽃 이름 고찰〉"국화"에 자세히 보인다.

175 구기화(枸杞花):쌍떡잎식물 가지과의 낙엽 관목인 구기자나무의 꽃. 구기자나무의 어린 잎은 나물로 먹고 잎과 열매는 차로 마시거나 술을 담근다. 말린 뿌리껍질은 지골피(地骨皮)라 하며 약용한다. 《만학지》권4〈나무류〉"구기자나무"에 자세히 보인다.

176 호자화(虎茨花):쌍떡잎식물 꼭두서니과의 상록 관목인 호자나무의 꽃. 호자나무의 뿌리와 꽃을 약용한다.

177 자고화(茨菇花):외떡잎식물 택사과의 여러해살이풀인 벗풀의 꽃. 벗풀은 잎에 달리는 오배자를 약용한다.

178 금등(金燈):외떡잎식물 백합과의 여러해살이풀. 산자고(山慈姑)라고도 한다.

179 은등(銀燈):금등의 일종.

180 양척촉(羊躑躅):황색 척촉. 척촉은《예원지》권2〈꽃류(상)(꽃나무)〉"척촉화"에 자세히 보인다.

181 금련(金蓮)·겹꽃은련[千瓣銀蓮]:모두 연꽃의 일종. 연꽃잎에 있는 점이 황색이냐 은색이냐에 따라 구분한 것이다. 단, 겹꽃은련(千瓣銀蓮)은 꽃잎이 겹으로 핀다. 연꽃은《예원지》권3〈꽃류(하)(풀꽃)〉"하화"에 자세히 보인다.

182 금등롱(金燈籠):산자고(山慈姑, 금등)의 이칭.

183 황화아(黃花兒):훤화(萱花, 원추리)의 일종.

184 산수화(散水花):쌍떡잎식물 인동과의 반상록 관목. 대표명은 경화(瓊花)이다. 중국 강소성·안휘성·절강성 등에 분포한다. 꽃잎은 흰색이고 꽃술은 황색인 꽃이 군집한다.

185 근수화(槿樹花):무궁화의 이칭.

186 백두화(白荳花):미상. 백두구의 꽃으로 추정된다.

187 만년청화(萬年靑花):외떡잎식물 백합과의 상록 여러해살이풀 만년청의 꽃. 만년청은 뿌리를 약용한다.

188 해아국화(孩兒菊花):국화의 일종. 《예원지》권5〈꽃 이름 고찰〉"국화"에 자세히 보인다.

189 전지련(纏枝蓮):연꽃의 일종으로 추정된다.

190 백빈화(白蘋花):흰 마름꽃으로 추정된다.

191 홍료화(紅蓼花):쌍떡잎식물 마디풀과의 한해살이풀인 여뀌의 꽃. 여뀌는 어린 순을 식용하고, 전초와 과실은 약용한다. 풀을 씹으면 매운 맛이 난다.

[6] 水:저본에는 "木".《遵生八牋·起居安樂牋·高子花榭詮評》에 근거하여 수정.

蟬花)¹⁹²와 같은 품종이 있다.

이상 여러 종류는 꾸밈새를 거칠게나마 갖추었으나 자태가 아름답지 않다. 그러므로 울타리 아래나 연못가에 두어 꽃과 수풀이 듬성듬성한 곳을 메꿀 만할 정도이다. 《준생팔전》¹⁹³

已上數種, 鉛華粗⑦具, 姿度未閑, 置之籬落池頭, 可填花林疏缺者也. 《遵生八牋》

---

192 석선화(石蟬花) : 미상.
193《遵生八牋》卷7〈起居安樂牋〉上 "高子草花三品說"(《遵生八牋校注》, 229~230쪽).
⑦ 粗 :《遵生八牋·起居安樂牋·高子花榭詮評》에는 "初".

4) 꽃의 9가지 품명(品命)[194]

일품구명(一品九命): 난·모란·납매·도미(酴醾)[195]·자풍류(紫風流)【수향(睡香)의 다른 이름이다】.

이품팔명(二品八命): 경화(瓊花)[196]·혜(蕙)[197]·목서[巖桂]·말리(茉莉)·함소(含笑).

삼품칠명: 작약·연·담복[簷蔔. 치자][198]·정향(丁香)·벽도(碧桃)·수사해당(垂絲海棠)·천엽도(千葉桃).

사품육명: 국화·살구·신이(辛夷)·두구(豆蔲)[199]·후정(後庭)[200]·망우(忘憂)[201]·앵도(櫻桃)[202]·임금(林

花九命

一品九命: 蘭、牡丹、蠟梅、酴醾、紫風流【睡香異名】.

二品八命: 瓊花、蕙、巖桂、茉莉、含笑.

三品七命: 芍藥、蓮、簷蔔、丁香、碧桃、垂絲海棠、千葉桃[8].

四品六命: 菊、杏、辛夷、豆蔲、後庭、忘憂、櫻桃、林

---

194 품명(品命): 중국 고대 관작체계에서 기인한 명명으로 보인다. 품(品)은 조위(曹魏)의 구품중정제(九品中正制)에서 비롯되어 숫자가 작을수록 높고, 명(命)은 천자로부터 하사받은 관직 및 하사품의 서열로 숫자가 커질수록 높다. 《주례(周禮)》〈대종백(大宗伯)〉에 기록된 중국 고대의 관제(官制)를 보면, 1명(命)을 받으면 비로소 관직을 얻고, 2명을 받으면 제의(祭衣)를 받고 상사(上士)가 되며, 3명을 받으면 하대부(下大夫)의 지위를 얻고, 4명을 받으면 제기(祭器)를 받고 상대부(上大夫)가 된다. 이런 식으로 명수(命數)가 커질수록 지위가 점점 높아져 상공(上公)으로서 공덕(功德)이 있는 자는 9명을 받는다. 9명을 받아야 비로소 백(伯)이 된다. 따라서 아래에 나열한 품명은, 일품구명에서 구품일명의 순서가 상품에서 하품으로 옮겨지는 순서다. 《임원경제지 이운지》권3〈임원에서 즐기는 청아한 즐길거리(하)〉"꽃과 돌" '꽃의 품등'(풍석서유구 지음, 임원경제연구소 옮김, 《임원경제지 이운지》1, 476~480쪽)에도 꽃의 품등에 대해 보이는데, 여기와 다소 차이가 있다. 상호 비교하면서 보면 좋을 듯하다.

195 도미(酴醾): 쌍떡잎식물 장미과의 낙엽 소관목. 국화 중에도 도미(酴醾)라는 품종이 있다. 국화의 일종은 《예원지》권5〈꽃 이름 고찰〉"국화"에 자세히 보인다.

196 경화(瓊花): 앞의 주석에서는 산수화(散水花)의 이칭으로 보았으나, 다른 품등으로 분류 되어 있는 것으로 보아 산수화와 같은 과이면서 다소 차이가 있는 종으로 보인다.

197 혜(蕙): 구절난(九節蘭). 곡우 전후에 꽃과 줄기가 돋고, 7~8개의 꽃이 핀다. 《예원지》권3〈꽃류(하)(풀꽃)〉"난화"에 자세히 보인다.

198 담복[簷蔔. 치자]: 담복(薝蔔)이 치자의 이칭인데, 저본 글자대로 두고 번역하였다.

199 두구(豆蔲): 쌍떡잎식물 육두구과의 상록 활엽 교목. 주로 육두구(肉荳蔲)라 하며 영어로는 넛맥(Nutmeg)이라 한다. 열매를 향신료로 쓴다.

200 후정(後庭): 원추리와 같은 과의 꽃인 금훤(金萱)으로 추정된다. 《시경》〈위풍(衛風)〉"백혜(伯兮)"에 "어찌하면 훤초를 얻어 북쪽 뒤란에 심을까?"라는 시에 등장하는 꽃으로 뒤란을 뜻하는 후정(後庭)이 이꽃의 이칭으로 쓰였을 것이다. 《이운지》권3〈임원에서 즐기는 청아한 즐길거리(하)〉"꽃과 돌" '꽃의 품등'에는 금훤이 오품오명(五品五命)에 망우(忘憂)와 나란히 나온다.

201 망우(忘憂): 훤화의 이칭. 《예원지》권3〈꽃류(하)(풀꽃)〉"훤"에 자세히 보인다.

202 앵도(櫻桃): 쌍떡잎식물 장미과의 낙엽 관목. 주로 앵두라 한다. 열매는 식용으로 쓰며, 한의학에서는 열매와 가지를 약용한다. 《만학지》권2〈과일류〉"앵두"에 자세히 보인다.

⑧ 桃: 《淸異錄·百花門·花經九品九命》에는 없음.

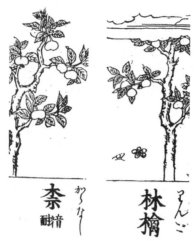

능금(《왜한삼재도회》)　　　임금(《왜한삼재도회》)

禽)203 · 매화.

　오품오명: 양화(楊花)204 · 월홍(月紅)205 · 배꽃[梨花] · 천엽리(千葉李)206 · 복숭아꽃 · 석류.

　육품사명: 취팔선(聚八仙)207 · 금사(金沙) · 보상(寶相)208 · 자미(紫薇) · 능소 · 해당.

　칠품삼명: 산화(散花) · 진주(眞珠) · 분단(粉團) · 욱리(郁李) · 장미 · 미낭(米囊, 앵속) · 모과 · 산다(山茶) · 영춘(迎春) · 매괴(玫瑰) · 금등(金燈) · 목필(木筆) · 금봉(金鳳)209 · 야

禽、梅.

五品五命: 楊花、月紅、梨花、千⑨葉李、桃花、石榴.

六品四命: 聚八仙、金沙、寶相、紫薇、凌霄、海棠.

七品三命: 散花、眞珠、粉團、郁李、薔薇、米囊、木瓜、山茶、迎春、玫瑰、金

---

203 임금(林禽): 쌍떡잎식물 장미과의 낙엽 활엽 소교목. 과실이 사과와 유사하다. 능금 중에 작으면서 둥근 것을 임금이라 한다. 《만학지》 권2 〈과일류〉 "임금"에 자세히 보인다.
204 양화(楊花): 쌍떡잎식물 버드나무과의 낙엽 교목. 가로수로 심으며 나무껍질을 약용한다.
205 월홍(月紅): 월계화(月季花)의 이칭으로 추정된다. 월계화는 《예원지》 권2 〈꽃류(상)(꽃나무)〉 "월계화"에 자세히 보인다.
206 천엽리(千葉李): 자두의 일종. 《만학지》 권2 〈과일류〉 "자두"에 자세히 보인다.
207 취팔선(聚八仙): 백당나무의 일종.
208 금사(金沙) · 보상(寶相): "화훼의 3가지 품등"에서 중급의 품등에 들었던 금사라(金沙羅) · 금보상(金寶相)을 가리킨다.
209 금봉(金鳳): 밝은 황색을 묘사하는 표현으로 추정된다. 《예원지》 권5 〈꽃 이름 고찰〉 "국화"의 전금구(翦金毬) · 밀수구(蜜繡毬)에 보인다.
⑨ 千: 저본에는 "十".《淸異錄 · 百花門 · 花經九品九命》에 근거하여 수정.

합(夜合)·척촉(躑躅)·금전(金錢)·금대(錦帶)·석선(石蟬).

팔품이명: 두견(杜鵑)·대청(大淸)·적로(滴露)·자동(刺桐)[210]·목란(木蘭)·계관·금피퇴(錦被堆).

구품일명: 부용·나팔꽃·무궁화[木槿]·닥풀[葵]·호규(胡葵, 촉규)·고자화[鼓子]·석죽(石竹)·금련(金蓮).《화경(花經)[211]》[212]

燈、木筆、金鳳、夜合、躑躅、金錢、錦帶、石蟬.

八品二命: 杜鵑、大淸、滴露、刺桐、木蘭、鷄冠、錦被堆.

九品一命: 芙蓉、牽牛、木槿、葵、胡葵、鼓子、石竹、金蓮.《花經》

---

210 자동(刺桐): 쌍떡잎식물 두릅나무과의 낙엽 교목. 표준명은 음나무. 엄나무라 불리기도 한다. 뿌리껍질을 약용한다.
211 화경(花經): 중국 송(宋)나라의 장익(張翊, ?~?)이 편찬한 화훼 전문서적.
212 출전 확인 안 됨;《淸異錄》〈百花門〉"花經九品九命"(《文淵閣四庫全書》1047, 862~863쪽).

5) 꽃병의 꽃 9가지 품명

일품구명: 난·모란·매화·납매·다양한 색의 실국화·수선화·전다(滇茶, 산다의 일종)·서향·창포[菖陽, 창양].

이품팔명: 혜란·도미·서부해당(西府海棠)·보주말리(寶珠茉莉)·황백산다(黃白山茶)·암계(巖桂)·백릉(白菱)·송지(松枝)·함소(含笑)·산다[茶花].

삼품칠명: 작약·각종의 천엽도·연꽃·정향·촉다(蜀茶, 산다의 일종)·대나무.

사품육명: 산반(山礬)·야합·새란(賽蘭, 난의 일종)·장미·추해당·금규(錦葵, 당아욱)[213]·살구·신이(辛夷)·각종의 겹꽃석류·불상(하와이무궁화)·자두꽃.

오품오명: 매괴(玫瑰)·담복[簷蔔, 치자]·자미(紫薇)·금훤(金萱)·망우(忘憂)·두구(豆蔻).

육품사명: 옥란(玉蘭)·영춘(迎春)·부용(芙蓉)·소형(素馨)·유아(柳芽)[214]·다매(茶梅).

칠품삼명: 금작(金雀)·척촉(躑躅)·구기(枸杞)·금봉(金鳳)·천엽오얏·지각(枳殼)[215]·두견.

瓶花九命

一品九命: 蘭、牡丹、梅、蠟梅、各色細葉菊[10]、水仙、滇茶、瑞香、菖陽.

二品八命: 蕙、酴醿、西府海棠、寶珠茉莉、黃白山茶、巖桂、白菱、松枝、含笑、茶花.

三品七命: 芍藥、各色千葉桃、蓮、丁香、蜀茶、竹.

四品六命: 山礬、夜合、賽蘭、薔薇、秋海棠、錦葵、杏、辛夷、各色千葉榴、佛桑、梨.

五品五命: 玫瑰、簷蔔[11]、紫薇、金萱、忘憂、豆蔻.

六品四命: 玉蘭、迎春、芙蓉、素馨、柳芽、茶梅.

七品三命: 金雀、躑躅、枸杞、金鳳、千葉李、枳殼、杜鵑.

---

213 금규(錦葵, 당아욱):쌍떡잎식물 아욱과의 두해살이풀. 위의 금가화와 같다. 《예원지》 권3 〈꽃류(하)(풀꽃)〉 "금규(錦葵)"에 자세히 보인다.

214 유아(柳芽):일반적으로는 버들눈을 말한다. 버드나무의 꽃을 가리키는 것인지 다른 식물을 가리키는 것인지 확실치 않다.

215 지각(枳殼):쌍떡잎식물 운향과의 상록 관목 광귤나무. 나무에 가시가 많고 열매를 식용한다.

[10] 各色細葉菊:저본에는 □□. 《瓶花譜·品花》에 근거하여 보충. 오사카본에는 '빠진 글자는 다시 살펴야 한다[缺字更考].'라는 두주가 있다.

[11] 蔔:저본에는 "䔘". 오사카본·《瓶花譜·品花》에 근거하여 수정.

지각(광귤나무)(국립생물자원관)

팔품이명: 겹접시꽃[千葉戎葵]·옥잠·계관·낙양임금(洛陽林禽)·추규.

구품일명: 전춘라(翦春羅)·전추라(翦秋羅)·고량강(高良薑)216·석국(石菊)·나팔꽃·모과·담죽엽(淡竹葉).

【안】〈꽃의 아홉 품명〉은 곧 송나라 장익(張翊)217이 정한 것이다. 장익의 후손 장겸덕(張謙德)218이《병화보(瓶花譜)》219를 지어 다시 꽃의 아홉 품명을 정했는데, 장익이 정한 것과는 서로 품등의 오르내림이 있다】《병화보》220

八品二命: 千葉戎葵、玉簪、鷄冠、洛陽林禽、秋葵.

九品一命: 翦春羅、翦秋羅、高良薑、石菊、牽牛、木瓜、淡竹葉.

【案】《花九命》卽宋 張翊所定也. 翊之後孫張謙德作《瓶花譜》, 更定花品九命, 與翊之所定, 互有升降】《瓶花譜》

---

216 고량강(高良薑): 외떡잎식물 생강과의 여러해살이풀. 뿌리를 식용한다.
217 장익(張翊): ?~?. 미상.
218 장겸덕(張謙德): 1557~1643. 중국 명나라의 서화가. 다양한 분야에 관심이 많았다. 저서로《병화보(瓶花譜)》·《주사어보(朱砂魚譜)》·《명산장(名山藏)》등이 있다.
219 병화보(瓶花譜): 장겸덕이 지은 화훼서.
220《瓶花譜》〈品花〉《四庫全書存目叢書》81, 425~426쪽).

6) 꽃 친구 10가지　　　　　　　　　　　花十友

① 다미(茶蘼)는 운치 있는 벗이고,　　　　茶蘼爲韻友,

② 말리(茉莉)는 우아한 벗이며,　　　　　　茉莉爲雅友,

③ 서향(瑞香)은 특별한 벗이고,　　　　　　瑞香爲殊友,

④ 하화(荷花, 연꽃)은 깨끗한 벗이며,　　　荷花爲淨友,

⑤ 목서[巖桂]는 신선 같은 벗이고,　　　　巖桂爲仙友,

⑥ 해당(海棠)은 이름난 벗이며,　　　　　　海棠爲名友,

⑦ 국화(菊花)는 아름다운 벗이고,　　　　　菊花爲佳友,

⑧ 작약(芍藥)은 어여쁜 벗이며,　　　　　　芍藥爲艶友,

⑨ 매화(梅花)는 맑은 벗이고,　　　　　　　梅花爲淸友,

⑩ 치자(梔子)는 선(禪)[221]에 든 벗이다. 증조(曾　梔子爲禪友. <u>曾端伯撰.</u>
慥)[222] 지음.[223]

7) 꽃 손님 12가지　　　　　　　　　　　花十二客

① 모란은 감상하는 손님이고,　　　　　　　牡丹爲賞客,

② 매화는 맑은 손님이며,　　　　　　　　　梅爲淸客,

③ 국화는 장수하는 손님이고,　　　　　　　菊爲壽客,

④ 서향은 아름다운 손님이며,　　　　　　　瑞香爲佳客,

⑤ 정향은 소박한 손님이고,　　　　　　　　丁香爲素客,

⑥ 난은 그윽한 손님이며,　　　　　　　　　蘭爲幽客,

⑦ 연꽃[蓮]은 고요한 손님이고,　　　　　　蓮爲靜客,

⑧ 다미는 우아한 손님이며,　　　　　　　　茶蘼爲雅客,

---

221 선(禪): 마음을 가다듬고 정신을 통일하여 얻은 깨달음의 경지. 또는 그 경지에 도달하게 하는 불교수행법.

222 증조(曾慥): ?~1155. 중국 금(金)나라의 관료. 자(字)는 단백(端伯). 송나라의 수도였던 개봉(開封)이 함락 되자 금에 항복하여 벼슬했고, 만년에는 도교를 연구했다. 저서로 《도추(道樞)》·《고재만록(高齋漫錄)》 등이 있다.

223 출전 확인 안 됨; 《方氏墨譜》 卷3(《續修四庫全書》 1114, 512쪽).

⑨ 목서[桂]는 신선 같은 손님이고,

桂爲仙客,

⑩ 장미는 질박한 손님이며,

薔薇爲野客,

⑪ 재스민은 먼 손님이고,

茉莉爲遠客,

⑫ 작약은 가까운 손님이다. 장경수(張景修)[224] 지음.[225]

芍藥爲近客. 張敏叔撰.

---

224 장경수(張景修) : ?~?. 중국 남송의 관료. 자(字)는 민숙(敏叔). 문장에 뛰어나고 화훼를 매우 좋아했다. 문집으로 《장사부집(張祠部集)》이 있다.

225 출전 확인 안 됨; 《方氏墨譜》卷3(《續修四庫全書》1114, 513쪽).

8) 꽃 손님 30가지

옛날 장경수에게 《십객도(十客圖)》가 있었는데, 십객(十客, 꽃 손님 10가지)의 이름을 기록하지 않았었다. 다만 나의 큰형 요백성(姚伯聲)226이 예전에 꽃 손님 30가지를 얻었다.

① 모란은 귀한 손님이고,

② 매화는 맑은 손님이며,

③ 난은 그윽한 손님이고,

④ 복숭아꽃은 요염한 손님이며,

⑤ 살구꽃은 어여쁜 손님이고,

⑥ 연꽃은 시내의 손님이며,

⑦ 목서(木犀)는 바위의 손님이고,

⑧ 해당은 촉(蜀)227 지방의 손님이며,

⑨ 척촉은 산의 손님이고,

⑩ 배꽃은 담소하는 손님이며,

⑪ 서향은 규방(閨房, 여인 방)의 손님이고,

⑫ 국화는 장수하는 손님이며,

⑬ 목부용은 술 취한 손님이고,

⑭ 도미(酴醾)는 재주 있는 손님이며,

⑮ 납매는 빈천한 손님이고,

⑯ 경화(瓊花)는 신선 같은 손님이며,

⑰ 소형(素馨)은 운치 있는 손님이고,

花三十客

昔張敏叔有《十客圖》, 不記其名, 子長兄伯聲嘗[12]得三十客.

牡丹爲貴客,

梅爲淸客,

蘭爲幽客,

桃爲妖客,

杏爲艷客,

蓮爲溪客,

木犀爲巖客,

海棠爲蜀客,

躑躅爲山客,

梨爲談客,

瑞香爲閨客,

菊爲壽客,

木芙蓉爲醉客,

酴醾爲才客,

蠟梅爲寒客,

瓊花爲仙客,

素馨爲韻客,

---

226 요백성(姚伯聲): ?~?. 중국 송나라의 인물. 《서계총화(西溪叢話)》의 저자 요관(姚寬)의 큰형으로, 아버지와 함께 화훼를 좋아했다고 한다. 《서계총화(西溪叢話)》는 《서계총어(西溪叢語)》와 같다.
227 촉(蜀): 지금의 중국 사천성(四川省) 일대. 현대에도 사천성의 별칭으로 쓰인다.
[12] 嘗: 저본에는 "常". 《西溪叢語》에 근거하여 수정.

목근(무궁화)(《왜한삼
재도회》)

남송(南宋), 이숭(李嵩) 화람도(花籃圖, 꽃바구니그림)(십객도의 꽃을 짐작해볼
수 있는 그림자료이다)

⑱ 정향은 정감 있는 손님이며,	丁香爲情客,
⑲ 닥풀은 충직한 손님이고,	葵爲忠客,
⑳ 함소화는 아첨하는 손님이며,	含笑爲佞客,
㉑ 버들꽃은 방탕한 손님이고,	楊花爲狂客,
㉒ 매괴는 발랄한 손님이며,	玫瑰爲刺客,
㉓ 욱리(郁李)는 어리숙한 손님이고,	郁李爲痴客,
㉔ 무궁화(목근)는 때맞춰 오는 손님이며,	木槿爲時客,
㉕ 안석류(安石榴)[228]는 시골 손님이고,	安石榴爲村客,
㉖ 고자화(鼓子花)는 농사 짓는 손님이며,	鼓子花爲田客,
㉗ 체당(棣棠)[229]은 고아하지는 않은 손님이고,	棣棠爲俗客,
㉘ 만다라(蔓陀羅)[230]는 나쁜 손님이며,	蔓陀羅爲惡客,

---

228 안석류(安石榴) : 석류의 이칭. 《만학지》 권2 〈과일류[菓類]〉 "안석류(安石榴)"에 보인다.

229 체당(棣棠) : 산앵두나무꽃. 《예원지》 권5 〈꽃 이름 고찰〉 "국화"에는 국화의 일종으로도 나온다.

230 만다라(蔓陀羅) : 쌍떡잎식물 통화식물목 가지과의 한해살이풀. 꽃 모양이 만(卍)자를 닮아 만다라라 불렸
고, 독이 말로 들어있다 해서 독말풀이라고도 한다. 독 때문에 나쁜 손님이라 한 것이다.

㉙ 고등(孤燈)은 곤궁한 손님이고,　　　　　　　孤燈爲窮客,

㉚ 당리(棠梨, 팥배나무꽃)는 귀신 같은 손님이다.　棠梨[13]爲鬼客.《西溪叢話》
《서계총화(西溪叢話)[231]》[232]

231 서계총화(西溪叢話) : 중국 송나라 요관(姚寬)이 지은 잡서. 서계(西溪)는 요관의 호이다.

232《西溪叢語》卷上(《叢書集成初編》287, 10쪽).

13 梨 : 저본에는 "藜".《西溪叢話》에 근거하여 수정.

1) 심고 접붙이는 절기

장자(張鎡)의 꽃 심는 법[1]: "춘분(春分)에는 온화한 기운이 다했기 때문에 접붙일 수 없고, 하지(夏至)에는 양기(陽氣)가 왕성하기 때문에 심을 수 없다."[2]【농정전서[3] 지금 나무를 접붙일 때는 반드시 접붙인 면의 윗부분이 다시 푸르게 되기를 기다리면 살지 못하는 것이 없다. 그 시기는 대개 춘분 전후에 있다. 또한 곡우(穀雨, 양력 4월 19·20일경)를 기다려야 할 때도 있다. 어째서 춘분에는 접붙일 수 없다고 했는가? 그 이유를 모르겠다. 심기를 할 경우는 입하(立夏) 이후에는 좋지 않기 때문이다】

입춘(立春)과 1월 중순에는 앵두나무·목서·배회황(徘徊黃, 노랑 매괴)[4]·장미 등을 접붙인다.

1월 하순에는 복숭아나무·매화나무·자두나무·

種接時候

張約齋種花法: "春分和氣盡, 接不得. 夏至陽氣盛, 種不得."【農政全書 今接樹, 必待貼頭回靑, 無有不活. 大都在春分前後, 亦有宜待穀雨者, 何云春分接不得也? 種則立夏後, 便不宜也】

立春、正月中旬, 宜接櫻桃、木樨、徘徊黃、薔薇.

正月下旬, 宜接桃、梅、李、

1　장자(張鎡)의……심는 법 : 장자가 살던 남송의 수도 남경(南京)은 우리나라 서귀포와 같이 따뜻한 기후로 꽃나무를 심고 접붙이기 좋은 환경이었다.
2　춘분에……없다 : 서유구는 이 기사 전체를 장자의 꽃 심는 법으로 보았지만, 《유환기문》에서는 이 단락만 장자의 법에 해당하는 것으로 보았다.
3　《農政全書》 卷37 〈種植〉 "種法"(《農政全書校注》, 1029쪽).
4　배회황(徘徊黃, 노랑 매괴) : 매괴의 이칭이 배회화(徘徊花)인 점으로 미루어 보면 노랑 매괴로 추정된다. 《예원지》 권2 〈꽃류(상)(꽃나무)〉 "매괴" 참조.

살구나무·반장홍(半丈紅)[5]·납매·배나무·대추나무·밤나무·감나무·양류(楊柳)[6]·자미(紫薇)를 접붙인다.

2월 상순에는 자소(紫笑, 함소화)·면등(綿橙)[7]·편귤(匾橘, 귤나무의 일종) 등을 접붙인다.

이상의 심고 접붙이는 화훼류는 모두 12월 사이에 거름을 2번 주어 비옥하게 하면 봄에 이르러 꽃과 열매류가 저절로 열매가 맺힐 것이다.

입추(立秋) 이후에는 금임금(金林禽)[8]·천해당(川海棠)[9]·황해당(黃海棠)[10]·한구(寒毬)[11]·전신홍(轉身紅)[12]·축가당(祝家棠)[13]·이엽해당(梨葉海棠)[14]을 접붙인다.

【안 장자는 남송 사람이기 때문에 강소성(江蘇省)·절강성(浙江省)의 절기에 근거해 말한 것이다】《유환기문》[15]

망종(芒種, 양력 6월 5·6일경) 이후의 임일(壬日)은 장

杏、半丈紅、蠟梅、梨、棗、栗、柿、楊柳[1]、紫薇.

二月上旬, 可接紫笑、綿[2]橙、匾橘.

已上種接, 竝於十二月間, 沃以糞壤兩次, 至春時, 花果自然結實.

立秋後, 可接金林禽、川海棠、黃海棠、寒毬、轉身紅、祝家棠、梨葉海棠

【案 張是南宋人, 此據江、浙時候而言】《游宦紀聞》

芒種後壬日入梅. 壬日所種

---

5 반장홍(半丈紅) : 꽃나무 이름으로, 키가 반장(半丈, 5척)쯤 되는 앵두와 같은 종류로 추정된다. 복숭아, 오얏, 매실, 살구나무처럼 봄에 꽃피고 열매도 열리는 나무인 듯하다.
6 양류(楊柳) : 버드나무과에 딸린 갈잎큰키나무. 4월에 잎보다 먼저 꽃이 피는데, 이것을 버들개지라 한다. 수양버들·갯버들이라고도 한다.
7 면등(綿橙) : 오렌지와 비슷한 중국 감귤나무의 일종.
8 금임금(金林禽) : 쌍떡잎식물 장미과의 낙엽 활엽 소교목인 임금(능금)의 한 종류. 《만학지》 권2 〈과일류〉 "임금"에 이 명칭이 보인다.
9 천해당(川海棠) : 냇가에 자라는 해당으로 추정된다.
10 황해당(黃海棠) : 꽃이 노란 해당화. 《예원지》 권2 〈꽃류(상)(꽃나무)〉 "해당"에 이 명칭이 보인다.
11 한구(寒毬) : 능금의 일종이다.
12 전신홍(轉身紅) : 미상.
13 축가당(祝家棠) : 미상.
14 이엽해당(梨葉海棠) : 꽃잎이 배꽃처럼 흰색 꽃이 피는 해당으로 추정된다.
15 《遊宦紀聞》 卷6(《唐宋史料筆記叢刊 遊宦紀聞·舊聞證誤》, 54쪽);《農政全書》 卷37 〈種植〉 "種法"(《農政全書校注》 中, 1029쪽).
[1] 柳 : 《農政全書·種植·種法》에는 "梅". 柳 : 《農政全書·種植·種法》에는 "梅".
[2] 綿 : 저본에는 "錦".《遊宦紀聞》·《農政全書·種植·種法》에 근거하여 수정.

마철에 들어간다. 임일(壬日)에 심은 화초는 비록 살
리기 어려운 것이라도 모두 살아난다. 신일(申日)도
좋다.《계신잡지》[16]

花草, 雖至難活者, 亦皆
活. 申日亦可.《癸辛雜識》

---

16 《癸辛雜識》〈續集〉卷下 "壬日扦種"(《叢書集成初編》1562, 400～401쪽).

2) 사계절 기후에 달리 접붙이는 법

【이는 오로지 낙양의 기후에서만 따를 만하다. 만약 다른 곳에서 달리 접붙이고자 한다면 반드시 그곳 절기의 빠르기에 따라 접붙인다】

입춘 전후

【여러 가지 가시 있는 화훼를 접붙인다. 안 가시 있는 화훼는 장미·월계·다미와 같은 종류이다】

우수(雨水) 이후

【모과를 대목으로 석남(石南, 석남과의 상록관목)·연산모과(軟山木瓜)·대모과(大木瓜)·조모과(條木瓜)[17]·선모과(宣木瓜)[18]를 접붙인다.

앵두를 대목으로 여러 종류의 복숭아나무·반장홍(半杖紅)을 접붙인다.

목필(木筆)을 대목으로 목란·신이(辛夷)를 접붙인다.

옥불자(玉佛子)[19]를 대목으로 옥호접(玉胡蝶)[20]·경화·팔선화를 접붙인다.

사자(楂子)[21]를 대목으로 온발(榲桲)[22]을 접붙인다.

들장미를 대목으로 겹꽃의 황색 장미와 여러 가

四時變接法

【此惟洛中氣候可依. 若變接它處, 須各隨地氣早晏接】

立春前後

【接諸般鍼刺花. 案 刺花卽薔薇、月季、茶蘼之類】

雨水後

【木瓜上接石南、軟山木瓜、大木瓜、條木瓜、宣木瓜.

櫻桃上接諸般桃、半杖紅.

木筆上接木蘭、辛夷.

玉佛子上接玉蝴蝶、瓊花、八仙花.

楂子上接榲桲.

野薔薇上接千葉黃薔薇幷

---

17 연산모과(軟山木瓜)……조모과(條木瓜) : 모과나무를 밑나무로 하고 그 위에 접붙이는 모과의 여러 종류로 추정되나 자세한 사항은 미상이다.

18 선모과(宣木瓜) : 중국 안휘성 선주(宣州) 지역에서 나는 모과.

19 옥불자(玉佛子) : 옥호접을 접붙이기 위해 밑나무로 삼는 흰색국화로 추정된다. 《예원지》 권5 〈꽃 이름 고찰〉 "국화"에 누자불두(樓子佛頭)', '불두국(佛頭菊)', '소불두국(小佛頭菊)', '황불두(黃佛頭)' 등의 국화 명칭이 나오는 것에 근거해볼 때 을 모두 가리키는 듯하다.

20 옥호접(玉胡蝶) : 국화의 일종. 《예원지》 권5 〈꽃 이름 고찰〉 "국화"에 자세히 보인다.

21 사자(楂子) : 쌍떡잎식물 장미과의 낙엽 관목. 풀명자나무라고도 한다.

22 온발(榲桲) : 장미목 장미과 배나무아과 마르멜로속의 과일로, 캅카스를 비롯한 동유럽, 지중해 부근이 원산지이다. 모과처럼 과육이 매우 단단하고 신맛이 강하다. 마르멜로라고 불린다.

지 가시 있는 꽃을 접붙인다.　　　　　　　　　諸般刺花.

　온발을 대목으로 모과[榠樝]를 접붙인다】　　　樝樺上接榠樝】

　2월 절기[節]23　　　　　　　　　　　　　　二月節

　【능금나무[檂]를 대목[樺]24으로 임금(林檎)·해당을　【檂③樺上接林檎④、海棠.
접붙인다.

　복숭아나무를 대목으로 여러 가지 다른 복숭아　桃樺上接諸般桃、諸般梅.
나무·매화나무를 접붙인다.

　앵두나무를 대목으로 여러 가지 살구나무·오얏　杏樺上接諸般杏、李子.
나무를 접붙인다.

　당리(棠梨)를 대목으로 여러 배나무·해당을 접붙　棠梨⑤上接諸般梨、海棠】
인다】

　춘분 절기　　　　　　　　　　　　　　　春分節

　【회백(檜柏, 향나무의 일종)을 휘묻이한다.　　　【壓檜柏.

　옥잠(玉簪)의 포기를 나눈다.　　　　　　　　分玉簪.

　매괴를 접붙인다.　　　　　　　　　　　　　接玫瑰.

　백합에 물을 준다.　　　　　　　　　　　　灌百合.

　금석죽(金石竹)을 자른다.　　　　　　　　　　翦金石竹.

　산단(山丹, 나리류)을 심는다.　　　　　　　　種山丹,

　한련[早蓮]의 포기를 나눈다.　　　　　　　　分早蓮.

　금전화씨[金錢子]를 뿌린다.　　　　　　　　　下金錢子.

23　절기[節] : 24절기는 평년에는 매월 두 절기(節氣)가 있어 월초의 것을 절기, 중순 이후의 것을 중기(中氣)라
　한다. 그러나 윤달에는 중기가 없다. 정월절은 정월의 처음에 있는 절기이며, 정월중(正月中)은 정월의 중
　순 이후에 있는 절기이다.
24　대목[樺] : '비(樺)'는 대목이 될 나무의 밑동을 가리키는 것으로 판단된다. 아래의 '樺'도 모두 같다.
③　檂 : 능금나무를 뜻하는 한자 '㮈'의 오자로 판단하여 번역하였다. 능금나무에 같은 과이면서 열매가 작고
　둥근 임금을 접붙인다는 뜻으로 보았다.
④　檎 : 저본에는 "禽", 《說郛·洛陽花木記·四時變接法》에 근거하여 수정.
⑤　梨 : 저본에는 "利", 오사카본·《說郛·洛陽花木記·四時變接法》에 근거하여 수정.

자색가지매괴[紫條玫瑰]를 옮겨 심는다. 　栽紫條玫瑰.

석류나무를 대목으로 여러 가지 석류를 접붙인다. 　石榴上接諸般石榴.

대추나무를 대목으로 여러 가지 대추나무를 접　棗稗上接諸般棗.
붙인다.

연조(軟棗, 대추나무의 일종)를 대목으로 여러 가지　軟棗上接諸般柹】
감나무를 접붙인다】

3월 상순 　三月上旬

【여러 가지 꽃씨를 심는다. 　【種諸般花子.

온갖 꽃을 옮겨 심는다】 　栽百般花】

곡우 　穀雨

【여러 가지 국화의 포기를 나눈다. 　【分諸般菊.

오색(五色)의 비름[莧]을 옮겨 심는다. 　栽五色莧.

여러 종류의 계관(鷄冠)을 심는다】 　種諸般鷄冠】

5월 절기 　五月節

【여러 종류의 대나무를 심는다. 13일은 죽미일(竹　【種諸般竹, 十三日竹迷】
迷日)25이다】

6월 절기 　六月節

【옥근(玉筋)26을 심는다. 　【種玉筋子.

망선(望仙)27을 옮겨 심는다. 6월 이전에는 2가지　栽望仙子. 六月已前皆可
를 모두 심을 수 있는데, 반드시 물을 주어야 바로　種, 須澆灌, 乃活】
살아난다】

7월 절기 　七月節

【모과를 심는다. 　【種木瓜.

---

25 죽미일(竹迷日) : 비가 충분히 와서 대나무가 잘 자라게 되는 날. 음력 5월 13일이다. 죽술일(竹述日)·죽취
일(竹醉日)이라고도 한다.
26 옥근(玉筋) : 미상.
27 망선(望仙) : 미상.

연한 가지의 향나무[檜]를 휘묻이한다】	壓軟條檜】
처서(處暑, 양력 8월22·23일경)	處暑
【모란씨를 심는다.	【種牡丹子.
여러 가지 작약을 심는다】	種諸般芍藥】
8월 절기	八月節
【모란의 포기를 나눈다.	【分牡丹.
모란과 비자(篦子)를 접붙인다.	接牡丹、篦子.
작약의 포기를 나눈다.	分芍藥.
여러 가지 가시 있는 화훼를 옮겨 심는다.	栽諸般鍼刺花.
여춘(麗春)·망선(望仙)을 심는다.	種麗春、望仙.
석죽(石竹)씨를 뿌리고, 아울러 금전화(金錢花) 등	撒石竹，幷劖金錢等花子.
의 씨앗이 맺힌 열매를 잘라 합하고 나누어 옮겨 심	合分栽】
는다】	
9월 절기	九月節
【복숭아씨를 심는다.	【種核桃.
여춘씨를 심는다.	麗春子.
망선씨를 심는다.	望仙子.
석죽을 심는다.	石竹.
자색가지매괴를 심는다】	紫條玫瑰】
상강(霜降, 양력 10월 23·24일경)	霜降
【여러 종류의 과일나무씨를 심는다】	【種諸般菓子樹】
10월 절기	十月節
【작은 복숭아나무를 심는다.	【種小桃.
여러 가지 잡목을 심는다】	諸般雜木】
12월 절기	十二月節
【언 느릅나무를 세운다.	【揭凍榆木.
금피퇴(錦被堆, 장미의 일종)를 나누어 심는다.	分擘錦被堆.

분단자(粉團子)28를 솎아 낸다】《낙양화목기(洛陽花木記)29》30

減拔粉團子】《洛陽花木記》

---

28 분단자(粉團子) : 흰색 국화의 일종. 《예원지》 권5 〈꽃이름 고찰〉 "국화" '흰색류'에 자세히 보인다.

29 낙양화목기(洛陽花木記) : 중국 남송의 주사후(周師厚, ?~?)가 편찬한 화훼서. 《설부(說郛)》에 수록되어 있다.

30 《說郛》 卷104下 〈洛陽花木記〉 "四時變接法"(《文淵閣四庫全書》 882, 88~89쪽).

3) 꽃나무 재배의 월령(月令)[31]

	花月令
1월	正月

【영춘화가 난다.　　　　　　　　　【迎春生.

앵두가 씨를 밴다.　　　　　　　　櫻桃胎.

망춘은 눈[眸]을 채운다.　　　　　望春盈眸.

난초·혜초는 향기롭다.　　　　　　蘭、蕙芳.

자두나무가 새하얘진다.　　　　　李能白.

살구꽃은 제 자태를 꾸민다】　　　杏花飾其靨】

2월	二月

【복숭아꽃은 요염하다.　　　　　　【桃夭,

체당은 떨쳐 핀다.　　　　　　　　棣棠奮.

장미는 시렁에 오른다.　　　　　　薔薇登架.

해당은 예쁘다.　　　　　　　　　海棠嬌.

배꽃은 무성하다.　　　　　　　　梨花溶.

백목련은 다투어 핀다】　　　　　木蘭競秀】

3월	三月

【백동유나무는 꽃을 피운다.　　　　【白桐榮.

다미는 가지가 뻗어 나간다.　　　　茶蘪條達.

모란은 비로소 무성해진다.　　　　牡丹始繁.

보리는 꽃을 토해 낸다.　　　　　麥吐華.

멀구슬나무[楝]꽃은 시절에 응하여 핀다.　　楝花應候.

버드나무가지는 큰 물에 떠서 부평초[萍][32]가 된　　楊入大水爲萍】

다】

---

31 월령(月令): 본래는 《예기(禮記)》의 편명으로, 1년 12달의 정령(政令)을 기록하였다. 여기서는 달마다 행해
야 하는 일들을 가리킨다. 이 "꽃나무 재배의 월령"에서 꽃나무 이름에 붙는 각각의 술어는 대부분 그 꽃
이 피는 현상을 뜻하거나 해당 월에 나타나는 그 꽃나무의 상태를 말한다. 꽃에 얽힌 일화나 꽃이름을 풀
이해 주는 술어를 의인화하여 표현했다.

32 부평초[萍]: 개구리밥과의 여러해살이 수초(水草). 논이나 못에서 자라는데 전 세계에 널리 분포한다.

4월

【두견화가 날아오른다.

목향(木香)은 꽃이 오른다.

갓 나온 대나무는 분을 바른 듯하다.

앵속(罌粟)은 가득찬다.

작약은 정승이 된다.[33]

목필은 허공에 글을 쓴다】

5월

【아욱꽃은 붉어진다.

자미는 꽃이 핀다.

담복[簷蔔. 치자]은 비로소 향기가 난다.

야합(夜合, 자귀나무)은 합쳐친다.

석류꽃은 눈을 부시게 한다.

자색 오디가 뽕나무에 내린다】

6월

【원추리는 아들을 얻는다.[34]

봉선화는 봉황이 온 듯하다.

함담(菡萏)[35]은 씨가 많아진다.

능소화는 타고 오른다.

재스민은 손님이 온 듯하다.

옥잠화는 머리를 긁는다】

	四月
	【杜鵑翔.
	木香升.
	新篁敷粉.
	罌粟滿.
	芍藥相.
	木筆書空】
	五月
	【葵赤.
	紫薇葩.
	簷蔔始馨.
	夜合交.
	榴花照眼.
	紫椹降于桑】
	六月
	【萱宜男.
	鳳仙來儀.
	菡萏百子.
	凌霄登.
	茉莉來賓.
	玉簪搔頭】

---

33 작약은……된다 : 《本草綱目》卷14〈草部〉"牡丹"에서, 이시진이 "모란이 제일이고 작약이 2번째이므로 세상에서 모란은 꽃의 왕이고, 작약은 꽃의 정승이라 한다(牡丹第一, 芍藥第二, 故世謂牡丹爲花王, 芍藥爲花相)."라 했다.

34 원추리는……얻는다 : 예로부터 임신한 여인이 원추리꽃을 허리춤에 차고 있으면 아들을 낳는다는 속설에 따른 표현이다.

35 함담(菡萏) : 연꽃의 봉우리를 가리킨다.

7월

【오동나무는 가을을 알린다.

무궁화는 꽃을 피운다.

자미는 달을 비춘다.

여뀌는 홍색이 된다.

마름[菱]은 열매를 맺는다.

계관화는 새벽을 알린다】

8월

【회화나무는 황색이 된다.

마름[蘋]은 웃음짓는다.

지초(芝草)는 공을 아뢴다.

은목서는 향기를 낸다.

추규(秋葵)는 높게 자란다.

금전화는 급제한다】

9월

【국화에는 봉오리가 생긴다.

파죽(巴竹)은 순이 난다.

부용은 흐드러지게 핀다.

마[山藥]는 흰 즙이 돈다.

등귤(橙橘)은 타고 오른다.

연꽃 시들면 잎은 옷이 된다[36]】

10월

【갈대는 전한다.[37]

七月

【桐報秋.

木槿榮.

紫薇映月.

蓼紅.

菱實.

鷄冠報曉】

八月

【槐黃.

蘋笑.

芝草奏功.

桂香.

秋葵高掇.

金錢及第】

九月

【菊有英.

巴竹筍.

芙蓉綻.

山藥乳.

橙橘登.

老荷化爲衣】

十月

【蘆傳.

---

36 연꽃……된다 : 연잎으로 만든 옷은 숨어 지내는 은자(隱者)의 옷을 의미한다.

37 갈대는 전한다 : 옛날에 갈대로 만든 종이에 소식을 전했던 사실에 근거한 표현이다.

겨울채소가 나는 시기이다.	冬荣時[6].
나뭇잎은 서리를 피한다.	木葉避霜.
꽃과 풀은 시든다.	芳草斂.
전추라[漢宮秋]는 시든다.	漢宮秋老.
모시와 삼은 뿌리를 보호한다】	苧, 麻護其根】

11월	十一月
【유채가 난다.	【芸生.
파초는 붉어진다.	蕉紅.
비파(枇杷)[38]는 금을 꿴다.[39]	枇杷綴金.
단풍나무가 붉어진다.	楓丹.
목서[巖桂]는 향기롭다.	巖桂馥.
소나무·측백나무는 나중에 시든다】	松柏後凋】

12월	十二月
【매화는 꽃술을 토해 낸다.	【梅蕊吐.
산다(山茶)는 아름답다.	山茶麗.
수선화는 미인의 모습과 같다.	水仙凌波.
차나무에 꽃이 핀다.	茗有花.
서향(瑞香)의 향은 강렬해진다.	瑞香郁烈.
산반(山礬)이 무성해진다】《관원야사(灌園野史)[40]》[41]	山礬鬯發】《灌園野史》

---

38 비파(枇杷):장미과에 속하는 상록교목 비파나무의 열매. 폐를 윤택하게 하고 갈증을 멎게 하는 효능이 있다.
39 비파(枇杷)는……꿴다:비파열매가 황금색으로 익어 주렁주렁 달린 모습을 뜻한다.
40 관원야사(灌園野史):미상. 따뜻한 지역의 화훼를 다룬 책으로 추정된다.
41 출전 확인 안 됨;《二如亭群芳譜》〈花譜〉1 "花月令"(《四庫全書存目叢書補編》80, 674쪽).
⑥ 時:《二如亭群芳譜·花譜·花月令》에는 "蒔".

9. 자질구레한 말

瑣言

1) 꽃을 빨리 피게 하는 법(최화법)

꽃나무에 말똥 담근 물을 주면 3~4일 지나야 비로소 필 꽃이 다음날 모두 핀다. 《종수서》[1]

마승(馬塍)[2]에서는 꽃 가꾸기를 곡식 재배하듯이 하였고, 곽탁타(郭橐駞)[3]의 화훼 재배기술은 천하에 이름이 났다. 화훼류가 당시의 귀한 품등은 아니어도 충분히 천지의 조화(造化)를 추구할 만했다.

일반적으로 꽃 중에 일찍 피는 온실꽃을 '당화(堂花)【당화(塘花)라고도 쓴다】'라 한다. 온실꽃을 피우는 법은 다음과 같다. 종이로 밀실을 꾸미고, 땅을 파서 구덩이를 만든 다음 대나무를 심고, 꽃나무도 갖다 놓는다. 그 위에 거름흙을 얹고, 소오줌과 유황으로 북주고 물주는 법을 모두 쓴다.

그런 뒤에 대나무 홈통[4]을 통해 끓는 물을 구덩이 속에 부어 넣는다. 구덩이가 뜨거운 증기에 훈증되도록 조금 기다렸다가 부채질하여 약한 바람을 낸

催花法

馬糞浸水澆之, 三四日方開者, 次日盡開.《種樹書》

馬塍藝花如藝粟, <u>橐駞</u>之技名天下, 非時之品眞, 足以侔造化.

凡花之早放者, 名曰"堂花【或作塘】". 其法: 以紙飾密室, 鑿地作坎, 種竹置花. 其上糞土, 以牛溲、硫黃, 盡培漑之法.

然後筧沸湯於坎中. 少俟湯氣薰蒸, 則扇之以微風, 盎然盛春融淑之氣, 經宿

---

1 《種樹書》〈花〉《叢書集成初編》1469, 13쪽).
2 마승(馬塍): 지금의 중국 절강성의 항주시(杭州) 일대의 지명. 남송 시기에 꽃 산지로 이름났다.
3 곽탁타(郭橐駞): ?~?. 중국 당나라의 인물.《종수서(種樹書)》의 저자이며 이름난 정원사로 전해진다.
4 홈통: 물이 흐르거나 타고 내리는 통.

홈통(국립민속박물관)

다. 한봄의 따뜻하고 맑은 기운이 흘러넘쳐 하룻밤
이 지나면 꽃이 필 것이다.

則花放矣.

모란·매화·복숭아꽃과 같은 종류는 위의 법대로
하여 꽃이 피지 않은 경우가 없다. 이는 비록 억지로
싹을 뽑아 조장하는 일5이라 할 수 있겠지만 반드시
추위나 더위를 좋아하는 본성에 맞게 한 뒤에야 효
과의 빼어남을 다 발휘할 수 있다. 《계신잡지》6

若牡丹、梅、桃之類, 無不
然. 此雖揠而助長, 然必
適其寒溫之性, 而後能臻
其妙耳.《癸辛雜志》

만약 꽃을 빨리 피게 하려면 큰 꽃술이 돋은 시
기에 용안각(龍眼殼)7으로 꽃술을 덮어 둔다. 먼저 하
룻밤 걸러 유황물을 주고, 다음날 아침 용안각을
제거하면 꽃이 곧 활짝 핀다. 《군방보》8

如欲催花, 于大蕊時, 罩龍
眼殼. 先于隔夜, 澆硫黃
水, 次早去殼, 花卽大開.
《群芳譜》

일반적으로 꽃나무를 빨리 자라게 하는 작업은
반드시 겨울에 해야 한다. 나무의 뿌리를 파내어 깨

凡催養花木, 須於冬日. 將
樹掘起洗淨, 勿傷根、芽.

---

5 억지로……일 : 원문의 "揠而助長"을 옮긴 것이다. 곡식을 빨리 자라게 하려고 그 싹을 뽑아 올린다는 말로,
   흔히 '알묘조장(揠苗助長)'이라는 표현으로 알려져 있다. 《孟子》〈公孫丑〉

6 출전 확인 안 됨;《齊東野語》卷16〈馬腟藝花〉《《文淵閣四庫全書》865, 808쪽).

7 용안각(龍眼殼) : 용안육(龍眼肉)의 껍질. 용안육은 무환자나무과의 상록교목인 용안의 과일로, 중국 남부
   지역이 원산지이며 살이 많고 단맛이 난다.

8 《廣群芳譜》卷51〈花譜〉"菊花" 4(《廣群芳譜》12, 1226쪽).

끗하게 씻는다. 이때 뿌리와 싹을 상하지 않도록 한다. 나무의 나이를 헤아려 며칠간 햇빛을 쬐어야 한다. 그러다 나무가 바짝 마르면 물을 뿌려 준 다음 다시 기름진 진흙을 원래 붙어 있던 묵은 흙에다 개어 심는다. 만약 날씨가 따뜻하면 거름을 몇 번 주어도 괜찮다. 다만 한쪽으로만 햇빛을 쬐면 안 된다. 이를 어기면 다른 3면에 꽃이 피지 않을 것이다. 《증보도주공서》[9]

當量樹之老嫩, 於日中曬數日, 乾極則灑水, 復用肥泥, 拌宿壤種之. 若天暖, 澆糞數次亦可. 但不可曬一面, 犯則三面無花矣. 《增補陶朱公書》

2) 꽃의 색 바꾸는 법(환화법)

꽃의 홍색을 하얗게 변화시키려면 유황을 태운 연기로 꽃을 훈증했다가 잔으로 덮어 두면 하얗게 된다. 《물류상감지》[10]

幻花法

花紅者令白, 以硫黃燒煙薰, 盞子蓋花則白.《物類相感志》

일반적으로 꽃의 오색(五色)은 모두 물들일 수 있다. 《종수서》[11]

凡花五色皆可染.《種樹書》

일반적으로 꽃을 남색·먹색, 두 가지 색으로 물들이려면 먼저 흰색 꽃을 심는다.[12] 꽃술이 피려고 할 때를 기다려 금박가루를 칠한 먹을 진하게 갈고, 여기에 기름 1~2방울을 떨어뜨리거나 젖을 섞는다. 칫솔로 먹물을 꽃에 흩뿌려 꽃술 중심에 배어 들어

凡花欲染藍、墨二色, 先種白花. 待花蕊將開, 用金墨研濃, 下油一二點, 或和以乳汁. 用牙刷濺墨, 剉入蕊心, 待露過夜, 次早[1] 又

9　출전 확인 안 됨;《重訂增補陶朱公致富奇書》〈栽花總論〉, 140쪽.
10　《說郛》卷22 下〈物類相感志〉"花竹"(《文淵閣四庫全書》877, 296쪽).
11　《種樹書》〈花〉(《叢書集成初編》1469, 46쪽).
12　먼저……심는다:《광군방보》에는 일봉설(一捧雪)·은작약(銀勺藥)·월하백(月下白) 3종의 꽃을 심는다고 되어 있다.
1　무:저본에는 "旱".《廣群芳譜·花譜·菊花》에 근거하여 수정.

가도록 하고, 이슬을 맞추면서 하룻밤이 지나면 다음날 아침에 또 물들인다. 이런 과정을 모두 3~4번 하면 꽃이 먹색이 된다.

꽃을 남색으로 물들일 때는 새로 쪽물 들여 거둔 면을 쓴다. 면이 밤에 이슬을 맞아 촉촉해지게 한다. 또 아침에 이 면을 짜서 쪽물을 꽃술의 중심에 떨어뜨리면 필 때 꽃이 남색이 된다.

다른 법: 요사(硇砂)[13] 1~2리(厘)[14]를 물에 넣고 5가지 색의 안료를 쓰면 모두 꽃을 물들일 때 안료가 매우 쉽게 꽃잎에 스며들게 할 수 있다. 다만 꽃이 오래 견디지 못하고 곧바로 시들기 때문에 참된 꽃 감상자라면 이 법을 취하지 않는다. 또는 9월에 서리를 병에 모아 흙속에 묻어 두었다가 꽃이 막 꽃술을 품고 있을 때 서리에 색을 섞어서 꽃술에 찍어 주면 스며들어 각각의 색으로 변화한다.《군방보》[15]

染. 凡三四遍, 則花墨色.

藍用新收青綿, 夜至露中候濕, 且早絞綿, 色水滴蕊中心, 開時花藍色.

一法: 用硇砂一二厘入水, 用五色顏料, 俱可染花極易入瓣. 但花不耐久, 卽便凋萎, 眞賞者不取. 或于九月, 收霜貯瓶, 埋之土中, 花方含蕊, 調色點之, 透變各色.《群芳譜》

---

13 요사(硇砂) : 염화암모늄. 물에는 녹지 않고 알코올에 녹으며, 염색·약품 등의 원료로 쓰인다.
14 리(厘) : 무게 단위. 1냥의 1/1000.
15 《廣群芳譜》 卷51 〈花譜〉 "菊花" 4(《廣群芳譜》 12, 1226쪽).

10. 보관하기

收藏

1) 움에 보관하는 법

일반적으로 움집을 만들 때는 양지바르며 높고 건조한 곳을 골라서 지어야 한다. 남쪽으로 창을 하나 내는데, 좁지 않게 하여 꽃나무를 출납하기 편하게 하고 땅의 기운이 통하게 한다.

꽃나무 보관 또한 너무 일찍 하면 안 된다. 반드시 서리를 2~3번 맞은 다음 보관해야 좋다. 날씨가 온화할 때는 창문을 닫지 말아야 한다. 만약에 추위가 기승을 부리면 이엉을 두툼하게 덮어 꽃이 얼어서 손상되지 않도록 한다. 입춘 이후에는 항상 창문을 열어 양기를 받아들이게 했다가, 한식이 지나면 비로소 꺼낸다. 《청천양화록》[1]

서리가 내리고 잎이 떨어지면 분에 심은 꽃나무는 분째로 움에 들인다. 땅에 심은 꽃나무는 파내어 움에 들인다. 이때 그 가지를 새끼줄로 묶는다. 또 약간의 흙을 쓰고 자리로 뿌리를 싸서 움 속에 가로로 누인다. 다른 물건으로 나무의 끝을 괴어 끝이

窖藏法

凡造土宇, 擇向陽高燥處築之. 向南作一窓, 令不狹隘, 以便出納, 以通地氣.

收藏亦勿太早, 須經霜二三次, 收藏乃可. 天氣溫和時, 勿閉戶. 若遇隆[1]寒, 用苫厚蓋, 勿致凍損. 立春後, 恒開戶以納陽氣, 過寒食, 始出之.《菁川養花錄》

待霜降葉脫, 盆種者, 連盆納窖. 地種者, 掘出納窖, 而以索束其枝條, 又以些土用席包根, 橫臥於窖中, 以物枕其梢, 令不襯

---

1 《養花小錄》〈收藏法〉, 34쪽.
[1] 隆 : 저본에는 "降". 오사카본·규장각본에 근거하여 수정.

땅에 닿지 않게 한다【다른 법: 움 속에 나무를 누이고 흙으로 뿌리를 대강 덮으면 될 뿐이지, 굳이 자리로 쌀 필요는 없다】.

날씨가 맑고 따뜻하면 창문을 열고 양기를 조금 들였다가, 바로 창문을 꼭 닫아 바람과 한기가 스며드는 일을 막는다. 2월에 땅이 녹으면 비로소 꽃나무를 꺼내어 심는다. 뿌리를 내릴 때까지 밤낮으로 부지런히 물을 준다.《증보산림경제》[2]

地【一法: 臥木於窖中, 以土略覆其根, 不必包席】.

遇天氣晴暖, 開戶微納陽氣, 旋卽緊塞以防風寒透入. 二月地釋, 始出而種之. 限着根, 昏曉勤澆之.《增補山林經濟》

2) 옷 입히는 법

일반적으로 꽃나무 중에 몸체가 크지만 오히려 추위에 약한 경우에는 움에 보관하기 어려우면 나무의 몸체 아래와 위를 짚둥구미[草篅][3]로 두텁게 싼다. 또한 곡식 찧고 남은 겨 따위로 뿌리 위를 두텁게 덮어 주었다가 봄이 되면 제거한다.《증보산림경제》[4]

着裴法

凡花木, 體大而猶畏寒者, 難於窖藏, 則用草篅厚裹, 樹身上下, 又以礱糠之屬, 厚覆根上, 至春去之.《增補山林經濟》

예원지 권제1 끝

藝畹志卷第一

---

2 《增補山林經濟》卷4〈養花〉"藏窖法"(《農書》3, 211~212쪽).
3 짚둥구미[草篅]: 짚으로 둥글고 울이 깊게 걸어 만든 그릇. 주로 곡식이나 채소 따위를 담는 데에 쓰인다.
4 《增補山林經濟》卷4〈養花〉"藏窖法"(《農書》3, 212쪽).

예원지 권제 2

藝畹志 卷第二

임원십육지 19

林園十六志十九

I. 꽃류(상)(꽃나무)

척촉은 진달래와 비슷하여 거의 분별하기 어렵다. 다만 척촉은 꽃잎이 주름지고 색이 자색이며 반점이 있으므로 사람들은 이것으로 척촉과 진달래를 구별한다. 의사들은 척촉에 독이 있어서 양이 척촉을 먹으면 비틀거리다[躑躅] 죽기 때문에 '척촉(躑躅)'이라 이름 붙였다고 했다. 그러나 지금 어린아이들이 그 꽃을 따먹어도 중독된 적이 없다. 아마도 그 꽃이 양에게는 독이 되지만 사람에게는 독이 되지 않는 것이 아니겠는가?

- Ⅰ -

꽃류(상)(꽃나무)

花類(上)

1. 모란(牡丹)[1]

牡丹

1) 이름과 품종

名品

일명 '녹구(鹿韭)', '서고(鼠姑)', '백냥금(百兩金, 백 냥
가치가 있는 모란)', '목작약(木芍藥)'이다.[2]

一名"鹿韭", 一名"鼠姑", 一
名"百兩金", 一名"木芍藥".

【본초강목】[3] 모란은 색이 붉은 꽃을 상품으로 여
긴다. 비록 씨를 맺으나 뿌리 위에도 싹이 난다. 그러

【本草綱目】 牡丹以色丹者
爲上. 雖結子而根上生苗,

필암서원 모란

---

1 모란(牡丹) : 미나리아재비과에 속하는 낙엽관목. 우리나라에는 신라 진평왕(재위 579~632) 때 처음 들어
왔다. 조선 시대에도 관상용 식물로 궁궐이나 귀족 명문가의 정원에 즐겨 심었고 민간에서는 부귀영화의
염원을 담은 모란도가 유행했다.

2 일명⋯⋯목작약(木芍藥)이다 : 《二如亭群芳譜》〈貞部〉 第2 "花譜" 2 '牡丹'(《四庫全書存目叢書補編》80,
706쪽)에 보인다.

3 《本草綱目》卷14〈草部〉 "牡丹", 852쪽.

므로 '모란(牡丹)'이라 한다.[4] 당나라 사람들은 모란을 '목작약(木芍藥)'이라 했다. 그 꽃은 풀인 작약(芍藥)[5]과 비슷하고 그 묵은 줄기는 나무와 비슷하기 때문이다.

여러 꽃의 품등 가운데 모란이 첫 번째이고, 작약이 두 번째이다. 그러므로 세상 사람들이 "모란은 화왕(花王, 꽃의 왕)이고, 작약은 화상(花相, 꽃의 재상)이다."라 한다.

故謂之"牡丹". 唐人謂之"木芍藥", 以其花似芍藥, 而宿幹似木也.

群花品中, 以牡丹第一, 芍藥第二, 故世謂"牡丹花王, 芍藥花相".

군방보[6] 진(秦)·한(漢) 이전에는 모란에 대해 참고할 만한 자료가 없다. 하지만 사령운(謝靈運)[7]이 처음 "영가(永嘉) 연간(307~313)에 물가의 대숲 사이에 모란이 많았다."[8]라 했고, 《유빈객가화록(劉賓客嘉話錄)[9]》에 "북제(北齊)[10]의 양자화(楊子華)[11]가 모란 그림을 가

群芳譜 秦、漢以前無考, 自謝康樂始言"永嘉水際竹間多牡丹", 而《劉賓客嘉話錄》謂"北齊 楊子華有畫牡丹", 則此花之從來,

---

4 모란은……한다 : 뿌리에서 새로 돋아 나온 붉은색 순이 남성의 생식기를 연상시키므로 '牡(수컷 모)'자에 '丹(붉을 단)'자를 붙여 이름 지었다. 옛날에는 이 명칭이 없었고 작약(芍藥)으로 통칭했다가 중국 당나라 이후에 목작약을 모란이라 불렀다고 한다.

5 작약(芍藥) : 미나리아재비과에 속하는 다년생 초본식물. 꽃이 크고 아름다워 예로부터 뜰이나 정원에 많이 재배했다. 위장염과 위장의 경련성 동통을 진정시키고, 복통·설사·복명(腹鳴)·이질 등의 병증을 치료하는 데 효과가 있다. 백작약·적작약·호작약·참작약 등 다양한 품종이 있다.

6 《二如亭群芳譜》〈貞部〉第2 "花譜" 2 '牡丹'(《四庫全書存目叢書補編》80, 706쪽).

7 사령운(謝靈運) : 384~443. 중국 남북조 시대 송(宋)나라 문인. 강락후(康樂侯)에 봉해졌기 때문에 사강락(謝康樂)이라 불리게 되었다. 저서로 《사강락집(謝康樂集)》이 있고, 대표적인 시는 〈등지상루(登池上樓)〉·〈초거군(草去郡)〉·〈세모(歲暮)〉 등이다. 또 불경을 깊이 연구하여 《대반열반경(大般涅槃經)》을 번역하기도 했다.

8 영가(永嘉)……많았다 : 《사강락집(謝康樂集)》에 있는 말이라는 것만 확인된다. 중국 송(宋)나라 관리이자 학자인 이석(李石, 1108~?)이 지은 《속박물지(續博物志)》에는, 사령운의 위 문장에서 '모란'이라 한 꽃이 실은 지금의 작약이라고 주장한 사람의 말이 적혀 있다.

9 유빈객가화록(劉賓客嘉話錄) : 중국 당(唐)나라 강릉소윤(江陵少尹)이었던 위현(韋絢, 796~?)이 지은 책. 문인들의 극담(劇談)이나 해학, 점술, 동요, 가결, 민간에 떠도는 이야기 등이 수록되어 있다.

10 북제(北齊) : 중국 남북조 시대에 고양(高洋, 529~559)이 동위(東魏)의 효정제(孝靜帝)를 멸하고 세운 나라. 업(鄴)을 도읍으로 하여 한때 번영하였으나 북주(北周)에게 멸망 당하였다.

11 양자화(楊子華) : ?~?. 중국 북조(北朝) 북제(北齊)의 화가. 인물·말·용 등을 잘 그렸다. 그의 명성이나 작품평은 당대(唐代)의 《역대명화기(歷代名畵記)》에 상세히 수록되어 있다.

흰색 모란(《매원화보》)

지고 있었다."[12]라 했으니, 이 꽃의 유래 역시 오래
되었음을 알 수 있다.

당(唐)나라 개원(開元) 연간(713~741) 장안(長安, 당나
라 수도)에 모란이 처음으로 성행했다. 송(宋)나라에
들어서는 낙양(洛陽)[13]의 모란이 천하의 으뜸이 되었
다. 따라서 유명한 사람이나 뜻 높은 선비들이 갑자
기 더욱 모란을 숭상하였다】

亦舊矣.

唐 開元中, 始盛于長安,
逮宋, 惟洛陽之花爲天下
冠. 名人高士, 驟加崇尙】

---

12 북제(北齊)의⋯⋯있었다:《劉賓客嘉話錄》(《叢書集成初編》 2830, 7쪽).
13 낙양(洛陽):중국 하남성(河南城)에 있던 옛 도읍. 당나라 수도인 장안(長安)과 송나라 수도인 개봉(開封)
의 중간 거리에 위치한다.

모란싹1

묵은 줄기에 새로 돋은 싹(이상 임원경제연구소, 한밭식물원에서 촬영)

모란('1) 이름과 품종'에 나온 이칭들이 위 그림의 오른쪽 세로글씨에 모두 보인다.
《매원화보》)

2) 알맞은 토양 土宜

채소밭 사이에 모란을 심으면 가장 무성해진다. 菜園中間, 種牡丹, 最茂.
《종수서(種樹書)[14]》[15] 《種樹書》

모란을 심을 때는 반드시 좋은 땅을 골라야 한 種花, 必擇善地. 歐陽氏
다. 구양수(歐陽修)[16]《낙양모란기(洛陽牡丹記)[17]》[18] 《洛陽牡丹記》

모란에는 모래흙이 좋다. 《학포여소(學圃餘疏)[19]》[20] 宜沙土.《學圃餘疏》

모란

작약(임원경제연구소, 파주시 월롱면 덕은리에서
촬영)

---

14 종수서(種樹書) : 중국 당(唐)나라의 원예사(園藝師) 곽탁타(郭橐駝)가 쓴 농서. 꽃이나 나무의 천성을 거
스르지 않고 그대로 온전히 얻게 함으로써 나무들이 절로 번성하는 방법을 수록했다. 탁타는 낙타(駱駝)
인데, 그의 등이 불룩 솟아 마치 낙타와 닮았기 때문에 그렇게 불렸다고 한다.
15 《種樹書》〈花〉(《叢書集成初編》1469, 42쪽).
16 구양수(歐陽修) : 1007~1072. 중국 송(宋)대의 정치가·문학자·유학자. 자는 영숙(永叔), 호는 취옹(醉
翁)·육일거사(六逸居士). 1027년에 진사 시험에 합격, 참지정사(參知政事)에까지 승진했으나 왕안석의 혁
신 정치에 반대하여 벼슬에서 물러났다. 고문부흥을 주장하였고, 당대(唐代)의 화려한 시풍에 반대하여
새로운 시풍을 주창했으며, 시·문 양방면에서 송대 문학의 기초를 확립했다. 당·송8대가 중 한 사람이다.
17 낙양모란기(洛陽牡丹記) : 구양수가 모란에 대해 쓴 글. 총 3편으로, 1편에서는 화품(花品) 24종을, 2편에
서는 꽃이름의 뜻과 그 유래를, 3편에서는 모란 재배와 관련한 풍속을 기록했다.
18 《洛陽牡丹記》〈風俗記〉第3(《叢書集成初編》1355, 6쪽).
19 학포여소(學圃餘疏) : 중국 명나라 고문학자 왕세무(王世懋, 1536~1588)가 쓴 원예전문서인 《학포잡소(學圃雜
疏)》와 같은 책으로 추정된다. 이에 따라 이하 기사에서 《학포여소》의 출전주는 모두 《학포잡소》로 달았다.
20 출전 확인 안 됨;《學圃雜疏》〈花疏〉(《叢書集成初編》1355, 3쪽).

모란꽃1

모란꽃2(이상 이상직, 한밭수목원에서 촬영)

꽃이 진 모란1

꽃이 진 모란2(이상 신향숙, 국립중앙과학관에서 촬영)

모란의 본성은 찬 것을 좋아하고 열기를 두려워하며, 건조한 환경을 좋아하고 습한 환경을 싫어한다. 새 흙으로 덮어 주면 뿌리가 왕성하게 뻗는다. 햇볕이 잘 드는 곳에 심으면 본성이 잘 발현된다. 《군방보》[21]

性宜寒畏熱, 喜燥惡濕. 得新土則根旺, 栽向陽則性舒.《群芳譜》

---

21 《二如亭群芳譜》第2〈花譜〉 2 "牡丹"(《四庫全書存目叢書補編》80, 706쪽).

붉은 모란(《매원화보》)

3) 심거나 접붙이는 시기

時候

모란 접붙이는 시기는 추사(秋社)22 이후에서 중양
(重陽, 음력 9월 9일) 이전으로 해야 한다. 이때를 지나
면 접붙일 수 없다.《낙양모란기》23

接時, 須用社後重陽前, 過
此不堪矣.《洛陽牡丹記》

모란 접붙이는 시기는 반드시 추사(秋社) 이후에서
9월 이전으로 한다. 나머지 시기는 모두 알맞은 때가
아니다. 주사후(周師厚)24《낙양화목기(洛陽花木記)25》26

接花, 必于秋社後九月前,
餘皆非其時也. 周氏《洛
陽花木記》

일반적으로 꽃은 모두 봄에 심어야 한다. 하지만 모

凡花皆宜春種, 惟牡丹, 宜

---

22 추사(秋社) : 입추(立秋, 양력 8월 8~9일경) 후 다섯 번째의 술일(戌日)에 토지신에게 수확을 감사드리는
가을제사이다.

23 《洛陽牡丹記》〈風俗記〉《叢書集成初編》1355, 6쪽).

24 주사후(周師厚) : 1031~1087. 중국 북송(北宋)의 관리. 자는 돈부(敦夫), 호는 인열(仁熱). 낙양에 부임했
던 1082년에《낙양모란기(洛陽牡丹記)》·《낙양화목기(洛陽花木記)》를 지었다.

25 낙양화목기(洛陽花木記) : 중국 송(宋)나라 관리 주사후가 낙양의 모란과 작약 등 각종 꽃에 관하여 기록
한 책.

26 《說郛》〈洛陽花木記〉"接花法"《文淵閣四庫全書》882, 89쪽).

모란잎(임원경제연구소, 한밭수목원에서 촬영)

란만은 추사 전후로 심거나 접붙여야 한다.《종수서》[27]

秋社前後種接.《種樹書》

　입춘일이 만약 자일(子日)[28]이면 가지[茄]뿌리 위에 모란을 접붙인다. 그러면 1개월이 안 되어 꽃이 흐드러지게 핀다.《군방보》[29]

立春若是子日, 於茄根上接牡丹, 不出一月, 花卽爛熳.《群芳譜》

---

27 《種樹書》〈花〉《叢書集成初編》1469, 49쪽).
28 자일(子日) : 해당일의 지지(地支)가 '자(子)'인 날. 갑자일(甲子日)·병자일(丙子日)·무자일(戊子日) 등을 말한다.
29 《二如亭群芳譜》〈貞部〉第2 "花譜" 2 '牡丹'《四庫全書存目叢書補編》80, 711쪽).

4) 심기와 가꾸기

꽃을 심을 때는 묵은 흙을 모두 제거한 다음 고운 새 흙에 백렴(白蘞)[30]가루 1근을 섞어 여기에 심는다. 《낙양모란기》[31]

일반적으로 꽃을 옮겨 심으려면 반드시 4~5월에 먼저 땅을 손질해야 한다. 만약 땅이 혹 조금 기름지고 좋으면 2척 깊이로 땅을 쟁기로 뒤집어 판 다음 돌이나 와기조각이나 자갈을 제거한다. 이후 흙표면을 자주 김매 주어 잡초가 자라지 못하도록 한다.

추사(秋社) 후 9월 이전에 옮겨 심는다. 이때 만약 땅에 와기조각·자갈이 많거나 혹 소금기를 띠면 3척 이상의 깊이로 호미질하여 묵은 흙을 모두 제거한다. 그런 다음 따로 좋은 새 황토로 북주어 메꾼다. 이때 절대로 똥을 써서는 안 된다. 똥을 쓰면 굼벵이가 생겨 꽃뿌리를 좀먹게 된다. 뿌리가 좀먹히면 꽃송이가 크지 않고 겹꽃[千葉]이 되지 않는다.

일반적으로 꽃을 옮겨 심을 때는 깊게 심으려 하지 않아야 한다. 깊게 심으면 뿌리가 뻗지 못하여 꽃이 활짝 피지 못한다. 다만 칼로 벤 부분[瘡口][32]은 흙 표면과 나란히 해야 좋다. 이것이 모란을 옮겨 심

種藝

種花, 盡去舊土, 以細土用白蘞末一斤和之. 《洛陽牡丹記》

凡願栽花, 須于四五月間, 先治地. 如或地稍肥美, 卽翻起深二尺以未, 去石瓦礫, 皮頻鉏削, 勿令生草.

至秋社後九月以前, 栽之. 若地多瓦礫, 或帶鹹鹵, 則鉏深三尺以上, 去盡舊土, 別取新好黃土培壎. 切不可用糞, 卽生螬蠐而蠹花根矣. 根蠹則花頭不大, 而不成千葉也.

凡栽花不欲深, 深則根不行, 而花不發旺也. 但以瘡口齊土面爲佳, 此深淺之度也.

---

30 백렴(白蘞) : 포도과 식물인 가위톱의 뿌리를 말린 것. 심경(心經)·위경(胃經)에 작용하는 약재로도 쓰인다. 딴 이름은 백초(白草)·토핵(菟核)·곤륜(崑崙)·백근(白根)이다. 외용약으로 쓸 때에는 짓찧어 붙이거나 달인 물로 씻는다.

31 《洛陽牡丹記》〈風俗記〉第3(《叢書集成初編》1355, 6쪽).

32 칼로 벤 부분[瘡口] : 접붙이기 위해 잘라 낸 단면. 《낙양화목기》에 "접면은 단단히 묶어 밀봉해서 바람이 통하게 해서는 안 되고, 비가 스며들게 해서도 안 된다. 칼로 벤 접면은 반드시 고운 흙으로 덮어야 하고 사람이 건드리게 해서는 안 된다(接頭繫縛欲密, 勿令透風, 不可令雨濕. 瘡口接頭必以細土覆之, 不可令人觸動)."라 하여 창구(瘡口)를 접두(接頭, 접지의 단면)와 같은 의미로 썼다.

을 때 적당한 깊이를 정하는 법도이다.

흙구덩이를 팔 때에는 반드시 모란뿌리의 길이를 헤아려서 이를 흙구덩이 깊이의 기준으로 삼아야 한다. 구덩이는 넓으면서도 평평해야 하고, 흙은 기름지면서 고와야 한다.

그런 뒤에 흙구덩이 가운데에 작은 흙더미[土墩子]를 쌓는다. 이때 그 흙더미는 위쪽은 뾰족하고 아래쪽은 넓은 모양으로 쌓아야 한다. 모란을 흙더미 위에 앉혀 고정한 뒤에 모란뿌리를 잘 정리하여 뿌리가 사방을 향해 가로로 드리우게 하고 구부러지거나 접히지 않도록 해야 효과가 빼어나다.

그런 뒤에 한결같이 생황토로 덮고, 칼로 벤 부분을 흙 표면과 나란히 하는 깊이를 모란 심는 깊이의 기준으로 삼는다.《낙양화목기》[33]

밑나무[祖子][34] 심는 법: 일반적으로 꽃씨를 파종하려면 먼저 5~6월에 양지바르고[背陰處] 기름진 땅을 고른 다음 잘 다스려 휴전(畦田)[35]을 만든다. 호미질은 깊게 하고, 자주 해주어야 한다. 만약 땅이 좋지 않으면 흙을 갈아 엎어서 바꿔 준다.

掘土坑, 須量花根長短, 爲淺深之準①. 坑欲闊而平, 土欲肥而細.

然于土坑中心, 堆成小土墩子, 其墩子欲上銳而下濶. 將花于土墩上坐定, 然後整理花根, 令四向橫垂, 勿令屈②摺爲妙.

然後用一生黃土覆之, 以瘡口齊土面爲準.《洛陽花木記》

種祖子法: 凡欲種花子, 先于五六月間, 擇背陰處肥美地, 治作畦. 鉏欲深而頻. 地如不佳, 翻換.

33 《說郛》卷104〈洛陽花木記〉"栽花法"《文淵閣四庫全書》882, 90쪽).

34 밑나무[祖子] : 화목을 접붙일 때 몸체가 되어 주는 나무.

35 휴전(畦田) : 물을 오래 저장할 수 있도록 두렁을 만들어 채소나 물을 좋아하는 꽃이나 농작물 심는 밭. 땅을 파 내어 길이는 길되 너비는 1보 정도의 두렁을 만들고 두렁 안에 거름과 흙을 섞어 넣은 다음 단단하게 다진다. 여기에 물을 대면 물이 흙속에 오래 남아 채소나 꽃이 잘 자란다.《임원경제지 관휴지》권1〈총서〉"농지 만들기" '두렁밭(휴전)'에 자세히 보인다.

① 準 :《說郛·洛陽花木記·栽花法》에는 "堆".

② 屈 : 저본에는 "掘".《說郛·洛陽花木記·栽花法》에 근거하여 수정.

또 모란을 심는 법은, 매해 7월 이후에 겹[千葉]모란의 꽃씨를 취한다. 꼬투리[花瓶]36가 터지려 하고 그 씨의 색이 약간 누렇게 변하려 할 때가 되면 딴다. 꼬투리를 터뜨려서 씨앗을 취한 다음 미리 만들어 둔 휴전에, 채소 심는 법과 같이 심는다.

씨앗을 취한 뒤 날을 걸러서 심으면 안 된다. 날을 많이 건너뛰면 꼬투리가 마르고 씨가 까맣게 된다. 그러면 만 개의 씨를 심어도 살아나는 씨가 하나도 없을 것이다. 씨앗을 뿌려 심을 때는 되도록 조밀하게 뿌려야지 성글게 뿌리려 해서는 안 된다. 성글게 뿌리면 살지 못하므로 너무 조밀해도 나쁘지 않다.

땅이 좀 말랐으면 먼저 물을 준다. 수맥이 고루 땅을 적시면, 그런 뒤에 씨를 뿌린다. 씨를 다 뿌린 뒤 써레[杷]로 흙을 덮는 작업은 채소씨 뿌리는 법과 같이 한다. 10일마다 1번 물을 주되, 그 사이에 비가 오면 물주기를 그친다.

겨울에는 나뭇잎으로 덮어야 하고, 눈이 오면 눈으로 나뭇잎 위를 덮어 준다. 그렇게 1개월이 지나면 바로 싹과 잎이 날 것이다. 싹과 잎이 날 때에는 자주 잡초를 제거한다. 비가 오래도록 내리지 않으면 매일매일 물을 주되, 절대로 거름을 쓰면 안 된다.

8월 사일(社日, 추사일)을 기다린 후에 별도의 땅에

如栽花法, 每歲七月以後, 取千葉牡丹花子, 候花瓶欲拆, 其子微變黃時, 采之. 破其瓶子取子, 于已治畦地內, 一如種菜法種之.
不得隔日, 隔日多, 即花瓶乾而子黑, 則種之萬無一生矣. 撒子, 願密不欲疏, 疏則不生, 不厭太密.

地稍乾則先以水灌之, 候水脈均潤, 然後撒子, 訖, 杷樓一如種菜法. 每十日一澆, 有雨即止.

冬月, 須用木葉蓋覆, 有雪即以雪覆木葉上③, 候月間, 即生芽葉矣. 生時頻去草. 久無雨即須日日澆灌, 切不得用糞.
候八月社後, 別地④治畦,

---

36 꼬투리[花瓶]:씨가 들어 있는 길쭉한 씨낭. 모란의 씨낭은 길어서 이름에 병(瓶)자를 넣은 듯하다.
③ 上:저본에는 "尙". 《說郛·洛陽花木記·牡丹》에 근거하여 수정.
④ 地:《說郛·洛陽花木記·牡丹》에는 "爲".

모란꼬투리(국가생물종지식정보시스템, 국립수목원 변경열)

터져 벌어진 모란꼬투리(국가생물종지식정보시스템, 국립수목원 변경열)

휴전을 만들고 채소 옮겨 심는 법에 따라 나누어 심는다. 만약 꽃씨는 이미 영글었지만 미처 땅을 손질해 놓지 못했다면 먼저 꽃씨가 들어 있는 꼬투리를 꽃씨째 딴다.

땅을 파고 움을 만들어 씨를 여기에 보관해 둔다. 한편 신속하게 땅을 손질해서 땅을 푹 삶아 씨를 심을 수 있으면 움에 보관했던 씨를 앞의 씨 뿌리는 법대로 뿌린다. 중간에 간혹 움 속에서 떡잎이 나는 경우도 있다.《낙양화목기》[37]

而分種之如栽菜法. 如花子已熟, 不曾治地, 卽先取花瓶連花子.

掘地坑窖之, 一面速治地, 候熟可種, 卽取窖中子, 依前法撒之. 其中間或有却成子葉者. 同上

큰 흙더미에서 무성하게 잘 자란 모란뿌리를 골라 둔다. 8~9월에 흙더미 전체를 파 내서 포기를 나눌 만한 곳을 살펴서 나눈다. 이때 포기 양쪽 모두에 뿌리가 있도록 나누어야 쉽게 살아 난다. 밀알 한 줌을 흙과 섞어서 심어 주면 꽃이 무성해진다.

揀大墩茂盛花本. 八九月時, 全墩掘起, 視可分處剖開, 兩邊俱要有根, 易活. 用小麥一握, 拌土栽之, 花茂.《園圃日考》

---

37 《說郛》卷104〈洛陽花木記〉 "牡丹" '種祖子法'(《文淵閣四庫全書》882, 90쪽).

《원포일고(園圃日考)38》39

모란 옮겨심기는 추분이 지난 뒤가 좋다. 만약 추분이 지났어도 여전히 더우면 혹 흐리고 비가 내리는 날에 옮겨 심는다. 9월에 옮겨 심어도 괜찮다. 이때 반드시 뿌리를 상하지 않도록 넓게 파면서 점점 뿌리 쪽으로 가깝게 파들어 가고, 잔뿌리도 상하게 해서는 안 된다. 다 판 뒤 원래 붙어 있던 흙[宿土]을 물로 깨끗이 씻어 낸 다음 다시 술로 씻는다.

移牡丹宜秋分後. 如天氣尚熱, 或遇陰雨, 九月亦可. 須全根寬掘, 以漸至近, 勿損細根. 將宿土洗淨, 再用酒洗.

구덩이마다 푹 삭은 똥거름 1두와 백렴(白蘞)가루 1근을 고루 섞는다【안 《원포일고》에는 "꽃그루마다 유황(硫黃)부스러기가루 2냥, 돼지기름 6~7냥을 흙과 섞는다."40라 했다】. 다시 밀알 몇 십 알을 구덩이 바닥에 뿌린 뒤에 구덩이 안에 모란을 심는다. 그런 다음 고운 흙을 가득 덮어 준다.

每窠用熟糞土一斗、白蘞末一斤, 拌均【案《園圃日考》云:"每本, 用硫黃脚末二兩、猪脂六七兩, 拌土5"】. 再下小麥數十粒于窠底, 然後植于窠中, 以細土覆滿.

모란을 땅과 수평이 되도록 들어 올려서 그 뿌리를 곧게 내리도록 해 주어야 쉽게 살아 난다. 흙의 높이는 반드시 줄기 위에 난 이전의 흙자국과 나란하게 해야 한다.41 그보다 너무 낮거나 너무 높아서

將牡丹提與地平, 使其根直易生. 土須與幹上舊痕平, 不可太低太高.

---

38 원포일고(園圃日考):중국 명(明)나라 고렴(高濂, 1527~1603)이 지은 화훼서. 《준생팔전(遵生八牋)》 권16 〈연한청상전(燕閒淸賞牋)〉 하 "화죽오보(花竹五譜)"의 내용을 보면, 《준생팔전(遵生八牋)》의 저자인 고렴(高濂)이 모란·작약·난·대나무·국화류에 대한 보(譜)를 쓰고 《삼경이한록(三徑怡閒錄)》이라 이름하였는데, 거기에 다 싣지 못했으나, 각각의 보에서 중요한 내용을 따로 기록하여 《원포일고(園圃日考)》라 제목을 붙인다는 설명이 있다. 이에 근거해 볼 때 고렴 자신의 저술로 보인다.

39 《遵生八牋》卷16〈燕間淸賞牋〉下 "牡丹花譜" '分花法'(《遵生八牋校注》, 637쪽).

40 꽃그루마다……섞는다:《遵生八牋》卷16〈燕間淸賞牋下〉 "牡丹花譜" '種植法'(《遵生八牋校注》, 637쪽).

41 흙의……한다:가지 위에 난 흙자국(처음 심고 덮어 주었던 흙의 높이)과 나란한 높이로 흙을 덮어 주어야 함을 말한다.

5 土:저본에는 "上". 오사카본·규장각본·《遵生八牋·燕間淸賞牋·牡丹花譜》에 근거하여 수정.

는 안 된다.

흙을 다지지도 말고, 발로 밟지도 말아야 한다. 냇물이나 빗물을 줄 때는 구덩이가 가득 차면 바로 물 주기를 그친다. 흙이 조금 마르면 고운 흙을 살짝 더 해서 덮어 두었다가 3~4일이 지나면 다시 물을 준다.

뿌리 쪽 흙을 북줄 때에는 작은 둔덕을 만들고 이를 손으로 두드려가며 다져 주어야 바람이 불어 들어가 모란의 뿌리를 상하게 하는 일이 없다. 모란 1그루마다 약 3척 정도 거리를 두어서 잎은 서로 만나도 가지끼리는 서로 닿지 않도록 하고, 바람과 공기는 통하되 햇빛은 들어오지 않도록 해야 좋다.

너무 배게 심어서는 안 된다. 배면 막힌 가지들이 서로 마찰이 생기면서 꽃망울을 상하게 한다. 너무 성글게 심어서도 안 된다. 성글면 햇볕이 흙을 달구어 어린뿌리를 상하게 할까 염려된다. 소설(小雪, 양력 11월 22·23일경) 전후에는 짚거적으로 모란뿌리를 가려서 바람이 통하지 못하도록 한다.

만약 멀리 옮겨 심고자 한다면 뿌리를 물로 깨끗이 씻고 붉은 진흙을 체질하여 얻은 고운 가루를 뿌리가 축축할 때 꽃의 뿌리에 고루 묻혀 준다. 그런 다음 바로 부드러운 솜[綿花]으로 잔뿌리 끝에서부터 묵은 뿌리까지 감고 다시 삼끈로 감아 고정시킨 후 물을 뿌려 준다.

가지 위에 난 붉은 싹은 향유지(香油紙)[42] 혹은 반

勿築實, 勿脚踏. 隨以河水或雨水澆之, 窠滿卽止, 待土微乾, 略添細土覆蓋, 過三四日再澆.

封培根土, 宜成小堆, 以手拍實, 免風入吹壞花根. 每本約離三尺, 使葉相接, 而枝不相擦, 風通氣透, 而日色不入乃佳.

不可太密, 防枝相磨, 致損花芽; 不可太稀, 恐日曬土熱, 致傷嫩根. 小雪前後, 用草薦遮障, 勿使透風.

若欲遠移, 將根用水洗淨, 取紅澆土羅細末, 趁濕均粘花根. 隨用軟綿花, 自細根尖纏至老根, 再用麻紐纏定, 以水灑之.

枝上紅芽, 用香油紙或礬

---

42 향유지(香油紙): 참기름이나 흑임자기름으로 적신 다음 말린 기름종이.

면지(礬綿紙)[43]로 싸고 대그릇에 고정시켜 상처입거나 흔들리지 않도록 한다. 그러면 곧 만 리 먼 데까지 운반할 수 있다. 혹자는 "중추(中秋)는 모란의 생일이다."[44]라 하였으니, 이날 옮겨 심어야 반드시 무성하게 자랄 것이다. 《군방보》[45]

綿紙包扎籠住, 不得損動, 卽萬里可致也. 或曰"仲秋爲牡丹生日", 移栽必旺. 《群芳譜》

포기 나누는 법: 잘 자라서 씨알이 크고 무성한 모란 중에서 한 떨기에 가지가 7~8개 혹은 십수 개 난 그루로 한 줌을 잡고서 흙을 떨어 낸다. 뿌리 부분을 자세히 살펴 쪼개 나누되, 1~2가지 혹은 3~4가지를 한 구덩이에 심을 그루로 삼는다.

경분(輕粉)[46]에 유황 약간을 더하여 맷돌로 갈아 가루 낸다. 이 가루를 황토와 섞어 진흙처럼 만든 다음 이를 모란뿌리 위의 쪼개서 나누어진 부분에 골고루 문질러 바른다. 그리고 나서야 구덩이에 두었다가 이전의 법대로 옮겨 심는다. 《군방보》[47]

分花法: 揀長成大顆茂盛者, 一叢七八枝或十數枝, 持作一把, 撺去土. 細視有根者劈開, 或一二枝或三四枝, 作一窠.

用輕粉加硫黃少許, 碾爲末, 和黃土成泥, 將根上劈破處, 擦均, 方置窠內, 栽如前法. 同上

씨 심는 법: 6월 중에 가지 사이에 난 꼬투리가

種子法: 六月中, 看枝間角

---

43 반면지(礬綿紙) : 명반 녹인 물로 적신 뒤 말려서 반투명하게 만든 종이.
44 중추(中秋)는……생일이다 : 출전 확인 안 됨; 《御定月令輯要》 卷18 〈八月令〉 "日次" 《文淵閣四庫全書》 467, 467쪽).
45 《二如亭群芳譜》〈貞部〉 第2 "花譜" 2 '牡丹' 《四庫全書存目叢書補編》80, 710쪽).
46 경분(輕粉) : 염화제일수은(鹽化第一水銀)의 한방 약재. 이규경(李圭景, 1788~1856)의 《오주서종박물고변(五洲書種博物考辨)》에 나와 있는 당경분(唐輕粉, 경분의 이칭) 제조법은 수은 1냥, 백반(白礬) 2냥, 식염(食鹽) 1냥을 갈아서 쇠그릇 안에 펴 놓고, 작고 검은 분(盆, 동이)으로 덮어 반응을 시킨다. 여기에 체로 친 재를 물에 개어 그릇의 가장자리를 봉하여 불을 땐다. 뚜껑을 열어보면 하얗고 가벼운 가루가 그릇 위에 올라와 있다. 1냥의 수은에서 8돈[錢]의 경분을 얻을 수 있다고 했다. 《임원경제지 섬용지》 권4 〈공업총정리〉 "진주" '진주 보관법'(풍석 서유구 지음, 임원경제연구소 옮김, 《임원경제지 섬용지》 3, 354쪽)에는 진주 경분 속에 보관하면 커진다는 내용이 보인다.
47 《二如亭群芳譜》, 위와 같은 곳.

약간 벌어져 검은 씨가 드러나 보이면 씨를 거두어다 바람이 통하는 쪽에 둔다. 이를 하루 동안 햇볕에 말린 후 습기 있는 흙과 반죽하여 질그릇 안에 거두어 둔다.

추분(秋分) 전후로 3~5일이 되면 좋은 땅을 골라 휴전의 흙을 고르되, 매우 곱게 삶아야 한다. 그런 다음 휴전에 물을 가득 채우고 이 물이 마르기를 기다린다. 한편 물에 씨를 띄우고 물에 가라앉는 씨를 골라서 고운 흙을 백렴가루와 섞어 심는다. 심을 때는 0.5척 간격으로 1개씩 심고, 씨 심기를 마치면 그 위로 고운 흙을 0.1척 두께로 덮는다. 겨울에는 낙엽으로 덮어 준다.

다음해 봄 2월에 물을 주어 항상 흙을 촉촉하게 해 준다. 3월에 싹이 날 때 가장 잘 아끼고 보호해 주어야 한다. 6월에는 발로 햇볕을 가려 주어, 햇볕에 말라 손상되지 않도록 한다. 밤에는 발을 걷어 이슬을 맞게 한다.

다음해 8월에 옮겨 심는다. 만약 꼬투리가 마르기를 기다려 씨를 거두면 꼬투리에서 나오는 씨가 매우 적고, 그나마 나온 씨도 왕성하게 자라지 못한다. 이는 씨가 말라서 진맥(津脈)[48]이 적어졌기 때문이다. 《군방보》[49]

옮겨 심거나 접붙이거나 씨를 뿌려 심는 데에는

微開, 露見黑子, 收置向風處, 曬一日, 以濕土拌, 收瓦器中.

至秋分前後三五日, 擇善地, 調畦土要極細. 畦中滿澆水候乾. 以水試子, 擇其沈者, 用細土拌白蘞末種之. 隔五寸一枚, 下子畢, 上加細土一寸. 冬時蓋以落葉.

來春二月內, 用水澆, 常令潤濕. 三月生苗, 最宜愛護. 六月中以箔遮日, 勿致曬損, 夜則露之.

至次年八月移栽. 若待角乾收子, 出者甚少, 即出亦不旺, 以子乾而津脈少耳. 同上

若栽接種植有法. 花可開

---

48 진맥(津脈) : 식물의 수분과 영양분을 운반해주는 통로. 진맥이 실하여야 꽃이 오래 가고 향기도 좋다.
49 《二如亭群芳譜》, 위와 같은 곳.

알맞은 법이 있다. 꽃이 피었을 때 꽃잎이 700장 정도 되고, 꽃송이 지름이 1척 정도 될 수 있으면 좋은 종자의 꽃이다. 이런 꽃을 얻으려면 반드시 좋은 종자를 골라 심어야 한다.

至七百葉, 面可徑尺, 善種花者, 須擇種之佳者種之.

만약 이런 조건들이 모두 모란 심는 법에 맞고, 수시로 주의를 기울인다면 꽃은 반드시 무성하게 필 것이다. 간혹 변종과 특이한 품종이 나오는 까닭은 사람의 힘이 하늘의 조화를 빼앗았기 때문이다. 《군방보》50

若事事合法, 時時着意, 則花必盛茂. 間變異品, 以人力奪天工者也. 同上

남경(南都) 지역 사람은 "모란포기를 나누어 심을 때 반드시 그 뿌리를 곧게 펴서 심어야 한다. 뿌리가 굽혀지면 죽는다."라 했다. 이를 위해 구덩이를 깊게 파서 대나무를 모란 대신 꽂아 놓았다가 모란을 심고 흙을 북준 다음 대나무는 뽑아 낸다.《학포여소》51

南都人言: "分牡丹時, 須直其根, 屈之則死." 深其坑以竹虛插, 培土後拔去之.《學圃餘疏》

4월에 꽃이 피었다가 꽃이 지면서 꽃받침[甕]52이 벌어지고 7~8개의 꼬투리에서 씨를 맺는다. 8월에 이 꼬투리들이 벌어지면 그 가운데 콩알 만한 검은색 씨가 10개 정도 들어 있다.

四月開花, 花落甕破, 結子七八莢. 八月莢裂, 中子黑色十粒許如豆大.

이 씨가 떨어질 때 기다려 줍자마자 바로 심는다【만약 시간이 오래 지나면 심어도 살기 어렵다】.

候將落時, 採卽蒔之【如經久者, 難生】. 春戴粒出生,

---

50 《二如亭群芳譜》〈貞部〉第2 "花譜" 2 '牡丹'(《四庫全書存目叢書補編》80, 706쪽).
51 출전 확인 안 됨;《學圃雜疏》〈花疏〉(《叢書集成初編》1355, 3쪽);《二如亭群芳譜》〈貞部〉第2 "花譜" 2 '牡丹'(《四庫全書存目叢書補編》80, 711쪽).
52 꽃받침[甕]: 꽃씨의 깍지 아래를 싸고 있는 항아리 같이 생긴 견고한 껍질로 꽃이 떨어진 후 드러난다.

모란(《왜한삼재도회》)

봄이 되면 씨껍질을 이고 싹이 나오는 모습이 마치 콩싹이 처음 나오는 모습과 같다. 5~6년 뒤면 꽃을 볼 수 있다.《화한삼재도회(和漢三才圖會)[53]》[54]

如豆初生. 五六年後, 可見花.《和漢三才圖會》

---

53 화한삼재도회(和漢三才圖會) : 일본인 데라시마[寺島良安]의 백과사전류 저술로서 1712년에 간행된 총 105권의 책이다. 1607년 중국에서 간행된《삼재도회》와 같은 틀로 천(天)·지(地)·인(人)의 각종 물상에 대한 설명과 삽도가 실려 있다.
54 《和漢三才圖會》卷93〈芳草類〉"牡丹"《倭漢三才圖會》11, 148쪽).

5) 접붙이기

모란은 접붙이지 않으면 꽃이 아름답지 않다. 이른 봄에 작은 모란의 가지를 잘라 심되, 땅을 손질하여 휴전을 만든 뒤 심는다. 가을이 되면 접붙일 대목이 된다. 땅에서 0.5~0.6척 정도 떨어지도록 그 줄기를 자른 뒤 바로 접붙인다.

진흙으로 접붙인 부분을 감싸고 봉하여 부드러운 흙으로 둘러싸 준다. 부들잎으로 가리개를 만들어 접붙인 모란을 덮어서 바람과 해에 노출되지 않게 한다. 이때 남쪽에만은 작은 창 하나를 남겨 공기가 통하도록 한다. 봄이 되어서야 비로소 그 덮개를 제거한다.《낙양모란기》[55]

모란을 접붙이려면 2~3년 전부터 미리 준비한다. 대목[祖子]을 심을 때는 오직 뿌리가 무성한 나무가 좋다. 대개 집에서 기른 대목은 뿌리가 살지고 연하다. 뿌리가 연하면 진맥(津脈)이 왕성하여 나무가 튼실하다. 산에서 난 대목은 묵은 뿌리가 많고 진맥이 적어 나무가 허약하기 때문에 접붙이면 잘못되는 경우가 많다.

접지[接頭. 대목에 붙이는 가지]를 깎을 때는 평평하고 넓게 깎아서 항상 대목의 껍질이 접지를 감싸도록 해야 한다. 이때 접지를 뾰족하게 솟은 칼날처럼 만

接換

不接則不佳. 春初, 斸小栽子, 治地爲畦塍, 種之. 至秋, 乃接花之本, 去地五六寸許截之, 乃接,

以泥封裹, 用軟土擁之. 以蒻[6]葉作庵子罩之, 不令見風日唯南向留一小戶以達氣. 至春乃去其覆.《洛陽牡丹記》

接花, 豫于二三年前. 種下祖子, 惟根盛者爲佳. 蓋家祖子根肥[7]而嫩, 嫩則津脈盛而木實, 山祖子多老根, 少而木虛, 接之多失.

削接頭, 須[8]平而闊, 常令根皮包含接頭. 勿令作陡刃, 刃陡則帶皮處厚而根

55 《洛陽牡丹記》〈風俗記〉第3(《叢書集成初編》1355, 6쪽).
[6] 蒻:저본에는 "蒻". 규장각본·《洛陽牡丹記·風俗記》에 근거하여 수정.
[7] 肥:저본에는 "前".《洛陽牡丹記·風俗記》에 근거하여 수정.
[8] 須:저본에는 "願".《洛陽牡丹記·風俗記》에 근거하여 수정.

들어서는 안 된다. 뾰족하게 솟은 칼날처럼 만들면 껍질과 함께 있는 부분이 두꺼워서 대목까지 영향을 준다.

狹.

칼날 같은 모양이 너무 뾰족하게 솟으면 접지가 대부분 줄어들고 접지의 껍질이 돌출되어서 대목과 서로 딱 맞지 않는다. 그러면 진맥이 통하지 않아서 마침내 말라 죽는다.

刃太陡則接頭多退而皮出, 不相對, 津脈不通, 遂致枯死矣.

접지는 되도록 단단하게 묶어 바람이 통하지 않도록 해야 하고, 습기가 창구(瘡口, 잘라 낸 면)[56]에 스며들게 해서는 안 된다. 접지를 접붙인 부분은 반드시 고운 흙으로 덮어 주고, 사람이 건드려서 흔들리게 해서는 안 된다.

接頭繫縛欲密, 勿令透風, 不可令濕瘡口. 接頭必以細土覆之, 不可令人觸動.

접붙인 후 1개월 남짓 동안 수시로 살펴 대목에서 싹이 나지 않도록 해야 한다. 싹이 나오면 진맥을 나누어 보냄으로 인해 감소시켜 접지가 마르게 될 것이기 때문이다. 일반적으로 접지를 고를 때는 가지가 살지고 연하며, 꽃봉오리가 크고, 그 모양은 둥글납작하면서 꽃잎이 꽉 찬 모란가지를 취해야 좋다. 꽃봉오리에 꽃잎이 비어 있고 꽃모양이 뾰족한 모란 접지는 꽃이 피지 않을 것이기 때문이다. 《낙양화목기》[57]

接後月餘, 須時時看覩, 勿令根下生妬芽. 芽生卽分減却津脈, 而接頭枯矣. 凡選接頭, 須取木枝肥嫩, 花芽盛大平圓而實者, 爲佳. 虛尖者, 無花矣. 《洛陽花木記》

일반적으로 모란을 접붙였으면 사람들에게 잘 살피도록 해야 한다. 만약 한 번 접붙인 꽃이 살면 이

凡接牡丹, 須令人看視之. 如一接活者, 逐歲有花; 如

---

56 창구(瘡口) : 접붙이기 위해 잘라 낸 부위. 이후에는 이 부위와 지표면이 나란히 되도록 심는다.
57 《說郛》卷104〈洛陽花木記〉"接花法"(《文淵閣四庫全書》882, 89~90쪽).

모란은 해마다 꽃이 핀다. 만약 처음 접붙인 가지가 살지 못하면 접붙였던 면을 깎아 내고 다시 접붙인다. 그러면 그 해에만 꽃이 핀다. 《종수서》[58]

初接不活, 削去再接, 只當年有花.《種樹書》

손가락굵기만 한 홑꽃모란의 대목 줄기를 땅에서 0.2~0.3척 정도의 거리를 두고 비스듬히 절반을 깎는다. 겹꽃모란으로서 새로 돋아 연하고 왕성한 가지를 역시 예리한 칼로 절반을 비스듬히 깎는다. 이때 그 위쪽에 2~3개의 싹눈[眼]을 남긴다.

將單葉花本如指大者, 離地二三寸許, 斜削一半. 取千葉牡丹, 新嫩旺條, 亦用利刀斜削一半, 上留二三眼.

이 작은 모란의 깎은 면을 대목에 붙여, 마치 한 그루처럼 합쳐 삼끈으로 꽉 묶는다. 이어 진흙으로 단단히 봉한 뒤에 기와 두 장을 진흙 위로 마주 대

貼于小牡丹削處, 合如一株, 麻紙緊扎, 泥封嚴密, 兩瓦合之, 壅以軟土. 罩以

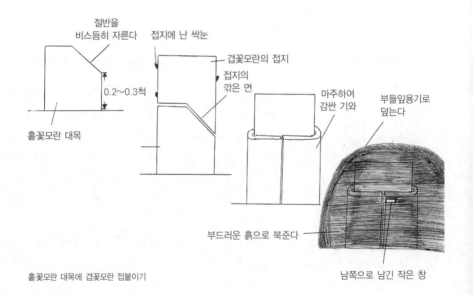

절반을 비스듬히 자른다
접지에 난 싹눈
겹꽃모란의 접지
접지의 깎은 면
0.2~0.3척
홑꽃모란 대목
마주하여 감싼 기와
부들잎용기로 덮는다
부드러운 흙으로 북준다
남쪽으로 남긴 작은 창

홑꽃모란 대목에 겹꽃모란 접붙이기

58 《種樹書》〈花〉(《叢書集成初編》1469, 41쪽).

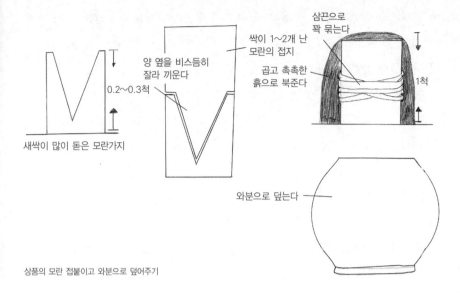

새싹이 많이 돋은 모란가지

양 옆을 비스듬히
잘라 끼운다

0.2~0.3척

싹이 1~2개 난
모란의 접지

삼끈으로
꽉 묶는다

곱고 촉촉한
흙으로 북준다

1척

와분으로 덮는다

상품의 모란 접붙이고 와분으로 덮어주기

서 싸고 부드러운 흙으로 북준다. 이를 부들잎으로 짠 용기로 덮어 바람과 해에 노출되지 않도록 한다. 이때 남쪽으로 작은 창 하나를 남겨서 공기가 통하도록 한다.

이듬해 봄, 경칩(驚蟄, 양력 3월 5·6일경)이 지난 뒤에 기와와 흙을 제거한 다음 바로 짚거적으로 나무를 에워싼다. 이어서 멧대추나무[棘] 몇 가지를 꽂아 서리를 막아 준다.[59] 무성히 자란 접목은 그 해에 꽃을 볼 수 있으니, 이를 '첩접(貼接)'이라 한다.

혹은 새싹이 왕성하게 돋은 작은 모란을 땅에서 0.2~0.3척의 거리를 두고 예리한 칼로 자른 다음, 뾰족한 칼로 작은 홈을 낸다. 상품(上品)의 모란 중

蔜葉, 勿令見風日, 向南留一小戶以達氣.

至來春驚蟄後, 去瓦、土, 隨以草薦圍之, 仍樹棘數枝以禦霜. 茂者當年有花, 是謂"貼接".

或將小牡丹新苗旺盛者, 離地二三寸, 用利刀截斷, 以尖刀劙一小口. 取上品

---

59 멧대추나무[棘]……준다 : 멧대추나무는 서리를 막아 준다고 하여 묘목을 보호할 때 많이 사용했다.

에 가지에 1~2개의 싹이 난 것을 0.2~0.3척 길이로 1가지[段]를 자른 다음 접붙일 쪽의 양쪽 가장자리가 비스듬해지게 자른다.

이를 앞서 작은 모란에 낸 홈에 꽂되, 크기를 헤아려 딱 맞물리게 하고 삼끈으로 꼭 묶는다. 이어서 곱고 촉촉한 흙으로 높이 1척이 되게 북준다. 와분(瓦盆)을 그 위에 덮어 둔다.

14일을 기다렸다가 열어 본다. 무성하게 자란 모란은 그 싹이 홍백색으로 선명하고 고우며, 길이는 0.1척 가까이 된다. 이는 아주 왕성하게 자란 것이다. 만약에 싹이 트지 않았다면 다시 북주고 21일이 지나 열어 본다. 살아 있으면 바로 싹이 텄을 것이고, 아니면 썩은 것이다.

살아 있는 모란은 그대로 흙으로 북주고 와분으로 덮어 놓았다가 춘분(春分, 양력 3월 20·21일경)이 되면 흙을 제거한다. 춘분 후에도 세찬 바람이 불까 걱정되기 때문에 그대로 와분을 덮어 주면서 수시로 점검해야 한다.

3월 중순이 되면 비로소 와분을 치우고 모란을 드러내어 나무 전체가 바람과 햇빛을 충분히 쐬도록 한다. 또 무성하게 자란 모란은 키가 커서 바람을 맞으면 꺾일까 염려되므로 바람을 쪼인 뒤에는 여전히 짚풀가리개[草罩]로 가려 준다.

접붙이기 알맞은 때에 자른 접지는 새로 난 물쑥이 자라는 축축한 흙에 꽂아 10여일을 보관하면 수백 리를 간 다음 접붙여도 살아날 수 있다. 2~3월에 무만큼 큰 작약 그루의 줄기를 가져다가 말귀[馬

牡丹枝上有一二芽者，截二三寸長一段，兩邊斜削.

挿于劓處，比量吻合，麻紙扎緊，細濕土壅高一尺，瓦盆蓋頂.

待二七開視，茂者，其芽紅白鮮麗，長及一寸，此極旺者. 若未發，再培之，三七開看，活者卽發，否則腐斃.

活者仍用土培盆合，至春分去土. 恐有烈風，仍用盆蓋，時常檢點.

至三月中，方放開，全見風日. 又恐茂者長高，被風吹折，仍以草罩罩之.

接頭枝如及時截取者，藏新蔞潤土十餘日，行數百里，亦可接活. 二三月間，取芍藥根大如蘿蔔者，削

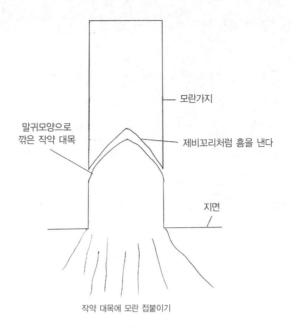

말귀모양으로 깎은 작약 대목

모란가지

제비꼬리처럼 흠을 낸다

지면

작약 대목에 모란 접붙이기

耳]처럼 뾰족하게 깎는다. 그런 뒤에 모란 가지를 제비꼬리처럼 뾰족하게 흠을 내어 작약줄기에 꽂고 꽉 묶는다. 그런 뒤에 기름진 진흙으로 북주면 바로 살아나고 그 해에 꽃이 핀다. 1~2년이 지나 모란에 뿌리가 생기면 작약의 뿌리를 잘라 낸다. 그러면 진짜 모란이 된다.

또 참죽나무[椿樹][60]에 접붙인 모란은 높이가 10척 남짓 되기 때문에 누대 위에서 감상하며 즐길 만하다. 이것이 당나라 사람들이 말한 '누자모란(樓子牡

尖如馬耳. 將牡丹枝劈開如燕尾, 挿下縛緊, 以肥泥培之卽活, 當年有花. 一二年, 牡丹生根, 割去芍藥根, 成眞牡丹矣.

又椿樹接者, 高丈餘, 可於樓上賞玩. 唐人所謂"樓子牡丹"也.《群芳譜》

---

60 참죽나무[椿樹]: 멀구슬나무과의 낙엽 활엽 교목. 높이는 20미터 정도이며, 잎은 어긋나고, 6월에 흰 꽃이 피고 열매는 삭과(蒴果, 여러 칸 속에 종자가 있는 형태)로 9~10월에 익는다. 어린잎은 식용하고 줄기와 뿌리의 껍질은 약용한다. 중국이 원산지로 전라, 황해 등지에 분포한다.

丹, 누대 감상용 모란)'61이다. 《군방보》62

누자모란은 참죽나무[櫄樹]에 접붙여 만들어진 모 란이다. 우리나라에서는 엄나무[奄木]63로 참죽나무 를 대신하여 모란을 접붙인다. 그러면 높이가 수십 장(丈)으로 자라니, 이 역시 누자모란이 된다. 이는 아마도 참죽나무와 엄나무가 그 본성이 서로 비슷 해서이지 않겠는가. 《본사(本史)64》65

樓子牡丹, 櫄樹接成者也. 東國, 以奄木代櫄木, 接牡 丹. 高數十丈, 亦成樓子. 豈櫄與奄, 性相近歟.《本 史》

---

61 누자모란(樓子牡丹, 누대 감상용 모란) : 참죽나무나 엄나무에 접붙여 키가 누대처럼 큰 모란.《예원지》권 5〈꽃 이름 고찰〉에서는 꽃잎이 겹겹이면서 꽃송이모양이 높은 모란을 가리키는 말로 쓰였다.

62 《二如亭群芳譜》〈貞部〉第2 "花譜" 2 '牡丹'《四庫全書存目叢書補編》80, 710~711쪽).

63 엄나무[奄木] : 두릅나무과의 낙엽활엽교목. 음나무라고도 한다. 예로부터 모란 접붙일 때 사용되었다. 보 통 속껍질이나 뿌리를 이용하여 술을 담그거나 관절염 등의 치료제로 사용된다.

64 본사(本史) : 조선 후기 학자이자 문신인 서명응(徐命膺, 1716~1787)이 지은 종합 농업기술서. 12권. 책의 완성은 저자가 죽은 1787년(정조 11)이었으나 출간된 것은 1845년(헌종 11)에 손자인 서유구(徐有榘)에 의 해서였다.《보만재총서(保晩齋叢書)》권23~34에 편입되어 있다. 외국의 식물까지 소개하여 외국의 지식 을 도입하려고 노력하였을 뿐만 아니라 농작물의 역사적 내력을 기록하고 있다는 특징을 가지고 있다. 저 자의 농정관(農政觀)이 잘 드러나 있다. 이중에서 권11~12는 저자가 서유구에게 저술하도록 맡겼다.

65 《本史》卷8〈列傳〉"芳草列傳" '牡丹'《保晩齋叢書》6, 448쪽).

6) 물주기와 거름주기

모란에 물을 주는 일 또한 각각 때가 있다. 해 뜨기 전이나 해가 질 때 준다. 9월에는 10일마다 1번씩 물을 주고, 10월과 11월에는 2~3일에 1번씩 물을 주며, 1월에는 하루걸러 한 번씩 물을 주고, 2월에는 하루에 1번씩 물을 준다.《낙양모란기》[66]

모란에 물주기는 보통 해 뜨기 전이나 밤이 되어 고요해진 뒤에 한다. 가장 중요한 점은 일정한 시간에 주어야 하는 것이다. 1월에는 1차례만 주되, 날씨가 따뜻할 때 해야 한다. 만약 얼음이 녹지 않았으면 절대로 물을 주어서는 안 된다.

2월에는 3차례, 3월에는 5차례 물을 준다. 4월에 꽃이 필 때에는 굳이 물을 줄 필요는 없다. 이때 물을 주면 개화(開花) 시기가 고르지 않다. 만약 비가 오면 그대로 두되, 또한 뿌리 옆에 물이 모이게 해서는 안 된다.

꽃이 진 뒤에도 꽃을 길러야 한다. 하루에 1차례씩 10여 일 동안 물을 준 뒤에 잠시 그친다. 물을 주는 방법에 맞추어 물을 주어야 한다. 6월 한더위 중에는 물주기를 금한다. 이는 수염뿌리를 상하게 해서 이듬해 봄에 꽃이 무성하지 못할까 걱정되기 때문이다. 비록 가물어도 6월에는 물을 주지 않는다.

7월 이후로는 7~8일에 1번 물을 준다. 8월에는 마른 가지와 잎을 잘라 주고, 바짝 마른 흙을 덮어

澆壅

澆花亦自有時, 或日未出, 或日西時. 九月, 旬日一澆; 十月、十一月, 三日、二日一澆; 正月, 隔日一澆; 二月, 一日一澆.《洛陽牡丹記》

尋常澆灌, 或日未出, 或夜旣靜, 最要有常. 正月一次, 須天氣和暖, 如凍未解, 切不可澆.

二月三次, 三月五次, 四月花開, 不必澆, 澆則花開不齊. 如有雨任之, 亦不宜聚水于根旁.

花卸後宜養花. 一日一次, 十餘日後暫止, 視該澆方澆. 六月暑中忌澆, 恐損其根鬚, 來春花不茂. 雖旱亦不澆.

七月後, 七八日一澆; 八月, 翦枯枝垃葉, 上炕土,

---

66 《洛陽牡丹記》〈風俗記〉第3《叢書集成初編》1355, 6쪽).

준 뒤에 5~6일에 1번씩 물을 준다.

9월에는 3~5일에[67] 1번씩 준다. 물을 자주 주면 가을잎이 돋아서 이듬해 봄에 꽃이 무성하지 못할까 걱정되기 때문이다. 날씨가 추워지면 물주기는 더욱 드물게 해야 한다. 이때에는 가지 위에 겨울눈[櫜芽, 탁아]가 점점 돋아나면서 물을 준 효과를 볼 수 있는 시기이기 때문이다.

10월과 11월에는 1개월에 1번이나 2번 물을 주되, 반드시 날씨가 따뜻하고 해가 떠있을 때라야 물을 준다. 적당히 주면 바로 그쳐 좋다.

주는 물은 상하게 해서는 안 된다. 혹 돼지 튀한 물을 남은 찌꺼기와 함께 완전히 식혀서 1~2차례 준다. 그러면 모란이 기름지고 튼실해져 꽃을 피우기에 알맞다. 12월에 땅이 얼었을 때 물을 주면 안 된다.

봄철 얼음이 녹을 때는 바짝 마른 흙을 제거하고 물을 줄 때 서서히 주어야 효과가 빼어나다. 이때 줄기를 적셔서는 안 된다. 빗물·강물이 가장 좋고, 단맛 나는 물은 그 다음이며, 짠맛 나는 물은 알맞지 않다. 개똥을 가장 삼간다. 《군방보》[68]

모란에 물을 줄 때, 오래 묵은 빗물을 주면 효과가 빼어나다. 《원포일고》[69]

五六日一澆.

九月, 三五日一澆, 澆頻, 恐發秋葉, 來春不茂. 如天氣寒, 則澆更宜稀, 此時枝上櫜芽漸出, 可見澆灌之功也.

十月、十一月, 一次或二次, 須天氣和暖, 日上時方澆, 適可卽止.

勿傷水, 或以宰猪湯, 連餘垢, 候冷透, 澆一二次, 則肥壯宜花. 十二月, 地凍不可澆.

春間開凍時, 去炕土, 澆時緩緩爲妙, 不可濕其幹. 雨水、河水爲上, 甜水次之, 鹹水不宜. 最忌犬糞. 《群芳譜》

澆牡丹, 積久雨水, 爲妙. 《園圃日考》

---

67 3~5일에:앞뒤 내용으로 보면 '三五日'은 '보름에'로 옮겨야 문맥이 더 통한다. 바로 뒤이어 물을 자주 주면 안 되는 이유도 나온다. 하지만 '七八日一澆', '五六日一澆'와 같은 문장구조이므로 이렇게 옮겼다.
68 《二如亭群芳譜》〈貞部〉第2 "花譜" 2 '牡丹'(《四庫全書存目叢書補編》80, 711쪽).
69 《遵生八牋》卷16〈燕閒清賞牋〉下 "牡丹花譜" '灌花法'(《遵生八牋校注》, 638쪽).

입동(立冬, 양력 11월 7·8일경) 후 3~4일에 1번 똥거름물을 준다. 11월 이후에는 뿌리 부근의 흙을 긁어서 푸석푸석하게 만든 다음 잘 삭힌 걸쭉한 똥거름물을 1~2차례 뿌려 준다. 곡우(穀雨, 양력 4월 19·20일경) 전에 거름물[肥水]을 또 한 차례 준다. 북쪽 지방의 흙은 기름지니, 똥거름물을 주어서는 안 된다. 《원포일고》[70]

立冬後, 三四日一澆糞水; 十一月後, 爬鬆根土, 以宿糞濃澆一次二次. 穀雨前, 又澆肥水一次. 北方土厚, 不宜糞澆. 同上

사람들은 "모란의 본성은 야윈 상태를 좋아해서 똥거름을 좋아하지 않는다."[71]라 하고, 또 "모란은 여름에 자주 물을 주어야 한다."[72]라고도 한다. 그러나 반드시 그렇지는 않다. 나의 밭에 자라는 모란 역시 똥거름을 주자 비로소 잘 자랐다.

人言"牡丹性瘦, 不喜糞", 又言"夏時宜頻澆水", 殊不然. 余圃中亦用糞乃佳.

또한 중주(中州)[73]의 토양은 건조하므로 물을 자주 주어야 한다. 하지만 우리 남방[74]의 토양이 습한데, 어찌 물을 자주 줄 수 있겠는가?《학포여소》[75]

又中州土燥, 故宜澆水; 吾地濕, 安可頻澆?《學圃餘疏》

겨울에는 관리할 때 물속의 이끼로 북준다. 그러면 다음해 봄에 꽃이 무성하게 핀다.《증보도주공서(增補陶朱公書)》[76]

冬月撥根, 以水中苔衣壅之, 則來春花盛.《增補陶朱公書》

---

70 《遵生八牋》, 위와 같은 곳.
71 모란의……않는다 : 출전 확인 안 됨.
72 모란은……한다 : 출전 확인 안 됨.
73 중주(中州) : 지금의 중국 하남성(河南省) 일대. 옛날의 예주(豫州) 지역이다. 중국 9주 중에 가운데 위치했기 때문에 중주라 일컬었다.
74 우리 남방 :《학포잡소》의 저자 왕세무(王世懋)의 고향인 강소성(江蘇省) 일대를 가리킨다.
75 출전 확인 안 됨 ;《學圃雜疏》〈花疏〉(《叢書集成初編》 1355, 3쪽);《二如亭群芳譜》〈貞部〉 第2 "花譜" 2 '牡丹'(《四庫全書存目叢書補編》 80, 711쪽).
76 출전 확인 안 됨.

여름에는 햇빛에 말린 시내의 흙, 원래 모란을 심었던 정원의 흙, 고운 모래, 이 세 가지를 체로 쳐서 섞어 둔다. 8~9월에 모란에 붉은 싹이 돋아난 뒤에 옮겨 심고 이 흙으로 북주면 좋다. 이때 똥거름이나 오줌거름을 사용해서는 안 된다. 겨울에는 기름찌끼 약간을 뿌리 옆에 넣어 준다. 혹은 생선 씻은 물을 주어도 좋다.《화한삼재도회》[77]

夏月, 取川坥曬乾、古圃土、細砂以上三品, 篩和. 八九月, 出紅芽後, 可移栽培之, 不可用糞溺. 冬月, 用油渣少入根傍, 或灌鮮魚洗汁亦佳.《和漢三才圖會》

77 《和漢三才圖會》卷93〈芳草類〉"牡丹"(《倭漢三才圖會》11, 148쪽).

7) 보호하기

1그루에서 여러 송이의 꽃이 핀 경우에는 그중 작은 꽃은 떼어 내고 1~2송이만을 남겨 둔다. 이를 '꽃솎기[打剝, 타박]'라 한다. 모란의 진액이 여러 꽃들로 분산될까 걱정되기 때문이다. 꽃이 막 떨어지면 곧 그 가지를 잘라 씨를 맺지 못하도록 한다. 이는 모란이 쉽게 늙을까 걱정되기 때문이다.

초봄에 부들가리개를 제거하고 멧대추나무 가지 여러 개를 모란떨기 위에 둔다. 멧대추나무는 기운이 따뜻하여 서리의 피해를 막아 주고 꽃봉오리를 손상시키지 않기 때문이다. 다른 큰 꽃나무들도 그러하니, 이것이 꽃을 기르는 법이다.《낙양모란기》[78]

꽃 솎는 법 : 일반적으로 겹꽃모란은 반드시 8월 사일(社日) 전에 꽃솎기를 1번 하여 그루마다 위쪽에 꽃대 네 가지만 남기고 나머지는 모두 잘라 버린다. 이 베어 낸 가지를 접지로 삼아 대목[祖子] 위에 접붙인다.

이듬해 2월 즈음이 되어 남겨 둔 꽃대에 돋은 꽃봉오리가 벌어진 틈으로 작은 꽃잎이 나면 그 중앙의 꽃술[花蕊]모양을 보고서 반드시 자세히 판별해야 한다.

만약 꽃봉오리가 납작하고 둥그스름하면서 꽃잎이 꽉 차 있으면 남겨 두어야 한다. 이는 겹꽃이 되

護養

一本發數朶者, 擇其小者去之, 只留一二朶, 謂之"打剝", 懼分其脈也. 花纔落, 便翦其枝, 勿令結子, 懼其易老也.

春初, 旣去翁[9]庵, 便以棘數枝, 置花叢上. 棘氣暖, 可以辟霜, 不損花芽. 他大樹亦然, 此養花之法也. 《洛陽牡丹記》

打剝花法 : 凡千葉牡丹, 須于八月社前, 打剝一番, 每株上, 只留花頭四枝, 餘者皆可截. 作接頭, 于祖子上接之.

候至來年二月間, 所留花芽間小葉, 見其中花蕊, 切須子細辨認.

若花芽須平而圓實卽留之, 千葉花也. 若花蕊虛, 卽

---

78 《洛陽牡丹記》〈風俗記〉第3《叢書集成初編》1355, 6쪽).

⑨ 翁 : 저본에는 "翕".《洛陽牡丹記·風俗記》에 근거하여 수정.

I. 꽃류(상)(꽃나무)   213

기 때문이다. 만약 꽃술이 비어 있으면 겹꽃이 되지 못하니, 이 꽃봉오리[蕊][79]는 반드시 제거해야 한다. 각 그루마다 단지 2~3개의 꽃봉오리를 남겨 두는 것이 좋다. 꽃대가 많으면 겹꽃이 되지 못하고, 핀 꽃송이가 작을 것이다. 《낙양화목기》[80]

모란에 붙은 꽃봉오리가 탄알크기만 해지면 이때 시험 삼아 꽃봉오리를 비틀어 본다. 그러면 10송이 중 반드시 꽃봉오리가 채워지지 못한 2~3송이가 있을 것이니, 이를 제거한다. 이는 다른 꽃송이의 기력을 빼앗지 못하도록 하기 위해서이다. 《종수서》[81]

일반적으로 모란 '꽃솎기[打掐, 타도]'는 꽃이 진 후 5월에 한다. 꼭대기의 봉오리 1개만 남기고 곁가지의 나머지 꽃들을 제거해 버리면 꽃이 커진다. 가지 2개를 남기고 싶거든 2개의 붉은 봉오리를 남겨 둔다. 가지 3개를 남기고 싶거든 3개의 붉은 봉오리를 남겨 둔다. 그 나머지는 대바늘로 모두 제거한다.

꽃봉오리를 싸고 있는 두 겹의 꽃받침은 '화붕(花棚, 꽃 시렁)'의 역할을 한다. 꽃봉오리 아래쪽에서 꽃봉오리를 보호해 주는 가지를 '화상(花床, 꽃받침)'이라 한다. 이 화붕과 화상은 생명을 기르고 태반[胎]을 보호

不成千葉, 此須去之. 每株止留三兩蕊可也. 花頭多卽不成千葉, 而開頭小矣. 《洛陽花木記》

牡丹着蕊, 如彈子大, 時試捻. 十朶中, 必有三兩朶不實[10]者, 去之. 庶不奪他花力. 《種樹書》

凡打掐牡丹, 在花卸後五月間. 止留當頂一芽, 傍枝餘朶摘去則花大. 欲存二枝, 留二紅芽; 存三枝, 留三紅芽. 其餘盡用竹針挑去.
芽上二層葉枝, 爲"花棚". 芽下護枝名"花床", 養命護胎, 尤宜愛惜. 花自有紅芽, 至開時, 正十箇月, 故

---

79 꽃봉오리[蕊] : 이 기사에서 '蕊'는 '꽃술'을 의미하지만 문맥상 더 적합한 '꽃봉오리'로 옮겼다. 아래 기사의 '꽃봉오리'도 이와 같다.
80 《說郛》 卷104 〈洛陽花木記〉(《文淵閣四庫全書》 882, 90~91쪽).
81 《種樹書》 〈花〉(《叢書集成初編》 1469, 47쪽).
[10] 實 : 저본에는 "官".《種樹書·花》에 근거하여 수정.

하는 것이니, 더욱 아껴 주어야 한다. 모란은 붉은 싹이 난 때로부터 꽃이 활짝 필 때까지 꼭 10개월이 걸리므로 그 과정을 '화태(花胎)'라 한다.

曰"花胎".

배양(培養, 북주어 기르기)은 항상 8~9월에 하되, 2년을 걸러 한 번씩 한다. 뼈가루·유황을 밀가루처럼 갈아, 고운 흙가루와 섞는다. 꽃의 뿌리를 들추며 흙속에 0.1척 깊이로 이를 북주어 넣는다. 바깥쪽에서 흙으로 북줄 때는 높이 약 0.2~0.3척으로 북준다.

培養常在八九月時, 隔二年一次, 取角屑、硫黃, 碾如麵, 拌細土粉, 挑動花根, 壅入土一寸. 外用土培, 約高二三寸.

땅의 기운이 따뜻해져 봄에 들어서면서 점점 꽃봉오리가 많아지면 그 진맥을 분산시킬까 걱정스럽다. 이때는 꽃봉오리가 탄알크기만 해졌을 때 이들을 비틀어 보아서 꽉 차지 않은 것들은 따 버리고, 꽃술이 큰 꽃봉오리 2~3개만을 남겨 둔다.

地氣旣暖, 入春漸有花蕾多, 則懼分其脈, 侯如彈子大時, 捻之, 不實者摘去, 止留中心大者二三朵.

이리하여 기운이 모이면 꽃이 살쪘다가 꽃이 필 때 매우 크며, 색도 선명하고 진하다. 모란꽃이 필 때는 반드시 높은 차양막을 쳐서 해를 가려 주어야 한다. 그러면 꽃이 오래 간다. 꽃이 막 시들어 떨어졌을 때 가위로 그 꼭지를 잘라 낸다. 꼭찌가 남아 씨를 맺으면 이듬해 봄에 써야 할 모란의 기를 빼앗아갈까 걱정되기 때문이다.

氣聚則花肥, 開時甚大, 色亦鮮艷. 開時, 必用高幕遮日則耐久. 花纔落, 便翦其蒂, 恐結子則奪來春之氣.

꽃꼭지를 자를 때 너무 길게 잘라 내면 안 된다. 이는 다른 꽃봉오리를 손상시킬까 걱정되기 때문이다. 한여름 복중에는 해를 가려 꽃꼭지를 보호해야 한다. 햇볕에 손상되게 해서는 안 되는 것이다. 해의 열기가 너무 뜨겁지 않으면 비로소 가렸던 막을 걷어 낸다.

翦勿太長, 恐損花芽. 伏中, 仍要遮護花芽, 勿令曬損. 候日不甚炎, 方撤去.

8월 보름이 지난 뒤에 잎을 잘라 내고 줄기를 0.1 척 정도 남겨 두면 그 진맥이 보존되면서도 위로 올라가 넘치지 않아서 겨울눈을 기른다. 이때 화붕(花棚)과 화상(花床)은 조심히 다루고 잘라서는 안 된다. 9월 초에는 고운 흙으로 북주어 줄기 아래에서 따로 새로운 꽃봉오리가 돋아나도록 한다.

동지(冬至)에는 모란의 북쪽에 두터운 짚거적을 쳐서 바람과 추위를 막아 준다. 동지일에 종유(鍾乳)[82] 가루와 유황 약간을 갈아 뿌리 아래의 흙 속에 넣어 두면, 무성하지 않던 모란꽃도 무성해진다.

한 가지의 꽃솎기를 할 때마다 반드시 그곳에 진흙을 바르고 종이로 견고하게 봉해 준다. 그렇게 하지 않으면 오래 지났을 때 반드시 구멍이 생긴다. 벌이 물줄기를 따라 그 구멍으로 들어가면 모란의 줄기까지 모두 시드니, 조심해야 한다. 《군방보》[83]

八月望後, 翦去葉, 留梗寸許, 存其津脈, 不上溢, 以養囊芽. 其花棚、花床, 愼不可翦. 九月初, 培以細土, 使下另生芽.

冬至, 北面竪草薦以障風寒. 冬至日, 硏鍾乳粉和硫黃少許, 置根下土中, 不茂者亦茂.

每掐一枝, 須用泥封紙固, 否則久必成孔, 蜂入水灌, 連身皆枯, 愼之.《群芳譜》

---

82 종유(鍾乳):동굴의 천장에 매달려 있는 대표적인 탄산칼슘 성분의 동굴생성물. 동굴의 천장에서 물이 떨어질 때, 물속에 녹아 있던 광물질이 침전되면서 생긴다. 종유석은 형태와 성분에 따라 석순·석주로 나뉜다.
83 《二如亭群芳譜》〈貞部〉第2 "花譜" 2 '牡丹'(《四庫全書存目叢書補編》80, 711쪽).

8) 치료하기

꽃이 이전보다 점점 작게 피는 까닭은 대개 나무 좀이 손상시켰기 때문이다. 이런 경우 반드시 그 구멍을 찾아 내어 구멍에 유황(硫黃)을 찔러 넣어야 한다.

꽃 옆쪽에 또 바늘구멍만 한 조그만 구멍이 있으면 이는 바로 벌레가 숨어 있는 곳이다. 원예가[花工, 화공]들은 이를 '기창(氣窓)'이라 한다. 이때는 큰 바늘에 유황가루를 묻혀서 구멍에 찔러 넣으면 벌레는 바로 죽고 꽃은 다시 무성해진다. 《낙양모란기》[84]

모란의 가지에 작은 구멍이 있다면 이는 바로 벌레가 숨어 있는 곳이다. 이때는 바늘로 유황을 이 구멍에 찔러 넣거나 백부(百部)[85]로 막는다. 또 작은 벌의 한 종은 가지를 갉아 먹고 가을·겨울이 되면 가지 속으로 숨어 든다.

또 홍색 좀벌레는 곧잘 나무의 심(心)을 좀먹는다. 이때는 그 구멍을 찾아 내어 구멍에 유황가루를 채워 넣고서 삼나무[杉木][86]못을 박는다. 꽃에 흰개미가 생겼을 때 참기름을 개미구멍에 부어 넣으면 개미는 죽고 꽃은 더욱 무성해진다.

또 다른 법: 가을과 겨울 잎이 떨어질 때 벌레 구멍이 있는 마른 가지를 살펴 쪼개고 그 안에 있던 벌

醫治

花開漸小於舊者, 蓋有蠹蟲損之. 必尋其穴, 以硫黃簪之.

其旁又有小穴如鍼孔, 乃蟲所藏處, 花工謂之"氣窓". 以大鍼點硫黃末鍼之, 蟲乃死, 花復盛.《洛陽牡丹記》

牡丹枝間[11]有小孔, 乃蟲所藏, 或鍼入硫黃, 或以百部塞之. 又有一種小蜂, 能蛀枝梗, 秋冬卽藏枝梗中.

又有紅色蠹蟲, 能蛀木心, 尋其穴, 塡硫黃末, 杉木釘釘之. 花生白蟻, 以眞麻油, 從有孔處澆之, 則蟻死而花愈茂.

又法: 于秋冬葉落時, 看有穴枯枝, 折開, 捉盡其蟲,

---

84 《洛陽牡丹記》〈風俗記〉第3《叢書集成初編》1355, 6쪽).
85 백부(百部) : 백부과에 속하는 다년초. 뿌리는 약재나 살충제로 쓰인다.
86 삼나무[杉木] : 겉씨식물 구과목 낙우송과의 상록교목. 한국 남부와 일본에서 많이 자라는 나무로, 볕이 잘 들고 강우량이 많은 곳을 좋아한다. 추위와 공해에 약하며, 벌레 퇴치 효능이 있다.
[11] 間:《二如亭群芳譜·貞部·花譜》에는 "間".

레를 모두 잡아 제거하면 또한 효과가 빼어나다. 또 5월 5일에 빛깔이 밝고 투명한 웅황(雄黃)[87]을 곱게 갈아서 물과 섞은 다음 뿌리마다 1작은종지만큼 부어 주면 벌레가 생기지 않는다. 《군방보》[88]

亦妙. 又五月五日, 用好明雄黃, 研細水調, 每根下澆一小鍾, 不生蟲. 《群芳譜》

---

87 웅황(雄黃) : 삼류화비소(As2S3)를 주성분으로 하는 광석. 약재와 물감으로 쓰인다. 잡물질이 섞이지 않아 빛이 밝고 투명할수록 좋은 웅황이라 한다. 석황(石黃)이라고도 한다. 《임원경제지 이운지》 권1 〈휴양(休養)에 필요한 도구〉 "침구류"(풍석 서유구 지음, 임원경제연구소 옮김, 《임원경제지 이운지》 1, 풍석문화재단, 2019, 214쪽~215쪽)에 웅황을 자리나 방석에 넣어 두면 방부 효과가 있다고 했다.
88 《二如亭群芳譜》 〈貞部〉 第2 "花譜" 2 '牡丹'(《四庫全書存目叢書補編》 80, 712쪽).

9) 주의사항

갑오징어뼈로 꽃나무껍질을 찌르면 꽃나무가 바로 죽는다. 《낙양모란기》[89]

사향(麝香)[90] · 동유(桐油)[91] · 생칠(生漆)[92]을 가장 삼간다. 한 번 이들의 기미(氣味, 향과 맛)가 스미면 모란이 곧바로 시들어 꽃이 떨어진다. 변중(汴中)[93]에서 꽃을 심는 사람들은 정원 곁에 벽사(辟麝)나무[94] 몇 그루를 심는다.

그 나무의 가지와 잎은 동청(冬靑)[95]과 비슷하다. 모란꽃이 필 때 벽사나무는 바로 새 잎을 낸다. 그 잎의 냄새는 고약하고 맛은 맵기 때문에 사향을 물리칠 수가 있다.

일반적으로 꽃나무가 사향으로 인해 상한 경우

宜忌

烏賊魚骨, 用以鍼花樹, 入其膚, 花輒死. 《洛陽牡丹⑫記》

最忌麝香、桐油、生漆, 一着其氣味, 卽時萎落. 汴中種花者, 園旁種辟麝數株.

枝葉類冬靑. 花時, 辟麝正發新葉, 氣味臭辣, 能辟麝.

凡花爲麝傷, 焚艾及雄黃

---

89 《洛陽牡丹記》〈風俗記〉 第3(《叢書集成初編》1355, 6쪽).

90 사향(麝香) : 사향노루 수컷의 향선낭(香腺囊) 안에 들어 있는 분비물. 몸의 막힌 구멍들을 열어 주고, 예기 (穢氣, 사기)를 막으며 경락을 통하게 하고 어혈(瘀血)을 푸는 효능이 있다.

91 동유(桐油) : 유동(油桐)의 씨에서 짜낸 기름. 점성이 높고 건조가 빠르며 이로서 도장한 막이 강하고 탄력이 있어 옛날부터 장판지 및 우산지의 도장유, 등유, 해충 퇴치, 설사제 등으로 많이 사용되었다. '유동'은 《임원경제지 만학지》 권4 〈나무류〉 "오동나무"에도 나오고, 풍석 서유구 지음, 임원경제연구소 옮김, 《임원경제지 섬용지》1, 풍석문화재단, 2016, 165쪽~166쪽의 화단의 난간목에 색을 내는 용도 등 동유의 여러 쓰임이 나온다.

92 생칠(生漆) : 불에 달이지 않은 옻칠, 정제되지 않은 옻나무의 진.

93 변중(汴中) : 지금의 중국 하남성(河南城) 개봉시(開封市)에 있는 중국 옛 도읍의 명칭. 변경(汴京).

94 벽사(辟麝)나무 : 사향의 독을 막아 주는 나무로 보이나 자세한 사항은 미상.《임원경제지 만학지》권4 〈풀 열매류〉 "참외"에는 사향을 싫어하는 참외 곁에 파나 마늘을 심어 사향의 강한 향을 막았다는 내용이 보인다.

95 동청(冬靑) : 감탕나무과의 상록 활엽 소교목. 얼핏 보면 사철나무 잎사귀처럼 생겼으나 톱니가 없고 잎이 두껍다. 초록빛이 유난히 짙으나 윤기가 없어 반질반질한 감이 없다. 남해안 및 울릉도에 자라며, 그 수피 (樹皮)와 열매는 이뇨제(利尿劑)로 사용된다.

⑫ 牡丹 : 저본에는 "花木".《洛陽牡丹記·風俗記》에 근거하여 수정.

동청(《본초강목》)　　　　　동청(《비전화경》)

에는 쑥과 웅황가루를 태워서 그 연기가 바람을 타
고 올라가 꽃을 훈증하게 하면 사향의 독을 풀 수
있다. 열기가 있는 손으로 어루만지거나 흔드는 일
을 금한다. 목곡(木斛)96을 그 옆에 옮겨 심는 일도 금
한다. 꽃이 오래 가지 못하기 때문이다.

　모란 옆에 풀이 자라게 해서는 안 된다. 풀이 지
맥[土脈]을 빼앗아서 모란을 튼실해지지 못하게 하
고, 땅기운도 꽃까지 오르지 못하기 때문이다. 처음
꽃이 피었을 때에 몸이 더러운 사람이나 승려, 체기
(體氣, 체취)가 있는 사람이 꺾게 해서는 안 된다. 꽃
이 무성하게 피지 못하게 하기 때문이다.《군방보》97

末, 上風薰之, 能解其毒.
忌用熱手摩撫搖撼, 忌栽
木斛, 不耐久.

花旁勿令長草, 奪土脈, 不
可踏實, 地氣不升. 初開
時, 勿令穢人及僧尼, 及
有體氣者採折, 使花不茂.
《群芳譜》

---

96 목곡(木斛) : 석곡(石斛). 난초과의 금차석곡(金釵石斛). 줄기모양이 금비녀의 끝부분과 비슷하게 생겼는
　데, 이로 인해 금채(金釵)라는 명칭이 생겼다고 한다. 냄새가 거의 없으며 맛은 달고 성질은 약간 차다.
97 《二如亭群芳譜》〈貞部〉第2 "花譜" 2 '牡丹'(《四庫全書存目叢書補編》80, 712쪽).

10) 거두기

꽃은 보고 즐기기에 좋은 대상이니, 함부로 잘라서는 안 된다. 꽃을 자르려면 역시 그 가지를 짧게 잘라야 한다. 줄기를 상하지 않기 위함이다. 또 반드시 재빨리 잘라야 한다. 뿌리를 상하게 하지 않기 위함이다.

자른 뒤에는 바로 그 가지의 잘린 면을 밀랍으로 봉한다. 잘라 낸 꽃은 먼저 잘린 단면을 불에 그슬리고 역시 밀랍으로 꼭지를 봉하여 화병에 두면 며칠 동안의 감상거리가 될 수 있다. 벌꿀을 넣어 기르기도 한다. 작약 또한 그렇게 한다.

만약 꽃이 이미 시들었으면 가지 아래의 문드러진 곳을 잘라 낸다. 그런 다음 물항아리에 대나무로 선반을 만들어 놓고 여기에 꽃가지를 푹 담가 두면 하루 저녁 만에 꽃이 다시 생생해진다.

만약에 먼 곳으로 모란꽃을 부치려면 밀랍으로 자른 면을 봉한 뒤에 송이마다 채소잎으로 싼다. 이를 대그릇 속에 놓고 흔들리지 않도록 한 다음 말에 실어 급히 보내면 수백 리도 갈 수 있다.《군방보》[98]

收採

花宜就觀, 不可輕翦. 欲翦, 亦須短其枝, 庶不傷幹; 又須急翦, 庶不傷根. 既翦.

旋以蠟封其枝. 翦下花先燒斷處, 亦以蠟封其蔕, 置瓶中, 可供數日玩. 或養以蜂蜜, 芍藥亦然.

如已萎者, 翦去下截爛處, 用竹架之水缸中, 盡浸枝梗, 一夕復鮮.

若欲寄遠, 蠟封後, 每朶裹以荣葉, 安竹籠中, 勿致搖動, 馬上急遞, 可致數百里.《群芳譜》

98 《二如亭群芳譜》, 위와 같은 곳.

11) 자질구레한 말

주일용(周日用)[99]은 다음과 같이 말했다. "내가 들으니, '꽃에 색을 물들이려 할 때 땅을 푹 삶고 채소나 난초를 심어서 자라게 한 다음, 유황가루를 가져다 그 위에 체를 쳐서 뿌린다. 이어서 동이로 덮어두면 곧바로 꽃을 물들이는 데 대비할 수 있다.'라 했다.

흰색 모란을 오색으로 변색한 경우는 모두 그 뿌리에 색깔 있는 즙을 부어 준 결과이다. 지치[紫草, 자초][100]즙을 부으면 자색으로 변하고, 홍화(紅花, 잇꽃)[101]즙을 부으면 홍색으로 변한다."[102]

또 뿌리 아래에 백출(白朮)[103]가루를 뿌려 두면 여러 가지 모란 색깔이 모두 금장식 허리띠처럼 화려하게 빛난다.

또 흰색 꽃이 처음 피었을 때 백반(白礬)[104] 녹인

瑣言

周日用曰: "愚聞'熟地, 植生菉、蘭, 持硫黃末, 篩于其上, 盆覆之, 卽時可待用.'

以變白牡丹爲五色, 皆以沃其根. 紫草汁則變紫, 紅花汁則變紅."

又根下放白朮末, 諸般顏色皆變腰金.

又白花初開, 用筆蘸白礬水

---

99 주일용(周日用) : ?~?. 중국 송나라 때 사람으로, 서진(西晉)의 문학자이자 정치가인 장화(張華, 232~300)가 지은 《박물지(博物志)》에 주석을 달았다.

100 지치[紫草, 자초] : 쌍떡잎식물 꿀풀목 지치과의 여러해살이풀. 그 뿌리는 자색 물을 들이는 염료로 쓰인다. 우리나라에서는 영남에서 나는 지치를 최고로 쳤다. 《임원경제지 만학지》 권5 〈기타 초목류〉 "지치"에 자세히 보인다.

101 홍화(紅花) : 국화과에 속하는 1~2년생 초본식물. 꽃은 염료 이외에 의약용과 화장용 입술연지로도 쓰이고, 종자유는 동맥경화증의 예방약으로 쓰이며, 그 기름으로 등불을 켜서 나오는 그을음으로 만든 홍화먹은 최상품의 먹으로 친다.

102 주일용(周日用)……변한다 : 《博物志》卷4 〈藥術〉 (《文淵閣四庫全書》 1047, 590쪽).

103 백출(白朮) : 쌍떡잎식물 초롱꽃목 국화과의 여러해살이풀인 삽주의 연한 뿌리. 맛이 개자와 비슷해 산개(山芥)라고도 하고, 잎이 엉겅퀴류와 비슷하여 천개(天芥)라고도 하였다. 동백출(冬白朮)·마계(馬薊)·부계(孚薊)·산강(山姜)·산정(山精)·양부(楊枹)·오출(吳朮)·출(朮)·흘력가(吃力伽)·산계(山薊)·산개(山芥)·천계(天薊)라고도 한다.

104 백반(白礬) : 광물성의 명반석(明礬石, Alumen)을 가공 처리한 결정체로 만든 약재. 몸속의 노폐물인 담(痰)을 없애고 이질을 치료하며, 악창을 낫게 하는 등의 효능이 있다. 매염제로서 꽃이나 천에 색을 부착시키는 용도로 쓰인다.

모란도 병풍(국립고궁박물관)

물에 붓을 적셔 칠한 뒤, 마르면 등황(臕黃)105과 밀 가루를 섞어 담황색을 내어 칠하면 바로 황색 모란 이 된다. 비에 젖어 색이 빠질까 염려되면 다시 청반 (淸礬)106 녹인 물로 한 차례 덧칠한다.《군방보》107

描過, 待乾, 以臕黃和粉, 調淡黃色描之, 卽成黃牡 丹. 恐爲雨濕, 再描淸礬水 一次.《群芳譜》

모란 중에는 꽃이 흑색인 모란도 있다. 싹이 날 때 반드시 뿌리에 먹물을 주어야 꽃이 필 때 짙은 쪽빛[藍色]이 된다.《화한삼재도회》108

牡丹有黑色者, 須苗芽時, 以墨水漑其根, 比開花, 作 蔚藍色.《和漢三才圖會》

---

105 등황(臕黃) : 등황나무 줄기에서 삼출된 수지. 크기가 고르지 않은 덩어리인데, 바깥 면은 황적색이나 황갈 색이며 물에 넣고 으깨면 노란색의 유액이 되고 불속에 던지면 탄다. 안료(顏料)나 약으로 쓰인다.

106 청반(淸礬) : 황산제1철을 주성분으로 하는 광석. 홍반(紅礬)·녹반(綠礬)·흑반(黑礬)·조반(皂礬)이라고도 한다. 안료로 쓰인다. 혈허위황(血虛萎黃), 복부가 그득한 증상, 장출혈 등에 유효하며, 풍열(風熱)로 인 한 습독(濕毒)으로 인후염·구내염·안염 등에도 효능이 있는 약재이기도 하다.

107《二如亭群芳譜》, 위와 같은 곳.

108《和漢三才圖會》卷93〈芳草類〉"牡丹"(《倭漢三才圖會》11, 147쪽).

2. 서향(瑞香)[1]

瑞香

1) 이름과 품종

名品

일명 '수향(睡香)', '노갑(露甲)', '봉래자(蓬萊紫)', '풍류수(風流樹)'이다.[2]

一名"睡香", 一名"露甲", 一名"蓬萊紫", 一名"風流樹".

【여산기(廬山記)[3][4] 서향의 종자는 여산(廬山)[5]에서

【廬山記】 其種始出廬山,

비파(《본초강목》)

비파

양매

정향(이상 《삼재도회》)

---

1 서향(瑞香) : 팥꽃나무과의 상록관목. 꽃은 자색·백색·분홍색 등이 있고, 향이 매우 강하다. 천리향과 비슷하지만 꽃색이 더 짙고, 잎도 천리향보다 더 두껍다. 암수딴그루이다.

2 일명……풍류수(風流樹)이다 : 《二如亭群芳譜》 第2 〈花譜〉 2 "瑞香"(《四庫全書存目叢書補編》 80, 722쪽)에 보인다.

3 여산기(廬山記) : 중국 송나라 진순유(陳舜兪, 1026~1076)가 엮은 책 이름. 여산을 여행하면서 보고 들은 것들과 전해져오는 전설 등을 기록한 책이다. 《여산기(廬山記)》에는 서향에 대하여 이 본문의 내용처럼 자세히 언급되어 있지는 않으나, 서향에 대한 이야기가 전해지면서 덧붙여진 것으로 보인다.

4 《廬山記》 卷2 〈叙山北篇〉 第2(《文淵閣四庫全書》 585, 28쪽);《淸異錄》 卷上 〈草〉 "睡香"(《文淵閣四庫全書》 1047, 860쪽).

5 여산(廬山) : 중국 강서성(江西城) 구강시(九江市) 서남쪽에 있는 유명한 산. 향로봉(香爐峰)과 여산폭포가 유명하다. 광유(匡裕)라는 사람이 여기에 은거하여 살았기에 광려(匡廬)라고도 한다.

서향

서향열매(국가생물종지식정보시스템,
국립수목원)

처음 나왔다. 한 비구가 낮잠을 자다가 꿈속에서 강
렬한 꽃향기를 맡고 깨어나서 그 꽃을 구해 얻었다.
이 일화로 인하여 그 꽃을 '수향(睡香)'이라 이름하였
다. 사방에서 이를 기이하게 여기고 꽃 중에 상서로운
[祥瑞] 꽃이라 하여 마침내 '서향(瑞香)'이라 이름하였다.

一比丘晝寢, 夢中聞花香
酷烈, 及覺求得之, 因名
"睡香". 四方奇之, 謂爲花
中祥瑞, 遂名"瑞香".

군방보 6 높이는 3~4척이다. 줄기는 부드럽게 너울
거리며, 가지는 부드럽고 잎은 두툼하다. 잎이 사철
푸르다. 잎은 짙은 녹색으로, 양매(楊梅)7잎·비파(枇
杷)8잎·연[荷]잎·연지(攣枝, 연장된 가지처럼 보이는 잎) 같
은 모양의 종류가 있다. 겨울과 봄 사이에 떨기지어

群芳譜 高者三四尺, 枝幹
婆娑, 柔條厚葉, 四時長
靑. 葉深綠色, 有楊梅葉、
枇杷葉、荷葉、攣枝. 冬春
之交, 開花成簇, 長三四

6　《二如亭群芳譜》〈貞部〉第2 "花譜" 2 '牡丹'(《四庫全書存目叢書補編》80, 722~723쪽).
7　양매(楊梅) : 소귀나무과에 딸린 늘푸른큰키나무. 잎은 어긋맞게 나고 거꿀바소꼴이며, 4월에 누르스름한
　　붉은 꽃이 암수딴그루에 핌. 열매는 앵두처럼 둥근데 먹으며, 껍질은 물감으로 쓰인다.
8　비파(枇杷) : 장미과에 속하는 비파나무의 열매. 폐(肺)를 윤택하게 하고 갈증을 멎게 하고 기(氣)를 내리는
　　효능이 있어 약재로도 쓰인다.

금변서향

꽃이 핀다. 꽃의 길이는 0.03~0.04척이며 정향(丁 香)9꽃의 모양과 같다.

품종은 모두 몇 종이 있다. 황색 꽃·자색 꽃·흰색 꽃·분홍색 꽃·2가지 색 꽃·매실모양 꽃·꼬챙이 모양 꽃[串子] 등이며, 모두 향이 있다. 오로지 연지(攀枝)모양의 잎이면서 자색인 꽃이 향이 더 강렬하다.

잎이 비파잎모양인 서향은 열매를 맺는다. 연지(攀枝)모양인 서향은 그 가지의 마디가 연장되면서 굽어서 마치 가지가 끊어진 모양과 같다. 뿌리는 솜처럼 부드럽고 향기가 난다. 잎에서는 마치 귤잎과 같이 광택이 난다. 잎의 가장자리가 황색인 서향은 '금변서향(金邊瑞香)'이라 한다.

分, 如丁香狀.

共數種, 有黃花、紫花、白花、粉紅花、二色花、梅子花、串子花, 皆有香. 惟攀枝花紫者, 香更烈.

枇杷葉者, 結子. 攀枝者, 其節攣曲, 如斷折之狀. 其根綿軟而香, 葉光潤似橘葉. 邊有黃色者, 名"金邊瑞香".

---

9 정향(丁香):《예원지》권2〈꽃류(상)(꽃나무)〉"정향"에 자세히 나온다.

청천양화록(菁川養花錄) 10 서향은 고려 시대 충숙왕 　菁川養花錄 瑞香, 高麗 忠
(忠肅王)11 때 우리나라로 처음 왔다12】　肅王時始東來】

10 《養花小綠》〈菊花〉, 205~204쪽(강희안 지음, 서윤희, 이정록 옮김, 《양화소록》, 눌와, 1999). 이후 《청
　 천양화록》 출전은 모두 이와 같은 책이다.
11 충숙왕(忠肅王) : 고려 제 27대 왕인 왕도(王燾, 1294~1339). 자는 의효(宜孝), 시호는 의효(懿孝). 1313년
　 왕위에 올랐으나 심양왕 고(暠)가 왕위를 노리고 그를 헐뜯어, 5년간 연경에 체류해야 했다. 1325년 귀국하
　 였으나 눈과 귀가 멀어 정사를 못 돌본다는 조적(曹頔, ?~1339) 일당의 거짓 고발 때문에 정사에 더 염증
　 을 느껴 1330년 태자 정(禎)에게 왕위를 넘기고 원나라에 갔다. 충혜왕(忠惠王)이 폐위되자 1332년 복위하
　 였으나 정사는 잘 돌보지 않았다고 한다.
12 서향은……왔다:《양화소록》〈국화〉 편에 당시 우리나라에서 이름난 꽃들은 고려 충숙왕(忠肅王)이 원나
　 라 공주와 결혼하고 우리나라로 돌아올 때 원나라 황제가 서향·비도(緋桃)·분도(粉桃) 및 모란 중에는 황
　 백모란(黃白牡丹)·낙양홍(洛陽紅) 등을 하사했다는 기록이 보인다. 이때 우리나라 제주 지역에는 자생해
　 오던 흰색 서향이 있었다. 따라서 여기에서 《청천양화록》의 서향이 외래종임을 밝힌 것이다.

2) 심기와 가꾸기

심는 법: 뿌리가 땅 위로 드러나게 심어서는 안 된다. 《거가필용》[13]

장마 때 그 가지를 잘라 비옥하고 그늘진 땅에 꽂아 두면 스스로 뿌리를 내릴 수 있다. 어떤 이는 "왼손으로 꺾어 바로 꽂아야지 오른손으로 바꾸어 잡으면 안 된다. 그렇게 하면 살아나지 않는 것이 없다."라 했다. 또 다른 설에 "꽃이 달린 채로 해를 등진 곳에 꽂아 둔다."라 했다.

혹은 초가을 무논의 벼 곁에 꽂아 두었다가 뿌리가 나오면 옮겨 심는다. 옮겨 심을 때는 뿌리가 드러나게 해서는 안 된다. 만약 뿌리가 드러나면 죽는다. 《군방보》[14]

5~6월에 가지를 0.1척 정도 잘라 화분에 성기게 꽂고 그늘진 곳에 두면 바로 살아난다. 또한 낮은 곳에 난 가지를 구부렸다가 구부러진 부분을 살짝 깎아 땅에 묻으면, 깎인 곳에 혹이 생기면서 가는 뿌리가 난다. 이 같은 방식을 '지접(地接)'이라 한다. 이렇게 하면 살아나지 않는 서향이 하나도 없다. 《청천양화록》[15]

種藝

種法: 不可露根. 《居家必用》

梅雨時, 折其枝, 揷肥陰之地, 自能生根. 一云: "左手折下, 旋卽扞揷, 勿換右手, 無不活者." 一說: "帶花揷於背日處."

或初秋揷於水稻側, 候生根, 移植之, 移時不得露根, 露根則死[1]. 《群芳譜》

五六月, 斷枝一寸許, 稀揷盆中, 置陰處卽活. 又屈其卑枝, 輕削屈處埋之, 削處擁腫生細根, 謂之"地接". 無一不活. 《菁川養花錄》

13 《居家必用》〈戊集〉 "花草類" '種瑞香'(《居家必用事類全集》, 192쪽).
14 《二如亭群芳譜》〈貞部〉 第2 "花譜" 2 '牡丹'(《四庫全書存目叢書補編》80, 723쪽).
15 《養花小錄》〈瑞香花〉, 195쪽.
[1] 死:《二如亭群芳譜·貞部·花譜》에는 "不榮".

4월 즈음에 처마[廊廡] 밑 섬돌 기단 가에 심되, 처마에서 낙숫물이 떨어지는 곳으로부터 0.2척 정도 되는 곳에 심어야 한다. 처마 아래로 너무 깊게 들여 심어서는 역시 안 된다. 기운이 찬 북쪽 지방에서는 화분에 심어야 하며 땅에 심어서는 안 된다. 《증보산림경제》[16]

四月間, 須就廊廡下階基上, 去屋簷滴水二寸許種之. 在屋下太深, 亦不可. 北地氣寒, 宜栽盆, 不宜栽地.《增補山林經濟》

---

16 《增補山林經濟》卷4〈養花〉'瑞香花'(《農書》3, 236쪽).

3) 물주기와 거름주기

빨래하고 난 잿물을 서향에 뿌려 주면 지렁이를
제거한다. 옻나무 찌꺼기로 뿌리를 북주면 서향이
무성해진다. 돼지 튀한 물[燖豬湯]을 주면 더욱 무성
해진다.《거가필용》17

찻잎 우린 물을 뿌리에 자주 주면 벌레에게 갉아
먹히지 않는다.《퇴재아문록(退齋雅聞錄)18》19

서향화는 습기를 싫어하므로 날마다 물을 자주 주
어서는 안 된다. 소변을 사용해야 한다. 그러면 지렁
이를 죽일 수 있기 때문이다. 혹 소변을 꽃 밑동에 뿌
려 주면 잎이 녹색이 된다. 또 빗에 낀 기름때를 뿌리
위에 주고, 햇볕이 들면 바로 덮어 둔다.《종수서》20

옷을 빤 잿물을 서향에 뿌려 주면 지렁이를 제거
할 수 있다. 게다가 꽃잎을 살찌게 만든다. 서향의
뿌리가 단맛이 있더라도 잿물을 뿌려 두면 지렁이가
뿌리를 갉아 먹지 못한다. 잿물에 빠진 옷의 때가
또한 서향을 절로 살찌게 할 것이다.《종수서》21

澆壅

洗衣服灰水②澆之, 去蚯
蚓. 漆滓壅根, 盛茂. 燖豬
湯澆之, 尤盛.《居家必用》

頻瀹茶灌其根, 則不爲蟲
所蝕.《退齋雅聞錄》

瑞香花惡濕, 日不得頻沃
以水. 宜用小便, 可殺蚯
蚓. 或從花脚澆之則葉綠.
又用梳頭垢膩根上, 有日
色卽覆之.《種書樹》

濯洗布衣灰汁澆瑞香, 能
去蚯蚓, 且肥花. 以瑞香
根甜, 澆灰汁則蚯蚓不食,
而衣垢又自肥也. 同上

---

17 《居家必用》〈戊集〉“花草類”‘種瑞香’(《居家必用事類全集》, 192쪽).
18 퇴재아문록(退齋雅聞錄):중국 북송의 관리인 후연경(侯延慶, ?~?)이 지은 총서류의 책.
19 《說郛》卷17〈退齋雅聞錄〉“瑞香花”(《文淵閣四庫全書》877, 33쪽).
20 《種樹書》〈花〉(《叢書集成初編》1469, 44쪽).
21 《種樹書》〈花〉(《叢書集成初編》1469, 45쪽).
② 水:《居家必用·戊集·花草類》에는 “汁”.

옛말에 "소변과 짐승 튀한 물[退牲水]을 주어야 한다."[22]라 했다. 하지만 그렇게 하면 화분의 흙에서 악취가 쉽게 나게 하여 뿌리를 썩게 만든다. 이는 맑은 물을 서서히 주는 일만 못하다. 물이 고이고 넘치도록 주기를 금한다. 《청천양화록》[23]

古云"宜澆小便及退牲③水", 然易令盆土生臭, 腐根④, 不如用清水徐徐澆之. 忌停水汩溢.《菁川養花錄》

4) 보호하기

여름에는 그늘진 곳에 두어 해를 보지 않도록 해야 한다. 《군방보》[24]

護養

夏月, 置之陰處, 勿見日.《群譜芳》

5) 주의사항

대개 향이 있는 꽃은 똥을 싫어한다. 서향은 특히 인분을 가장 싫어한다. 그런데도 인분을 준다면 바로 죽을 것이다. 《군방보》[25]

宜忌

大槩香花怕糞, 瑞香爲最尤忌人糞, 犯之輒死.《群芳譜》

서향의 꽃은 사향을 가장 싫어한다. 혹 사향을 몸에 차고 다니다 사향이 꽃에 닿으면, 꽃은 곧 시들어 죽는다. 《퇴재아문록》[26]

瑞香花最忌麝, 或佩麝觸之, 花輒萎死.《退齋雅聞錄》

6) 치료하기

서향의 뿌리는 헝클어진 머리카락 같이 잘고 약

醫治

瑞香根細脆如亂髮, 過曝

22 소변과……한다: 출전 확인 안 됨; 《臞仙神隱書》〈四月〉 "種花" '栽瑞香'《四庫全書存目叢書》260, 52쪽).
23 《養花小綠》〈瑞香花〉, 196쪽.
24 《二如亭群芳譜》〈貞部〉 第2 "花譜" 2 '瑞香'《四庫全書存目叢書補編》80, 723쪽).
25 《二如亭群芳譜》, 위와 같은 곳.
26 《說郛》卷17〈退齋雅聞錄〉 "瑞香花"《文淵閣四庫全書》877, 33쪽).
③ 牲: 저본에는 "牡". 오사카본·규장각본·《養花小綠·瑞香》에 근거하여 수정.
④ 根:《養花小綠·瑞香花》에는 "細根".

하다. 지나치게 덥거나 지나치게 습하면 모두 손상 된다. 그 잎이 짙은 녹색이고 넓으면서 두꺼운 서향 은 그 본성을 잃지 않은 것이다.

만약 잎이 누렇고 약하고 주름도 많다면 이는 지나 친 더위나 지나친 습기로 뿌리가 병을 얻었기 때문이 다. 이런 경우에는 반드시 흙을 바꾸고 다시 응달에 옮겨 심어서 물을 줄 때 습하지도 마르지도 않게 해주 어야만 도로 예전처럼 될 것이다. 《청천양화록》27

過濕, 皆致損⑤傷. 其葉深 綠廣厚者, 是不失常性也.

若黃軟多皴者, 因過曝 過⑥濕, 根本受病也. 須易 土改栽置陰處, 澆之, 令不 濕不燥, 則還如舊. 《菁川 養花錄》

7) 보관하기

그 본성은 추위를 싫어하므로, 겨울에는 반드시 온실[煙室]이나 움 속에 거두어 둔다. 《군방보》28

收藏

性畏寒, 冬月須收煥室或 窖內. 《群芳譜》

보관하기를 너무 일찍 하면 흙집이 너무 따뜻하 여 잎이 모두 떨어진다. 반드시 서리가 5~6차례 내 린 다음에야 비로소 보관하는 것이 좋다. 《청천양 화록》29

收藏太早, 則土室過煖, 葉 皆脫落. 須經霜五六次, 乃 可收藏. 《菁川養花綠》

8) 자질구레한 말

이 꽃을 '사낭(麝囊, 사향주머니)'이라 한다. 사향이 꽃을 훼손시킬 수 있으므로 사향과는 별도의 공간 에 심어야 한다. 《군방보》30

瑣言

此花名"麝囊". 能損花, 宜 另植. 《群芳譜》

---

27 《養花小綠》〈瑞香花〉, 196~195쪽.
28 《二如亭群芳譜》〈貞部〉第2 "花譜" 2 '瑞香'(《四庫全書存目叢書補編》80, 723쪽).
29 《養花小綠》〈瑞香花〉, 195쪽.
30 《二如亭群芳譜》, 위와 같은 곳.
⑤ 損:《養花小綠·瑞香》에는 "橫".
⑥ 過:저본에는 "遇". 오사카본·규장각본·《養花小綠·瑞香》에 근거하여 수정.

제주도에 자생하는 백서향

서향은 향기가 강렬하여, 많은 꽃을 상하게 할
수 있으므로 세상 사람들이 '화적(花賊, 꽃의 도적)'이라
한다. 따라서 서향은 다른 꽃들과 떨어져 홀로 자라
게 해야 한다. 《증보도주공서》[31]

瑞香香氣繁烈, 能損群花,
世謂之"花賊". 宜令獨處.
《增補陶朱公書》

---

31 출전 확인 안 됨;《長物志》卷2〈牡丹·芍藥〉(《文淵閣四庫全書》872 , 38쪽).

3. 산다(山茶, 동백류)¹

山茶

1) 이름과 품종

名品

【본초강목】² 남쪽 지방에서 난다. 높이 자란 산
다는 그 키가 10척 정도 된다. 가지와 줄기가 서로
얽히고, 잎은 그 두께가 찻잎과 상당히 비슷하며 두
껍고 단단하면서 골[稜]이 있고, 중앙은 넓고 끝은

【本草綱目】 産南方, 樹生
高者丈許. 枝幹交加, 葉頗
似茶葉, 而厚硬有稜, 中
闊頭尖, 面綠背淡. 深冬開

해류다(해석류)

산다(이상 《매원화보》)

---

1 산다(山茶, 동백류):차나무과 관상용 상록활엽교목 카멜리아(*Camellia*) 속의 총칭으로 추정된다. 우리나
라에서는 적어도 고려 후기부터 겨울에 피는 산다를 동백(冬栢)이라는 식물명으로 널리 사용하였는데, 우리
나라 남부 지방에 자생하는 동백(*C. japonica*)이 아닌 중국이나 일본에서 도입된 품종들을 지칭하는 것으로 추
정된다. 춘백(春栢)이란 식물명은 자생하는 동백에만 사용했다. 관상용으로 재배하는, 주로 중국이나 일본에
서 도입된 품종으로 한겨울에 피는 원예종 식물은 산다 또는 동백이라고 구별하여 사용한 것으로 추정된다.
이것이 근대 분류학 체계에 들어오면서 자생하는 식물을 동백이라 잘못 채용한 것으로 추정된다.
2 《本草綱目》卷36〈木部〉"山茶", 2131쪽.

남부 지방에 자생하는 동백나무

뾰족하며, 앞면은 녹색이고 뒷면은 앞면보다 색이 열다. 한 겨울에 꽃이 피며 붉은 꽃잎에 노란 꽃술이 있다.

花, 紅瓣黃蕊.

《격고론(格古論)》[3]에 다음과 같은 내용이 있다. "산다의 꽃에는 여러 종이 있다. 보주(寶珠)라는 종은 모여 나는 꽃송이 모양이 구슬 같아서 가장 아름답다. 해류다(海榴茶)[4]는 꽃받침이 청색이고, 석류다(石榴茶)는 꽃의 중심에 자잘한 꽃잎이 나 있으며, 척촉다(躑躅茶)는 진달래꽃[杜鵑花, 두견화]과 같은 모양이며, 궁분다(宮粉茶)와 관주다(串珠茶)는 모두 분홍색이다.

《格古論》云: "花有數種. 寶珠者, 花簇如珠, 最勝; 海榴茶, 花蔕青; 石榴茶, 中有碎花; 躑躅茶, 花如杜鵑; 宮粉茶, 串珠茶, 皆粉紅色.

---

3 격고론(格古論):《격고요론(格古要論)》과 같은 책으로 추정. 중국 명(明)나라 초 조소(曹昭)가 옛 동기(銅器)·서화·법첩·벼루·금, 도자기·칠기·직물염색 등의 본말에 대해 기록한 책. 명나라 경태(景泰) 연간 (1450~1456)에 왕좌(王佐)가 이를 증보하여 《신증격고요론(新增格古要論)》을 지었다. 《총서집성초편》 1554~1556까지가 《격고요론》이나, 《예원지》의 꽃에 대한 내용은 보이지 않는다.

4 해류다(海榴茶): 옛날 중국의 수(隋)·당(唐) 시대에는 동백을 해류(海榴) 또는 해석류(海石榴)라고 불렀다고 한다. 중국에서는 일반적으로 다른 나라에서 바다를 건너온 것에는 '해(海)'자를 붙이는 습관이 있었는데, 해석류는 석류화를 닮은 도래식물(渡來植物)이라는 의미로 붙여진 이름으로 보인다.

또 일념홍(一捻紅)·천엽홍(千葉紅)·천엽백(千葉白)[5] 등의 명칭이 있는데, 이루 다 헤아릴 수가 없이 많다. 잎은 모두 조금씩 다르다. 어떤 이는 '황색(黃色, 지금의 노랑색) 산다도 있다.'라 했다"[6].

又有一捻紅、千葉紅、白等名, 不可勝數. 葉皆小異. 或云'亦有黃色者'."

궁분다

황색산다

백색겹산다(국가생물종지식정보시스템, 국립수목원)

산다의 한 종

5　보주(寶珠)라는……천엽백(千葉白):중국 명(明)대에 산다의 종으로 분류되어 기록에 남은 꽃은 여기에 소개된 종들을 포함하여 총 27종이다. 보주(寶珠)·해류다(海榴茶)·석류다(石榴茶)·척촉다(躑躅茶)·궁분다(宮粉茶)·관주다(串珠茶)·일념홍(一捻紅)·천엽홍(千葉紅)·천엽백(千葉白)·양비다(楊妃茶)·마노다(瑪瑙茶)·초악백보주(焦萼白寶珠)·말리다(茉莉茶)·영주다(寧珠茶)·조전홍(照殿紅)·전다(錢茶)·계포(溪圃)·정궁분(正宮粉)·새궁분(賽宮粉)·채류다(菜榴茶)·진주다(眞珠茶)·운다(雲茶)·창구화(鬯口花)·필관다(筆管茶)·옥린다(玉鱗茶)·수홍다(水紅茶)·오괴다(五魁茶) 등이다. 청(淸)대에는 더 분화하여 87종이 기록되어 있다. 관련된 꽃사진을 찾기가 어려워 중국인터넷에서 찾을 수 있는 사진을 몇 장 수록했다.

6　산다의……했다:출전 확인 안 됨.

산다(본초강목)

겹동백(임원경제연구소)

여러 색의 산다화

화보(花譜)[7][8] 경구(磬口)[9]와 같은 모양의 꽃은 바깥쪽이 분홍색이다. 10월에 피어 2월에야 진다. 학정다(鶴頂茶)는 꽃이 대접크기만 하며, 양의 피와 같이 붉다. 중심에는 학의 정수리[鶴頂]처럼 꽃술이 꽉 차 있다. 학정다는 운남(雲南)[10]에서 왔다고 하여 '전다(滇茶)'라 한다.

황색·홍색·백색·분홍색으로 4가지 색의 꽃술이 있으며, 매우 붉으면서 쟁반 모양인 산다는 '마노다(瑪瑙茶)'라 한다. 9월에 피는 백보주(白寶珠)는 향이 맑아 사랑스럽다.

花譜 花譜 如磬口者, 外粉紅色, 十月開, 二月方已. 有鶴頂茶, 如碗大, 紅如羊血, 中心塞滿如鶴頂. 來自雲南, 名曰"滇茶".

有黃、紅、白、粉四色爲心, 而大紅爲盤, 名曰"瑪瑙茶". 九月開白寶珠, 香淸可愛.

---

7 화보(花譜):중국 송(宋)나라 정치가이자 문인인 구양수(歐陽修, 1007~1072)가 꽃의 종류·특징·재배법에 대해 지은 책.
8 출전 확인 안 됨;《遵生八牋》卷16〈燕間淸賞牋〉下 "四時花紀" '山茶花', 631쪽.
9 경구(磬口):매화와 비슷하게 생겼고 겨울에 피는 납매(臘梅) 품종의 일종. 꽃모양이 둥그렇고 진한 노란색이며, 꽃속이 붉고 향이 매우 진하다. 납매에는 경구매 외에 단향매(檀香梅)·구승매(狗蠅梅)가 있다.
10 운남(雲南):중국 서남 지구 남부에 있는 성. 미얀마·라오스·베트남과 접경지대로, 대부분의 지역이 운귀(雲貴) 고원에 위치해 있어 기후가 온화하다.

오잡조(五雜組)[11][12] 민중(閩中)[13]에 촉다(蜀茶)[14] 한 종류가 있는데, 모란과 맞먹을 만하다. 이 나무는 산다와 비슷하면서도 그보다 더 커서 높이 자란 촉다는 10척 남짓이 되며 꽃의 크기 또한 모란과 같고, 색은 모두 정홍(正紅)색이다. 2~3월에 피어서 임원(林園)을 환하게 빛낸다. 아쉬운 점은 향기가 모란에 조금 못 미칠 뿐이다.	五雜組 閩中有蜀茶一種, 足敵牡丹. 其樹似山茶而大, 高者丈餘, 花大亦如牡丹而色皆正紅. 其開以二三月, 照耀林園, 所恨者香稍不及耳.
화한삼재도회(和漢三才圖會)[15] 산다화(山茶花)는 잎이 찻잎과 비슷	和漢三才圖會 山茶花, 葉

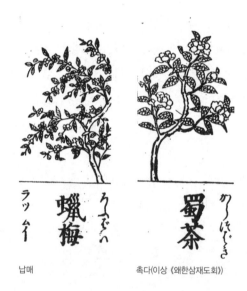

납매   촉다(이상 《왜한삼재도회》)

---

11 오잡조(五雜組): 중국 명나라 박물학자인 사조제(謝肇淛, 1567~1624)가 편찬한 책. 천부(天部)·지부(地部)·인부(人部)·물부(物部)·사부(事部)로 구성되어 있다.

12 《五雜組》卷10 〈物部〉 "山茶", 150~151쪽; 《和漢三才圖會》卷84 〈灌木類〉 "蜀茶"《倭漢三才圖會》10, 275쪽).

13 민중(閩中): 중국 한(漢)대의 군 이름. 지금의 중국 복건성(福建省)과 절강성(浙江省) 동남부에 속한다.

14 촉다(蜀茶): 중국의 촉(蜀, 사천성 일대)에서 온 산다의 일종. 꽃색은 홍색이고 반점이 있으며, 크기가 다르고 품종도 매우 많다. 중국 사천성(泗川省)의 성도(省都)인 성도(成都)에서 왔다 하여 천다(川茶)라고도 한다.

15 《和漢三才圖會》卷84 〈灌木類〉 "山茶花", "海石榴"《倭漢三才圖會》10, 273~274쪽).

해석류(《왜한삼재도회》)   동백열매(국가생물종지식정보시스템, 국립수목원)

하다. 열매가 배[梨]처럼 둥그스름하고 긴 모양이고, 잔털이 있다. 크기는 작은 매실만 하며, 시들면 갈라진다. 그 안에 단단한 씨 3~4개가 있고, 기름을 짜면 아주 많이 나온다.

봄에 꽃피는 산다로 '해석류(海石榴)'라 하는 나무는 나무와 잎, 꽃과 열매가 모두 산다화와 비슷하면서도 그보다 더 크다. 열매는 둥글어 무화과와 비슷하며 시들어서 마르면 껍질이 사방으로 갈라진다. 껍질 안에는 잣[海松子, 해송자] 같은 씨앗이 들어 있다. 껍질을 벗긴 다음 속씨로 기름을 짠다. 다만 겹꽃은 열매를 맺지 못하지만 그 꽃이 두툼하고 크고 아리따워서 모란·작약에 버금간다.

홑꽃이면서 적색인 산다를 '산춘(山春)'이라 한다. 또 당해석류(唐海石榴)는 잎이 좁고 길며, 색이 엹고 윤기가 없다. 그 꽃은 겹꽃[重瓣]으로 크고 모란처럼 정

如茶葉, 實圓長形如梨而有細毛. 大如小梅, 老則裂, 內有核三四顆, 榨油甚多.

其春開花者名"海石榴", 樹葉、花實皆似山茶而大. 實圓似無花果, 而老枯則殼四裂, 中有子如海松子. 剝皮, 取仁榨取油. 但千瓣者不結實, 其葩厚大艶美, 亞于牡丹、芍藥.

單葉[1]赤者, 名"山春[2]". 又有唐海石榴, 葉狹長, 色淡不澤. 其花重瓣大而正紅如

---

[1] 葉:《和漢三才圖會·灌木類·海石榴》에는 "瓣".
[2] 春:《和漢三才圖會·灌木類·海石榴》에는 "椿".

홍색이다. 이것은 중국에서 말하는 '촉다(蜀茶)'이다.

牡丹, 中國所謂"蜀茶"也.

청천양화록 16 우리나라에서 나는 산다에는 오로지 4가지 종만이 있다. 홍색 홑꽃으로 눈 속에서도 필 수 있는 종은 민간에서 '동백(冬柏)'이라 부른다. 이것이 바로 《격물론》에서 일컬은 '궁분다(宮粉茶)' 등이다.

한양에서 기르는 겹동백[千葉冬柏]은 바로 《격물론》에서 일컬은 '석류다(石榴茶)' 등이다. 또 겹꽃이면서 꽃심에 금싸라기 같은 알갱이가 붙은 산다는 바로 이른바 '보주다(寶珠茶)'이다. 홑꽃 산다는 남쪽 지방의 도서 지역에서 잘 자란다. 봄에 꽃이 피기도 하는 산다를 '춘백(春柏)'이라 한다. 섬의 거주민들은 이 열매를 따서 기름을 짜 머리에 그 기름을 바른다. 이를 '동백기름[冬柏油]'이라 한다】

菁川養花錄 東國之産③惟有四種. 單葉紅花, 雪中能開者, 俗號"冬柏", 卽《格物論》所稱宮粉等茶也. 都下所養千葉冬柏, 卽《格物論》所稱石榴等茶也. 又有千葉而④花心着金粟者, 卽所謂"寶珠茶"也. 單葉者好⑤生南方海島中. 或有春花者曰"春柏", 居民取其實, 榨油以膏髮, 名曰"冬柏油"】

보주다

---

16 《養花小綠》〈山茶〉, 181~180쪽.
③ 産:《養花小綠·山茶》에는"植".
④ 而:《養花小綠·山茶》에는"茶".
⑤ 好:《養花小綠·山茶》에는"易".

2) 파종 시기

봄이나 12월에 모두 옮겨 심을 수 있다.《군방보》[17]

時候

春間、臘月, 皆可移栽.《群
芳譜》

겨울에 심는 품종은 건조한 환경을 좋아한다. 겨
울에서 봄 사이에 모두 옮겨 심을 수 있다. 2월에는
접붙이기를 할 수 있다.《증보도주공서》[18]

冬種喜燥. 冬春之間, 俱可
移栽, 二月可接.《增補陶
朱公書》

3) 파종과 가꾸기

'옥명(玉茗)'[19]이라 하는 한 품종은 산다화와 같지
만 색이 하얗고, 노란 꽃심에 녹색 꽃받침이 있다.
경구화(磬口花)[20]·창구화(罌口花)는 씨를 심어야 한다.
《군방보》[21]

種藝

一種"玉茗", 如山茶而色白,
黃心綠萼. 磬口花、罌口
花, 宜子種.《群芳譜》

옥명

---

17 《二如亭群芳譜》〈貞部〉第1 "花譜" 1 '山茶'(《四庫全書存目叢書補編》80, 693쪽).
18 출전 확인 안 됨;《御定月令輯要》〈二月令〉"物候" '海棠'(《文淵閣四庫全書》, 276쪽).
19 옥명(玉茗) : 산다속 식물로 흰꽃이 피는데, 산다의 별칭으로도 쓰인다.
20 경구화(磬口花) : 경구(磬口)와 비슷한 산다의 한 품종으로 보인다.
21 《二如亭群芳譜》〈貞部〉第1 "花譜" 1 '山茶'(《四庫全書存目叢書補編》80, 693쪽).

촉다(蜀茶)는 6월에 음지에 꽂아 두면 살아난다. 《화한삼재도회》22

蜀茶, 六月挿於陰地則活. 《和漢三才圖會》

한식(寒食, 양력 4월 5·6일경)이 지난 뒤 10여 일 동안에 겹꽃산다 가지를 0.3척 정도 되게 잘라 화분 안의 흙에 촘촘하게 꽂는다. 구덩이를 1척 정도의 깊이로 파서 이 화분을 그 안에 들여 놓은 다음, 낮에는 해를 가리고 밤에는 이슬을 맞힌다. 이렇게 하면서 보름이 지나면 뿌리가 난다. 《양화소록》23

寒食後十餘日, 斷千葉枝三寸許, 密挿盆土, 掘坑深一尺許, 置盆其中, 晝則遮日, 夜則承露, 過半月, 生根. 《菁川養花錄》

4) 접붙이기

홑꽃산다를 겹꽃산다에 접붙이면 꽃이 무성하고 나무가 오래 산다. 이때는 거름을 주지 말아야 한다. 《증보도주공서》24

接換

以單葉接千葉, 則花盛而樹久. 不宜糞. 《增補陶朱公書》

사계화(四季花)25의 접지(접가지)에는 대목(臺木)26으로 사계화를 써야 하고, 황화향(黃花香)27의 접지에는 대목으로 산다를 써야 한다. 만약 산다화를 대목으로 쓰면 꽃이 대목을 따라 홍색이 된다. 흰 꽃 피는 산다 접지도 위와 같다. 동청(冬靑)나무에 산다를 접

四季花寄枝, 宜用本體, 黃花香寄枝, 宜用茶體. 若用山茶體, 花仍紅色. 白花寄枝同上. 以冬靑接, 十不活. 《群芳譜》

---

22 《和漢三才圖會》卷84〈灌木類〉 "蜀茶"(《倭漢三才圖會》10, 275쪽).

23 《養花小綠》〈山茶〉, 180~179쪽.

24 출전 확인 안 됨;《御定月令輯要》〈二月令〉 "物候"(《文淵閣四庫全書》, 276쪽)

25 사계화(四季花):《예원지》권2〈꽃류(상)(꽃나무)〉 "11. 사계화"에 자세히 보인다.

26 대목(臺木):나무 접붙이기를 할 때 접지를 꺾어다 붙이는 밑나무. 일반적으로 대목은 내병충성, 내한성, 내건성 등이 강하고 생육이 왕성한 품종을 선택한다.

27 황화향(黃花香):황화향이라 불리우는 산다의 한 종.

황화향

붙이면 전혀 살지 못한다. 《군방보》[28]

씨를 심어 핀 산다화는 아름답지 못하므로 반드시 접붙여 주어야 한다. 《화한삼재도회》[29]

山茶花種子者不佳, 必須接換. 《和漢三才圖會》

씨를 심어 핀 촉다는 모두 홑꽃이므로 겹꽃의 가지를 꺾어 접붙인다. 《화한삼재도회》[30]

蜀茶子生者皆單葉, 採千葉枝接之. 同上

홑꽃산다의 씨를 심고 가지가 나기를 기다렸다가 이를 화분에 옮겨 심고 겹꽃산다의 가지로 의접(倚接)[31]을 해 준다. 이때 한결같이 매화 접붙이는 법과 같이 하면 100번 접붙일 경우 100번 다 살아난다.

取單葉子種之, 待其抽條, 移植於⑥盆, 倚接於千葉之枝, 一依接梅之法, 百接百活. 但盆小易燥, 數澆

28 《二如亭群芳譜》〈貞部〉第1 "花譜" 1 '山茶'(《四庫全書存目叢書補編》80, 693쪽).
29 《和漢三才圖會》卷84〈灌木類〉"山茶花"(《倭漢三才圖會》10, 273쪽).
30 《和漢三才圖會》卷84〈灌木類〉"蜀茶"(《倭漢三才圖會》10, 275쪽).
31 의접(倚接):두 나무의 껍질을 벗겨내 합친 다음 칡넝쿨로 단단히 묶은 뒤에 물기가 통하기를 기다려 두 나무의 껍질이 완전히 서로 달라붙으면 붙인 나뭇가지를 잘라 버리는 접붙이기. 《양화소록》 '매화' 조 참조.
⑥ 於:《養花小綠·山茶》에는 "童".

다만 화분이 작으면 흙이 쉽게 마르므로 자주 물을 준다. 《청천양화록》[32]

之. 《菁川養花錄》

5) 물주기와 거름주기

촉다는 홍색과 백색 2가지이다. 맑은 물을 주로 주지만 기름진 물도 좋아한다. 가을에 때로 오두수(烏豆水)[33]를 주면 그 꽃이 더욱 어여뻐진다. 《약포동춘(藥圃同春)[34]》[35]

澆壅

蜀茶紅、白二色, 淸而喜腴. 秋時用烏豆水灌之, 其花益妍. 《藥圃同春》

산다는 물을 줄 때 너무 흥건하지도 너무 메마르지도 않게 준다. 《청천양화록》[36]

山茶澆之, 不濕不燥. 《菁川養花錄》

6) 관리

촉다는 꽃이 많이 맺혔을 때, 바로 따내고 겨우 2~3개만 남겨 두면 꽃이 더욱 커진다. 《학포여소》[37]

葺理

蜀茶蕊多, 輒摘却, 僅留二三, 花更大. 《學圃餘疏》

7) 보호하기

촉다는 본성이 특히 추위를 싫어하며, 또 화분에 심는 것을 좋아하지 않는다. 그러니 한겨울에는 반드시 움막을 지어 주고, 봄이 되면 움막을 걷어 내

護養

蜀茶, 性特畏寒, 又不喜盆栽. 須作屋幕于隆冬, 春時拆去. 《學圃餘疏》

---

32 《養花小綠》〈山茶〉, 180쪽.

33 오두수(烏豆水) : 초오두즙으로 추정된다. 사람이 먹으면 노화를 방지하는 효능이 있는 것으로 보아 화초의 색을 선명하게 하는 데도 영향을 미치는 듯하다.

34 약포동춘(藥圃同春) : 중국 명(明)나라 하단(夏旦, ?~?)이 지은 책. 월별로 피는 꽃들에 대한 지식을 열거한 책이다.

35 출전 확인 안 됨; 《廣群芳譜》卷41〈花譜〉 "山茶", 976쪽.

36 《養花小綠》〈山茶〉, 179쪽.

37 출전 확인 안 됨; 《學圃雜疏》〈花譜〉(《叢書集成初編》1355, 2쪽).

야 한다.《학포여소》[38]

산다화는 먼지나 때가 잘 끼므로 자주 베수건에 물을 뿌려 깨끗하게 잎을 닦아 주어서 반드르르하니 광채가 나도록 힘써야 한다. 사람기운이나 불기운을 가까이하지 말며 햇볕 쪼이는 일을 조심해야 한다.《청천양화록》[39]

山茶花喜着塵埃, 數用布巾, 噴水淨刷, 務令光膩. 勿近人、火氣, 勿曝畏日.《菁川養花錄》

8) 보관하기

보관할 때에는 가지와 잎에 다른 물건이 닿지 않도록 하고, 온도도 적당하게 해 주어야 한다.《청천양화록》[40]

收藏

收藏, 勿使枝葉接着他物, 寒煖要令得中.《菁川養花錄》

9) 품등

황산다(黃山茶)·백산다(白山茶)·홍다매(紅茶梅)·백다매(白茶梅)[41]는 모두 9월에 핀다. 황산다·백산다 이 두 산다는 꽃이 크고 향이 많이 나서 역시 산다화 중에서도 귀한 품등이다.

양비산다(楊妃山茶)는 9월보다 조금 뒤에 백릉(白

品第

黃山茶、白山茶、紅·白茶梅皆九月開. 二山茶花大而多韻, 亦茶中之貴品.

楊妃山茶, 稍後與白菱同

---

38 출전 확인 안 됨;《學圃雜疏》〈花譜〉《叢書集成初編》1355, 2쪽);《二如亭群芳譜》〈貞部〉第1 "花譜" 1 '山茶'(《四庫全書存目叢書補編》80, 694쪽).

39 《養花小綠》〈山茶〉, 179쪽.

40 《養花小綠》, 위와 같은 곳.

41 홍다매(紅茶梅)·백다매(白茶梅):차나뭇과의 상록활엽교목. 동백과 흡사하여 옛날에는 이를 산다의 종류로 여겼다. 그러나 이는 일본이 원산지이고, 꽃피는 시기가 산다와 다르고 꽃모양도 산다와는 조금 다르다. 이 꽃은 수술이 넓게 벌어져 있고 꽃이 질 때 동백처럼 송이 째 떨어지지 않고 한두 잎씩 따로 떨어지며 잎도 동백보다 좁으므로 쉽게 구별된다

동백꽃(임원경제연구소, 전남 신안군 흑산도에서 촬영)

菱)⁴²과 같은 시기에 핀다. 양비산다는 담홍색(淡紅色, 연한 홍색)으로 특별히 아름답다고 할 수 없다. 하지만 초겨울에 피는 꽃이기 때문에 이 한 품종을 갖춰야 한다. 백릉은 꽃이 순백색으로 우아하며 게다가 오랫동안 피고 많이 핀다. 늦겨울에 이르러야 비로소 완전히 시든다. 본성이 또한 추위를 싫어하므로 꽃이 진 뒤에는 실내에 보관해야 한다. 《학포여소》⁴³

時開. 楊妃是淡紅, 殊不能佳, 爲是冬初花, 當具一種耳. 白菱花純白而雅, 且開久而繁, 至季冬始盡. 性亦畏寒, 花後宜藏室中. 《學圃餘疏》

---

42 백릉(白菱): 산다의 일종으로, 잎은 치자와 같고 꽃은 여러겹의 마름꽃과 같다. 한 가지에 한 송이의 꽃이 피는데 색은 흰색이다. 말리다(茉莉茶)라고도 한다.
43 《學圃雜疏》〈花疏〉(《叢書集成初編》1355, 7쪽).

4. 치자(厄子)¹

厄子

1) 이름과 품종

名品

일명 '목단(木丹)', '임란(林蘭)', '월도(越桃)', '선지(鮮支)'이다.²

一名"木丹", 一名"林蘭", 一名"越桃", 一名"鮮支".

【본초강목³ 치(厄)⁴는 술그릇이다. 치자열매가 치(厄)의 모양을 닮았기 때문에 이렇게 이름 붙였다.⁵

【本草綱目】 厄, 酒器也, 厄子象之故名.

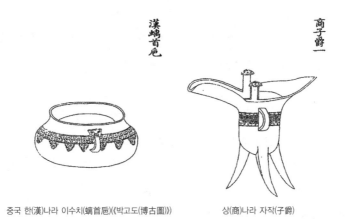

중국 한(漢)나라 이수치(螭首厄)《박고도(博古圖)》   상(商)나라 자작(子爵)

---

1 치자(厄子) : 꼭두서니과에 속하는 치자나무나 그 열매.
2 일명……선지(鮮支)이다 :《本草綱目》卷36〈木部〉"厄子", 2085쪽에 보인다.
3 《本草綱目》, 위와 같은 곳.
4 치(厄) : 술잔의 일종으로 손잡이가 있는 것도 있고, 없는 것도 있다. 작(爵)을 염두에 두고 범범하게 술그릇의 뜻으로 치(厄)를 언급한 것으로 보인다.
5 치자열매가……붙였다 : 치자열매는 치(厄)의 모양보다는 위 그림의 작(爵)과 더 닮았다.

산치자(《매원화보》)

군방보 치자에는 2~3종이 있다. 한 종류는 나무의 높이가 7~8척이 되고, 잎의 모양은 토끼귀와 비슷하며, 두껍고 짙은 녹색이다. 봄에 꽃이 피고 가을에 시들거나, 입하(入夏, 양력 5월 5·6일경)에 조그맣고 하얀 꽃이 핀다. 꽃의 크기는 술잔만 하며 모두 6장의 꽃잎이 난다.

속에 황색 꽃술이 있고 매우 향기로우며 가자(訶子)[7]와 같은 모양의 열매를 맺는다. 처음 열릴 때는 청색이다가 익으면 황색이 된다. 속씨는 짙은 홍색이다. 증[繒, 견직물의 일종]이나 면을 물들일 수 있고, 약에 넣어 사용한다.

산치자(山梔子)는 껍질이 까치골[鵲腦]처럼 얇고 둥글며 작은 모양이면서 씨방에 선(線)으로 생긴 모가 7~9개인 것이 좋다. 꽃이 작고 겹꽃[重臺]인 한 종은

群芳譜 有兩三種, 一種木高七八尺, 葉似兔耳, 厚而深綠. 春榮秋瘁, 入夏開小白花, 大如酒杯, 皆六出.

中有黃蕊, 甚芬芳, 結實如訶子狀, 生靑熟黃. 中仁深紅, 可染繒綿, 入藥用.

山梔子, 皮薄圓小如鵲腦, 房七稜至九稜者佳. 一種花小而重臺者, 園圃中品.

---

6 《二如亭群芳譜》〈貞部〉第1 "花譜" 1 '卮子'(《四庫全書存目叢書補編》80, 695쪽).
7 가자(訶子) : 사군자과에 속하는 상록 교목 가리륵(訶梨勒)의 열매. 약재로 쓰임.

정원의 식물 가운데 중품(中品)에 든다. 다른 한 종은 휘주(徽州)[8] 치자이다. 가지와 잎과 꽃이 모두 작고, 높이는 1척이 되지 않아 화분에 심어 기를 수 있다.

《산곡시화(山谷詩話)》[9]에 "염색용 치자는 꽃잎이 6장이 나고 향은 있지만 진하지는 않다. 산치자(山巵子)는 꽃잎이 8장이 나며 한 그루가 온 정원을 향기롭게 할 수 있다."[10]라 했다.

《유양잡조(酉陽雜俎)》[11]에 "전하는 말에 치자는 곧 서역(西域)[12]의 담복화(薝蔔花)[13]라 한다."[14]라 했다. 또 어떤 사람은 말하기를 "담복화는 금색이며 꽃이 작고 향이 난다. 그러나 담복은 치자가 아니다."[15]라 했다.

一種徽州梔子, 小枝小葉小花, 高不盈尺, 可作盆景.

《山谷詩話》云: "染梔子花六出, 雖香, 不濃郁. 山梔子花八出, 一株可香一圃."

《酉陽雜俎》云: "相傳卽西域薝蔔花." 或曰: "薝蔔, 金色, 花小而香, 非梔也."

초화보(草花譜) [16] [17] 꽃이 큰 치자는 산치자가 열리

草花譜 有大花者, 結山

8 휘주(徽州):지금의 중국 안휘성(安徽省) 최남부인 황산시(黃山市)의 대부분과 선성시(宣城市)의 적계현(績溪縣) 및 강서 동북부의 무원현(婺源縣)을 관할했던 과거 행정구 명칭. 황산(黃山)·천목산(天目山) 등 많은 산으로 둘러싸여 있으며 신안강(新安江)의 발원지이다. 이런 자연환경 덕에 분경(盆景)·건축·조각·회화·전각 등 다방면에서 독특한 휘주문화가 형성되었다.

9 산곡시화(山谷詩話):중국 북송(北宋)의 문인 황정견(黃庭堅, 1045~1105)이 다른 시인의 시를 소개하고 자신의 견해를 기술한 일종의 시평론집.《황산곡시화》. 다만《산곡시화》에는 이 본문의 내용이 확인되지 않는다.

10 염색용……있다: 출전 확인 안 됨.

11 유양잡조(酉陽雜俎):중국 당(唐)나라 학자인 단성식(段成式, 803~863)이 지은 수필집. 이상한 사건, 황당무계한 이야기를 비롯하여 도서·의식(衣食)·풍습·동식물·의학·종교·인사(人事) 등 온갖 사항에 관한 것을 흥미 있게 기술했다.

12 서역(西域):중국의 신강 위구르 자치 지역, 티벳을 비롯하여 우즈베키스탄, 카자흐스탄, 파키스탄, 아프가니스탄, 터키, 시리아, 이란, 이라크 등의 서아시아와 중앙아시아를 지칭하는 말. 여기서는 불교의 발상지인 인도를 가리킨다.

13 담복화(薝蔔花):불경에 나오는 꽃으로, 인도(印度)에서는 이 향기를 부처의 뛰어난 도력과 공덕의 향기에 비유한다. 전하여 담복화 핀 정원은 흔히 승사(僧舍, 사원)를 의미한다. 담복은 인도 북부에 서식하는 교목이다.

14 전하는……한다:《酉陽雜俎》卷18〈廣動植之〉3 "木"(《叢書集成初編》277, 147쪽).

15 담복화는……아니다:《爾雅翼》卷4〈釋草〉"巵"(《文淵閣四庫全書》222, 285쪽).

16 초화보(草花譜):《준생팔전》의 저자인 중국 명(明)나라 고렴(高濂)이 지은 풀과 꽃에 대한 기록.《준생팔전》〈연한청상전(燕閑淸賞牋)〉하권에 그 일부가 실려 있다.

17 출전 확인 안 됨;《遵生八牋》卷16〈燕閑淸賞牋〉下 "四時花紀" '梔子花'(《遵生八牋校注》, 625쪽).

홑꽃 치자   치자열매(국가생물종지식정보시스템)

며, 매우 흔하다. 또 겹꽃인 치자가 있다. 복건(福建)[18] 지역에서 나는 키 작은 치자는 높이가 1척이 안 되어 사랑스럽다】

卮, 甚賤. 有千葉者, 有福建矮樹卮子, 高不盈尺, 可愛】

---

18 복건(福建) : 중국 남동쪽의 연안 지역에 있는 성. 동쪽으로 타이완과 마주보고 있다.

2) 심기와 가꾸기

10월에 잘 익은 치자를 고른 다음 그 씨를 취하고 물로 깨끗이 씻어 햇볕에 말린다. 이듬해 봄 3월이 되면 흰 모래땅을 골라 휴전(畦田)에 구덩이를 1척 깊이로 판다. 그런 다음 묵은 흙은 모두 제거하고, 땅 위의 윤기 나고 습기 있으며 부슬부슬한 흙을 체로 곱게 쳐서, 파낸 구덩이에 채운다.

치자씨를 배게 심는 방법은 가지[茄] 심는 법과 같다. 입자가 고운 흙을 씨 위에 얇게 뿌려 덮어 준다. 그 위에 발이 있는 시렁을 세워 해를 막되, 그 높이는 1척 가량으로 한다. 가물 때는 1~2일 동안 시렁 위쪽에서 자주 물을 주어 토맥(土脈)이 굳지 않도록 한다.

40여 일 후에 싹이 비로소 땅 위로 나온다. 그러면 김매기를 하고 물을 준다. 겨울이 되면 쑥대로 두껍게 덮어 보호한다. 다음해 3월에 옮겨 심되, 치자모종의 간격 0.1척에 1그루씩을 심는다. 김매기와 물주기를 자주 해 주어야 한다.

겨울에는 흙으로 두둑하게 북주어 뿌리와 줄기를 감싸 주고, 가지 끝은 풀로 싸서 보호한다. 다음해 3~4월이 되면 또 옮겨 심는다. 이때는 1.5보(7.5척) 간격 마다 1그루씩 열을 지어 심는다.

반드시 정원 안에 우물을 파서 자주 물을 주고 김매기도 자주 해주어야 한다. 해마다 겨울에는 반

種藝

十月, 選成熟梔子, 取子淘淨, 曬乾. 至來春三月, 選沙白地, 斸[1]畦區, 深一尺, 全去舊土, 却收地上潤濕浮土, 篩細, 塡滿區.

下種稠密, 如種茄法. 細土薄糝, 上搭箔棚遮日, 高可一尺. 旱時, 一二日用水于棚上頻頻澆灑, 不令土脈堅垎.

四十餘日, 芽方出土. 薅治澆漑. 至冬月, 厚用蒿草藏護. 次年三月移開, 相去一寸一科, 鋤治澆漑, 宜頻.

冬月, 用土深擁根株, 其枝梢用草包護. 至次年三四月, 又移, 一步半一科, 栽成行列.

須園內穿井, 頻澆頻鋤. 每歲冬, 須北面厚夾籬障, 以

---

[1] 斸 : 저본에는 "劚". 《農桑輯要·藥草·梔子》에 근거하여 수정.

드시 북쪽에 울타리를 두껍게 쳐서 바람과 추위를 막아 주어야 한다. 4년째가 되면 꽃이 피고 열매를 맺는다. 10월에는 열매를 따서 거두어 둔다. 원(元) 사농사(司農司)[19]《농상집요(農桑輯要)[20]》[21]

蔽風寒. 第四年, 開花結實. 十月, 收摘. 元司農司《農桑輯要》

장맛비가 내릴 때에는 비옥한 흙으로 1개의 흙덩어리를 만든다. 어린 가지를 그 속에 꽂아 이를 부슬부슬한 흙이 있는 휴전 안에 두고 항상 거름물을 준다. 뿌리가 나오면 옮겨 심어도 된다.《농정전서(農政全書)[22]》[23]

梅雨時, 以沃壤一團, 插嫩枝其中, 置鬆畦內, 常灌糞水. 候生根, 移種亦可.《農政全書》

장마철에는 손가는 대로 가지를 잘라 꽂아도 기름진 흙이면 가지가 살아난다.《초화보》[24]

梅雨時, 隨手翦扦, 肥土則活.《草花譜》

꽃이 핀 채로 옮겨 심어도 쉽게 살아난다. 망종(芒種, 양력 6월 6·7일경) 때에는 썩은 나무판을 뚫어 구멍을 낸 다음 여기에 진흙을 바른다. 치자나무가지

帶花移, 易活. 芒種時, 穿腐木板爲穴, 塗以泥汚, 翦其枝, 插板穴中, 浮水面.

---

19 사농사(司農司) : 중국 금나라 선종(宣宗) 홍정(興定) 6년(1222)에 설치되어 원나라 때까지 나라의 농정을 주관했던 관부. 농사를 권장하고 순시하며 감찰하는 일을 담당했다.

20 농상집요(農桑輯要) : 중국 최초의 관찬(官撰) 농서. 원나라 조정에서 농업 진흥을 위하여 설치한 사농사(司農司)의 창사문(暢師文, 1247~1317) 등이 1273년에 집성하여, 1286년에 간행·공포하였다. 내용은 경간(耕墾)·파종(播種)·재상(栽桑)·과실·약초 등 10문(門)으로 되어 있으며,《제민요술(齊民要術)》을 비롯한 각종의 문헌을 조리 있게 인용하고 있다. 특히 당시의 새로운 유용작물(有用作物)인 목화의 재배를 장려한 기사가 주목된다.

21 《農桑輯要》卷6〈藥草〉"梔子"(《農桑輯要校注》, 237쪽).

22 농정전서(農政全書) : 중국 명(明)나라 후기의 학자이며 정치가인 서광계(徐光啓, 1562~1633)가 편찬한 농서. 한(漢)나라 이후 특히 발달하기 시작한 농학자의 여러 설을 총괄·분류하고 수시로 자기의 설을 첨부하여 집대성한 책이다. 농본(農本)·전제(田制)·농사(農事)·수리(水利)·농기(農器)·수예(樹藝)·잠상(蠶桑) 등 12문(門)으로 되어 있다.

23 《農政全書》卷38〈種植〉"木部"'梔子', 1073쪽.

24 출전 확인 안 됨;《遵生八牋》卷16〈燕閑清賞牋〉下"四時花紀"'梔子花'(《遵生八牋校注》, 625쪽).

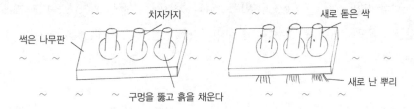

썩은 나무판 / 치자가지 / 새로 돋은 싹 / 구멍을 뚫고 흙을 채운다 / 새로 난 뿌리

치자가지 심기(꽃이 핀 가지여야 하나, 편의상 꽃은 생략했다)

를 잘라 나무판의 구멍에 끼운 뒤, 물 위에 띄운다. 가지에 뿌리가 나면 나무판을 쪼개고 뿌리가 난 가지를 꺼내 밭에 배게 심는다.

겹꽃 치자는 옆에 난 작은 가지를 흙에 휘묻이한다. 그러면 휘묻이한 가지에서 다음해에 절로 뿌리가 난다.《군방보》[25]

12월에, 길이가 1.5척이 되는 가지를 골라놓는다. 이에 앞서 깊이 1척, 너비 0.5척으로 구덩이를 판다. 이 가지의 아래쪽을 공처럼 둥그렇게 휘어 구덩이에 안치고, 가지 끝이 위를 향하도록 한다. 잎이 난 부분이 구덩이 입구 위로 0.5척 올라오게 한 후 기름진 흙을 넣고 단단히 다져 준다. 그러면 자연히 반드시 살아나 2년 안에 열매를 맺는다.《퇴거편(退居篇)[26]》[27]

俟根生, 破板密種之.

千葉者, 用土壓其傍小枝, 逾年自生根.《群芳譜》

臘月, 取枝長一尺五寸以來, 先鑿坑一尺闊五寸. 取枝屈下拗處如毬枝[2]却向上, 令有葉處出坑口向上五寸, 卽下肥土實築, 自然必活. 二年間卽有子.《退居篇》

25 《二如亭群芳譜》〈貞部〉第1 "花譜" 1 '巵子'(《四庫全書存目叢書補編》80, 695쪽).
26 퇴거편(退居篇) : 중국 당(唐)나라 의학가인 손사막(孫思邈, 581~682)이 편찬한 《천금익방(千金翼方)》의 편명이다.
27 《千金翼方》卷14 〈退居〉 "種造藥" '種梔子'(《孫思邈醫學全書》, 745쪽);《養花小錄》〈梔子花〉, 186쪽.
[2] 枝 :《千金翼方·退居·種造藥》에는 "杖".

꺾꽂이법: 가지 끝을 0.3척 정도로 잘라 화분에 성글게 꽂고 그늘진 곳에 두면, 곧 살아난다.《청천양화록》[28]

插法: 折枝頭三寸許, 稀揷盆中, 置陰處, 便活.《菁川養花錄》

3) 물주기와 거름주기

이 꽃은 기름진 땅을 좋아하기 때문에 거름물을 주어야 한다. 그러나 너무 많이 주면 또한 흰 촌백충[白虱][29]이 생기므로 적절히 조절해서 주어야 한다. 《군방보》[30]

澆壅

此花喜肥, 宜糞澆. 然太多, 又生白虱, 酌之.《群芳譜》

4) 거두기

10월에 열매를 따서 시루에 넣어 살짝 찐 다음 햇볕에 말려 사용한다. 원 사농사《농상집요》[31]

收採

十月摘實, 甑內微蒸, 曬乾用. 元司農司《農桑輯要》

원예종 겹꽃 치자

28 《養花小錄》〈梔子花〉, 185쪽.
29 흰 촌백충[白虱] : 똥거름에서 생기는 해충. 길이가 0.1척 쯤 되는 흰 벌레이다.
30 《二如亭群芳譜》〈花譜〉第 1 "巵子"《四庫全書存目叢書補編》80, 695쪽).
31 《農桑輯要》卷6〈藥草〉"梔子"《農桑輯要校注》, 237쪽).

황치자는 열매가 커지는 때를 기다려 청색일 때 따다가 햇볕에 말려 거두어 둔다. 누렇게 익은 뒤에 따면 황치자가 물처럼 녹아 버리기 때문이다. 《종수서》[32]

黃梔子, 候其大時, 摘青者, 曬收. 至黃熟則消化水矣. 《種樹書》

---

[32] 《種樹書》〈木〉(《叢書集成初編》1469, 39쪽).

5. 매화(梅花)¹

【안 매화는 이미《만학지(晚學志)》²에 보인다.³ 여기에는 대목[楂]에 접붙이는 법, 화분에 심는 법 및 꽃을 가꾸는 여러 가지 법 등을 별도로 기록했다】

梅花

【案 梅已見《晚學志》, 今另錄接楂、登盆及養花諸法】

1) 이름과 품종

【초화보】⁴ 홍매화·백매화 외에도 다음의 5종이 있다. 녹악매(綠萼梅)⁵는 꽃받침이 순녹색이고 꽃에서 향기가 난다. 조수매(照水梅)⁶는 피는 꽃송이마다 아래

名品

【草花譜】 紅、白之外有五種. 如綠萼, 蒂純綠而花香. 有照水梅, 花開朵朵向

홍매화

백매화(이상《매원화보》)

---

1 매화(梅花) : 장미과의 낙엽소교목. 그 열매는 매실이다.

2 만학지(晚學志) :《임원경제지》16지 가운데 한 책으로, 나무심기, 접붙이기, 보호하기, 거두기부터 과일류·풀열매류·나무류·기타 초목류 등에 대해 자세히 기록되어 있다.

3 매화는……보인다 :《임원경제지 만학지》권2〈과일류〉"3. 매실나무"에 자세히 보인다.

4 출전 확인 안 됨 ;《遵生八牋》卷16〈燕閑淸賞牋〉下 "四時花紀" '梅花'(《遵生八牋校注》, 631쪽).

5 녹악매(綠萼梅) : 꽃이 희고 꽃받침이 녹색인 매화. 보통 매화는 꽃받침과 꼭지가 붉은 색이다. 청매화라고도 한다.

6 조수매(照水梅) : 중국 운남성(云南省) 등충현(騰冲縣)·여강(麗江) 등지에서 나는, 매실이 크고 꽃이 아래를 향해 피는 매화나무.

구례 화엄사 홍매

를 향해 핀다. 겹백매화는 '옥접매(玉蝶梅)'라 부른다. 홑홍매화가 있고, 고련(苦練)에 접붙인 묵매[黑梅][7]가 있다. 이들은 모두 기이한 품종이다.

下. 有千瓣白梅, 名"玉蝶梅". 有單瓣紅梅, 有練樹接成黑梅, 皆奇品也.

청천양화록[8] 서울에서 옮겨 심고 접붙이고 하는 종들은 모두 겹홍매화·겹백매화이다. 매실이 대부분 쌍으로 열리는 매화나무는 바로《범촌매보(范村梅

菁川養花錄 都下栽接者, 皆千葉紅、白梅, 而結實多雙, 卽譜所謂"重葉梅、鴛

7 묵매[黑梅] : 검은 반점의 꽃이 피는 매화나무.
8 《養花小錄》〈梅花〉, 202~201쪽.

譜）》9에서 말한 '중엽매(重葉梅)·원앙매(鴛鴦梅)'10이다. 영남(嶺南, 경상도)과 호남(湖南, 전라도)에서 나는 것은 모두 홑백매화로 맑은 향기 역시 다른 매화에 비하여 덜하지 않다】

鴛梅"也. 産嶺、湖南者, 皆單葉白梅, 淸香亦不減他梅】

2) 심기와 가꾸기

매화를 옮겨 심을 때는 가지끝을 제거하여 그 뿌리를 크게 내리게 한다. 도랑진흙으로 흙을 비옥하게 해 주면 살아난다.《군방보》11

種藝

移梅, 去其枝梢, 大其根盤. 沃以溝泥卽活.《群芳譜》

3) 접붙이기

춘분 후에 접붙인다. 복숭아나무나 살구나무를 대목[體]으로 쓴다. 살구나무를 쓰면 꽃이 더욱 오래 핀다.《군방보》12

接換

春分後接. 用桃、杏體, 杏更耐久.《群芳譜》

동청(冬靑)나무 위에 매화나무를 접붙이면 꽃잎이 먹물을 뿌린 듯한 묵매(墨梅)가 된다.《물류상감지》13

冬靑樹上接梅, 則開灑墨梅.《物類相感志》

멀구슬나무 위에 매화나무를 접붙이면 묵매가

苦練樹上接梅花, 則成墨

---

9 범촌매보(范村梅譜) : 중국 송(宋)나라의 문인 범성대(范成大, 1126~1193)가 편찬한 책. 저자의 정원 이름이 범촌(范村)이었으므로《범촌매보(范村梅譜)》라고 이름하였다. 매화 12종에 대하여 기록하고 있다. 원문은 "보(譜)"라고 하여 매화를 다룬 매보(梅譜)류의 책을 말했으나, 옮기면서 이 책으로 특칭했다.

10 중엽매(重葉梅)·원앙매(鴛鴦梅) :《범촌매보(范村梅譜)》(《文淵閣四庫全書》845, 35쪽)를 보면 꽃봉오리가 풍성한 중엽매와 원앙매는 꽃잎이 대부분 붉고 가벼우며 꽃 속이 꽉 찬 겹꽃이고, 한 꼭지에 매실이 쌍으로 열린다고 설명되어 있다.

11 《二如亭群芳譜》〈亨部〉第4"果譜"1 '梅子'(《四庫全書存目叢書補編》80, 361쪽).

12 《二如亭群芳譜》, 위와 같은 곳.

13 《物類相感志》〈花竹〉(《叢書集成初編》1344, 22쪽).

된다.《종수서》[14]

일반적으로 매화를 접붙일 때에는 먼저 작은 복숭아나무를 화분에 옮겨 심은 후, 접붙이는 법에 따라 매화가지를 접붙인다. 고매(古梅)[15]처럼 만들고 싶다면 홑매화를 접붙이고, 햇볕과 그늘이 반씩 드는 곳에 화분을 둔 다음 물을 자주 주어야 한다. 가지 끝들을 서로 얽히도록 하고 옆으로 비스듬히 기울여서 늙은 매화의 모습을 만든다. 화분은 도기(陶器)를 사용해야 하며 자기(瓷器)를 써서는 안 된다. 《청천양화록》[16]

梅.《種樹書》

凡接換, 先將小桃栽盆, 用倚接法接梅. 欲作古梅, 須接單葉梅, 置盆陰陽相半處, 頻以水澆. 交結枝梢, 作橫斜老梅之形. 盆宜陶, 不宜磁.《菁川養花錄》

4) 물주기와 거름주기

매화는 본성이 청결하고 햇볕 쪼이기를 좋아한다. 연못물을 주면 무성해진다. 기름진 물은 금한다.《군방보》[17]

澆壅

性潔喜曬, 澆以塘水則茂. 忌肥水.《群芳譜》

물을 자주 뿌려 주어 흙이 마르게 해서는 안 된다. 《청천양화록》[18]

澆水, 勿燥.《菁川養花錄》

---

14 《種樹書》〈花〉(《叢書集成初編》1649, 49쪽).
15 고매(古梅) : 노인의 굽은 허리처럼 갖가지 모습으로 굽어 있고, 푸른 이끼가 주름처럼 온 나무를 감싸거나 수염처럼 몇 척 길이로 늘어져 있는 늙은 매화나무.
16 《養花小錄》〈梅花〉, 201쪽.
17 《二如亭群芳譜》〈亨部〉第4 "果譜" 1 '梅子'(《四庫全書存目叢書補編》80, 360쪽).
18 《養花小錄》, 위와 같은 곳.

선운사 매화1

선운사 매화2

선운사 홍매화(이상 전영창)

5) 보호하기

서리가 내린 뒤에 잎이 떨어졌는데도 꽃봉오리가 가지에 붙어 있으면 비로소 온실에 들인다. 따뜻한 물을 가지와 뿌리에 뿜어 주고 숯화로를 곁에 두고 숯을 피워 한기를 막으면 동지(冬至) 전에 꽃을 피울 수 있다.[19]

만약에 12월까지 기다렸다가 피게 하려면 보관할 때 너무 따뜻하게 할 필요는 없다. 그렇지만 반드시 종이로 만든 집을 갖추어서 보관해야 먼지나 때가 타는 것을 면하고 또 좋은 향을 남길 수 있다.

【매화를 화분에 키우려면 반드시 놋쇠쟁반으로 받침대를 삼거나, 두꺼운 나무판자로 소반을 만들어 받쳐야 한다. 화분 안에 파를 심어 주면 사향을 막을 수 있다[20]】《청천양화록》[21]

화분에 심은 매화에 추위가 닥쳐 개화가 늦어지는 경우 끓인 물을 병에 채워 자주 화분 위에 놓아 주면 꽃이 쉽게 핀다.《증보산림경제》[22]

護養

霜後葉落, 蓓①蕾着枝, 則始入煖室. 用溫水噀其枝根, 傍置爐熾炭以辟②寒氣, 可於冬至前綻開.

若欲待臘而開, 則藏之不必太煖, 須備紙屋而貯之, 可免塵埃撲汚, 亦留好香.

【安盆, 須用鍮錫盤爲臺, 或用厚木板作盤以承之. 盆內種葱, 辟麝香】《菁川養花錄》

盆梅受凍, 開遲, 沸湯盛瓶, 頻③置盆上, 易開. 《增補山林經濟》

---

19 서리가……있다 : 이 기사의 출처인《청천양화록》에는 이 대목만 보이고 아래의 내용은《증보산림경제》에서 확인된다.

20 만약에……있다 :《增補山林經濟》卷4〈養花〉"梅"《農書》3, 222쪽).

21 《養花小錄》〈梅花〉, 201쪽;《增補山林經濟》卷4〈養花〉"梅" '盆梅'《農書》, 222쪽).

22 《增補山林經濟》卷4〈養花〉"梅"《農書》3, 223쪽).

① 蓓 : 저본에는 "菩".《養花小錄·梅花》에 근거하여 수정.

② 辟 :《養花小錄·梅花》에는 "觸".

③ 頻 : 저본에는 "頓".《增補山林經濟·養花·梅》에 근거하여 수정.

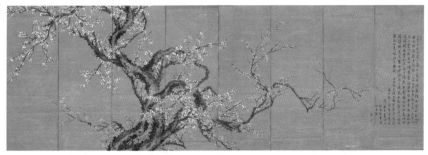

조희룡의 〈홍백매화도(紅白梅花圖)〉(국립중앙박물관)

6) 치료하기   醫治

매화의 본성은 벌레가 많으면 쉽게 상하므로 그 때그때 벌레를 잡아 주어야 한다. 《학포여소》[23]

性多蟲易敗, 宜時時去之. 《學圃餘疏》

만약 늙은 매화나무에 가지가 돋지 않거나, 가지 에 꽃봉오리가 맺히지 않으면 바로 햇볕이 잘 드는

若老不抽枝, 枝不蓓[4]蕾, 卽移植向陽地, 縱其行根,

매화(《본초강목》)

매화

---

23 출전 확인 안 됨; 《學圃雜疏》〈花疏〉(《叢書集成初編》1355, 1쪽).

④ 蓓 : 저본에는 "菩". 《養花小錄·梅花》에 근거하여 수정.

곳으로 옮겨 심고 뿌리가 뻗는 대로 놓아 두어야 바
로 큰 나무가 된다.《청천양화록》24

便成大樹.《菁川養花錄》

7) 보관하기

꽃이 진 뒤에 찬 기운을 받지 않도록 움집[土宇]에
다시 들여 놓으면 오히려 열매를 맺을 수 있다. 만약
자주 찬 기운을 쐬면 열매를 맺을 수 없을 뿐만 아
니라 가지 또한 시들게 될 것이다.《청천양화록》25

收藏

花謝後勿受寒氣, 復納土
宇, 猶可結實. 若數觸寒
氣, 非但不能結實, 條亦枯
矣.《菁川養花錄》

8) 품등

매화는 운치가 빼어나고 격조가 높다. 그러므로
가지가 비스듬히 기울고 홀쭉하면서 성글게 자랐으
며 늙은 가지가 괴이하게 갈라진 매화를 귀하게 여
긴다.

연약한 가지가 돋아 위로 곧게 뻗은 줄기를 오하
(吳下)26에서는 '기조(氣條)'라 한다. 이 매화는 다만 열
매를 얻어 이익이나 보는 데 적당하지, 이른바 운치
와 격조는 없다. 또 다른 종으로, 거름흙에서 잘 자
라는 매화가 있다. 이 매화는 줄기에서 가로 방향으
로 짧게 돋아나는 곁가지모양이 마치 가시나 바늘과
같다. 꽃이 촘촘하게 달리지만, 역시 고아한 품등은
아니다.《범촌매보(范村梅譜)》27

品第

梅, 以韻勝, 以格高, 故以
橫斜瘦疏、老枝醜槎爲貴.

其抽嫩枝直上者, 吳下謂之
"氣條". 此但宜取實規利,
無所謂韻與格矣. 又有一
種糞壤力勝者, 於條上茁
短橫枝狀, 如棘針. 花密
綴, 亦非高品.《范氏梅譜》

---

24 《養花小錄》〈梅花〉, 201쪽.
25 《養花小錄》〈梅花〉, 201쪽.
26 오하(吳下):현재의 중국 강소성(江蘇省) 남부와 절강성(浙江省) 북부 일대.
27 《范村梅譜》〈後序〉(《文淵閣四庫全書》845, 35쪽).

홍매화는 백매화보다 먼저 피므로 제일 먼저 심어야 한다. 《학포여소》[28]

紅梅先白梅開, 故當首植.
《學圃餘疏》

---

28 《學圃雜疏》〈花疏〉(《叢書集成初編》1355, 1쪽).

6. 납매(蠟梅)[1]

蠟梅

1) 이름과 품종

名品

일명 '황매화(黃梅花)'이다.[2]

一名"黃梅花".

【학포여소】[3] 납매는 원래 이름이 황매(黃梅)이다. 송(宋)나라 원우(元祐)[4] 연간(1086~1094)에 소식(蘇軾)[5]과

【學圃餘疏】 蠟梅, 原名黃梅. 至宋 元祐間, 蘇、黃

밀납으로 만든 윤회매

---

1 납매(蠟梅) : 납매과의 낙엽교목. 원산지는 중국이고, 관상수로 널리 심는다. 당매(唐梅)라고도 한다.

2 일명 황매화(黃梅花)이다 : 《本草綱目》卷36 〈木部〉 "臘梅", 2132쪽에 보인다.

3 《學圃雜疏》〈花疏〉《叢書集成初編》1355, 7쪽).

4 원우(元祐) : 중국 북송 철종(哲宗)의 첫 번째 연호(1086~1094).

5 소식(蘇軾) : 1037~1101. 중국 송나라의 관리이자 문인. 자는 자첨(子瞻), 호는 동파(東坡)·동파거사(東坡居士). 아버지 소순(蘇洵), 동생 소철(蘇轍)과 함께 '삼소(三蘇)'라고 불렸다. 당송팔대가(唐宋八大家) 중한 명으로, 《적벽부(赤壁賦)》등 다양한 작품을 남겼다. 문집으로 《동파전집(東坡全集)》이 있다.

동발(銅鉢)

황정견(黃庭堅)6이 '납매'라 명명했다. 이는 색깔이 밀랍[黃蠟]과 꼭 비슷하기 때문이다.

命爲"蠟梅", 爲色正似黃蠟也.

군방보 7 납매는 작은 나무이며, 가지가 떨기지어 나고 잎이 뾰족하다. 나무 몸통과 잎이 복숭아나무와 비슷하지만 그보다 넓고 크며 뾰족하고 단단하다. 꽃잎 또한 5장이 나오지만 색깔에 광채가 부족하다. 비록 꽃이 활짝 피었어도 항상 꽃봉오리가 반쯤 열려 있어 '경구매(磬口梅)'라 이름한다. 승경(僧磬)8의 주둥이[口]와 모양이 비슷하므로 이렇게 부른다는 뜻이다. 하남(河南)9·형양(荊襄)10에서 난 납매가 가장 아름답다.

群芳譜 蠟梅小樹, 叢枝尖葉, 木身與葉類桃, 而闊大尖硬. 花亦五出, 色欠晶明, 雖盛開常半含, 名"磬口梅", 謂其似僧磬之口也. 出河南、荊襄者最佳.

6　황정견(黃庭堅) : 1045~1105. 중국 송나라의 관리이자 시인. 자는 노직(魯直), 호는 산곡(山谷). 소식의 4대 문하생 중 한 명이며, 강서시파(江西詩派)의 비조라 불린다. 저서로 《산곡내집(山谷內集)》·《산곡외집(山谷外集)》 등이 있다.

7　《二如亭群芳譜》〈貞部〉第1 "花譜" 1 '臘梅'(《四庫全書存目叢書補編》80, 702쪽).

8　승경(僧磬) : 사찰(寺刹)에서 승려들을 불러 모으거나 부처에게 참배할 때 흔들어 소리를 내는 동발(銅鉢). 좌종(坐鐘)이라고도 한다.

9　하남(河南) : 지금의 중국 하남성(河南省) 일대.

10　형양(荊襄) : 중국 후한(後漢) 시기 중남부 지역의 별칭으로, 지금의 중국 호북성(湖北省)·호남성(湖南省) 일대.

다음으로 '하화(荷花)'가 있다. 송강(松江)[11]에서 난다. 꽃잎이 약간 뾰족하며 모양이 연꽃[荷花]과 비슷하다.

또 다음은 '구영화(九英花)'가 있다. 크기가 작고 향이 옅어 그 품등이 최하이다. '구승(狗蠅)[12]'이라 했는데, 훗날 와전되어 '구영(九英)'이라 한다.

또 가장 먼저 피면서 색깔은 자단(紫檀)[13]처럼 짙은 황색이며, 꽃이 촘촘하고 향이 짙은 납매가 있으니, '단향매(檀香梅)'라 이름한다. 그 품등이 가장 아름답다. 이 꽃에는 묵은 잎[宿葉]이 많고 아래로 늘어뜨린 방울처럼 열매가 맺힌다. 열매의 뾰족한 부분의 길이가 0.1척 남짓이다. 씨가 그 안에 있다.

次曰"荷花". 出松江, 瓣有微尖, 形似荷花.

又次曰"九英花". 小香淡, 其品最下. 謂之"狗蠅", 後訛爲"九英".

又有開最先, 色深黃如紫檀, 花密香濃, 名"檀香梅". 厥品最佳. 此花多宿葉, 結實如垂鈴, 尖長寸餘, 子在其中.

납매(《본초강목》)

납매화(《야채박록》)

---

11 송강(松江): 중국 호남성(湖南省) 형양시(衡陽市) 형남현(衡南縣)을 관통하며 흐르는 송강(松江) 일대.

12 구승(狗蠅): 이파릿과의 기생 곤충. 개에 기생하며 피를 빨아 먹고 사는데, 전 세계에 분포한다. 진드기와 비슷하다.

13 자단(紫檀): 향나무의 일종. 열대 및 아열대 지방에서 자라는 단향목 중에서 황색 나무는 황단(黃檀), 자색 나무는 자단이라 한다.

납매(《매원화보》) 　　　　　납매

안 납매가 알려진 것은 소식과 황정견으로부터 시
작되었는데, 지금은 매화와 그 품등을 나란히 한다.
우리나라의 원예를 공부하는 선비들 또한 납매씨를
사서 널리 번식시켜야 한다】

案 蠟梅之顯, 始自蘇、黃,
今與梅同其品第. 吾東學
圃之士, 亦宜購種傳殖也】

2) 심기와 가꾸기

씨가 익으면 씨를 물에 시험 삼아 담갔다가 가라
앉은 것을 심는다. 가을에 싹이 트고 잎이 나오면
물주기를 적당하게 한다. 4~5년 지나 꽃을 볼 수
있다.《군방보》[14]

다른 법: 뿌리 근처에서 절로 자라난 가지를 가져
다가 나누어 심으면 쉽게 나무가 된다.《군방보》[15]

種藝

子旣成, 試沈水者種之.
秋間發萌放葉, 澆灌得宜,
四五年可見花.《群芳譜》

一法: 取根旁自出者分栽,
易成樹. 同上

14 《二如亭群芳譜》, 위와 같은 곳.
15 《二如亭群芳譜》, 위와 같은 곳.

7. 석류화(石榴花)[1]

【안 석류는《만학지(晩學志)》에서 이미 상세하게 다루었으므로[2] 여기에서는 다만 꽃의 품등과 꽃에 물 주는 법만을 기록한다】

石榴花

【案 石榴已詳《晚學志》, 此特載花品及澆花之法】

1) 이름과 품종

【군방보】[3] 대홍색·분홍색·황색·백색 4가지가 있다. 또 해류(海榴, 바다 넘어온 석류화)는 바다 넘어 신라국(新羅國)에서 왔으며, 나무의 높이는 2척이다.[4] 황류(黃榴)는 꽃의 색깔이 약간 황색이고 백색을 띠며, 꽃은 보통의 석류화에 비해 약간 크다.

사계류(四季榴)는 사계절 내내 꽃이 피며, 가을에 열매를 맺는다. 열매가 막 벌어지자 마자 바로 뒤에 다시 꽃이 핀다. 화석류(火石榴)는 그 꽃이 불과 같이 붉고 나무는 매우 작다. 화분에 옮겨 심으면 제법 감상할 만하다. 또 가느다란 잎이 나는 다른 한 종 역시 아름답다.

병자류(餅子榴)는 꽃이 크지만 열매를 맺지 않는다. 번화류(番花榴)는 산동성(山東省)에서 나며, 꽃이

名品

【群芳譜】有大紅、粉紅、黃、白四色. 又有海榴, 來自海外, 樹高二尺. 有黃榴, 色微黃帶白, 花比常榴差大.

有四季榴, 四時開花, 秋結實. 實方綻, 旋後開花. 有火[1]石榴, 其花如火, 樹甚小. 栽之盆, 頗可玩. 又有細葉一種, 亦佳.

有餅子榴, 花大不結實. 有番花榴, 出山東, 花大於餅

1　석류화(石榴花) : 석류나무의 꽃. 석류나무는 쌍떡잎식물 도금양목 석류나무과의 낙엽소교목. 원산지는 이란·아프가니스탄·히말라야이고, 관산용 또는 약용으로 인가 부근에 많이 심는다.

2　석류는……다루었으므로 :《임원경제지 만학지》권2〈과일류〉"15. 석류(石榴)"에 자세히 보인다.

3　《二如亭群芳譜》〈亨部〉第6 "果譜" 3 '石榴'(《四庫全書存目叢書補編》80, 425~426쪽).

4　또……2척이다 :《양화소록(養花小錄)》〈석류화(石榴花)〉에 "《격물총화(格物叢話)》에서는 '또 바다 건너 신라국(新羅國)에서 온 석류를 해류(海榴)라고 한다(亦有來從海外新羅國者曰海榴)."라는 내용이 보인다. 원문에 없는 "신라국"은 이를 반영하여 옮겼다.

① 火 : 저본에는 "尖".《群芳譜·花譜·石榴花》에 근거하여 수정.

병자류(餠子榴)보다 크다. 다른 성(省)으로 옮겨 심으면 끝내 산동성에서 크고 화려하게 폈던 것만큼은 못하다. 이는 아마도 대개 땅의 기운이 다르기 때문일 것이다.

연중(燕中)5에는 겹백석류화·겹분홍석류화·겹황석류화·겹대홍석류화가 있다. 연중의 홑석류화는 다른 곳에서 피는 홑석류화와 달리 중심의 꽃잎이 마치 누대(樓臺)가 서 있는 모습과 같아서 '중대석류화(重臺石榴花)'라 한다. 꽃봉오리가 제법 크고, 색깔은 더욱 진한 홍색이다.

子. 移之別省, 終不若在彼大而華麗, 蓋地②氣異也.

燕中有千瓣白、千瓣粉紅、千瓣黃、千瓣大紅. 單瓣者比別處不同, 中心花瓣, 如起樓臺, 謂之"重臺石榴花". 頭頗大而色更深紅.

화경(花鏡) 6 7 석류 중에는 병체화(幷蔕花)8가 있다. 또 홍화백연(紅花白緣, 붉은 꽃잎에 흰 가장자리선)·백화홍연(白花紅緣, 흰 꽃잎에 붉은 가장자리선)도 있는데, 또한 기이한 품등이다.

花鏡 石榴有幷蔕花者. 又有紅花白緣、白花紅緣者, 亦異品也.

안 우리나라에서 나는 품종으로는 다만 홑꽃만 있어서, 사계류·병자류·중대석류화 등의 특이한 품종과 같은, 겹꽃 몇 품종은 보지 못했다. 석류씨를 사서 대를 널리 번식시켜야 한다】

案 吾東之産, 只有單葉, 千葉數種如四季、餠子、重臺等異種未之見焉. 宜購種傳殖也】

---

5 연중(燕中) : 중국 북경시(北京市)의 옛 지명이자 별칭. 연경(燕京)이라고도 한다.
6 화경(花鏡) : 중국 청나라의 문인 진호자(陳淏子, 1612~?)가 편찬한 원예 및 화훼 관련 서적. 부록으로 학·공작·사슴 등을 기르는 법이 수록되어 있다.
7 《花鏡》卷4〈花果類攷〉"石榴"(《中國農書叢刊》〈園藝之部〉, 198~199쪽).
8 병체화(幷蔕花) : 한 꽃받침에 꽃이 두 개 달린 꽃. 연리화(連理花)라고도 한다.
② 地 : 저본에는 "此".《二如亭群芳譜·亨部·果譜》에 근거하여 수정.

2) 물주기와 거름주기

석류나무는 마병수(麻餅水)[9]를 주면 꽃이 풍성해 진다. 《물류상감지》[10]

석류는 닭이나 오리털을 담근 물에 피설(皮屑)[11]을 넣은 다음, 털을 제거한 뒤에 물을 주어야 한다. 털은 거름이 되지 않기 때문이다. 《군방보》[12]

3) 품등

석류는 북경에서 자란 품종이 뛰어나다. 화분에 줄기를 심으면 수십 년이 지나도 높이가 2척이 되지 않는다. 그러나 늘어진 열매가 주렁주렁 열리고, 껍질과 씨의 홍색과 백색은 한결같이 그 꽃의 색을 따른다.

꽃은 피지만 열매를 맺지 못하는 석류를 '병자(餅子)'라 한다. 짙은 홍색석류·연한 홍색석류 2가지 품종은 모두 산림(山林)의 정자에서 감상할 만한 진품(珍品)이다. 그러나 열매를 맺지 못하는 병자(餅子)나무는 크기 때문에 책상 앞에 둘 물건은 아니다. 홑석류꽃에는 황색·백색·연한 홍색·짙은 홍색 4가지 종이 있으므로, 보관할 때는 품종이 다름을 표시해 두는 것이 좋다. 《학포여소》[13]

澆壅

石榴樹, 以麻餅水澆則花多.《物類相感志》

石榴, 宜以鷄、鴨毛浸水中加皮屑, 去毛以水澆之, 毛不肥故也.《群芳譜》

品第

石榴, 京師爲勝. 盆中有植幹, 數十年高不盈二尺. 而垂實纍纍, 皮、子之紅、白一隨其花.

花而不實者曰"餅子". 深紅、淡紅二種皆山亭之珍也. 然餅子樹大, 非几案前物. 單葉有黃、白、淺·深紅四種, 存以標異可也.《學圃餘疏》

---

9 마병수(麻餅水):참깨깻묵[麻餅]을 섞어 만든 물.
10 《說郛》卷22下〈物類相感志〉"花竹"(《文淵閣四庫全書》877, 295쪽).
11 피설(皮屑):곡식의 겨나 어류의 비늘, 피부에서 떨어져 나온 물질, 비듬 등을 가리키는 말. 여기서는 곡식의 겨를 뜻하는 듯하다.
12 《二如亭群芳譜》〈亨部〉第6 "果譜" 3 '石榴'(《四庫全書存目叢書補編》80, 426쪽).
13 《學圃雜疏》〈花疏〉(《叢書集成初編》1355, 4~5쪽).

석류(《야채박록》)

석류(《매원화보》)

민간에서는 겹석류 가운데 열매를 맺지 않는 석류를 '백엽류(百葉榴)'라 한다. 가지에 층이 있으며, 위는 뾰족하고 아래는 넓은 석류를 '백양류(柏樣榴)'라 한다. 줄기가 곧고¹⁴ 위로 높이 솟았으며, 마치 일산을 펼친 듯이 가지가 퍼져 있는 석류를 '주석류(柱石榴)'라 한다. 몇 그루가 떨기지어 나서 가지가 어지럽게 얽혀 있는 석류를 '수석류(藪石榴)'라 한다.

만약 석류를 화분에 올려 정원이나 정자의 완상거리로 삼고자 한다면 백엽류를 취해서 이를 잘 관리하여 백양류로 만들어야 한다【안 지금은 '주석류'를 상품(上品)으로 여긴다. 이 석류를 '능장류(稜杖榴, 각진 방망이모양의 석류)'라 부르는 이유는 또한 무성하게

俗謂千葉不結實者, 爲"百葉榴"; 層^③枝上尖下大者, 爲"柏樣榴"; 直幹上竦, 枝如張蓋者, 爲"柱石榴"; 數株叢生, 枝柯錯亂者, 爲"藪石榴".

苟欲登盆, 作庭榭之玩, 當取百葉榴, 葺理作柏樣【案 今以"柱石榴"爲上品. 呼爲"稜杖榴", 亦由科伐修葺而成也】.

---

14 줄기가 곧고 : 원문에는 없으나, 《양화소록》에 적힌 "직간(直幹)"을 반영하여 옮겼다.
③ 層 : 《養花小錄·石榴花》에는 "直幹層".

난 가지를 베고 잘 다듬어 만들었기 때문이다】.

그러나 석류는 꽃이 사랑스러울 뿐만 아니라, 그 붉은 열매가 주렁주렁 열리는 모습 또한 완상할 만 하다.《청천양화록》[15]

然榴非特花可愛，其朱實 離離，亦可玩也.《菁川養 花錄》

4) 보호하기

백엽류는 꽃이 필 때 다만 이슬 정도는 머금어도 괜찮지만, 빗물을 머금게 하거나 햇볕을 쪼여서는 안 된다. 햇볕을 쬐면 꽃색깔이 옅어지고, 빗물을 머금으면 꽃잎이 썩는다.《청천양화록》[16]

護養

百葉榴，花開時，只宜承 露，不可帶雨曝日．曝日 則花色淡，帶雨則花瓣腐. 《菁川養花錄》

석류나무꽃

석류나무 열매

---

15 《養花小錄》〈石榴花〉，188~189쪽.
16 《養花小錄》〈石榴花〉，187쪽.

8. 해당(海棠)[1]

海棠

1) 이름과 품종

名品

일명 '해홍(海紅)'이다.[2]

一名"海紅".

【이길보(李吉甫)[3] 화목기(花木記)[4][5] 일반적으로 꽃
이나 나무에 '해(海)'라는 글자로 이름하는 이유는 모
두 해외에서 왔기 때문이다. 해당과 같은 종류가 이
것이다.[6]

【 李氏 花木記 凡花木以
"海"爲名者, 悉從海外來,
是也.

심립(沈立)[7] 해당기(海棠記)[8][9] 해당은 촉(蜀) 지역에서

沈氏 海棠記 海棠盛於

---

1 해당(海棠) : 장미과의 낙엽 관목 또는 교목 말루스(*Malus*) 속 식물. 중국 원산의 꽃나무. 현재 해당화(*Rosa rugosa*)와는 매우 다른 식물인데, 조선 시대부터 혼용하여 사용하다가 근대 분류학 체계에서 그 혼용을 그
대로 채용하여 로사(*Rosa*) 속 식물이 해당화가 되었다. 이 외에 *Chaenomeles* 속 식물을 첩경해당이라 지칭
하기도 하였다.
2 일명 해홍(海紅)이다 : 《本草綱目》 卷30 〈果部〉 "海紅", 1767쪽에 보인다.
3 이길보(李吉甫) : 758~814. 중국 당나라의 지리학자. 자는 홍헌(弘憲). 어릴 때부터 공부를 좋아했고, 글을
잘 써서 태상박사(太常博士)가 되었다. 저서에 지리서 《원화군국도(元和郡國圖)》를 비롯하여 《원화백사
거요(元和百司擧要)》와 《육대략(六代略)》 등이 있다.
4 화목기(花木記) : 이길보(李吉甫)의 저서로, 해당과 관련된 내용을 담고 있는 저술로 추정된다. 원본은 일
실된 것으로 보이며, 송나라 진사(陳思, ?~?)가 지은 《해당보(海棠譜)》에 인용된 글로 전한다.
5 출전 확인 안 됨 ; 《二如亭群芳譜》 〈貞部〉 第1 "花譜" 1 '海棠'(《四庫全書存目叢書補編》 80, 682쪽); 《海棠
譜》 卷上 〈敍事〉(《文淵閣四庫全書》 845, 138쪽).
6 해당과……이것이다 : 원문의 "시야(是也)"를 옮긴 것이다. 《해당보(海棠譜)》에 "是"에 "여해당지류(如海棠
之類)" 5자가 있어서 이를 반영했다.
7 심립(沈立) : 1007~1078. 중국 북송(北宋)의 수리학자(水利學者)·장서가(藏書家). 자는 입지(立之). 대하
(大河)의 사적(事跡)과 고금의 장단점을 채록하여 《하방통의(河防通議)》를 저술했다. 치수(治水)하는 사
람들의 본보기가 되었다.
8 해당기(海棠記) : 심립(沈立)의 저서로, 해당화에 관한 고사, 시 등의 다양한 내용을 담고 있는 저술로 추정된
다. 원본은 일실된 것으로 보이며, 송나라 진사(陳思, ?~?)가 지은 《해당보(海棠譜)》에 인용된 글로 전한다.
9 출전 확인 안 됨 ; 《二如亭群芳譜》, 위와 같은 곳 ; 《海棠譜》 卷上 〈敍事〉(《文淵閣四庫全書》 845, 135쪽).

많이 난다. 강남(江南)에서 나는 해당은 '남해당(南海棠)'이라 이름한다. 그 뿌리 색깔이 누렇고 모습은 굳세게 서렸다. 그 나무는 단단하면서 마디가 많다. 목질의 바깥쪽은 희고 속은 붉다. 그 가지는 부드럽고 촘촘하며 쭉 뻗어 있다. 그 잎은 팥배나무[杜]와 비슷하며, 큰 잎은 옥색을 띤 녹색이고 작은 잎은 옅은 자색이다.

붉은 꽃잎 5장이 나는데, 처음에는 연지(臙脂)를 찍은 듯이 점점이 붉다가 활짝 피면 점차 색이 전체가 붉어진다. 그러다가 꽃이 지면 화장을 한 지 오래된 것처럼 옅은 분홍색이 된다. 꽃꼭지는 길이가 0.1척 남짓이며, 옅은 자색이다. 잎 사이로 3~5개의 꽃받침이 떨기지어 난다.

그 꽃술은 황금색 좁쌀[金粟]과 같고, 꽃술 속에는 자색 실과 같은 술 3개가 있다. 그 향은 몹시 맑아서 난초나 사향 못지 않다. 그 열매의 모양은 배와 비슷하며, 크기는 앵두만 하다. 가을이 되어 익으면 먹을 수 있다. 열매의 맛은 달면서 약간 시다.

본초강목 10 자금(紫錦, 자색 견직물의 일종)의 색과 같은 해당화가 정색(正色, 본연의 색)이다. 나머지는 모두 당리(棠梨, 팥배나무꽃)처럼 흰색일 뿐이다. 해당화는 향이 나지 않는다. 오직 촉(蜀)11 지역의 가주(嘉州)12에서 난

蜀, 其出江南者, 名"南海棠". 其根色黃而盤勁, 其木堅而多節, 其外白而中赤. 其枝柔密而修暢. 其葉類杜, 大者縹綠色, 而小者淺紫色.

其紅花五出, 初極紅如臙脂點點然, 及開則漸成纈暈, 至落則若宿粧淺粉矣. 其蔕長寸餘, 淡紫色. 於葉間或三蕚至五蕚爲叢而生.

其蕊如金粟, 蕊中有鬚三如紫絲. 其香淸酷, 不蘭不麝. 其實狀如梨, 大若櫻桃, 秋熟可食. 其味甘而微酸.

本草綱目 海棠花似紫錦色爲正, 餘皆棠梨耳. 海棠花不香, 惟蜀之嘉州者有香而木大. 有黃海棠, 花

10 《本草綱目》卷30〈果部〉"海紅", 1768쪽.
11 촉(蜀) : 중국 사천성(四川省) 일대의 옛 지명.
12 가주(嘉州) : 중국 사천성(四川省) 동산시(東山市) 일대의 옛 지명.

품종만 향이 나고 나무가 크다. 황해당(黃海棠)은 꽃이 황색이다. 첩간해당(貼幹海棠)은 꽃이 작고 선명하다. 수사해당(垂絲海棠)은 꽃이 분홍색이며 아래로 늘어진다. 이 해당 모두는 씨가 없어서 진짜 해당이 아니다.

黃. 貼幹海棠, 花小而鮮. 垂絲海棠, 花粉紅向下. 皆無子, 非眞海棠也.

案 이백(李白)[13]의 시 주석에, "해홍(海紅)은 바로 꽃 이름으로, 신라국(新羅國)에서 난다."[14]라 했다. 그렇다면 해당은 본래 우리나라에서 난 것이다. 그러나 지금 민간에서 말하는 해당의 종류는 모두 가지가 떨기지어 나고, 가시가 많으며, 꽃이 피지만 열매를 맺지 않는다.

案 李白詩註云 "海紅乃花名, 出新羅國", 則海棠固吾東産也. 然今俗所謂海棠類, 皆叢枝多刺, 花而不實.

무릇 해당이 당(棠)이라는 이름을 얻은 까닭은 바로 그 열매가 당두(棠杜, 팥배나무열매)와 비슷하기 때문이다. 그러니 만약 열매를 맺지 않는다면 어찌 함부로 당(棠)이라는 이름을 붙일 수 있겠는가?

夫海棠之得棠名, 政以其實之類棠杜也. 苟其無實, 則安得冒棠名也?

내가 금화(金華)[15]산장에서 살 때 뒷산 기슭에 작

余居金華山莊, 後麓有小

---

13 이백(李白): 701~762. 중국 당(唐)나라의 시인. 자는 태백(太白), 호는 청련거사(靑蓮居士). 두보(杜甫)와 함께 중국 최고의 시인으로 꼽힌다.

14 해홍(海紅)은……난다:《이태백집주(李太白集注)》卷24〈고근체시(古近體詩)〉"이웃집 여인 동쪽 창가에 자라는 해석류(海石榴)를 읊다(詠鄰女東窓海石榴)"에 보인다. 제목의 주(註)에 "신라에는 해홍이 많다(新羅多海紅)."라는 내용이 보인다.

15 금화(金華): 경기도 양주목 유양(維楊, 경기도 양주시 유양동의 옛 지명)의 불곡산(佛谷山, 해발 465m) 남서쪽 기슭에 있던 옛 지명. 금화의 위치에 대해서는 경기도 포천시 영중면 금화봉 일대라는 주장(조창록, 진재교 등)이 있다. 금화의 위치 비정은《임원경제지》연구에서 매우 중요한 정보이므로, 내용이 다소 길어지더라도 여기에서 설명하기로 한다. 금화가 유양에 있다는 주장의 주된 근거로, 다음의 세 가지를 제시한다.

① 서유구가 유양에 거주했을 때 그의 어머니와 나눈 대화의 내용이 다른 기사에서는 유양 대신 '금화산장'에 있었을 때로 표현되었다는 점이다. 다음의 두 기사가 제시한 그 사례이다.

"昔在己巳(1809년), 吾兄弟侍先妣于金華山莊也, 先妣命諸子言志. 余率爾對曰:'願得一邱一壑, 兄弟四人, 衡宇相望, 置公田給口食, 如象山之陸, 賦絲綿獻事功, 如莆田之鄭, 是小子志也.'先妣莞爾曰:'汝能成此志, 吾傳食於四子, 樂哉!'"《楓石全集 金華知非集》卷3 "與季弟士忱書")

"其在維楊也, 命諸子言志. 有榘對曰:'願得一邱一壑, 兄弟四人, 衡宇相望, 置公田給口食, 如象山之陸, 賦繭縣獻事功, 如莆江之鄭, 是小子志也, 先妣莞爾曰:'汝之志, 卽吾志也. 汝能此, 吾傳食於四子, 以娛我晚景, 樂哉!'"《楓石全集 金華知非集》卷8 "書本生先妣貞夫人韓山李氏遺事") 원문은 한국고전종합DB에

서 가져왔고, 표점은 정명현이 추가했다(이하《楓石全集 金華知非集》의 인용문도 동일).

② 양주목 관아(경기도 양주시 부흥로1399번길 15, 유양동 141-1) 내에 '금화정(金華亭)'이라는 정자가 있었고, 그 금화(金華)라는 한자가 동일하다. 금화정은 현재도 그 위치에 복원되어 있다. 금화산장은 금화정이 있는 금화동(金華洞)의 이름을 딴 것이다. 양주관아가 있던 곳은 불곡산 남쪽이다. 이 불곡산을 금화산으로도 불렀는지에 대해서는 확인되지 않았다.

③ 금화산장에서 경기도 안협으로 여행했을 때의 서유구 여정에서도 금화산장은 유양에 있음을 알려준다. 서유구는 금화산장에 있을 때, 안협(安峽, 북한의 강원도 철원군 철원읍 지역)에 있는 사견(四堅)을 다녀온 적이 있었다. "사견(四堅)이란 곳의 기이함에 대해 내가 들은 지 오래되었지만 구경해본 적이 없었다. 기사년(1809) 금화산장에 있을 때, 이웃 친구 최중수(崔仲受)와 함께 2월 신축(辛丑)일에 사견을 향해 길을 떠났다. 점심 때는 가정점(柯亭店, 경기도 동두천시 동두천동)에서 쉬었다. 가정점은 산에 의지한 촌락이 상당히 번성했고, 앞들은 광활했기 때문에 역시 경기 북부에서 거주할 만한 곳이었다. 대탄(大灘, 한탄강)을 건너 저녁은 연천 통연점(通硏店, 通峴이라고도 함. 경기도 연천군 연천읍 통현리)에서 묵었다. (중략) 다음날 임인(壬寅)일 아침에 연천읍을 지났다. (중략) 저녁에 안협읍에 도착했다. 四堅之奇、余耳之久而未之賞焉。歲己巳(1809년)在金華山莊、偕鄰友崔仲受、以二月辛丑發行、午憩于柯亭店、依山村落頗殷盛、前坪平闊、亦畿北可居地也。涉大灘夕宿漣川 通硏店。(중략) 壬寅朝過漣川邑、(중략) 夕抵安峽邑。"《楓石全集 金華知非集》卷五"四堅記".

그 여정은 금화산장→가정점→한탄강→통연점→연천읍→안협읍→사견의 순서였다. 《楓石全集 金華知非集》의 이 기사와 비슷한 내용이 서유구가 지은《금화경독기》에도 나온다. 다만 이때는 '금화산장'이 유양(維楊)이라는 지명으로 대신 적혀 있다. 이 역시 금화산장이 유양에 있었음을 보여주는 증거이다. "지난 기사년 봄 내가 유양에 있었을 때, 이웃 친구 최중수와 안협의 사견을 가서 본 적이 있었다. 往在己巳(1809년)春、余在維楊、與鄰友崔仲受、往見安峽 四堅。"(권4, "四堅") 서유구 준평 저, 진재교 외 역,《금화경독기》, 자연경실, 2019, 321쪽.

가정점은 양주시 북쪽, 현재 동두천시 동두천동 일대에 있던 곳이다. 가정점과 양주 치소는 약 40리의 거리에 있었다. 서유구는《임원경제지 상택지》에서, 경기도의 명당 중 '가정자(柯亭子)'를 소개하는 항목을 통해 다음과 같이 가정자의 위치와 명당으로서의 특징을 알려 주었다. 가정자는 가정점이 있던 곳과 같다.

"금화경독기 양주 고을 치소에서 북쪽으로 40리 떨어진 곳에 있으며, 소요산(逍遙山) 아래이다. 짧은 산기슭이 들판을 가로막고 있고 앞들은 광활하다. 통북대로(通北大路, 지금의 3번 국도 코스와 거의 유사한 도로) 곁에 있어서 가게와 객사들이 줄지어 서 있고 동북 해안 지방의 해산물을 수송한다. 오직 양주 사람들이 불곡산(佛谷山) 이북의 좋은 명당을 헤아릴 때는 가정자를 제일 먼저 꼽는다. 지금은 사인(士人) 고씨(高氏)들이 산다." 풍석 서유구 지음, 임원경제연구소 옮김,《임원경제지 상택지》, 풍석문화재단, 2019, 345쪽.

이에 따르면, 가정자가 양주 치소에서 40리 떨어진 곳에 있었다. 지금 도로의 길이로 잴 때 약 19.5km이다. 이 도로는 조선 시대와 그 코스가 변하지 않았기 때문에 조선 때의 도로 길이와 큰 차이가 나지 않는다. 금화산장에서 연천까지 가는 길은, 현재의 양주시 유양동에서 98번 지방도로를 타고 동쪽으로 갔다가, 3번 국도를 따라 북쪽 연천군청 쪽으로 가는 길과 거의 일치한다. 이렇게 볼 때, 금화산장에서 가정점까지는 걸어서 4~5시간이면 갈 수 있는 거리여서 아침에 금화산장을 출발하여 점심 때 충분히 도착할 수 있다.

금화산장이 유양의 어느 곳에 있었는지 그 구체적인 위치를 비정하기는 어렵다. 하지만 서유구의 농서《행포지(杏蒲志)》의 다음과 같은 내용에서 이에 조금 더 접근할 수 있는 언급을 확인할 수 있다. "내가 금화산장에 살았을 때, 그곳은 서쪽으로 읍내[邑鄙]와 접했고 동쪽으로 빈 들판으로 통해 있었다. 이른 봄마다 버들을 완상할 때 서쪽에서는 이미 어린 초록 싹들이 하늘거렸지만, 동쪽에서는 아직도 싹이 나지 않아 스산했다. 얼마 떨어지지 않은 땅에서 이렇게 판이하게 다르니, 그(인가가 많은 곳은 연기가 많기 때문에 그렇지 않은 곳보다 온도가 더 높은) 이유를 알 만하다. 余居金華山莊、其地西接邑鄙、東通虛野、每早春賞柳、西邊已嫩綠裊裊、而東邊尙蕭索、跬步之地判若異候、其故可知矣。"《杏蒲志》卷3 '總論果蓏'(《農書》36, 170쪽). 이로 볼 때, 금화산장은 양주 치소가 있던 읍내에서 서쪽으로 조금 떨어진 곳이었음을 추측할 수 있다. 지금 행정구역으로는 경기도 양주시 유양동의 서쪽 끝이나, 그 서쪽에 있는 백석읍의 동쪽 끝 즈음에 금화산장이 있었을 것이다. 김대중 교수도 금화산장이 유양에 있었다는 의견을 피력하면서도, 이보다는 조창록 박사의 견해를 받아들였다(김대중,《풍석 서유구의 산문연구》, 돌베개, 2018, 45쪽 주 41번). 서유구는 또 각심촌(角心村)에서 임시로 산 적이 있다고 자신의 문집에서 1회 언급했는데, 이곳이 유양에 있다고 한 점으로 보아 각심촌은 금화산장이 있었던 마을이었거나 이웃 마을로 추정된다. "昔余僑寓維楊之角心村、距此直牛鳴地耳."《楓石全集·金華知非集》卷5〈記〉"居然亭記". 이전에는 각심촌이 노원(서울시 노원구)(김대중, 위와 같은 책, 53쪽) 또는 평구역촌(경기도 남양주시 삼패동에 있던 평구역(平邱驛)을 중심으로 형성된 역마을. 조창록,《楓石

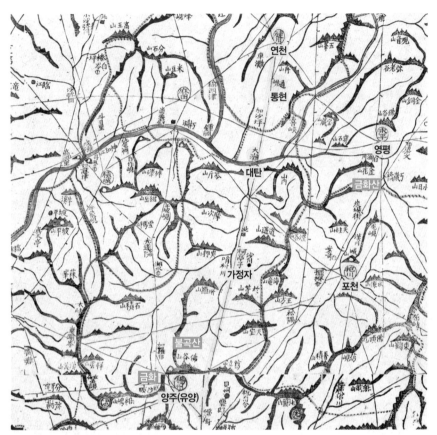

금화의 위치 추정(대동여지도)

徐有榘에 대한 한 硏究》, 성균관대학교 박사학위논문, 2002, 87쪽)에 있었다는 주장이 있었다.

조창록 등의 주장대로 금화산장이 포천시 영중면에 있는 금화산에 있었다면, 안협을 가기 위해 굳이 서쪽에 있는 가정점까지 올 필요가 없다. 그 사이에 해룡산(661m)·왕방산(737m)·소요산(588m)으로 이어지는 남북방향의 긴 산이 가로막혀 있기도 했고, 한탄강으로 합류하는 영평천을 따라 난, 연천으로 바로 가는 가까운 길이 있었기 때문이다.

금화의 위치가 어디였는지는, 《임원경제지》의 주요 인용문헌이 《금화경독기》이기 때문에, 역자 중 한 명인 정명현이 오래전부터 관심을 두고 있었다. 서유구가 귀농생활을 했을 때, 파주의 장단 지역에서만 있었는지를 명확하게 밝혀야 했기 때문이다. 금화가 포천에 있다는 주장이 있었지만, 이 주장은 여러 정황상 받아들이기 어려웠다. 그러던 2019년 추석 연휴에, 포천 지역의 문화유산을 함께 연구하던 정승진 교수님(성균관대 동아시아학술원) 부부께서 양주관아지를 답사하자는 제안을 했다. 그때 양주관아지를 둘러보면서 금화정을 발견하고서는 십수년 간 묵혀 두었던 탄성이 절로 나왔다. 《금화경독기》·《금화지비집》 등의 저술명에 나오는 금화라는 지명이 여기에서 유래되었음을 직감했기 때문이다. 금화가 양주의 유양에 있었다는 사실은, 서유구가 1806년 홍문관 부제학을 사직하고 곧바로 장단으로 돌아가지 않았고, 적어도 3년 동안은 조선 때의 양주목(楊州牧) 일대에서 활동했었음을 알려준다. 서유구와 《임원경제지》에 대한 연구는 이 사실을 의미 있게 고려해야 할 것이다. 금화 위치에 대해서 김대중 교수님(서울대 국문과)께서도 훌륭한 견해를 밝혀 주셔서 여기에 반영했다.

은 나무가 떨기지어 났다. 봄에 꽃이 필 때는 붉은 꽃잎 5장이 나며, 색깔이 매우 선명하면서 곱고, 열매가 마치 모과(木瓜)와 같았다. 그래서 여기 작은 마을의 사람들이 이를 가리켜 모과라고 불렀다. 하지만 이는 모과가 아니다.

심립(沈立)의 《해당기(海棠記)》를 살펴보니, 잎·꽃받침·꽃·꽃술이 하나하나 서로 들어맞았다. 이로 인해 나는 비로소 우리나라에 자생하는 진짜 해당이 있다는 사실을 알게 되었다. 그러나 사람들은 스스로 이를 알지 못했다. 지금 칭하는 해당은 모두 홍장미(紅薔薇)의 종류이다.

강원도와 황해도의 바닷가에 또한 금사해당(金沙海棠, 금빛 모래에서 나는 해당)이란 것이 있다. 이 해당은 뿌리와 잎이 없고, 해안가 모래사장에 흩어져 나며, 꽃색깔은 짙은 홍색이다. 멀리서 바라보면 마치 꽃이 땅에 점점이 떨어져 있는 듯하다. 이는 해당이 아니고, 별개로 다른 종류의 식물이다】

樹叢生, 春開五出紅花, 色極鮮娟, 結實如木瓜, 而小村人指爲木瓜, 而非木瓜也.

考諸沈立《海棠記》, 其葉、萼、花、蕊節節相符. 始知吾東自有眞海棠, 而人自不識也. 今所稱海棠, 皆紅薔薇之類.

關東、海西近海之地, 又有金沙海棠, 無根無葉, 散生濱海沙地, 色深紅. 望若落花點地, 別是一種草本也】

양주관아지에 복원된 금화정

금화정 안내판(이상 임원경제연구소)

2) 알맞은 토양

해당을 심을 때는 부드럽고 기름진 땅이 좋다. 심립《해당기》[16]

土宜

種宜壚壤膏沃之地. <u>沈立</u>《海棠記》

3) 파종 시기

매년 동지 전후에 바로 해당을 구덩이에 옮겨 심어야 한다.《장춘비용(長春備用)[17]》[18]

時候

每歲冬至前後, 正宜移掇窠子.《長春備用》

4) 심기와 가꾸기

해당은 본성이 대부분 배나무와 비슷하다. 씨를 심어 나는 해당은 십 수 년이 지나야 꽃이 핀다.《해당기》[19]

種藝

海棠, 性多類梨. 核生者十數年方有花.《海棠記》

첩경해당(貼梗海棠)[20]은 12월에 뿌리 옆으로 작은 도랑을 만든 다음 가지를 도랑에 끌어내려 땅에 대고 거름흙으로 북주면 절로 뿌리를 낼 수 있다. 이듬해 10월에 가지를 자르고, 그 이듬해 2월에 옮겨 심는다.《해당기》[21]

貼梗海棠, 臘月于根傍開小溝, 攀枝着地, 以肥土壅之, 自能生根. 來年十月截斷, 二月移栽. 同上

서부해당(西府海棠, 배나무에 첩경해당을 접붙인 해당)은 봄에 뿌리 옆으로 난, 크기가 작은 해당을 가져다 심으면 또한 쉽게 살아난다. 또 가지를 꽂아 뿌리내

西府, 春月取根側小本種之, 亦易活. 又可以枝挿. 同上

---

16 출전 확인 안 됨;《二如亭群芳譜》, 위와 같은 곳;《海棠譜》, 위와 같은 곳.

17 장춘비용(長春備用): 미상.

18 출전 확인 안 됨;《二如亭群芳譜》, 위와 같은 곳;《海棠譜》卷上〈敍事〉《文淵閣四庫全書》845, 138쪽).

19 출전 확인 안 됨;《二如亭群芳譜》, 위와 같은 곳;《海棠譜》卷上〈敍事〉《文淵閣四庫全書》845, 135쪽).

20 첩경해당(貼梗海棠): 장미과 모과속 낙엽관목. 가시가 있다. 중국에서는 추피모과(皺皮木瓜)라고 한다.

21 출전 확인 안 됨;《二如亭群芳譜》, 위와 같은 곳;《海棠譜》, 위와 같은 곳.

리게 할 수도 있다. 《해당기》[22]

5) 접붙이기

도성에서 나무 접붙이기를 하는 장인들은 대부분 해당의 어린 가지를 배나무에 접붙여서 붙이면 쉽게 무성해진다. 《해당기》[23]

앵두나무에 첩경해당을 접붙이면 수사해당이 되고, 배나무에 첩경해당을 접붙이면 서부해당이 된다. 어떤 사람은 "서하류(西河柳)[24]로 접붙이기를 해도 좋다."라 했다. 《군방보》[25]

해당화는 색깔이 붉다. 하지만 모과나무로 접붙이면 색깔이 하얘진다. 《장락지(長樂志)[26]》[27]

6) 물주기와 거름주기

해당을 구덩이에 옮겨 심을 때는 수시로 거름물[肥水]을 뿌려 주고 깻묵가루를 넣어 만든 거름흙으로 덮고, 뿌리 아래쪽을 북돋아 두텁게 꼭꼭 다져

接換

都下接工, 多以嫩枝附梨而贅之則易茂.《海棠記》

櫻桃接貼梗, 則成垂絲; 梨樹接貼梗, 則成西府. 或云: "以西河柳接亦可."《群芳譜》

海棠色紅, 以木瓜接之則色白.《長樂志》

澆壅

移掇窠子, 隨手使肥水澆, 以盦過麻屑糞土, 壅培根底, 使之厚密. 纔到春暖,

---

22 출전 확인 안 됨;《二如亭群芳譜》, 위와 같은 곳.
23 출전 확인 안 됨;《二如亭群芳譜》, 위와 같은 곳;《海棠譜》, 위와 같은 곳.
24 서하류(西河柳) : 중국 원산으로, 쌍떡잎식물 제비꽃목 위성류(渭城柳)의 일종인 정류(檉柳). 정류의 어린 가지와 잎은 한약재로 활용되는데, 풍사(風邪)를 없애고 표증(表證)을 풀며 소변이 잘 나오게 하는 효능이 있다.
25 《二如亭群芳譜》, 위와 같은 곳.
26 장락지(長樂志) : 중국 송나라 양극가(梁克家, 1128~1187)가 저술한 송 효종(宋孝宗) 순희(淳熙) 연간 복주(福州) 지방의 지방지(地方志). 지리(地理)·공해(公廨)·판적(版籍)·재부(財賦)·병방(兵防)·질관(秩官)·인물(人物)·사관(寺觀)·토속(土俗) 등 총 9개 부문이 실려 있다.《삼산지(三山志)》라고도 한다.
27 출전 확인 안 됨;《二如亭群芳譜》, 위와 같은 곳.

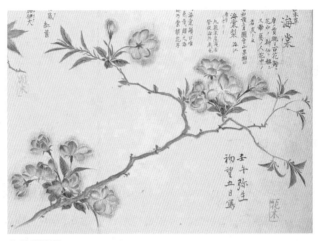

해당(《매원화보》)

준다. 봄이 되어 따뜻해지면 가지와 잎이 자연스럽게 크게 자라며, 꽃도 무성하고 촘촘하게 필 것이다.《장춘비용》[28]

則枝葉自然大發, 着花亦繁密矣.《長春備用》

해당의 꽃이 선명하고 번성하게 하려면, 반드시 동짓날 이른 아침에 술지게미 탄 물[糟水]을 뿌리 아래에 뿌려 준다.《계암만필(戒菴漫筆)[29]》[30]

海棠欲花鮮而盛, 須冬至日早以糟水澆根下.《戒菴漫筆》

어떤 이는 "이 꽃은 향이 나지 않고 악취를 꺼린다. 그러므로 똥물을 주어서는 안 된다."라 했다. 또 어떤 이는 "오직 첩경해당만이 똥물을 꺼린다. 서부

一云: "此花無香而畏臭, 故不宜灌糞." 一云: "惟貼梗忌糞. 西府、垂絲亦不

---

28 출전 확인 안 됨;《二如亭群芳譜》〈貞部〉第1 "花譜" 1 '海棠'(《四庫全書存目叢書補編》80, 683);《海棠譜》卷上〈敍事〉(《文淵閣四庫全書》845, 138쪽).

29 계암만필(戒菴漫筆):중국 명나라의 문인 이후(李詡, 1506~1593)가 저술한 책. 본래 이름은《계암노인만필(戒菴老人漫筆)》이다. 명나라의 중요한 필기 자료 중 하나로, 명대(明代)의 정치·경제·전장 제도 등에 관하여 기술하고 있다.

30《戒菴老人漫筆》卷8〈海棠〉(《續修四庫全書》1173, 832~833쪽).

해당과 수사해당은 또한 그리 많이 꺼리지는 않는
다. 다만 다른 거름과 섞이지 않은 똥을 싫어할 뿐
이다."라 했다.《군방보》[31]

甚忌, 止惡純糞耳."《群芳
譜》

7) 관리

해당은 꽃이 지고 열매가 맺히면 잘라 낸다. 그러
면 이듬해에 꽃이 무성하게 피고 잎은 나지 않는다.
《쇄쇄록(瑣碎錄)[32]》[33]

葺理

海棠, 候花謝結子, 翦去.
來年花盛無葉.《瑣碎錄》

8) 치료하기

해당에 꽃이 피지 않을 때는 이미 꽃이 핀 해당

醫治

海棠不花, 取已花之木納

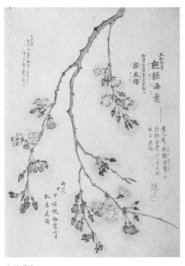

수사해당

해당(이상 《매원화보》)

---

31 《二如亭群芳譜》, 위와 같은 곳.
32 쇄쇄록(瑣碎錄):중국 송나라의 의학자 온혁(溫革, 1006~1076)의 저술《분문쇄쇄록(分門瑣碎錄)》. 내용
은 섭생을 통한 양생법을 주로 서술하고 있다.
33 《分門瑣碎錄》〈花〉 "雜說"《續修四庫全書》975, 59쪽);《海棠譜》, 위와 같은 곳.

해당

첩경해당(명자나무)

나무를 가져다 뿌리와 밑동 사이에 넣으면 바로 꽃 이 핀다. 《군방보》[34]

于根跗間, 卽花. 《群芳譜》

---

34 《二如亭群芳譜》, 위와 같은 곳.

9. 장미(薔薇)¹

薔薇

1) 이름과 품종

일명 '자홍(刺紅)', '산조(山棗)', '우극(牛棘)', '우륵(牛勒)', '매소(買笑)'이다.²

【군방보³】 덩굴로 뻗은 몸체가 떨기지어 나며, 줄기는 청(靑)색이고 가시가 많다. 홑꽃이면서 흰 장미가 더욱 향이 짙다. 열매는 '영실(營實)'이라 이름한다.

그 종은 다음과 같다. '주천장미(朱千薔薇)'는 적색에 잎이 많고 꽃이 크면서 잎이 거칠다. 가장 먼저 핀다. '하화장미(荷花薔薇)'는 겹꽃에 꽃이 붉고 모양이 하화(荷花, 연꽃)와 비슷하다.

'자매퇴(刺梅堆)'는 겹꽃에 색깔은 대홍색이며, 마치 수를 놓아 이루어진 듯하다. 가장 나중에 핀다. '오색장미(五色薔薇)'는 꽃에 또한 꽃잎이 많으면서 크기가 작고, 가지 1개에 5~6송이가 핀다. 진한 홍색과 옅은 홍색의 구별이 있다.

名品

一名"刺紅", 一名"山棗", 一名"牛棘", 一名"牛勒", 一名"買笑".

【群芳譜】 藤身叢生, 莖靑多刺. 花單而白者更香. 結子名"營實".

其種: 日"朱千薔薇", 赤色多葉, 花大葉粗, 最先開. 日"荷花薔薇", 千葉花紅, 狀似荷花.

日"刺梅堆", 千葉色大紅, 如刺繡所成, 開最後. 日"五色薔薇", 花亦多葉而小, 一枝五六朶, 有深紅、淺紅之別.

---

1 장미(薔薇) : 장미과에 속하는 낙엽 관목 로사(*Rosa*) 속 식물의 일종. 매년 늦봄에서 초여름에 한번만 핀다. 적어도 조선 전기부터 연중 개화하는 장미류인 사계화와 구별하여 사용했다.

2 일명……매소(買笑)이다 : 《二如亭群芳譜》〈貞部〉第2 "花譜" 2 '薔薇'(《四庫全書存目叢書補編》80, 734쪽)에 보인다.

3 《二如亭群芳譜》〈貞部〉第2 "花譜" 2 '薔薇'(《四庫全書存目叢書補編》80, 734~735쪽).

'황장미(黃薔薇)'는 색깔이 짙고 꽃이 크며 운치가 우아하고 자태가 아름답다. 자색 줄기의 가지런히 난 가지에 꽃이 무성하여 사랑스럽다. 장미 중의 상품이다. '담황장미(淡黃薔薇)'와 '아황장미(鵝黃薔薇)'는 쉽게 무성해지지만 오래 피어 있기 어렵다. '백장미(白薔薇)'는 '매괴(玫瑰)'⁴와 비슷하다.

또 자(紫)장미·흑장미·육홍(肉紅)⁵장미·분홍장미·4장 꽃잎 장미·겹꽃이 두텁게 포개진 장미도 있다. 장사천엽[長沙千葉, 장사(長沙)⁶ 지역에서 나는 겹장미꽃]은 개화 시기가 봄에서 여름까지 이어진다. 맑고도 향기로워 사람의 마음에 든다.

별도로 '야장미(野薔薇, 들장미)'가 있다. '야객(野客)'이라 불리며 흰 눈처럼 분홍색을 띠며, 향이 더욱 짙고 강렬하다. 그 밖에 보상(寶相)⁷·금발우(金鉢盂)⁸·불견소(佛見笑)⁹·칠자매(七姊妹)¹⁰·십자매(十姊妹)¹¹와 같은 장미는 생김새가 서로 비슷하고 심는 법 역시 같다】

日"黃薔薇", 色密花大, 韻雅態嬌. 紫莖修條, 繁夥可愛, 薔薇上品也. 日"淡黃薔薇", 日"鵝黃薔薇", 易盛難久. 日"白薔薇", 類"玫瑰".

又有紫者、黑者、肉紅者、粉紅者、四出者、重瓣厚疊者. 長沙千葉者, 開時連春接夏, 清馥可人.

別有"野薔薇", 號"野客", 雪白粉紅, 香更郁烈. 他如寶相、金鉢盂、佛見笑、七姊妹、十姊妹, 體態相類, 種法亦同】

---

4 매괴(玫瑰):아래 '15. 매괴'에 자세히 보인다.
5 육홍(肉紅):살색. 사람 살갗의 불그스름한 색깔과 비슷하다.
6 장사(長沙):중국 호남성(湖南省) 장사시(長沙市) 일대.
7 보상(寶相):장미의 일종. 빈화(蘋花, 부평초)의 별칭으로도 쓰인다.
8 금발우(金鉢盂):장미의 일종으로 추정된다. 발우(鉢盂)는 절에서 부처 또는 승려들이 사용하는 식기(食器)인 바릿대이다.
9 불견소(佛見笑):장미의 일종. 부처의 장엄한 모습이라는 의미의 보상(寶相), 승려들이 사용하는 식기구를 의미하는 금발우(金鉢盂), 부처가 보고 웃는다는 의미의 불견소(佛見笑) 등 불교적인 성향을 강하게 띠고 있음을 알 수 있다. 왜 이러한 성향을 나타내고 있는지에 대한 이유는 명확하지 않다.
10 칠자매(七姊妹):야장미(野薔薇, 들장미)의 일종. 겹꽃에 짙은 분홍색을 띤다. 항상 7~10송이가 떨기지어 자라며, 향이 짙다. 십자매(十姊妹)라고도 한다.
11 십자매(十姊妹):야장미(野薔薇, 들장미)의 일종. 꽃송이의 개수에 따라 칠자매(七姊妹)라고도 한다.

야장미의 일종인 찔레나무

사계장미가시와 새 잎(본문의 장미와는 다르다)

분홍 사계장미(이상 임원경제연구소, 한밭수목원에서 촬영)

2) 파종 시기 時候

망종(芒種, 양력 6월 5·6일경) 및 3~8월에 모두 꺾꽂 芒種及三八月, 皆可挿.
이할 수 있다. 《군방보》[12] 《群芳譜》

입춘에도 꺾꽂이할 수 있다. 《군방보》[13] 立春亦可挿. 同上

3) 심기와 가꾸기 種藝

휘묻이[壓枝]가 최상이고, 꺾꽂이[扦枝]가 그 다음 壓枝爲上, 扦枝次之. 《浣

---

12 《二如亭群芳譜》〈貞部〉第2 "花譜" 2 '薔薇'(《四庫全書存目叢書補編》80, 735쪽).
13 《二如亭群芳譜》, 위와 같은 곳.

이다. 《완화잡지》[14]

입춘에 그 해에 난 가지를 꺾되, 밑동째 꺾어 그늘지고 기름진 땅에 꽂고 흙을 단단히 다진다. 이때 가지의 옆쪽 껍질을 상하게 하지 않도록 하면서 흙 밖으로 0.1척 정도 나오도록 남겨 둔다. 그보다 길면 쉽게 시들기 때문이다. 《군방보》[15]

황장미는 초봄이 되어 싹이 돋아나려고 할 때 긴 가지를 흙속에 눕혀 놓는다. 양쪽 끝을 각각 0.3~0.4척 남겨 두고 흙으로 묻으면 곧바로 살아난다. 반드시 하늘은 보이지만 해가 들지 않는 곳이어야 한다. 어떤 이는 "망종일에 꺾꽂이하면 또한 살아난다."라 했다. 《군방보》[16]

초봄에 포기를 나누어 옮겨 심는다. 《증보산림경제》[17]

4) 물주기와 거름주기
개펄 진흙에 쉽게 싹이 돋아나고, 누런 진흙이 그 다음이다. 《완화잡지》[18]

花雜志》

立春折當年枝, 連榾槸挿陰肥地, 築實. 其傍勿傷皮, 外留寸許. 長則易瘁. 《群芳譜》

黃薔薇, 春初將發芽時, 取長條臥置土內, 兩頭各留三四寸卽活. 須見天不見日處. 一云: "芒種日挿之亦活." 同上

春初分根栽之. 《增補山林經濟》

澆壅
潮泥易發, 黃泥次之. 《浣花雜志》

---

14 출전 확인 안 됨.
15 《二如亭群芳譜》, 위와 같은 곳.
16 《二如亭群芳譜》, 위와 같은 곳.
17 《增補山林經濟》卷4〈養花〉"薔薇"(《農書》3, 243쪽).
18 출전 확인 안 됨.

장미((야채박록))

거름은 많이 주면 안 된다. 《초화보(草花譜)》[19]	肥不可多. 《草花譜》

5) 관리

꽃이 떨어질 때 그 꼭지를 봉선화 꼭지 따는 법처럼 따버리면 꽃이 끝없이 핀다. 《군방보》[20]

장미는 울타리에 얽혀 자라기를 좋아한다. 《초화보》[21]

葺理

於花卸時, 摘去其蒂如鳳仙法, 花發無已. 《群芳譜》

薔薇喜屛結. 《草花譜》

6) 치료하기

가지 끝부분에 벌레가 생길 때 은(銀)을 제련하던 곳의 화로 재를 볶아서 뿌리면 벌레가 모두 죽는다.

醫治

腦生蒡蟲, 以煎銀店中爐灰撒之, 則蟲盡斃. 《草花

---

19 출전 확인 안 됨;《遵生八牋》卷16〈燕閑淸賞牋〉下 "四時花紀" '薔薇花'(《遵生八牋校注》, 616쪽).
20 《二如亭群芳譜》, 위와 같은 곳.
21 출전 확인 안 됨;《遵生八牋》, 위와 같은 곳.

분홍색 사계장미

노란색 사계장미

흰 사계장미(이상은 연중 내내 개화한
다. 임원경제연구소)

《초화보》22   譜》

벌레가 생기면 생선 부산물 삭힌 액을 뿌린다.   如生蒡蟲, 以魚腥水澆之.
《군방보》23   《群芳譜》

22　출전 확인 안 됨;《遵生八牋》, 위와 같은 곳.
23　《二如亭群芳譜》, 위와 같은 곳.

10. 자미화(紫薇花, 배롱나무)[1]

紫薇花

1) 이름과 품종

일명 '백일홍(百日紅)', '파양수(怕痒樹)'이다.[2]

名品

一名"百日紅", 一名"怕痒樹".

【삼재도회(三才圖會)】[3][4] 자미(紫薇)는 민간에서 '백일홍'이라 이름한다. 그 껍질을 긁어 간지럽히면 나무가 절로 흔들리므로 '파양수(怕痒樹)'라고도 이름한다. 백자미화·분홍자미화·남(藍)자미화가 있는데, 모두 자미화로 접붙인 것이다.

【三才圖會】紫薇俗名"百日紅". 搔其皮則樹自動, 故又名"怕痒樹". 有白薇、粉薇、藍薇, 俱用紫薇過枝.

【격물총론(格物總論)】[5][6] 자미수(紫薇樹)는 몸체가 빛나고 매끄러워서 민간에서는 '후자탈(猴刺脫)'이라 부른다. 꽃잎은 자색에 주름지고, 꽃받침은 밀랍색이며

【格物總論】紫薇樹身光滑, 俗號"猴刺脫". 花瓣紫皺, 蠟跗茸蕚, 赤莖葉對生.

---

1 자미화(紫薇花, 배롱나무) : 부처꽃과에 속하는 낙엽 소교목 라거스트로에미아 인디카(*Lagerstroemia indica*). 원종은 다소 자주빛을 띠는 붉은 색 꽃이 핀다. 적어도 조선 전기부터 개화기가 길고 꽃잎이 붉은 색인 품종을 백일홍(나무)이라고 별칭을 사용했다.

2 일명……파양수(怕痒樹)이다 : 《二如亭群芳譜》〈貞部〉第1 "花譜" 1 '紫薇'(《四庫全書存目叢書補編》80, 685쪽)에 보인다.

3 삼재도회(三才圖會) : 중국 명(明)나라의 문인 왕기(王圻)가 편찬한 유서(類書). 총 106권. 1607년에 쓴 저자의 자서(自序)가 있고, 후에 그의 아들 왕사의(王思義)가 속집(續集)을 편찬하였다. 삼재(三才, 하늘·땅·사람)에 있는 만물을 분류하여 글과 그림으로 설명한 백과사전이다. 천문·지리·인물·시령(時令)·궁실(宮室)·기용(器用)·신체·의복·인사(人事)·의제(儀制)·진보(珍寶)·문사(文史)·조수(鳥獸)·초목(草木)의 14부문으로 분류하였다.

4 《三才圖會》〈草木〉卷12 "紫薇", 207쪽.

5 격물총론(格物總論) : 미상.

6 출전 확인 안 됨 ; 《山堂肆考》卷199〈花品〉"紫薇花"(《文淵閣四庫全書》978, 101쪽).

배롱나무

백일홍(《왜한삼재도회》)

무성하다. 붉은 줄기에 잎이 마주난다. 가지 하나에
여러 꽃이삭이 달리고, 꽃이삭 하나에 여러 송이의
꽃이 핀다.[7] 4~5월에 꽃이 피기 시작했다가 6~7월
까지 계속 이어서 피다가 그친다.

每一枝數穎, 一穎數花.
四五月開, 接續至六七月而
止.

청천양화록 [8] 우리나라에서 나는 자미화는 6월에
처음 꽃이 피는데, 9월까지 계속 피었다 지기를 이
어서 한 뒤라야 그친다】

菁川養花錄 我東之産, 六
月始開, 開謝接續至九月
乃歇】

---

7 가지……핀다 : 이와 같은 방식으로 피는 꽃을 '원추(圓錐)꽃차례'라 한다. 꽃송이 전체가 원뿔 모양이기 때
  문이다.
8 《養花小錄》〈紫薇花〉, 178쪽.

2) 심기와 가꾸기

기와 2장이나 대나무 2조각을 배롱나무 자른 곳에 대고 그 가지를 둘러싼 다음 흙으로 빈 곳을 채운다. 뿌리를 내리면 포기를 나누어 심는다. 또 봄에 뿌리 옆으로 난 크기가 작은 배롱나무뿌리를 나누어 옮겨 심으면 가장 쉽게 자란다. 이 꽃나무는 심기도 쉽고 키우기도 쉬워서 오래도록 볼 수 있다. 《군방보》[9]

가지만 꺾꽂이해 두어도 살아날 수 있다. 《화한삼재도회》[10]

장마철에 꺾어다가 그늘진 곳에 꽂아 두면 곧바로 살아난다. 새로 난 가지는 신우대로 지탱한 다음 백양류(柏樣榴)[11] 모양으로 꾸며 만들면 아름답다. 뿌리를 나누거나 가지를 잘라 내어 심어도 좋다. 《청천양화록》[12]

3) 물주기와 거름주기

물을 주어 마르지 않도록 한다. 《청천양화록》[13]

種藝

以二瓦或竹二片, 當乂處套其枝, 實以土. 俟生根分植. 又春月根傍分小本種之, 最易生. 此花易植易養, 可作耐久交. 《群芳譜》

插枝能活. 《和漢三才圖會》

梅雨時折, 插陰處卽生. 新枝用海竹扶之, 矯作柏樣榴形乃佳. 分根脫枝亦可. 《菁川養花錄》

澆壅

澆水不燥. 《菁川養花錄》

---

9 《二如亭群芳譜》〈貞部〉第1 "花譜" 1 '紫薇'(《四庫全書存目叢書補編》80, 686쪽).
10 《和漢三才圖會》卷84〈灌木類〉"百日紅"(《倭漢三才圖會》10, 301쪽).
11 백양류(柏樣榴):석류화의 일종. 가지에 층이 있고 위는 뾰족하고 아래는 넓은 석류. 위 '석류화' 참조.
12 《養花小錄》, 위와 같은 곳.
13 《養花小錄》, 위와 같은 곳.

강진 백련사의 배롱나무

배롱나무

4) 보관하기 收藏

보관할 때는 따뜻하게 해서는 안 된다.《청천양 收藏勿煖.《菁川養花錄》
화록》[14]

14《養花小錄》, 위와 같은 곳.

11. 사계화(四季花)[1]

四季花

1) 이름과 품종

【청천양화록[2] 이 꽃에는 3종이 있다. 꽃이 붉고 3·6·9·12월마다 꽃이 피는 품종은 '사계화'라 한다. 분홍색에 잎이 둥글고 크며 매달 꽃이 피는 품종은 '월계(月季)'라 한다. 푸른 줄기가 덩굴지고 봄가을로 1번씩 꽃이 피는 품종은 '청간(靑竿)'이라 한다】

名品

【菁川養花錄】此花有三種. 花紅, 每逐辰、戌、丑、未月播芳[1]者曰"四季花"; 色粉紅[2]葉圓大, 逐月開花者曰"月季"; 靑條引蔓, 春秋一度發花者曰"靑竿"】

2) 심기와 가꾸기

9월에 뿌리를 갈라 포기를 나누어 심는다.《군방보》[3]

가지 3~4마디를 잘라 화분에 촘촘하게 꽂은 다

種藝

九月剖根分種.《群芳譜》

翦枝三四節, 密挿盆, 置

---

1 사계화(四季花): 장미과의 상록관목 로사(Rosa) 속 식물. 종간 자연 또는 인공 교잡되었고, 온도가 따뜻하면 연중 개화할 수 있는 도입 장미류를 지칭하는 우리나라 고유의 식물명으로, 문헌상 고려 후기부터 사용되었다. 중국명 월계화의 이칭으로 추정된다. 사계화의 인용문헌이 주로 조선의 것인 반면 월계화의 인용문헌은 거의 중국의 것인 점이 흥미롭다. 조선 전기《양화소록》에서도 사계화 항목에 월계화는 '첨부한다[附]'라고 애매하게 처리한 것을 보면, 조선 전기부터 다른 품종으로 구분하여 사용한다기보다는 월계화의 우리나라 고유 식물명으로 사계화를 사용한 것으로 추정된다.

2 《養花小錄》〈四季花〉, 184쪽.

3 출전 확인 안 됨;《廣群芳譜》卷43〈花譜〉"四季", 1022쪽.

① 芳:《養花小錄·四季花》에는 "香".

② 紅:《養花小錄·四季花》에는 없음.

음 그늘진 곳에 두고 계속해서 물을 준다. 그러면 하나하나에서 가지가 돋고 꽃이 피는데, 이때 곧바로 나누어 심는다. 또 땅이 기름지고 햇볕이 잘 드는 곳을 골라 깊이 1척 정도의 휴전(畦田)을 만들어서 나누어 심고 물을 준다. 비록 한낮이라도 그치지 않고 계속 물을 주면 반드시 새 가지들을 어지럽게 돋아나게 할 것이다. 그중에 길고 커서 줄기가 될 만한 것을 골라서 대나무가지로 지탱해 주고 나머지는 모두 잘라 버린다. 그러면 불과 몇 년 만에 곧 큰 그루로 자란다. 《청천양화록》[4]

陰處, 澆水不輟, 箇箇抽枝發花, 卽分③植. 又擇土厚向陽處, 作畦深一尺許, 分植澆水. 雖日午不止, 必亂抽新枝. 擇長大可爲幹者, 以竹枝扶之, 餘悉翦去, 不過數年, 便成大株. 《菁川養花錄》

3) 보호하기

사계화는 처음 필 때 지나치게 햇볕을 쪼이면 색깔이 짙어지고, 햇볕을 쪼이지 않으면 옅어진다. 꽃이 막 피려고 할 때 자주 물을 뿜어 주어 가지가 마르지 않도록 한다. 항상 햇볕과 그늘이 번갈아 드는 곳에 두어야 한다. 《청천양화록》[5]

護養

四季初開, 過曝色殷, 不曝色淡. 欲開時, 頻以水噴之, 令枝不燥, 常置陰陽備處. 《菁川養花錄》

4) 치료하기

햇볕과 그늘이 지나치게 많이 드는 곳에 오래 두어 뿌리가 손상되면 벌레가 끼면서 흰 가루와 같은 것이 생겨서 가지와 잎에 들러붙는다. 이를 치료하지 않으면 가지가 말라 꽃이 피지 않는다. 이때는 반

醫治

若久置陰陽處, 根本損傷, 則蟲氣成粉礫, 着枝葉間. 不治, 枝枯無花. 須用桃枝淨刷, 又揉桃葉塗之【案

---

4 《養花小錄》〈四季花〉, 183쪽.
5 《養花小錄》, 위와 같은 곳.
③ 分: 저본에는 "盆". 오사카본·규장각본·《養花小錄》에 근거하여 수정.

드시 복숭아나무가지로 벌레 낀 부분을 깨끗이 긁어내고 다시 복숭아나무잎을 짓이겨 발라주어야 한다【안 어떤 사람은 "참기름을 바르거나 생선 부산물 삭힌 액을 준다."라 했다】.

或云: "塗胡麻油, 澆魚腥水"】.

만약 원래 모습으로 회복되지 않으면 병든 가지와 잎을 잘라 내고 아울러 묵은 뿌리를 뜯어 낸 다음 기름진 땅에 옮겨 심어야 한다. 또 기름진 물을 뿌려 주면 아래로는 새 뿌리가 뻗고 위로는 반드시 새 가지가 돋아나며, 곧 꽃받침이 생겨날 것이다. 비록 흰 가루와 같은 것은 생기지 않았지만 오래 지나도록 가지가 돋아나지 않으면 다시 옮겨 심어야 효과가 빼어나다. 《청천양화록》[6]

苟不如初, 須翦去病枝葉, 兼解舊根, 用肥壤改栽. 又以肥水澆之, 下行新根, 上必抽新枝, 便着花蕚矣. 雖無白礫, 如久不抽枝, 改栽爲妙. 《菁川養花錄》

5) 보관하기

보관할 때 너무 따뜻하게 하면 어린 가지가 돋아나지만, 이런 가지는 추워지면 곧 시든다. 《청천양화록》[7]

收藏

收藏, 太煖則嫩枝抽生, 遇寒旋萎. 《菁川養花錄》

---

6 《養花小錄》〈四季花〉, 183~184쪽.
7 《養花小錄》〈四季花〉, 183쪽.

12. 월계화(月季花)[1]

月季花

1) 이름과 품종

名品

일명 '장춘화(長春花)', '월월홍(月月紅)', '승춘(勝春)', '수객(瘦客)'이다.[2]

一名"長春花", 一名"月月紅", 一名"勝春", 一名"瘦客".

【군방보】[3] 관목류(灌木類)[4]이다. 푸른 줄기와 긴 덩굴로 자라며, 잎은 장미보다 작고 줄기와 잎에 모두 가시가 있다. 꽃은 홍색·백색·옅은 홍색 3가지가 있다. 겹꽃이며 꽃잎이 두텁다. 이 또한 장미(薔薇)의 종류이다. 매달 1번씩 꽃이 피어서 사계절 내내 꽃이 끊이지 않는다】

【群芳譜】灌生. 靑莖長蔓, 葉小於薔薇, 莖與葉俱有刺, 花有紅、白、淡紅三色. 千葉厚瓣, 亦薔薇之類也. 逐月一開, 四時不絶】

2) 심기와 가꾸기

種藝

봄이 오기 전에 그 가지를 잘라서 거름흙에 꽂아 북준다. 수시로 물을 주면서 뿌리를 내리면 옮겨 심

春前翦其枝, 培肥土中, 時時灌之, 候生根, 移種.

---

1 월계화(月季花) : 장미과의 상록관목 로사(Rosa) 속 식물. 종간 자연 또는 인공 교잡되어, 온도가 따뜻하면 연중 개화할 수 있는 장미류를 지칭한다.

2 일명……수객(瘦客)이다 : 《二如亭群芳譜》〈貞部〉第2 "花譜" 2 '月季花'(《四庫全書存目叢書補編》80, 736쪽)에 보인다.

3 《二如亭群芳譜》〈貞部〉第2 "花譜" 2 '月季花'(《四庫全書存目叢書補編》80, 736~737쪽).

4 관목류(灌木類) : 밑동에 가지를 많이 치고 원줄기와 가지의 구분이 분명하지 않은, 키가 작은 나무를 통틀어 이르는 말. 원문에서는 '관생(灌生)'이라고 표현했다.

는다. 《군방보》[5]   《群芳譜》

백월계화는 해가 들지 않는 곳에 심어야 한다. 해를 보면 홍색으로 변하기 때문이다. 《군방보》[6]

白者, 須植不見日處. 見日則變而紅. 《群芳譜》

월계화는 가지만 꺾꽂이해 두어도 살아날 수 있다. 《화한삼재도회》[7]

月季花, 挿枝能活. 《和漢三才圖會》

3) 관리

일반적으로 꽃이 진 뒤에는 곧바로 그 꼭지를 제거하여 그 꼭지가 자라지 않도록 해야 한다. 그러면

葺理

凡花謝後, 卽去其蒂, 勿令長大, 則花隨發無已. 《草

월계화(《왜한삼재도회》)

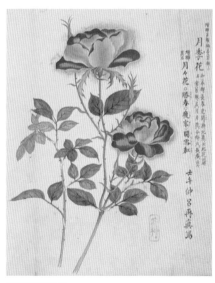

월계화(《매원화보》)

---

5 《二如亭群芳譜》〈貞部〉第2 "花譜" 2 '月季花'(《四庫全書存目叢書補編》80, 737쪽).
6 《二如亭群芳譜》, 위와 같은 곳.
7 《和漢三才圖會》卷96 〈蔓草類〉 "月季花"(《倭漢三才圖會》11, 486쪽).

꽃이 수시로 끝없이 핀다. 《초화보》[8]

花譜》

4) 보호하기

꽃이 막 피려고 할 때 햇볕을 쬐면 꽃받침이 말라 꽃이 피지 못한다. 햇볕과 그늘이 번갈아 드는 곳에 화분을 두었다가 꽃이 피면 곧 밖으로 내놓는다. 《청천양화록》[9]

병풍처럼 엮은 시렁을 둘러 지탱해 준다. 《군방보》[10]

5) 치료하기

월계화의 잎이 항상 벌레 먹은 것과 같으면 생선 부산물 삭힌 액을 뿌려 주어야 멎는다. 《종수서(種樹書)》[11]

護養

花方開, 曝日則蕚枯不發. 須於陰陽備處置盆, 花發 便卽出外. 《菁川養花錄》

輔以屏架. 《群芳譜》

醫治

月季花葉常若蟲食者, 以魚 腥水澆之乃止. 《種樹書》

---

8 출전 확인 안 됨; 《遵生八牋》 卷16 〈燕閑淸賞牋〉 下 "四時花紀" '月季花' 《遵生八牋校注》, 622쪽).
9 《養花小錄》 〈四季花〉, 184쪽.
10 《二如亭群芳譜》, 위와 같은 곳.
11 《種樹書》 卷下 〈花〉 《叢書集成初編》 1469, 43쪽).

13. 정향(丁香)[1]

丁香

1) 이름과 품종

名品

일명 '정자향(丁子香)', '계설향(鷄舌香)'이다.[2]

一名"丁子香", 一名"鷄舌
香".

【제민요술(齊民要術)[3][4]】 계설향은 민간의 사람들이
그 열매가 못[丁子]과 비슷하게 생겼다는 이유로 '정
자향(丁子香)'이라 부른다.

【齊民要術】 鷄舌香, 俗人
以其似丁子, 故呼爲"丁子
香".

【본초습유(本草拾遺)[5][6]】 계설향은 정향과 같은 품종이
다. 열매 한가운데 가장 큰 심지가 '계설(鷄舌)'이다.
심지를 쪼개면 결에 따라 양쪽으로 갈라지는 모양이
마치 닭혀[鷄舌]와 같으므로 이렇게 이름을 붙였다.

【本草拾遺】 鷄舌香, 與丁香
同種. 其實中心最大者爲
"鷄舌", 擊破, 有順理而解
爲兩向如鷄舌故名, 乃是

---

1 정향(丁香) : 도금양과의 열대성 상록식물인 정향나무(Syzygium aromaticum). 꽃봉오리를 말려서 약재나 향
신료로 사용한다. 한반도에서는 생산되지 않기 때문에 주로 일본, 유구국(琉球國), 중국으로부터 들여왔
다. 우리나라에서는 적어도 조선 초기부터 물푸레나무과의 낙엽성 꽃식물인 수수꽃다리류(Syringa spp.)를
자정향 혹은 약칭하여 정향으로 혼용하여 불렀다. 따라서 본문의 앞은 중국 문헌을 인용하면서 상록성인
정향나무를 서술하였지만, 후반부의 조선 문헌을 인용하면서는 수수꽃다리류의 취목이나 삽목 방법을 서술
하는 모순이 발생했다. 화훼식물을 다룬《예원지》에서 정향은 수수꽃다리류로 이해하는 것이 타당하다.
2 일명……계설향(鷄舌香)이다 :《本草綱目》卷34〈木部〉"丁香", 1940쪽에 보인다.
3 제민요술(齊民要術) : 중국 후위(後魏)의 농학가 가사협(賈思勰, ?~?)이 지은, 중국에 현존하는 가장 오래
된 종합 농서(農書). 전 10권. 6세기 전반에 간행되었다. 오곡·야채·과수·향목(香木)·상마(桑麻)의 종식
법(種植法)·가축의 사육법·양조법과 가공·판매·조리의 과정에 이르기까지 상세히 기술하고 있다. 대부분
의 내용이《임원경제지》에 인용되었다.
4 《齊民要術》卷5〈種紅藍花梔子〉第52《齊民要術校釋》, 367쪽).
5 본초습유(本草拾遺) : 중국 당나라의 문인 진장기(陳藏器, 687~757)가 편찬한 본초학 서적. 그 내용 상당
부분이 명나라의 이시진(李時珍, 1518~1593)이 저술한《본초강목(本草綱目)》에 수록되어 있다.
6 출전 확인 안 됨 :《本草綱目》〈木部〉卷34 "丁香", 1940쪽.

이것이 바로 '모정향(母丁香)'이다.　　　　　　"母丁香"也.

개보본초(開寶本草) [7][8] 나무 높이는 10척 남짓이다. 나무는 계수나무와 비슷하고 잎은 상수리나뭇잎과 같다. 꽃잎은 둥글고 가늘며 황색이다. 겨울을 잘 견디어 시들지 않는다. 그 씨는 가지의 꽃술 위에서 못처럼 나온다. 씨의 길이가 0.03~0.04척이며, 자색이다. 산수유(山茱萸)처럼 굵직하고 큰 정향을 민간에서 '모정향(母丁香)'이라 부른다】

開寶本草 樹高丈餘. 木類桂, 葉如櫟, 花圓細黃色, 凌冬不凋. 其子出枝蕊上如釘, 長三四分, 紫色. 其粗大如山茱萸者, 俗呼"母丁香"】

2) 심기와 가꾸기

2월과 10월에 떨기지어 나는 가지와 뿌리를 가져다 옮겨 심으면 곧바로 살아난다.《산림경제보(山林

種藝

二月、十月, 取叢生枝根, 移種卽活.《山林經濟補》

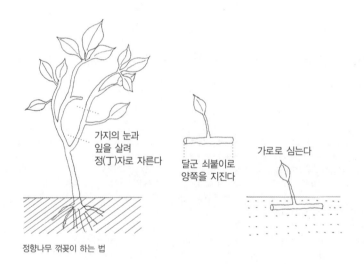

가지의 눈과 잎을 살려 정(丁)자로 자른다

달군 쇠붙이로 양쪽을 지진다

가로로 심는다

정향나무 꺾꽂이 하는 법

7　개보본초(開寶本草) : 중국 송나라의 문인 이방(李昉, 925~996)이 오복규(吳復珪)·유한(劉翰)·마지(馬志) 등이 개보(開寶) 6년(973)에 왕명으로 서술한《개보신상정본초(開寶新詳定本草)》를 교열 수정한 책. 모두 21권이며, 938종의 약물을 서술하고 있다.
8　출전 확인 안 됨;《本草綱目》, 위와 같은 곳.

수수꽃다리1

수수꽃다리2(이상 임원경제연구소, 파주시 파주읍 연풍리에서 촬영)

經濟補)⁹》¹⁰

| 가지를 잘라 정(丁)자모양으로 만든 다음 불로 양 끝을 지진다. 이를 땅에 가로로 묻어도 곧 뿌리를 잘 내린다. 《산림경제보》¹¹ | 折枝爲丁字形, 烙定兩頭, 橫埋於地, 亦便生根. 同上 |

일반적으로 약용하는 정향(여기에서 정향은 이와 다르다)

---

9   산림경제보(山林經濟補) : 농업과 일상생활에 관한 내용을 싣고 있는 우리나라 최초의 종합적인 농가경제서인 《산림경제(山林經濟)》를 보완한 책.
10 출전 확인 안 됨;《增補山林經濟》卷4〈養花〉"丁香"(《農書》3, 244쪽).
11 출전 확인 안 됨;《增補山林經濟》, 위와 같은 곳.

14. 목향(木香)[1]

木香

1) 이름과 품종

名品

【군방보[2] 관목류이다. 가지가 길고 장미처럼 가시가 있다. 3종이 있으며, 꽃은 4월에 핀다. 자색 꽃술에 흰 꽃잎이 나는 목향만이 최상품이고, 그 향이 맑으며 멀리까지 퍼진다. 높은 시렁에 무성한 가지를 가꾸고 바라보면 마치 향이 나는 눈[香雪]처럼 보인다. 그밖에 황목향·홍목향·백세타화(白細朶花, 백색가는떨기목향)·백중타화(白中朶花, 백색중간떨기목향)·백대타화(白大朶花, 백색큰떨기목향)와 같은 것은 모두 이에 미치지 못한다】

【群芳譜 灌生. 條長, 有刺如薔薇. 有三種, 花開於四月. 惟紫心白花者爲最, 香馥淸遠. 高架萬條, 望若香雪. 他如黃花、紅花、白細朶花、白中朶花、白大朶花, 皆不及】

2) 심기와 가꾸기

種藝

가지를 잘라 꺾꽂이하여 심으면 대부분 그리 잘 살지 못한다. 가지를 끌어당겨 땅에 묻고 마디 1개를 진흙으로 북준 뒤 한 달 남짓 살펴보면 뿌리가 길게 자라 있다. 본래의 가지 바깥쪽을 잘라서 옮겨 심으면 살아날 수 있다. 《초화보》[3]

翦條揷種, 不甚多活. 以條扳入土中, 一段壅泥, 伺月餘, 根長. 自本生枝外翦斷, 移栽可活.《草花譜》

---

1 목향(木香) : 장미과의 목향장미(*Rosa banksiae*). 《예원지》권5〈국화〉 "백색류" '목향국'에 실린 목향 사진 참조.
2 《二如亭群芳譜》〈貞部〉第2 "花譜" 2 '木香'(《四庫全書存目叢書補編》80, 730쪽).
3 출전 확인 안 됨 ;《遵生八牋》卷16〈燕閑淸賞牋〉下 "四時花紀" '木香花'(《遵生八牋校注》, 618쪽).

15. 매괴(玫瑰)[1]

1) 이름과 품종

일명 '배회화(徘徊花)'이다.[2]

【군방보[3] 관목류이다. 잎이 가늘고 가시가 많아 장미와 비슷하다. 줄기가 짧고, 꽃은 또한 장미와 비슷하다. 색깔은 옅은 자색이다. 청색 꽃받침에 황색 꽃술이 있고, 꽃잎 끝은 백색이다. 아름답고 향이 짙다. 향도 나고 색깔도 있기에 차에 넣거나 술에 넣거나 꿀에 넣을 만하다. 연경(燕京)에는 황색꽃도 있다. 황색꽃은 자색꽃보다 약간 작다. 숭산(嵩山)[4] 깊은 곳에는 벽색(碧色, 푸른색)도 있다.

안 우리나라에는 매괴가 없으니, 연경에서 사 와야 한다】

玫瑰

名品

一名"徘徊花".

【群芳譜 灌生. 細葉多刺, 類薔薇. 莖短, 花亦類薔薇, 色淡紫. 靑萼黃蕊, 瓣末白, 嬌艷芬馥. 有香有色, 堪入茶入酒入蜜. 燕中有黃花者, 稍小於紫. 嵩山深處有碧色者.

案 我東無玫瑰, 宜購諸燕京】

---

1 매괴(玫瑰) : 장미과의 낙엽관목인 해당화(*Rosa rugosa*)나 생열귀나무, 붉은인가목 등을 총칭하는 식물명으로 추정된다.

2 일명 배회화(徘徊花)이다 : 《二如亭群芳譜》〈貞部〉第2 "花譜" 2 '玫瑰'(《四庫全書存目叢書補編》80, 730쪽)에 보인다.

3 《二如亭群芳譜》〈貞部〉第2 "花譜" 2 '玫瑰'(《四庫全書存目叢書補編》80, 730쪽).

4 숭산(嵩山) : 중국 하남성(河南城) 등봉현(登封縣)에 있는 산. 오악(五嶽) 중 하나이다. 해발 1,440m.

2) 알맞은 토양

거름흙이 좋다. 《군방보》[5]

土宜

宜肥土. 《群芳譜》

3) 심기와 가꾸기

밑동 옆으로 작은 가지가 날 때 오래 살려 둘 수 없으므로 곧바로 잘라서 따로 심어야 한다. 이 가지가 이미 잘 자랐더라도 또한 원래 있던 떨기의 생장에는 무방하다. 그렇게 하지 않으면 가장 큰 뿌리가 반드시 시들어 병든다. 《군방보》[6]

種藝

株傍生小條, 不可久存, 卽宜截斷另植. 旣得滋生, 又不妨舊叢. 不則大本必枯瘁. 《群芳譜》

4) 물주기와 거름주기

항상 물을 준다. 본성이 깨끗함을 좋아한다. 사

澆壅

常加澆灌. 性好潔, 最忌

매괴화(《왜한삼재도회》)

매괴(지금의 해당화)

---

5 《二如亭群芳譜》, 위와 같은 곳.
6 《二如亭群芳譜》, 위와 같은 곳.

자생하는 겹꽃 매괴(玫瑰, 지금의 해당화)

람오줌을 가장 꺼리니, 오줌을 주면 곧바로 죽는다. 《군방보》[7]

人溺, 溺澆卽斃. 《群芳譜》

5) 치료하기

여름날 어린 가지가 돋아날 때 날개가 검고 배가 누런 날벌레가 생긴다. 이를 '준화낭자(鐫花娘子)'라 이름한다. 가지에 궁둥이를 넣고 알을 낳으면 3~5일만에 작은 벌레가 나온다. 까만 주둥이에 청색 몸뚱이를 가지고 있고, 가지를 손상시키고 잎을 먹어치운다. 이 작은 벌레가 자라면 다시 어미처럼 준화낭자로 변한다. 장미와 월계화 또한 이 벌레가 생기면 모두 잡아 버려야 한다. 《군방보》[8]

醫治

夏間生嫩枝時, 有黑翅黃腹飛蟲, 名"鐫花娘子". 以臀入枝生子, 三五日出小蟲. 黑嘴靑身, 傷枝食葉, 大則又變前蟲. 薔薇、月季亦生此蟲, 俱宜捉去. 《群芳譜》

---

7 《二如亭群芳譜》, 위와 같은 곳.
8 《二如亭群芳譜》, 위와 같은 곳.

6) 품등

매괴는 진기한 화훼는 아니다. 그러나 빛깔이 아
름답고 향이 나며, 그 향이 짙어 이리저리 퍼진다.
먹을 수도 있고, 차고 다닐 수도 있어서 원림(園林)에
많이 심어야 한다. 《군방보》[9]

品第

玫瑰非奇卉也. 然色媚而
香, 甚旖旎. 可食可佩, 園
林中宜多種. 《群芳譜》

---

9 《二如亭群芳譜》, 위와 같은 곳.

16. 자형(紫荊, 박태기나무)¹

紫荊

1) 이름과 품종

名品

일명 '만조홍(滿條紅)'이다.²

一名"滿條紅".

【군방보】³ 떨기지어 난다. 봄에 자색꽃이 피는
데, 아주 가늘고 잘다. 몇 송이가 한 무리를 지어 피

【群芳譜】 叢生. 春開紫花,
甚細碎. 數朶一簇, 無常

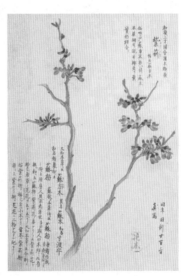

박태기나무(《왜한삼재도회》)   박태기나무(《매원화보》)

---

1 자형(紫荊, 박태기나무):쌍떡잎식물 장미목 콩과의 낙엽관목 박태기나무. 원산지는 중국이고, 관상용으
   로 흔히 심는다. 밥알 모양과 비슷한 꽃이 피기 때문에 박태기라 하는데, 일부 지방에서는 밥티나무라고도
   한다.
2 일명 만조홍(滿條紅)이다:《二如亭群芳譜》〈貞部〉第1 "花譜" 1 '紫荊'(《四庫全書存目叢書補編》80, 691
   쪽)에 보인다.
3 《二如亭群芳譜》〈貞部〉第1 "花譜" 1 '紫荊'(《四庫全書存目叢書補編》80, 691~692쪽).

박태기꽃

박태기나무잎

박태기꽃봉오리

박태기꽃1

박태기꽃2

박태기꽃3(이상 임원경제연구소, 파주시 금촌동 백마조경에
서 촬영)

고 일정한 곳 없이 핀다. 본 줄기 위에 나거나 뿌리 위 또는 가지 아래에 붙어 곧바로 꽃이 피기도 한다. 꽃이 지면 잎이 돋아난다. 잎은 광채가 나고 단

處, 或生本身之上, 或附根
上枝下直出花. 花罷葉出,
光緊微圓. 花謝卽結莢,

단하며 약간 둥글다. 꽃이 지면 곧바로 꼬투리가 맺 子甚扁】
힌다. 씨가 아주 납작하다】

2) 심기와 가꾸기 種藝

겨울에 꼬투리를 가져다 기름진 땅에 심으면 봄 冬取其莢種肥地, 春卽生.
에 곧바로 싹이 난다. 또 초봄에 뿌리 옆으로 난 작 又春初取其根傍小條, 栽
은 줄기를 옮겨 심으면 곧바로 살아난다. 《군방보》[4] 之卽活.《群芳譜》

3) 물주기와 거름주기 澆壅

본성이 거름을 좋아하고 물을 싫어한다.《군방보》[5] 性喜肥惡水.《群芳譜》

---

4 《二如亭群芳譜》〈貞部〉第1 "花譜" 1 '紫荊'(《四庫全書存目叢書補
編》80, 692쪽).
5 《二如亭群芳譜》, 위와 같은 곳.

17. 목부용(木芙蓉)[1]

木芙蓉

1) 이름과 품종

名品

일명 '목련(木蓮)', '화목(華木)', '거상(距霜)'이다.[2]

一名"木蓮", 一名"華木", 一名"距[1]霜".

【본초강목[3] 이 꽃은 하화(荷花, 연꽃)처럼 고우므로 부용(芙蓉)·목련(木蓮)이라는 이름이 있다. 8~9월에 비로소 꽃이 피기 때문에 '거상(距霜, 서리를 견디다)'이라 이름하기도 했다. 그 줄기가 박태기나무[紫荊]처럼 떨기지어 나고, 높이는 10척 정도이다. 잎은 크기가 오동(梧桐)나뭇잎만 하며 5~7개의 뾰족한 끝부분이 있다.

【本草綱目】此花艷如荷花, 故有芙蓉、木蓮之名. 八九月始開, 故名"距霜". 其幹叢生如荊, 高者丈許. 其葉大如桐, 有五尖、七尖者.

겨울에 시들고 여름에 무성하며, 가을 중반이 되어서야 비로소 꽃이 핀다. 꽃은 모란이나 작약과 비슷하며, 홍색·백색·황색·겹꽃[千葉]이 있다. 추위를 가장 잘 견뎌서 시들지 않는다. 열매를 맺지 않는다. 산에 사는 사람들은 그 껍질을 가져다 동아줄을 만든다.

冬凋夏茂, 秋半始着花. 花類牡丹、芍藥, 有紅者、白者、黃者、千葉者, 最耐寒而不落. 不結實. 山人取其皮爲索.

---

1 목부용(木芙蓉) : 쌍떡잎식물 이판화군 아욱목 아욱과에 속하는 낙엽교목. 원산지는 중국이며, 산과 들에서 자란다.
2 일명……이다 :《二如亭群芳譜》〈貞部〉第1 "花譜" 1 '木芙蓉'(《四庫全書存目叢書補編》 80, 697쪽)에 보인다.
3 《本草綱目》〈木部〉卷36 "木芙蓉", 2130쪽.
[1] 距 :《二如亭群芳譜·貞部·花譜》에는 "拒".

목부용

군방보[4] 여러 품종이 있다. 오직 겹대홍목부용·겹백목부용·겹반도홍(半桃紅)[5]목부용·취부용(醉芙蓉), 그리고 아침에 흰색으로 피었다가 낮에는 도홍(桃紅)색이 되고 저녁이 되면 짙은 홍색으로 바뀌는 부용이 매우 아름답다. 황목부용은 귀한 종이라 얻기 어렵다. 또 사면화(四面花)와 전관화(轉觀花)[6]가 있다. 이 두 품종은 홍색과 백색이 섞여 있다.

群芳譜 有數種, 惟大紅千瓣、白千瓣、半桃紅千瓣、醉芙蓉、朝白午桃紅晚改大紅者, 佳甚. 黃色者, 種貴難得. 又有四面花[2]、轉觀花, 紅、白相間.

화한삼재도회[7] 목부용은 꽃과 열매가 모두 무궁화[木槿, 목근]와 비슷하지만 그보다 더 크고 아름답다. 7월에 꽃이 피며, 도홍색이거나 순백색, 더러는 홍색과 백색이 반반씩 섞인 경우도 있다. 홑꽃도 있고, 겹꽃도 있다. 모두 아침에 피었다가 저녁에 오므

和漢三才圖會 木芙蓉, 花實皆似木槿, 而大艷美. 七月開花, 桃紅色或純白或紅、白相半. 有單瓣有千葉, 皆朝開暮萎. 每枝數朵更

---

4 《二如亭群芳譜》〈貞部〉第1 "花譜" 1 '木芙蓉'(《四庫全書存目叢書補編》80, 697쪽).
5 반도홍(半桃紅):《군방보》에는 이 앞에 "반백(半白)"이라는 글자가 있어서, 이를 반영하면 "반은 백색이고 반은 도홍색(복숭아꽃처럼 옅은 분홍색)"이라는 뜻이다.
6 사면화(四面花)와 전관화(轉觀花):목부용(木芙蓉)의 일종.
7 《和漢三才圖會》卷84〈灌木類〉 "木芙蓉"(《倭漢三才圖會》10, 272쪽).
[2] 花:저본에는 없음.《二如亭群芳譜·貞部·花譜》에 근거하여 보충.

라든다. 가지마다 몇 송이씩 다시 피어서 매일 무성해졌다가 꽃이 떨어진다.

開, 逐日盛花落.

열매를 맺는 과정 또한 무궁화와 비슷하여 가볍고 속이 텅 비었으며 얇은 껍질이 자잘한 씨를 싸고 있다. 크기는 메밀만 하다. 겨울이면 잎이 모두 떨어지지만 열매의 껍질은 아직도 떨어지지 않으니, 거상(距霜)이라는 이름은 이 때문에 생긴 것이다.

結子亦如木槿, 輕虛有薄皮裹細子, 大如蕎麥. 冬葉盡落, 而實殼尚不零, 距霜之名以此也.

안 우리나라에는 단지 백목련(백목부용)만 있어서 다른 색깔의 목련은 많이 보지 못했다】

案 我東只有白木蓮, 而他色則未之多見】

2) 알맞은 토양

목부용에게는 특히 물가가 좋다. 《학포여소》[8]

土宜

芙蓉特宜水際.《學圃餘疏》

목부용을 연못가에 심으면 못물에 비쳐서 더욱 아름답다. 《군방보》[9]

芙蓉種池塘邊, 暎水益妍.《群芳譜》

3) 심기와 가꾸기

심는 법: 10월에 꽃이 진 뒤, 늙은 가지를 길이 1척 정도로 잘라 움 안의 바람이 들지 않는 곳에 눕히고 마른 도랑흙과 흙으로 덮어 준다. 이듬해 봄이 되어 싹이 돋아나면, 먼저 꽂아 심을 곳에 단단한 막대기로 구멍을 파서 똥을 넣고, 강바닥의 진흙물을 가득 붓는다.

種藝

種法: 十月花謝後, 截老條長尺許, 臥置窖內無風處, 覆以乾壤及土. 候來春有萌芽時, 先以硬棒打洞入糞, 及河泥漿水灌滿.

---

8 《學圃雜疏》〈花疏〉(《叢書集成初編》1355, 6쪽).
9 《二如亭群芳譜》, 위와 같은 곳.

목부용(《본초강목》)　　　　목부용(《왜한삼재도회》)

그런 뒤에 목부용가지를 꽂아 넣되, 위로 0.1척 남짓 드러나게 하고 썩어 문드러진 풀로 덮어 둔다. 그러면 곧바로 살아나서 그 해에 바로 꽃을 피운다. 만약 먼저 구멍을 파두지 않으면 꽂아 넣을 가지의 껍질을 손상시켜 곧바로 죽게 된다.《군방보》[10]

然後挿入, 上露寸餘, 遮以爛草, 卽活, 當年卽花. 若不先打洞, 傷其皮卽死. 《群芳譜》

목부용은 굳이 뿌리나누기를 하지 않아도 된다. 어떤 기록에는 11월 중에 어린 곁가지의 아랫부분을 잘라 1척 길이의 가지로 만든다고 했다. 이를 햇볕이 잘 드는 땅에 구덩이를 파서 묻고 이어서 흙으로 덮어 준다. 1월에 가지를 꺼내 물가나 숲속에 두루 꽂아 주면 모두 살아나서 그 해에 바로 꽃을 피운다.《초화보》[11]

芙蓉不必分根. 記在十一月中, 將嫩條翦下, 砍作一尺一條, 向陽地上掘坑埋之, 仍以土掩. 至正月後起條, 遍挿水邊、林下, 無不活者, 當年卽花.《草花譜》

10 《二如亭群芳譜》〈貞部〉第1 "花譜" 1 '木芙蓉'(《四庫全書存目叢書補編》80, 698쪽).
11 출전 확인 안 됨;《遵生八牋》卷16〈燕閑淸賞牋〉下 "四時花紀" '芙蓉花'(《遵生八牋校注》, 628쪽).

4월에 장맛비가 내릴 때 손가락굵기만 한 좋은 가지를 골라 기름진 땅에 꺾꽂이하면 가장 쉽게 살아난다. 《구선신은서》[12]

四月梅雨時, 選好枝如指大者, 肥地中揷之, 最易活. 《臞仙神隱書》

2월이나 10월에 떨기지어 난 곁가지를 가져다 옮겨 심는다. 《산림경제보》[13]

二月、十月, 取叢生傍枝移種. 《山林經濟補》

씨앗이 떨어진 곳에 뿌리를 내릴 수 있다. 가지만 꺾꽂이해 두어도 쉽게 살아난다. 《화한삼재도회》[14]

子落處能生根. 揷枝亦易活. 《和漢三才圖會》

4) 품등

목부용은 심은 품종이 같지 않으면 앞다투어 피므로 섞어 심어야 한다. 대홍색이 가장 귀하고 제일 먼저 핀다. 다음은 옅은 홍색인데 평범한 품종이다. 백색이 가장 나중에 핀다. 《학포여소》[15]

品第

種類不同, 先後開, 故當雜植之. 大紅最貴, 最先開. 次淺紅常種也. 白最後開. 《學圃餘疏》

5) 자질구레한 말

목부용이 아직 피지 않았을 때, 하룻밤 걸러 쪽물 적신 종이로 꽃술에 찍어 주고, 이 종이로 꽃봉오리 끝까지 감싸 주면 꽃이 필 때 벽색(碧色, 푸른색)이 된다. 이러한 방법으로 꽃을 5가지 색으로 모두 물들일 수 있다. 《청천양화록》[16]

瑣言

芙蓉未開, 隔夜以靛水調紙, 蘸花蕊上, 以紙裹蕊口, 花開成碧色. 花五色皆可染. 《菁川養花錄》

---

12 출전 확인 안 됨;《山林經濟》卷2 〈養花〉 "木芙蓉"(《農書》2, 202쪽).
13 출전 확인 안 됨;《山林經濟》卷2 〈養花〉 "木芙蓉"(《農書》2, 202쪽).
14 《和漢三才圖會》卷84 〈灌木類〉 "木芙蓉"(《倭漢三才圖會》10, 272쪽).
15 《學圃雜疏》 〈花疏〉(《叢書集成初編》1355, 6쪽).
16 출전 확인 안 됨;《種樹書》卷下 〈花〉(《叢書集成初編》1469, 46쪽).

18. 두견화(杜鵑花, 진달래)[1]

杜鵑花

1) 이름과 품종

名品

【본사(本史)】[2] 진달래는 중국 사람들이 그 이름을 종종 일컫고 있지만, 그 꽃의 모습을 가리켜 말하지는 않았다. 본초류(本草類)[3]나 화보류(花譜類)에서도 모두 싣지 않았다. 이시진(李時珍)은 《본초강목》에서 처음으로 진달래(두견화)·홍척촉(紅躑躅)·산석류(山石榴)·영산홍(映山紅)이 모두 산척촉(山躑躅)의 다른 이름이라고 하였다.[4] 이는 어쩌면 중국에 진달래가 매우 드물기 때문에 분명하지 않아서 분별할 수 없었던 것이 아니겠는가?

우리나라에서는 산과 언덕, 채소밭 곳곳에서 자란다. 작은 나무들로 떨기지어 자라며, 높이는 3~4척이다. 1월과 2월에 온갖 꽃이 아직 피지 않았을 때 가장 먼저 꽃을 피우며, 옅은 홍색에 동전크기만 하다. 꽃잎 끝부분이 깎이거나 이지러진 듯 들쭉

【本史】杜鵑花, 中州人往往稱其名, 然不指言其形似. 本草、花譜亦俱不載. 李時珍始以杜鵑花、紅躑躅、山石榴、映山紅, 皆爲山躑躅之別名, 豈中國杜鵑絶罕, 故圖圖不能分別歟.

東國山原、園圃, 在在有之. 小樹叢生, 高三四尺. 正、二月百花未開, 最先開花, 淺紅如錢大, 邊有刻缺, 皆五出, 中抽紅蕊, 茸

---

1 두견화(杜鵑花, 진달래): 진달래과의 낙엽관목 진달래(*Rhododendron mucronulatum*). 관상용으로 심기도 하고, 꽃전을 만들어 먹거나 진달래술(두견주)을 담그기도 한다. 참꽃 또는 두견화라고도 한다. 두견화라는 식물명은 우리나라나 중국, 일본 각국이 서로 다른 식물을 지칭하거나 혼용하여 사용했다.

2 《本史》卷8〈列傳〉4 "芳草列傳" '杜鵑花'《保晩齋叢書》6, 482쪽).

3 본초류(本草類): 여기서 말하는 본초류와 화보류는 《본초강목(本草綱目)》이 간행된 1596년 이전의 본초류 저술을 가리킨다. 《본초강목》에는 "두견(杜鵑)"이라는 이름으로 실려 있다.

4 이시진(李時珍)이……하였다: 《本草綱目》〈禽部〉卷49 "杜鵑", 2665쪽.

두견화(《매원화보》)

날쭉하다. 모두 꽃잎 5장이 난다. 꽃잎 속에서 돋는 붉은 꽃술들이 가늘고 부드러워 사랑스럽다.	茸可愛.
간혹 백색꽃도 있는데, 그 양은 또한 1/10~2/10이다. 꽃이 먼저 피고 잎이 나중에 난다. 잎은 가늘면서 녹색이고 모양은 복숭아나뭇잎과 비슷하다】	或有白色者, 亦什之一二. 先花後葉, 葉細而綠, 狀似桃葉】

2) 알맞은 토양   土宜

본성이 그늘을 좋아한다. 《화경(花鏡)》[5]	性喜陰. 《花鏡》
나무 그늘 아래가 좋다. 《화경》[6]	宜樹陰之下. 同上

3) 심기와 가꾸기   種藝

10월에 그 뿌리를 상하지 않게 하여 정원에 옮겨	十月不傷其根, 移栽園庭,

---

5 《花鏡》卷3〈花果類攷〉"杜鵑"(《中國農書叢刊》〈園藝之部〉, 109쪽).
6 《花鏡》, 위와 같은 곳.

진달래잎　　　　진달래

심으면 비록 똥거름물을 주지 않더라도 백이면 백 모두 다 살아난다.《본사》[7]

則雖不糞澆, 百種百活. 《本史》

4) 물주기와 거름주기

본성이 기름진 것을 싫어하니, 매일 이른 아침 강물을 뿌려 준다.《화경》[8]

澆壅

性惡肥, 每早以河水澆. 《花鏡》

산에서 나는 누런 진흙에 심고서 양의 똥물을 뿌려 주어야 무성해진다. 만약 영산홍(映山紅)으로 접붙이면 꽃이 그리 아름답지는 않다. 이 경우에는 절대 똥거름물을 뿌려서는 안 되고, 콩즙을 뿌려 주어야 한다.《화경》[9]

種以山黃泥, 澆以羊糞水方茂. 若用映山紅接者, 花不甚佳. 切忌糞水, 宜豆汁澆. 同上

---

7 《本史》卷8〈列傳〉4 "芳草列傳" '杜鵑花'(《保晩齋叢書》6, 482~483쪽).
8 《花鏡》, 위와 같은 곳.
9 《花鏡》, 위와 같은 곳.

본성이 더운 것을 싫어하고 서리와 눈을 싫어하지 않으니, 초여름부터 늦가을까지 매일 강물을 뿌려 주어야 한다. 《삼재도회(三才圖會)》[10]

性畏熱, 不畏霜雪, 自初夏至深秋, 宜日以河水澆之. 《三才圖會》

진달래

하얀 진달래(이상 임원경제연구소, 파주시 월롱산에서 촬영)

---

10 《三才圖會》〈草木〉 卷12 "杜鵑", 206쪽.

19. 척촉화(躑躅花)[1]

躑躅花

1) 이름과 품종

名品

【본사】[2] 척촉은 진달래와 비슷하여 거의 분별하기 어렵다. 다만 척촉은 꽃잎이 주름지고 색이 자색이며 반점이 있으므로 사람들은 이것으로 척촉과 진달래를 구별한다.

의사들은 척촉에 독이 있어서 양이 척촉을 먹으면 비틀거리다[躑躅] 죽기 때문에 '척촉(躑躅)'이라 이름 붙였다고 했다.[3] 그러나 지금 어린아이들이 그 꽃을 따먹어도 중독된 적이 없다. 아마도 그 꽃이 양에게는 독이 되지만 사람에게는 독이 되지 않는 것이 아니겠는가?

이시진은 또한 척촉 가운데 황색은 '양척촉(羊躑躅)'이라 했고, 홍색은 '산척촉(山躑躅)'이라 했다.[4] 그

【本史】躑躅花, 與杜鵑花相似, 幾不能辨[1]. 但躑躅花瓣皺, 色紫有斑點, 故人以是別之.

醫家稱躑躅花有毒, 羊食之, 躑躅而死, 故名"躑躅". 然今小兒摘食其花, 未嘗遇毒, 豈其花毒於羊, 而不毒於人耶.

李時珍又以躑躅花之黃者爲"羊躑躅", 紅者爲"山躑

---

1 척촉화(躑躅花) : 쌍떡잎식물 합판화군 진달래목 진달래과의 낙엽관목. 꽃은 4~6월에 잎과 동시에 피며 가지 끝에 3~7개씩 산형으로 달린다. 우리나라 전역에 자생한다.

2 《本史》卷8〈列傳〉4 "芳草列傳" '杜鵑花'(《保晚齋叢書》卷30, 483쪽).

3 의사들은……했다 : 척촉화는 진달래과 식물로, 만병초를 비롯한 여러 종의 진달래과 식물에는 애벌레로부터 꽃을 방어하기 위해 유독물질을 분비한다. 이 물질을 먹으면 심한 배탈이 나고 구토를 하게 된다(《本草綱目》〈草部〉卷17 "羊躑躅", 1212쪽). 척촉화라는 명칭의 다른 유래로는, 지나가는 사람의 발길을 머뭇거리게 할 만큼 아름다운 꽃이라고 하여 '척촉(躑躅)'이라 불렸다고 하기도 한다. 우리나라에서는 처음에는 '텩툑'으로 발음하다가, 이후 텩툑, 텩둑, 쳑툑 등으로 불렸으며, 현재는 '철쭉'으로 정착되었다.

4 이시진은……했다 : 《本草綱目》〈草部〉卷17 "羊躑躅", 1212쪽에 보인다.

[1] 辨 : 저본에는 "釁". 오사카본·《本史·芳草列傳·杜鵑花》에 근거하여 수정.

러나 우리나라에는 황척촉은 없다. 아마도 중국에 만은 이 한 품종이 별도로 있었던가보다】

躅". 然東國無黃躑躅, 豈中國則別有此一種歟】

2) 왜철쭉[倭躑躅][5] 기르는 법

가정(嘉靖) 연간(1522~1566) 무자년(戊子年, 1528)[6]에 일본에서 철쭉 화분 몇 개를 우리나라에 진상했다. 꽃은 홑꽃이며, 꽃잎이 크고 색깔은 석류와 비슷하다. 꽃받침이 겹쳐져 있는데, 오래 지나도 시들지 않았다. 우리나라에서 나는 겹자색철쭉과 비교해 보면 그 차이가 추녀인 모모(嫫母)[7]와 미녀 서시(西施)[8]의 차이 정도일 뿐이 아니었다.

임금(세종)께서 그 꽃을 즐겨 흠상하시어 상림원(上林園)[9]에 내려 나누어 심도록 하였다. 나는 몇 척의 뿌리를 얻어 일부는 화분에 심고 일부는 땅에 심

養倭躑躅法

嘉靖戊子[2] 日本進躑躅數盆于我國. 其花葉單而瓣大, 色類石榴, 重跗疊蕚, 久而不衰. 較諸我國紫而葉千者, 不啻嫫母之於西施也.

上嘉賞之, 下上林苑, 分植之. 余得寸根, 一以種盆, 一以種地. 種地者凍死,

---

5 왜철쭉[倭躑躅] : 조선 전기에 도입된, 일본 원산의 진달래과 상록관목 로도덴드론 인디쿰(*Rhododendron indicum*). 권2의 본문 도입부에서는 중국 문헌을 인용하면서 일반 철쭉류를 묘사하다가 후반부의 재배법을 서술할 때는 왜철쭉이라고 특정한 것으로 보면 왜철쭉은 도입 이후 화훼로서 매우 인기가 높았던 것으로 추정된다.

6 가정(嘉靖) 연간(1522~1566) 무자년(戊子年, 1528) : 《양화소록》에는 "우리 주상 전하(세종) 재위 23년 (1441) 봄에(主上殿下踐祚之二十有三年春)"라고 기록되어 있다. 《양화소록》의 저자 강희안(姜希顔)은 세종과는 이모부와 처조카 사이로, 《양화소록》 원문의 내용이 옳다. 아마도 서유구가 원문을 중종 재위 23년(1528)으로 착각하여, 가정 연간으로 오기한 듯하다.

7 모모(嫫母) : 전설상 황제(黃帝)의 넷째 비(妃). 품행이 정숙하고 어질며 덕이 있으나, 외모가 매우 추해서 추녀(醜女)의 대명사로 흔히 쓰인다.

8 서시(西施) : 중국 춘추 시대 월(越)나라의 미인. 중국의 4대 미녀 중 한 명으로 손꼽힌다. 《장자(莊子)》 〈천운(天運)〉에 "월(越)나라의 미인 서시가 가슴이 아파서 얼굴을 찡그리자 그 마을의 추녀 모모(嫫母)가 이를 보고 아름답게 여겨 자기도 가슴을 쓰다듬으면서 얼굴을 찡그렸다."라고 하여, 분수를 생각하지 않고 무조건 남을 따라 하는 것을 비유하는 서시빈목(西施矉目)이라는 고사가 전한다.

9 상림원(上林園) : 조선 시대 동산이나 연못, 화초와 나무, 과실수 등의 재배 및 관리를 맡아보던 관청. 조선 초기에는 동산색(東山色)이라 했고, 태조 3년(1394)에 상림원으로 고쳤다가, 세조 12년(1466)에 장원서(掌苑署)로 변경했다.

[2] 嘉靖戊子 : 《菁川養花錄·日本躑躅花》에는 "主上殿下踐祚之二十有三年春".

왜철쭉

었다. 땅에 심은 놈은 얼어 죽었고 화분에 심은 놈은 별 탈 없이 자라 몇 해 사이에 가지와 줄기가 비로소 무성해졌다. 4~5월에 꽃이 핀다. 꽃의 호방한 자태가 아름다워 마치 만발한 모습이 견직물의 일종인 붉은색 금(錦)과 같으니, 진실로 기이하게 완상할 만하다.

【안】 지금 전해지는 왜철쭉은 아마도 모두 이때로부터 전해진 품종인 듯하다. 그러나 대부분 겹꽃으로 자색을 띠는 겹철쭉은 《청천양화록》에서 일컫는 설명과 비슷하지 않다. 이는 심고 가꾸는 데 적절함을 잃었거나 모든 품종을 뭉뚱그려 불렀기 때문인지는 알 수 없다】

보관할 때는 따뜻하지 않게 하고, 물은 주되 너무 습하지 않도록 해 준다. 그 가지를 굽혀 지접(地接)할 때는 서향(瑞香)을 접붙일 때의 법과 똑같이 한

種盆者無恙, 數年之間, 枝條方盛. 四五月開花, 浩態濃艶, 爛漫如紅錦, 洵奇玩也.

【案】 今所傳倭躑躅, 疑皆自是時傳種. 然率多千葉而色紫, 不類《菁川》所稱. 或因栽培失宜, 或是凡種冒稱, 未可知也】

收藏勿暖, 澆水勿濕. 屈其枝地接, 一如接瑞香之法. 盆用瓦器.《菁川養花

철쭉의 한 종(《매원화보》)

백자 청화 철쭉 무늬병(국립중앙박물관)

다.[10] 화분은 질그릇을 쓴다.《청천양화록》[11]

錄》

왜철쭉이 말라 죽으면 짚거적으로 이 나무를 4겹
싼 다음 자주 물을 주어 항상 축축하게 해주면 다시
살아난다. 석류나무도 같은 법으로 한다.《산림경제
보》[12]

倭躑躅枯死, 則藁薦四裹,
數澆令恒濕則復活. 石榴
同法.《山林經濟補》

---

10 그……한다 : 서향의 지접법은《임원경제지 예원지》권2〈꽃류(상)(꽃나무)〉"2. 서향" '2) 심기와 가꾸기'에
　보인다.
11 《養花小錄》〈日本躑躅花〉, 176~177쪽.
12 출전 확인 안 됨.

20. 영산홍(映山紅)[1]

映山紅

1) 이름과 품종

일명 '산척촉(山躑躅)'이다.[2]

【본사】[3] 영산홍의 줄기와 잎은 한결같이 진달래와 비슷하다. 다만 개화 시기가 진달래보다 약간 뒤진다. 게다가 꽃색깔이 선명한 홍색으로, 연지(臙脂)[4]보다 붉어서 정원 둘레에 심으면 정원 전체가 모두 환하게 빛난다.

당나라 이신(李紳)[5]의 문집에 "낙곡(駱谷)[6]에 산비파(山枇杷)[7]가 많은데, 그 독이 사람을 죽일 수 있다. 그 꽃은 밝고 아름다워서 두견화(진달래)와 비슷하

名品

一名"山躑躅".

【本史】映山紅莖葉, 一似杜鵑, 但其開差後於杜鵑. 且花色鮮紅, 勝似臙脂, 種在庭除, 一院俱照耀.

唐 李紳文集云: "駱谷多山枇杷, 毒能殺人, 其花明艶, 與杜鵑花相似." 又元

---

1 영산홍(映山紅): 진달래과의 반상록관목 로도덴드론 옵투숨(Rhododendron obtusum). 오래전부터 중국 문헌에 등장하는 영산홍은 중국 원산의 빨강색 꽃이 피는 철쭉류로 추정된다. 우리나라에서는 일본 원산인 알. 옵투숨(R. obtusum)을 중심으로 개량하여 육성된 기리시마철쭉(キリシマツツジ)을 조선 초기부터 지칭했는데, 상록성인 일본철쭉 또는 왜철쭉 알. 인디쿰(R. indicum, サツキ)과는 명확히 구별했다. 중부 지방에서는 간혹 얼어 죽기 때문에 남부 지방에 많이 심었다.

2 일명 산척촉(山躑躅)이다:《本草綱目》卷17〈草部〉"羊躑躅", 1213쪽에 보인다.

3 《本史》卷8〈列傳〉4 "芳草列傳" '映山紅'(《保晚齋叢書》6, 484쪽).

4 연지(臙脂): 화장할 때 볼에 바르는 붉은 빛깔의 염료. 또는 그 색명.

5 이신(李紳): 772~846. 중국 당나라의 시인. 자는 공수(公垂). 진사에 급제한 뒤 절동관찰사(浙東觀察使)를 거쳐 무종(武宗) 때에는 재상에 올랐다. 백거이(白居易)·원진(元鎭)과 매우 친밀했다. 저서로 《추석유시(追昔遊詩)》와 《잡시(雜詩)》가 있다.

6 낙곡(駱谷): 중국 섬서성(陝西省) 주지현(周至縣) 일대.

7 산비파(山枇杷): 비파나무의 일종. 상록 작은키나무로, 우리나라 남부지방 및 일본·중국에 분포한다. 꽃은 10~12월에 핀다. 잎을 비파엽(枇杷葉)·종자를 비파인(枇杷仁)이라 한다.

다."[8]라 했다. 또 원진(元稹)[9]의 〈산비파(山枇杷)〉노래에서는 "산호 떨기 무거워 여린 가지 꺾였네."[10]라 했다. 이시진은 이로 인하여 산비파를 영산홍이라 했다.[11]

그러나 이미 '비파(枇杷)'라 했다면 반드시 그 열매가 있을 것이다. 그런데 우리나라 영산홍은 열매가 없으며 독이 있다는 말 역시 듣지 못했다. 따라서 그것이 같은지 다른지는 알 수 없다】

稹《山枇杷》歌云:"珊瑚朶重纖莖折."李時珍因此以山枇杷爲映山紅.

然旣曰"枇杷", 則必有其實, 而東國映山紅無實, 亦未聞有毒. 其同不同, 未可知也】

2) 알맞은 토양

영남과 호남의 바닷가 지역에서 많이 난다. 이를 서울에 옮겨 심어도 잘 자랄 수 있다. 《본사》[12]

土宜

多生嶺、湖南①近海之地, 移植都下, 亦能滋長.《本史》

3) 보관하기

겨울철에 보관할 때는 조금이라도 그 적절함을 잃으면 곧바로 마르고 시든다. 《본사》[13]

收藏

冬月收藏, 少失其宜, 輒致枯萎.《本史》

4) 자질구레한 말

어떤 이는 영산홍 2그루를 움집에 보관했다가 1

瑣言

有人窖藏此花二本, 正月

---

8 낙곡(駱谷)에⋯⋯비슷하다: 출전 확인 안 됨. 이신(李紳)의 문집은 현재 전하지 않고, 《어정패문재광군방보(御定佩文齋廣群芳譜)》 권39 〈화보(花譜)〉와 《해록쇄사(海錄碎事)》 권22하 등에 같은 내용이 실려 있다.

9 원진(元稹): 779~831. 중국 당나라의 문인. 자는 휘지(微之). 백거이(白居易)와 함께 신악부운동(新樂府運動)을 주도하였으며, 백거이와 함께 '원백(元白)'이라 불렸다. 그의 시풍을 원화체라 했으며, 백거이와 문학관을 공유하고 두보를 추앙했다. 저서로 《원씨장경집(元氏長慶集)》과 《소집(小集)》이 있다.

10 산호⋯⋯꺾였네: 《元氏長慶集》卷26〈樂府〉"山枇杷"(《文淵閣四庫全書》1079, 485쪽).

11 이시진은⋯⋯했다: 《本草綱目》〈草部〉卷17 "羊躑躅", 1212쪽.

12 《本史》, 위와 같은 곳.

13 《本史》, 위와 같은 곳.

① 嶺湖南: 《本史·芳草列傳·映山紅》에는 "於南方".

수령이 300년 이상으로 추정되는 영산홍. 옛날에는 영산홍을 전정하지 않아서 큰 나무로 자랄 수 있었다

영산홍(정성섭·김복남)

월 그믐날에 1그루를 꺼내 심고, 2월 그믐날에 다시 1그루를 꺼내 심었다. 그런데 2월 그믐날에 꺼낸 영산홍이 먼저 피었다가 수십 일이 지나자 시들려 했다. 그제야 먼저 꺼내 심었던 영산홍이 비로소 꽃이 피었다가 역시 수십 일이 지나자 시들었다.

대개 먼저 꺼내 심었던 영산홍은 봄추위에 손상되어 먼저 꽃을 피울 수 없었던 것이다. 이로 말미암아 앞뒤로 40여 일 동안 피어 있는 붉은 꽃을 볼 수 있다.《증보산림경제》[14]

晦出種一本, 二月晦又出種一本. 後出者先開, 至數十日, 將衰; 先出者始開花, 亦過數十日, 方衰.

蓋先出者傷春寒而不能先開也. 由此見前後四十餘日之紅.《增補山林經濟》

---

14 《增補山林經濟》卷4〈養花〉"倭躑躅"(《農書》3, 242쪽).

21. 영춘화(迎春花)[1]

迎春花

1) 이름과 품종

名品

일명 '금요대(金腰帶)'이다.[2]

一名"金腰帶".

【군방보】[3] 떨기지어 난다. 높이는 2~3척이다. 10척 크기의 영춘화도 있다. 모난 줄기와 두꺼운 잎이 마치 막 피어난 어린 산초잎[椒葉]과 같지만, 산초잎과 달리 잎 가장자리에 톱니가 없다. 꽃잎 앞면은 청색이고, 뒷면은 옅은 청색이다. 마주하는 마디에 작은 가지가 나고, 가지 1개에 잎이 3개씩 난다. 봄이 오기 전에 서향화(瑞香花)처럼 황색꽃이 피며, 열매는 맺지 않는다.

【群芳譜】叢生. 高數尺, 有一丈者. 方莖厚葉, 如初生小椒葉而無齒. 面青背淡, 對節生小枝, 一枝三葉. 春前有花如瑞香花黄色, 不結實.

안 본초서에서는 이 꽃을 초류(草類)에 넣었다. 이는 아마도 그 가지와 줄기가 부드럽고 약하여 풀의 본성에 가깝기 때문일 것이다. 그러나 여러 해를 자라 묵은 그루 중에는 높이가 10~20척 되는 경우도 종종 있다. 그러므로 마침내는 관목의 종류가 되어야

案 本草以此花置於草類, 蓋以其柔枝弱條, 近於草性也. 然多年宿根, 往往有樹高一二丈者, 終當爲灌木之類】

---

1 영춘화(迎春花) : 쌍떡잎식물 합판화군 용담목 물푸레나무과의 낙엽관목. 원산지는 중국이며, 주로 관상용으로 심는다.

2 일명 '금요대(金腰帶)'이다 : 《二如亭群芳譜》〈貞部〉第2 "花譜" 2 '迎春花'(《四庫全書存目叢書補編》80, 724쪽)에 보인다.

3 《二如亭群芳譜》〈貞部〉第2 "花譜" 2 '迎春花'(《四庫全書存目叢書補編》80, 724~725쪽).

영춘화

영춘화 잎

할 것이다】

2) 알맞은 토양

땅이 기름지면 무성하게 자란다. 《초화보》[4]

土宜

土肥則茂. 《草花譜》

가지와 줄기의 속이 텅 비어 있어서 물을 가장 잘 빨아들일 수 있다. 그러므로 건조한 것을 싫어하고 축축한 것을 좋아한다. 《금화경독기》[5]

枝條中空, 最能吸水, 故惡燥喜濕. 《金華耕讀記》

3) 파종 시기

2월 중순에 포기를 나누어 심는다. 《초화보》[6]

時候

二月中旬分種. 《草花譜》

4) 심기와 가꾸기

꽃이 필 때 옮겨 심는다. 《초화보》[7]

種藝

放花時移栽. 《草花譜》

---

4 출전 확인 안 됨; 《遵生八牋》卷16〈燕閑淸賞牋〉下 "四時花紀" '迎春花'《遵生八牋校注》, 613쪽).
5 출전 확인 안 됨.
6 출전 확인 안 됨; 《遵生八牋》卷16〈燕閑淸賞牋〉下 "四時花紀" '迎春花'《遵生八牋校注》, 613쪽).
7 출전 확인 안 됨; 《遵生八牋》, 위와 같은 곳.

의성개나리1(영춘화로 잘못 알려진 개나리)　　의성개나리2(이상 임원경제연구소, 한밭식물원에서 촬영)

낮고 습한 땅에 꺾꽂이를 하면 살아난다. 《금화 경독기》[8]

扦揷沮濕地則活.《金耕讀記》

5) 물주기와 거름주기

희생[牲] 튀한 물을 주면 꽃이 무성해진다. 《초화보》[9]

澆壅

爆牲水灌之則花蕃.《草花譜》

6) 품등

영춘화는 비록 초류지만 꽃이 가장 먼저 봄빛을 수놓으므로 또한 없앨 수 없다. 《군방보》[10]

品第

迎春雖草, 花最先點綴春色, 亦不可廢.《群芳譜》

---

8 출전 확인 안 됨.
9 출전 확인 안 됨 ; 《遵生八牋》, 위와 같은 곳.
10 《二如亭群芳譜》〈貞部〉第2 “花譜” 2 ‘迎春花’(《四庫全書存目叢書補編》80, 725쪽).

22. 목근(木槿, 무궁화)[1]

木槿

1) 이름과 품종

名品

일명 '가(椵)', '순(蕣)', '일급(日及)', '옥증(玉蒸)', '주근(朱槿)'이다.[2]

一名"椵", 一名"蕣", 一名"日及", 一名"玉蒸", 一名"朱槿".

【본초강목】[3] 이 꽃은 아침에 피었다가 저녁에 지기 때문에 '일급(日及)'이라 이름했다. '근(槿)'이라 하거나 '순(蕣)'이라 말한 것은 겨우[僅] 한순간[瞬]의 화려함이라는 뜻과 같다. 《시경(詩經)》에 "얼굴이 무궁화와 같네."[4]라 한 것이 바로 이것이다.

【本草綱目】 此花朝開暮落, 故名"日及"[1]. 曰"槿", 曰"蕣", 猶僅榮一瞬之義也. 《詩》云"顏如舜華"卽此.

【초화보】[5] 겹백무궁화는 크기가 권배(勸杯)[6]만 하다. 겹대홍무궁화·겹분홍무궁화도 있다.

草花譜 有千瓣白槿, 大如勸杯. 有大紅、粉紅千瓣.

---

1 목근(木槿, 무궁화) : 쌍떡잎식물 아욱목 아욱과의 낙엽관목. 근화(槿花)라고도 한다.
2 일명……주근(朱槿)이다 : 《二如亭群芳譜》〈貞部〉第1 "花譜" 1 '槿'(《四庫全書存目叢書補編》80, 700쪽)에 보인다.
3 《本草綱目》〈木部〉卷36 "木槿", 2128쪽.
4 얼굴이……같네 : 《毛詩注疏》卷7〈國風〉"女曰雞鳴"(《文淵閣四庫全書》69, 297쪽).
5 출전 확인 안 됨 : 《遵生八牋》卷16〈燕閑淸賞牋〉下 "四時花紀" '槿花'(《遵生八牋校注》, 630쪽).
6 권배(勸杯) : 술잔의 일종. 술을 권할 때만 사용하는 잔으로, 크기가 비교적 크고 정교하다.
1 名日及 : 저본에는 없음. 《本草綱目·木部·木槿》에 근거하여 보충.

증보산림경제 7 민간에서는 '무궁화(舞宮花)'라 부른다】 | 增補山林經濟 俗號"舞宮花"】

2) 심기와 가꾸기

무궁화는 잘라 심어도 살아나고 거꾸로 심어도 살아나며 비스듬히 심어도 살아난다. 살리기 쉬운 종으로 이 나무만 한 것이 없다.《포박자(抱朴子)[8]》[9]

2~3월 새싹이 처음 돋아나는 때 잘라 단(段)을 만든다. 길이는 1~2척이다. 목부용을 꺾꽂이하는 법과 같이 심으면 곧바로 살아난다.[10] 만약 꺾꽂이하여 울타리를 만들고자 한다면 반드시 한 번에 꺾

種藝

木槿, 斷植之則生, 倒之亦生, 橫之亦生. 生之易者, 莫過斯木也.《抱朴子》

二三月新芽初發時, 截作段, 長一二尺, 如插木芙蓉法卽活. 若欲插籬, 須一連插去. 若小佳手, 便不相

무궁화(《본초강목》)　　무궁화(《왜한삼재도회》)　　무궁화

---

7 《增補山林經濟》卷4〈養花〉"槿"(《農書》3, 251쪽).

8 포박자(抱朴子) : 중국 동진(東晉)의 갈홍(葛洪, 283~343)이 지은 도가서. 〈내편(內篇)〉 20편, 〈외편(外篇)〉 50편으로 이루어져 있다. 〈내편〉에는 신선이 되기 위해 필요한 수행법이나 복용해야 할 약 등의 내용이, 〈외편〉에는 사회의 이해득실이 논술되어 있다.

9 《抱朴子》〈內篇〉卷13 "極言"(《中華道藏》25-1, 56쪽).

10 목부용을……살아난다 : 목부용 꺾꽂이법은 앞의 '17. 목부용'에 나온다.

무궁화1(파주시 광탄면 신산리에서 촬영)

무궁화2(국립현충원에서 촬영)

무궁화3(국립현충원에서 촬영)

무궁화4(이상 파주농업기술센터 강상수, 청와대 앞에서 촬영)

꽃이해야만 한다. 잠시라도 손을 멈추면 곧 서로 붙   接.《群芳譜》
지 않는다.《군방보》[11]

예원지 권제2 끝   藝畹志卷第二

11 《二如亭群芳譜》〈貞部〉第1"花譜" 1 '木槿'(《四庫全書存目叢書補編》80, 700쪽).

예원지 권제 3

藝畹志 卷第三

임원십육지 20

林園十六志二十

Ⅰ. 꽃류(하)(풀꽃)

3

일반적으로 기이한 품종을 얻으면 썩은 나무에 구멍을 뚫고 그 위에 국화싹을 꽂아 물항아리에 띄운다. 뿌리를 내리면 그늘진 땅으로 옮겨 심는다. 더러는 국화싹을 꽂은 진흙 환(丸)을 흙속에 묻었다가 법에 따라 며칠 동안 물을 주면 살아난다. 이를 '전종(傳種, 종자 보전하기)'이라 한다.

- Ⅰ -

꽃류(하)(풀꽃)

花類(下)

1. 난화(蘭花)[1]

蘭花

1) 이름과 품종

일명 '향조(香祖)', '제일향(第一香)'이다.[2]

【군방보[3] 산골짜기에서 난다. 자색 줄기에 적색 마디이며, 더부룩이 난다. 싹이 부드럽고 잎은 맥문동(麥門冬)[4]처럼 녹색이지만, 그보다 굳세고 단단하며 반듯하게 뻗쳐 난다.

사계절 내내 푸르다. 새로 난 싹 하나에서 꽃 한 송이가 줄기 끝에서 피며, 꽃잎 중간에 자잘한 자색 점이 있다. 그윽한 향이 맑게 멀리 퍼지기 때문에 강남(江南)[5]에서는 '향조(香祖)'라 한다. 또한 그윽한 향이 다시 견줄 만한 꽃이 없다는 이유로 '제일향(第一香)'이라고도 한다.

名品

一名"香祖", 一名"第一香".

【群芳譜】 生山谷. 紫莖赤節, 苞生. 柔黃, 葉綠如麥門冬, 而勁健特起.

四時常靑. 一莖一花生于莖端, 中間瓣上有細紫點. 幽香淸遠, 江南謂之"香祖". 又以其更無偶匹, 稱爲"第一香".

---

1 난화(蘭花) : 외떡잎식물 난초목 난초과에 속하는 식물의 총칭. 일반적으로 난이라고 한다. 매화·대나무·국화와 함께 사군자(四君子)라고 일컬어진다.
2 일명……제일향(第一香)이다 : 《二如亭群芳譜》〈貞部〉 "花譜" 3 '蘭'(《四庫全書存目叢書補編》80, 743쪽)에 보인다.
3 《二如亭群芳譜》〈貞部〉 "花譜" 3 '蘭'(《四庫全書存目叢書補編》80, 743쪽).
4 맥문동(麥門冬) : 외떡잎식물 백합목 백합과의 여러해살이풀. 짧고 굵은 뿌리줄기에서 잎이 모여 나와서 포기를 형성하고, 흔히 뿌리 끝이 커져서 땅콩같이 된다.
5 강남(江南) : 중국 양자강(揚子江) 이남의 지역으로, 현재 행정 구역상으로는 강소성(江蘇省)·안휘성(安徽省)·절강성(浙江省) 일대.

안 《본초강목》을 살펴보니 다음과 같은 내용이 있다.

"난에는 몇 가지 종류가 있다. 난초와 택란(澤蘭)은 모두 물가나 저지대 습지에서 자란다. 자색 줄기에 흰색 가지이며, 적색 마디에 녹색 잎이다. 잎이 마주 보면서 마디마다 나며, 잎 가장자리에는 자잘한 톱니모양이 있다.

그 줄기가 둥그스름하고 마디가 길면서 잎이 광택이 나고 갈래가 있는 것은 난초이다. 반면 줄기가 약간 모나고 마디가 짧으면서 잎에 털이 있는 것은 택란이다. 산에서 나는 난은 산란(山蘭)이다.

난초·택란·산란 3가지 난은 대개 한 종류의 3가지 품종이다. 싹이 날 때 싹을 주물러서 허리에 찰 수 있다. 8~9월이 지난 뒤에 꽃이 피고 이삭이 영그는데, 계소화(鷄蘇花)6와 같고, 홍백색이다.

《예기(禮記)》의 '허리에 차는 수건과 난채(蘭茝, 향초).'7, 《초사(楚辭)》8의 '가을 난을 엮어 허리에 차노라.'9, 《시경(詩經)》〈정풍(鄭風)〉의 '사내와 여인 난을 잡았도다.'10, 《풍속통(風俗通)》11의 '향초 품고 난 쥐

案 考之《本草》:

"蘭有數種. 蘭草、澤蘭, 俱生水旁、下濕處. 紫莖素枝, 赤節綠葉, 葉對節生, 有細齒.

其莖圓節長而葉光有歧者, 爲蘭草; 莖微方節短而葉有毛者, 爲澤蘭. 蘭草之生於山中者, 爲山蘭.

三蘭, 蓋一類三種也. 嫩時竝可挼而佩之, 八九月後, 開花成穗, 如鷄蘇花, 紅白色.

《禮記》之'佩帨蘭茝'、《楚辭》之'紉秋蘭以爲佩'、《鄭詩》之'士女秉蘭'、《風俗通》之'懷香握蘭', 皆此物也.

---

6 계소화(鷄蘇花) : 쌍떡잎식물 통화식물목 꿀풀과의 여러해살이풀. 잎의 맛이 매우면서도 향이 있어 닭을 삶는 데 쓰인다고 한다. 용뇌(龍腦)·향소(香蘇)라고도 한다.

7 허리에……난채(蘭茝, 향초) : 《예기》 원문에 "며느리는 혹자(친정 형제)가 음식과 의복과 베와 비단과 허리에 차는 수건과 채란(茝蘭)을 주면, 받아서 시부모에게 바친다(婦或賜之飮食、衣服、布帛、佩帨、茝蘭, 則受而獻諸舅姑)."라는 내용이 보인다. 《禮記正義》 卷27《十三經注疏整理本》 14, 978~979쪽).

8 초사(楚辭) : 중국 춘추 시대 초(楚)나라의 시인 굴원(屈原, B.C. 340~B.C. 278)의 저작. 한(漢)나라의 문인 유향(劉向)이 굴원의 《이소(離騷)》와 25편의 부(賦) 및 기타 작품을 덧붙여 《초사》를 편집했으며, 후한(後漢)의 왕일(王逸)은 여기서 사장(詞章)을 재편집하고 주석을 추가하여 《초사집주(楚辭集注)》를 지었다.

9 가을……차노라 : 《楚辭集注》 卷1〈離騷經〉《文淵閣四庫全書》 1062, 303쪽).

10 사내와……잡았도다 : 《시경》 원문에 "진수(溱水)와 유수(洧水)는 한창 넘실거리고, 사내와 여인은 모두 난을 손에 잡았도다(溱與洧方渙渙兮, 士與女方秉蘭兮)."이다. 《毛詩正義》 卷7〈鄭風〉"溱洧"《十三經注疏整理本》 4, 376쪽).

11 풍속통(風俗通) : 중국 동한(東漢)의 문인 응소(應邵, ?~?)가 지은 책으로, 사물류와 명호(名號, 사물의 이름)를 분변해 놓은 책.

었네.'12라 한 말들이 모두 이 난이다.

그런데 난화(난초꽃)는 이 3가지 난과 현격히 다르다. 봄에 꽃이 피는 난화는 잎이 맥문동과 비슷하고, 가을에 꽃이 피는 난화는 잎이 관모(菅茅)13와 비슷하다. 잎만 있고 가지가 없으며, 꽃은 향이 나지만 잎은 향이 나지 않는다. 따라서 난화는 별개의 한 종으로, 옛날에 이르던 난초가 아니다.

若夫蘭花則與三蘭迴別. 春花者, 葉如麥門冬; 秋花者, 葉如菅茅. 有葉而無枝, 花香而葉不香, 別是一種, 非古之蘭草也.

황정견(黃庭堅)14이 '하나의 줄기에서 꽃 한 송이가 피는 것을 난(蘭)이라 하고, 하나의 줄기에 꽃이 몇 송이 피는 것을 혜(蕙)라고 한다.'는 설을 한 뒤로부터 세상에서는 마침내 '난화'라고 지칭하게 된 것이다.

一自黃魯直, 有'一幹一花爲蘭, 一幹數花爲蕙'之說, 而世遂指蘭花爲.

즉 굴원(屈原)15이 일컬었던 난(蘭)은, 주자(朱子)가 《초사》에 주(註)를 낸 데서 처음으로 다음과 같이 말했다. '옛날의 향초(香草)는 반드시 꽃과 잎 모두에서 향이 나고 건조함이나 습함에 따라 변하지 않기 때문에 베어서 허리에 차고 다닐 수 있었다. 하지만 지금의 난(蘭)과 혜(蕙)는 꽃에서만 향이 나고, 잎은 향이 나지 않는 데다 성질이 약하여 쉽게 시드니, 이는 결코 옛사람들이 일컫던 향초가 아니다.'16"17

卽靈均所稱之蘭, 至朱子註《楚辭》, 始言'古之香草, 必花葉俱香, 而燥濕不變, 故可刈佩. 今之蘭、蕙, 但花香而葉無氣, 質弱易萎, 必非古人所指.'"

---

12 향초를……쥐었네:《說郛》卷59上〈漢官儀〉(《文淵閣四庫全書》879, 202쪽).

13 관모(菅茅):띠풀의 한 종류.

14 황정견(黃庭堅):1045~1105. 중국 북송(北宋)의 관리이자 시인. 자는 노직(魯直), 호는 산곡(山谷). 소식(蘇軾)의 4대 문하생 중 한 명이며, 강서시파(江西詩派)의 비조라 불린다. 저서로《산곡내집(山谷內集)》이 있다.

15 굴원(屈原):B.C. 340~B.C. 278. 중국 춘추 시대 초(楚)나라의 정치가이자 시인. 자는 영균(靈均). 학식이 뛰어나 초나라 회왕(懷王)의 좌도[左相]의 중책을 맡아, 내정·외교에서 활약하기도 했다. 저서로《이소(離騷)》·《어부사(漁父辭)》등이 있다.

16 주자(朱子)가……아니다:《楚辭辯證》卷上〈離騷經〉(《文淵閣四庫全書》1062, 382쪽).

17 난에는……아니다:《本草綱目》卷14〈草部〉"蘭草", 904~905쪽.

진정민(陳正敏)[18]·방회(方回)[19]·오징(吳澄)[20]·양신 (楊愼)[21] 등 여러 학자가 모두 그 학설을 변증하였으 니,[22] 황정견의 학설이 모두 미덥고 증거가 있는 것 이다. 그러나 황정견 이후로 답습한 지가 이미 오래 되어 일반적으로 정원에 심은 것들이나, 보록(譜錄) 에 수록된 것들이나, 서화로 그려진 것들은 모두 잎 이 부들이나 원추리같이 생긴 난화일 뿐이다.

난화는 우리나라 남쪽 지방에도 여기저기에 있 다. 만일 심고 가꾸는 데 적절함을 얻을 수 있다면 이곳에서도 또한 감상하며 즐길 수 있을 것이다. 설 령 구원(九畹)[23]에 심었던 옛 종류가 아니더라도 한가

陳遯齊、方虛谷、吳草廬、 楊升庵諸儒俱爲之辨証, 其說儘信而有徵矣. 然山 谷以後, 沿襲旣久, 凡園圃 之所蒔、譜錄之所收、墨妙 之所模, 皆葉如蒲、萱之蘭 花耳.

我國南方, 亦往往有之. 苟 能栽護得宜, 則此地亦可 賞玩. 縱非九畹舊種, 亦可 作閒中幽友矣. 今以蘭花

---

18 진정민(陳正敏):?~?. 중국 송(宋)나라의 학자. 자는 둔재(遯齋). 어릴 적부터 영민하여 배우기를 좋아하 였고 고금에 박식하였다. 저서로《둔재한람(遯齋閒覽)》이 있다. 총 24권으로, 평소에 보고 들었던 사항을 채록하였다.《둔재한람》에서는 "《초사·이소》의 난을 두고 어떤 사람은 '도량향(都梁香)'이라고 하고 어떤 사람은 '택란(澤蘭)'이라고 하며 어떤 사람은 '의란(猗蘭)'이라고 하는데, 택란이 옳다(《楚騷》之蘭, 或以爲 都梁香, 或以爲猗蘭, 或以爲澤蘭, 當以澤蘭爲正)."라 했다.

19 방회(方回):1227~1307. 중국 송말원초(宋末元初)의 문인. 자는 만리(萬理), 호는 허곡(虛谷). 송나라 경 정(景定) 임술년에 과거에 합격하였고, 원(元)나라에서 벼슬하였다. 저서로《속고금고(續古今攷)》·《허곡 집(虛谷集)》등이 있다.《정난설(訂蘭說)》에서 "옛날의 난초는 지금의 천금초(千金草)이고, 민간에서 해아 국(孩兒菊)이라 하는 것은 지금 말하는 난이다. 그 잎이 띠풀 같으면서 여린 것은 뿌리를 토속단(土續斷)이 라 하고, 꽃에 향기가 모여 있으므로 난이라는 이름을 얻었다(古之蘭草, 卽今之千金草, 俗名孩兒菊者, 今 之所謂蘭. 其葉如茅而嫩者, 根名土續斷, 因花馥鬱, 故得蘭名也)."라 했다.

20 오징(吳澄):1249~1333. 중국 원(元)나라의 유학자. 자는 유청(幼淸). 띠풀집에 거처하였는데, 정문해(程 文海, 1249~1318)가 이에 초려(草廬)라고 일컬었다. 원나라의 경연강관(經筵講官)의 요직을 지냈으며, 《영종실록(英宗實錄)》을 감수하였다. 허노재(許魯齋)와 함께 남북의 2대 유학자라 불린다. 저서로《오경 찬언(五經纂言)》·《초려정어(草廬精語)》등이 있다. 그는《난설(蘭說)》에서 "난이 의서(醫書)에서 상등품 의 약으로 여겨지는 까닭은 가지와 줄기가 있고 심을 수 있는 풀이기 때문이다. 그러나 요즘 난이라 하는 것은 가지와 줄기가 없고 황정견이 난과 혜를 구별하여 칭함으로 인하여 세상에서 마침내 잘못 가리켜《이 소》의 난이라 여겼다(蘭爲醫經上品之藥, 有枝有莖, 草之植者也. 今所謂蘭, 無枝無莖, 因黃山谷稱之, 世 遂謬指爲《離騷》之蘭)."라 했다.

21 양신(楊愼):1488~1559. 중국 명(明)나라의 관리이자 학자. 자는 용수(用修), 초호(初號)는 월계(月溪), 승 암(升庵). 한림원(翰林院) 수찬(修撰)을 지냈고,《무종실록(武宗實錄)》편찬에 참여했다. 저서로《승암집 (升菴集)》이 있다. 그는 난에 관하여 "세상에서 부들이나 원추리 같은 것을 난으로 여기니, 구원(九畹)에 서 무함을 얻은 지 오래되었다(世以如蒲、萱者爲蘭, 九畹之受誣, 久矣)."라 했다.

22 진정민(陳正敏)……변증하였으니:이들이 변증한 구체적인 내용은《본초강목》, 위와 같은 곳에 보인다.

23 구원(九畹):굴원(屈原)의 이소(離騷)에 "내 이미 난초를 구원에 심었고, 또 혜초를 백묘에 심었노라(余旣 滋蘭之九畹兮, 又樹蕙之百畝)."라 했다. 이후로 구원은 난초를 심는 곳의 전고가 되었다. 원래 구원의 원 (畹)은 밭의 면적 단위로, 12이랑[畝] 혹은 30이랑을 가리킨다.

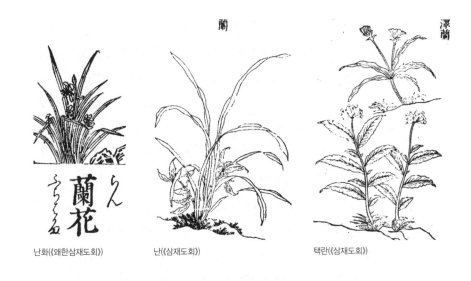

蘭

澤蘭

난화(《왜한삼재도회》)   난(《삼재도회》)   택란(《삼재도회》)

한 중에 그윽한 벗이 될 수 있을 것이다. 이제 난화
로 이름을 바로잡고, 심고 가꾸는 법과 물을 주는
법만 대강 기록한다】

正名而略錄其種蒔、灌澆
之法】

2) 알맞은 토양

난화를 기를 때 토대를 너무 높이 만들면 난화가 햇볕을 너무 강하게 받고, 너무 낮게 만들면 바람을 쐬지 못한다. 앞으로 남쪽을 향하고, 뒤로 북쪽을 등져야 한다. 이는 대개 남쪽의 훈풍은 통하게 하고 북쪽의 바람은 가리기 위해서이다.

땅은 굳이 넓을 필요가 없다. 땅이 넓으면 해가 들기 때문이다. 그렇다고 또한 땅이 좁아서도 안 된다. 땅이 좁으면 기운을 통하지 않기 때문이다. 오른쪽으로는 숲을 가까이 하고 왼편으로는 들을 가까이 두어야 한다. 동쪽의 햇볕은 받고 서쪽의 석양볕은 피하기 위해서이다. 조시경(趙時庚)[24]《금장난보(金漳蘭譜)[25]》[26]

바람이 잘 통하는 곳이 좋으니, 대숲 아래 또는 못 가처럼 그늘이 살짝 지면서 서리의 침범을 받지 않는 곳이어야 한다. 《오잡조(五雜組)[27]》[28]

거름흙 만드는 법: 진흙의 양에는 구애받지 않는

土宜

養蘭, 作臺太高則衝陽, 太低則隱風. 前宜面南, 後宜背北, 蓋欲通南薰而障北吹也.

地不必曠, 曠則有日; 亦不可狹, 狹則蔽氣. 右宜近林, 左宜近野, 欲引東日而避西陽也. 趙氏《金漳蘭譜》

須通風之所, 竹下池邊, 稍見日[1]影而不受霜侵處. 《五雜組》

釀土法: 用泥不拘. 大要先

---

24 조시경(趙時庚):?~?. 중국 남송(南宋)의 문인. 《금장난보(金漳蘭譜)》의 저자로 알려져 있으나, 이밖에 알려진 바가 없다.
25 금장난보(金漳蘭譜):중국 남송(南宋)의 조시경(趙時庚, ?~?)이 저술한 난화(蘭花) 전문 서적. 중국 장주(漳州)·천주(泉州)·구월(甌越) 등지에서 나는 32종의 난화를 소개하고, 난화의 품등과 기르는 방법, 심는 법과 물주는 법 등 다방면의 경험을 서술하고 있다.
26 《金漳蘭譜》卷上〈天地愛養〉《文淵閣四庫全書》845, 126쪽).
27 오잡조(五雜組):중국 명(明)나라의 시인 사조제(謝肇淛, 1567~1624)가 지은 책. 천부(天部)·지부(地部)·인부(人部)·물부(物部)·사부(事部)로 구성되어 있고, 수필·독서록·사회·정치 등의 내용을 포괄하고 있다. 오잡조(五雜俎)·오잡조(五雜粗)로도 쓴다.
28 《五雜粗》卷10〈物部〉2, 132쪽.
[1] 日:저본에는 없음. 오사카본·규장각본·《五雜粗·物部》에 근거하여 보충.

다. 핵심은 우선 장맛비가 내린 뒤에 도랑의 기름진 진흙을 햇볕에 말린 후 곱게 체질하여 사용할 때를 대비하는 것이다.

간혹 또 다른 법으로, 불이 났던 산의 흙을 가져다 물을 부어 진흙을 만든다. 다시 고사리를 채취하여 말린다. 그 뒤에 이전의 진흙으로 고사리 위를 얇게 덮는다. 다시 그 위에 고사리를 깔고 다시 진흙을 더한다. 이와 같이 3~4층을 쌓는다. 그 상태에서 불로 태우고 똥을 잿물에 뿌린다. 똥이 마르면 다시 진흙을 더하고 다시 태우기를 몇 차례 한 뒤, 마르면 사용한다.

어떤 곳에서는 "산의 흙을 물과 골고루 섞은 후 여기에 찻사발을 큰 조각으로 깨뜨려 넣고 센 불로 벌겋게 달군다."[29]라 했다. 불로 달구는 이유는 흙속의 개미나 지렁이가 뿌리를 상하게 할까 염려해서이다. 달군 흙덩어리를 망치로 부순 다음 닭똥과 섞어 사용에 대비한다. 이와 같이 거름흙을 만든다면 어찌 꽃이 무성하지 않을까 걱정하겠는가. 《군방보》[30]

난화를 심을 때 진흙 사용하는 법: 오래된 짚신들을 주워다가 똥물에 쌓으며 담가 둔다. 여러 날이 지난 후 누런 진흙을 섞어 태운다. 또 여기에 똥[大糞]을 뿌려 준 뒤, 빈 땅에 두어 비를 맞고 햇볕을 쬐기를

于梅雨後, 取溝內肥泥曝乾, 羅細備用.

或取山上有火燒處, 水衝浮泥, 再尋蕨茱, 待枯, 以前泥薄覆草上, 再鋪草, 再加泥, 如此三四層. 以火燒之, 澆入糞, 乾則再加, 再燒數次, 待乾, 取用.

一云: "將山土用水和均, 摶茶甌大, 猛火煆紅." 火煆者, 恐蟻蚓傷根也. 錘碎拌鷄糞待用. 如此蓄土, 何患花之不茂.《群芳譜》

種蘭用泥法: 拾舊草鞋, 積浸水糞中, 日久, 拌黃泥燒過. 又用大糞澆, 放空地, 任[2]令雨打日照[3], 兩

---

29 산의……달군다 : 출전 확인 안 됨.
30 《二如亭群芳譜》〈貞部〉 "花譜" 3 '蘭'(《四庫全書存目叢書補編》 80, 747~748쪽).
[2] 任 : 《遵生八牋 · 燕間淸賞牋 · 蘭譜》에는 "儘".
[3] 照 : 저본에는 "炤", 《遵生八牋 · 燕間淸賞牋 · 蘭譜》에 근거하여 수정.

2~3개월 동안 한다. 그런 다음 거두어 난화를 옮겨
심을 때 이 거름을 사용한다. 《원포일고(園圃日考)》[31]

三月過, 收起聽栽.《園圃
日考》

　난화(蘭花)는 추위나 더위 및 바람과 비를 가장 견
디지 못하므로 대부분 사발에 심는다. 《화한삼재
도회》[32]

蘭花最不耐[4]寒暑、風雨,
故多鉢植之.《和漢三才圖
會》

---

31 《遵生八牋》卷16〈燕間淸賞牋〉下 "蘭譜" '種花肥泥法'(《遵生八牋校注》, 659쪽).
32 《和漢三才圖會》卷93〈芳草類〉 "蘭花"(《倭漢三才圖會》11, 185쪽).
4 耐:《和漢三才圖會·芳草類·蘭花》에는 "忍".

3) 파종 시기

일반적으로 난의 포기를 나눌 때는, 반드시 한로(寒露, 양력 10월 8·9일경)가 지난 뒤부터 입동(立冬, 양력 11월 7·8일경) 전까지 나눠야 한다. 대개 만물을 취할 경우, 뿌리로 돌아가는 때를 얻어야 하는 것이니,[33] 난이 이때 잎이 푸르고 뿌리가 늙기 때문이다. 《금장난보》[34]

난의 포기를 나누려면 바로 9월 절기(節氣)[35]의 전후라야 비로소 좋다. 만약 늦어져서 10월 중기(中氣)[36]에 이르면 더욱 적당한 시기가 아니다. 《원포일고》[37]

10월에는 꽃에 이미 씨가 맺히므로 포기를 나누어서는 안 된다. 만약 서리나 눈이 내리거나 매우 추우면 더욱 나누어서는 안 된다. 그렇지 않으면 반드시 꽃을 손상시키고 만다. 《군방보》[38]

난은 아무때나 옮겨 심는다. 집에 심는 경우에는 8~9월에 나누어 심는다. 《증보산림경제》[39]

時候

凡分蘭, 必於寒露後、立冬前分之. 蓋取萬物得歸根之時, 而蘭於是時, 葉蒼根老也. 《金漳蘭譜》

欲分, 直須交過九月節氣始可. 如遲至十月中, 又非其時也. 《園圃日考》

十月, 花已胎孕, 不可分. 若見霜雪大寒, 尤不可分. 否則必至損花. 《群芳譜》

蘭栽無時. 家種者, 八九月分栽. 《增補山林經濟》

---

33 만물을……것이니 : 원문의 '取萬物得歸根之時'를 풀이한 것이다. 노자(老子)의 《도덕경(道德經)》에 "대저 만물은 풀처럼 무성하게 자라지만 제각기 또다시 그 뿌리를 돌아갈 뿐이다. 뿌리로 돌아가는 것을 일컬어 고요함이라 한다(夫物芸芸, 各復歸其根, 歸根曰靜)."라는 내용이 보인다(김용옥 저, 《노자가 옳았다》, 통나무, 2020, 210~211쪽). 《老子道德經》卷上 〈河上公章句〉 1 "歸根" 16(《文淵閣四庫全書》 1055, 55쪽).

34 《金漳蘭譜》卷中 〈堅性封植〉(《文淵閣四庫全書》 845, 126쪽).

35 절기(節氣) : 24절기(二十四節氣)는 달마다 중순부터 드는 중기(中氣)와 매월 상순에 드는 절기(節氣)로 나뉜다. 여기서는 양력 9월 상순에 드는 절기인 백로(白露, 양력 9월 8·9일경)를 가리킨다.

36 중기(中氣) : 여기서는 음력 10월 중순에 드는 절기인 상강(霜降, 양력 10월 23·24일경)을 가리킨다.

37 《遵生八牋》卷16 〈燕間清賞牋〉下 "蘭譜" '種蘭奧訣'(《遵生八牋校注》, 660쪽).

38 《二如亭群芳譜》 〈貞部〉 "花譜" 3 '蘭'(《四庫全書存目叢書補編》 80, 747쪽).

39 《增補山林經濟》卷4 〈養花〉 "蘭"(《農書》 3, 228~229쪽).

4) 종자 고르기

우리나라 난초꽃은 품종이 많지 않다. 화분에 옮겨 심은 뒤에는 잎이 점점 짧아지고 향 역시 옅어진다. 그러나 호남 지역 해안가의 여러 산에서 나는 난초꽃은 품종이 좋다【안 난초꽃은 중국이나 일본에서 사 와야 한다. 우리나라에서 나는 난초꽃은 대체로 향이 없기 때문이다】.《청천양화록》[40]

擇種

我國蘭花, 品類不多. 移盆後, 葉漸短, 香亦歇. 生湖南沿海諸山者, 品佳【案 當購於中國或日本. 東産大抵無香】.《菁川養花錄》

---

40 《養花小錄》〈蘭蕙〉, 198쪽.

5) 심기와 가꾸기

난의 포기를 나눌 때 어떤 사람은 멀쩡한 화분을 아깝게 여겨 차마 깨뜨리지 못하고 난을 화분에서 발라내듯이 꺼내다가 뿌리를 상하게 하는 경우가 있다. 오늘날에는 이를 깊이 경계한다.

일반적으로 난의 포기를 나누려면 반드시 그 화분을 깨뜨려서 손으로 가볍게 헤치는 데 힘써야 한다. 또, 그 엉킨 뿌리를 살살 풀면서 포기를 나누어야 한다. 이때 뿌리를 뽑다가 끊는 실수를 해서는 안 된다.

그런 뒤에 모여 난 촉[篗叢, 난초의 포기]에서 여러 해 동안 썩은 뿌리줄기[蘆頭]를 걷어 내고 오직 3년 정도 된 촉만을 남겨 둔다. 모여 난 뿌리 3촉마다 화분 1개를 만든다. 화분 밑바닥을 우선 모래로 채우고, 곧바로 모여 난 뿌리 3촉이 서로 종횡으로 어우러지도록 심는다. 이때 새로 난 촉이 바깥쪽으로 가도록 하여 세 방향으로 뻗도록 한다.

그 꽃이 좋아하는 비옥도의 모래【안 각종 꽃에 알맞은 모래에 대해서는 〈꽃 이름 고찰〉41에 보인다】에 맞춰 심는다. 화분 위쪽에는 거름기 없는 모래 약간으로 덮고 새로 길어 온 물 한 국자를 뿌려 뿌리가 제 자리를 잡도록 한다. 또 모래를 거두었다

種藝

分蘭, 或吝其盆之端正, 不忍擊碎, 因剔出而傷根者有之, 今深以爲戒.

凡欲分蘭, 必須擊碎其盆, 務在輕手擊之, 亦須緩緩解坼⑤其交互之根, 勿使有拔斷之失.

然後逐篗叢, 取出積年腐蘆⑥頭, 只存三年者. 每三篗作一盆. 盆底先用沙塡之, 卽以三篗叢之, 互相枕藉, 使新篗在外, 作三方向.

却隨其花之所好肥瘦沙土【案 各種花所宜沙土, 見《花名⑦攷》】種之. 盆面則以少許瘦沙覆之, 以新汲水一勺澆之, 以定其

---

41 꽃 이름 고찰 : 저본에는 '화품고(花品攷)'로 되어 있다. 내용상 《예원지》의 한 항목으로 보인다. 하지만 이와 같은 항목은 《예원지》에 없다. 《예원지》 권5의 〈꽃 이름 고찰〉을 가리키는 것으로 이해하여 이처럼 수정하였다.

⑤ 坼 : 《金漳蘭譜·堅性封植》에는 "析".

⑥ 蘆 : 저본에는 "盧". 《金漳蘭譜·堅性封植》에 근거하여 수정.

⑦ 名 : 저본에는 "品". 일반적인 용례에 근거하여 수정.

가 햇볕에 말려서 사용하는 법이 있으니, 이는 또한 난의 포기를 나누는 지극한 요체이다.

모래 사용법은 다음과 같다. 난의 포기를 나누기 15일 전에 흙을 체로 쳐서 와기조각과 자갈을 제거한 뒤, 이를 햇볕에 바짝 말린다. 간혹 기름진 모래를 쓰고 싶다면 진흙모래에 똥을 고루 섞어 햇볕에 말려야 한다. 마르면 다시 습하게 한다. 이와 같이 10번 한 뒤 바짝 마른 상태를 살펴보고 다시 체로 쳐야 한다. 이를 필요할 때 임의대로 사용한다.

대개 모래는 오래도록 흘러 모인 것으로 쓴다. 비록 난화가 그늘지고 습한 땅에 있었더라도 난화뿌리를 대번에 나누면 갈라져서 본성을 잃게 된다. 이때는 가령 양물(陽物)42로 도와주면 이듬해 모여 난 뿌리덩이가 저절로 자라서 원래 있던 잎과 어깨를 나란히 할 만해진다.

만약 모래를 거두었다가 햇볕에 말려서 사용하는 적당함을 알지 못하고 오래 묵은 모래를 그냥 사용한다면 난화는 반드시 여위고 약해져 잎이 누렇게 변하는 경우가 생기고, 모여 나는 촉이 나오지 않는 경우도 있다.《금장난보》43

난의 포기 나누는 법: 1개월 남짓 전에 이것저것

根. 更有收沙曬用之法, 此又分蘭之至要.

其法: 預於未分前半月, 取土篩去瓦礫, 曝令乾燥. 或欲適肥, 則宜用淤泥沙, 與糞夾和曬之. 俟乾, 或復濕, 如此十度, 視其極燥, 更須篩過, 隨意用.

蓋沙乃久年流聚, 雖⑧居陰濕之地者, 而蘭之驟亦⑨分拆失性, 假以陽物助之, 則來年叢篷自長, 可與舊葉比肩.

苟不知收曬之宜, 用積擸之沙, 必至羸弱而黃葉者有之, 篷之不發者有之. 《金漳蘭譜》

分蘭法: 前期月餘, 取合用

---

42 양물(陽物): 양(陽)의 속성을 가진 사물을 통틀어 가리키는 듯하다. 자연적인 현상으로는 불·태양·번개 등이 있다. 여기서는 햇볕에 바짝 말린 모래를 뜻한다.

43 《金漳蘭譜》卷中〈堅性封植〉(《文淵閣四庫全書》845, 126~127쪽).

⑧ 雖: 저본에는 "雜".《金漳蘭譜·堅性封植》에 근거하여 수정.

⑨ 亦: 저본에는 "爯".《金漳蘭譜·堅性封植》에 근거하여 수정.

섞인 모래에서 자갈이나 먼지를 제거하거나 털어 내고 똥과 섞는다【똥은 거위똥이 최상이다. 다른 똥은 사용해서는 안 된다】. 이를 햇볕에 말려 오랫동안 둔다. 한로(寒露)가 지난 뒤에 원래 난을 심었던 화분을 깨뜨리고 손으로 가볍게 난의 포기를 풀면서 오래된 뿌리줄기를 제거하고 3년 정도 된 촉만 남겨 둔다.

더러는 3~4개의 촉으로 화분 1개를 만들기도 한다. 이때 오래된 촉은 화분 안쪽에, 새로 자란 촉은 화분 바깥쪽에 심는다. 뿌리를 너무 높게 심어서는 안 되니, 세월이 오래되면 화분이 쉽게 좁아질까 염려해서이다. 또 너무 낮게 심어서도 안 되니, 뿌리가 갇혀서 펴지지 못할까 염려해서이다. 《왕씨난보(王氏蘭譜)》[44][45]

沙, 去礫揚塵, 使糞夾和【鵝糞爲上, 他糞勿用】. 曬乾儲久, 寒露後, 擊碎元盆, 輕手解拆, 去舊蘆[10]頭, 存三年之穎.

或三穎、四穎作一盆, 舊穎內新穎外. 不可太高, 恐年久易隘, 不可太抵, 恐根局不舒.《王氏蘭譜》

잘 자란 난에는 20~30개의 꽃받침이 달리고, 연약한 난에는 5~6개의 꽃받침만 달릴 뿐이다. 그 이유는 혹 난을 심을 때 기름진 흙을 주지 않았기 때문일 것이다. 반드시 때에 맞게 기름진 흙을 갈아주고 법에 따라 옮겨 심으면 무성한 난을 얻을 수 있다.《원포일고》[46]

蘭之壯者有二三十蕚, 弱者只有五六蕚, 或種時無肥泥故也. 必須及時換泥, 如法栽過, 以獲茂盛.《園圃日考》

---

44 왕씨난보(王氏蘭譜):중국 남송(南宋)의 왕귀학(王貴學, ?~?)이 1247년에 저술한 난화(蘭花) 전문 서적. 최초의 난화 전문 서적인 《금장난보(金漳蘭譜)》에 비해 14년 늦게 편찬되었다. 원말명초의 총서인 《설부(說郛)》에 실려 있다.
45 출전 확인 안 됨;《說郛》卷103上〈王氏蘭譜〉"分拆之法"《文淵閣四庫全書》882, 9쪽).
46 《遵生八牋》卷16〈燕間淸賞牋〉下 "蘭譜"'種蘭奧訣'《遵生八牋校注》, 660쪽).
[10] 蘆:저본에는 "盧".《說郛·王氏蘭譜·分拆之法》에 근거하여 수정.

난의 포기를 나눌 때에는 반드시 그 뿌리가 쉽게 나뉠지를 헤아려야 하니, 세밀히 살피지 않을 수 없다. 뿌리가 서로 심하게 얽혀 있는 경우에는 난을 마구 쳐서 흙을 털고 뿌리를 끊는다. 하지만 이는 포기를 나누어 심은 난이 무성해지지 못할 뿐만 아니라, 타고난 수명까지도 단축시킨다.《원포일고》[47]

分時, 須度其根之易分, 不可不察. 其交互甚者, 渾擗折之, 非惟分種不盛, 抑亦斷送其天年也. 同上

진계상(陳季象)[48]이 전하는 난화 옮겨 심는 법: 산의 흙을 불에 굽고 체질하여 곱게 거른 뒤, 난화를 다 심고 나면 맑은 물을 완전히 스며들 때까지 뿌려준다. 대개 축축한 흙에서는 물이 뿌리 아래까지 스며들기 어렵지만, 마른 흙에서는 물을 주면 잘 스며들어 뿌리를 적시므로 살아나지 않는 난화가 없을 것이다.《쾌설당만록(快雪堂漫錄)[49]》[50]

陳季象傳栽蘭法: 取山土火煨細羅, 過種蘭訖, 以淸水旋澆之, 以透爲度. 蓋濕土難至根下, 乾土得水則漲而抱根, 無不活矣.《快雪堂漫錄》

줄기와 잎이 부드럽고 가늘며 깊은 산골짜기 대숲에서 난 난화는 묵은 뿌리를 기름진 흙에다 옮겨 심어도 대부분 살아나지 못한다. 살아난다 하더라도 대부분 꽃을 피우지 못한다. 줄기와 잎이 기름지고 크며 푸르고 강건하여 사랑스러운 난화는 대체로

莖葉柔細, 生幽谷竹林中者, 宿根移植膩土, 多不活, 活亦不多開花. 莖葉肥大而翠勁可愛者, 率自閩、廣移來.

---

47 《遵生八牋》, 위와 같은 곳.
48 진계상(陳季象) : 미상.
49 쾌설당만록(快雪堂漫錄) : 중국 명(明)나라의 관리이자 시인 풍몽정(馮夢禎, 1548~1605)이 지은 책. 총 1권이다. 곡식, 의례, 난초 재배법, 차 끓이는 법, 거울 제조법, 색지(色紙) 제조법 등 다양한 내용이 수록되어 있다.
50 《快雪堂漫錄》〈栽蘭法二〉(《四庫全書存目叢書》247, 326쪽).

金正喜筆 蘭圖(국립중앙박물관)

민(閩)[51]·광(廣)[52] 지역에서 옮겨 온 것이다.

난화 심는 법: 9월에, 원래 심었던 화분을 가볍
게 깨뜨리고 묵은 뿌리를 살살 풀어 낸다. 늙은 뿌
리는 잘라 버리고 자잘한 뿌리는 상하지 않도록 한
다. 바닥에 구멍이 있는 새 화분을 가져다가 거친
사발로 구멍을 덮어 막고 가죽조각·요강[尿缸]조각·
와기조각을 화분 밑바닥에 깐 뒤에 이어서 진흙과
모래를 절반씩 채운다.

種法: 九月時, 將舊盆輕擊
碎, 緩緩挑起舊本, 刪去老
根, 勿傷細根. 取有竅新
盆, 用粗碗覆竅, 以皮屑、
尿缸、瓦片鋪盆底, 仍用泥
沙半塡.

3년 된 난화를 가져다 모여 난 3개의 촉으로 화
분 1개를 만든다. 뿌리가 서로 종횡으로 어우러지
도록 심는다. 이때 새로 난 촉이 바깥쪽으로 가도록
하여 나누어 심는다. 차진 흙으로 북주되, 손으로
꼭꼭 눌러 채워서 뿌리가 제대로 퍼지지 못하게 해
서는 안 된다.

取三年者, 三篷作一盆, 互
相枕藉, 新蓲在外, 分種
之. 糝土擁培, 勿用手捺
實, 使根不舒暢.

잘 자라서 화분에 가득 차면 다시 난화뿌리를 나

長滿復分, 大約以三歲爲

51 민(閩):중국 복건성(福建省) 일대의 옛 지명. 본래는 월족(越族)에서 갈려 나온 소수민족의 하나를 지칭하
   던 이름이었으나, 이들이 지금의 복건성에 거주했던 것에서 의미가 확장되어 복건성을 지칭한다.
52 광(廣):중국 광동성(廣東省)과 광서성(廣西省) 일대.

누는데, 대략 3년에 1번씩 한다. 화분에는 반드시 받침대를 놓아서 땅바닥에 닿지 않도록 해야 한다. 지렁이나 개미 따위가 화분구멍으로 들어가 뿌리를 상하게 할까 염려해서이다. 바람이 구멍을 통해 들어가 공기가 화분으로 스며들게 하는 것이 좋다. 《군방보》[53]

度. 盆須架起, 仍不可著泥地, 恐蚯蚓、螻蟻入孔傷根. 令風從孔進, 透氣爲佳. 《群芳譜》

난화는 심기가 가장 어렵다. 너무 촘촘하게 심으면 병이 들고, 너무 성글게 심으면 말라 버리며, 너무 기름지면 꽃이 적게 피고, 너무 영양분이 없으면 점점 시든다. 너무 건조하면 잎이 타고, 너무 습하면 뿌리가 썩으며, 비를 오래 맞으면 썩고, 햇볕을 오래 쬐이면 병이 든다.

바람을 좋아하고 서리를 두려워하며, 움직이기를 좋아하고 깨끗한 것을 싫어한다. 뿌리가 많아지면 베어 주어야 하고, 잎이 무성해지면 포기를 나누어 심어야 한다. 뿌리 아래쪽에 반드시 회분(灰糞, 인분과 재를 섞어 삭힌 거름)과 난발(亂髮, 빗어 모은 머리카락뭉치)을 채워 넣어 벌레와 지렁이를 막아야 한다. 《오잡조》[54]

蘭最難種. 太密則疫, 太疏則枯; 太肥則少花, 太瘦則漸萎. 太燥則葉焦, 太濕則根朽; 久雨則腐, 久曬則病.

好風而畏霜, 好動則惡潔; 根多則欲斸, 葉茂則欲分. 根下須得灰糞、亂髮實之, 以防蟲蚓. 《五雜組》

난화를 심을 때에는 흙을 제거하고 뜬숯[焠炭][55] 가루에다 심는다. 《물류상감지》[56]

種蘭, 去土, 用水[11]焠炭屑種之. 《物類相感志》

---

53 《二如亭群芳譜》〈貞部〉 "花譜" 3 '蘭'(《四庫全書存目叢書補編》 80, 746~747쪽).
54 《五雜粗》 卷10〈物部〉 2, 131쪽.
55 뜬숯[焠炭] : 장작을 때고 난 뒤에 참숯을 꺼서 만든 숯.
56 《物類相感志》〈花竹〉(《叢書集成初編》 1344, 23쪽).
[11] 水 : 저본에는 "木". 《物類相感志·花竹》에 근거하여 수정.

서리가 내린 뒤에는 뻗어내린 뿌리를 손상시키지 않도록 원래의 흙을 묻힌 채로 화분에 옮겨 심어야 효과가 빼어나다. 《청천양화록》[57]

霜後, 勿傷垂根, 帶舊土栽盆, 爲妙. 《菁川養花錄》

---

57 《養花小錄》〈蘭蕙〉, 198쪽.

6) 물주기와 거름주기

일반적으로 난에 물을 줄 때는 반드시 화분 위쪽의 모래가 말랐을 때만 물을 주고 거름을 준다. 평소에 물을 줄 때도 이와 같다. 그러나 물을 주는 때와 거름을 주는 시기는 다르다. 거름은 1년에 3차례 주고, 물은 1개월에 3차례 준다. 다만 몹시 더울 때는 또한 횟수를 2배로 늘린다. 《왕씨난보》[58]

한 양(陽)이 자월(子月, 11월)에서 생겨날 때는[59] 뿌리가 한창 어려서 거름을 받아들이는 양이 아직 적으므로 거름물을 적게 주어야 한다. 남쪽의 훈풍이 불 때에는 뿌리가 모래흙에 한창 뻗어나가 거름을 흡수하기를 더욱 많이 하므로 거름물을 넉넉하게 주어야 한다.

가을 7~8월에는 얼음과 서리를 예방해야 한다. 또 생선이나 짐승고기 씻은 물이나 구정물의 경우는 오래도록 가라앉혀 물이 맑게 된 뒤에 준다. 《왕씨난보》[60]

봄 2~3월에 서리나 눈이 없을 때는 화분을 바깥에 내어 놓고 사방으로 모두 고르게 물을 준다. 물주기에는 빗물·강물·피설수(皮屑水, 가죽조각 담근 물)·

澆壅

凡灌蘭, 須盆面沙燥, 方澆肥. 平常澆水亦如之, 而澆水時與澆肥異. 肥以一年三次澆, 水以一月三次澆, 大暑又倍之. 《王氏蘭譜》

一陽生於子, 根荄正稚, 受肥尙淺, 其澆宜薄. 南薰時來, 沙土正漬, 嚼肥滋多, 其澆宜厚.

秋七八月預防氷霜. 又以濯魚肉水或穢腐水, 停久反淸, 然後澆之. 同上

春三、二月無霜雪時, 放盆在露天, 四面皆得澆水. 澆用雨水、河水、皮屑水、

---

58 《說郛》卷103上〈王氏蘭譜〉“泥沙之宜”(《文淵閣四庫全書》882, 10쪽).
59 한 양(陽)이……때는 : 《주역》 64괘 중 24번째 괘명인 '복괘(復卦)'를 풀이할 때 자주 언급되는 구절이다. 본래 상태로 회복된다는 의미인 '복(復)'은 음기가 극성한 10월을 지나 11월 동짓달 하나의 양이 처음으로 움직이기 시작한 때를 가리킨다.
60 《說郛》卷103上〈王氏蘭譜〉“灌漑之候”(《文淵閣四庫全書》882, 9쪽).

생선 부산물 삭힌 액·닭털 튀한 물·목욕물을 쓴다. 여름에는 조각자 우린 물·콩즙을 쓰고, 가을에는 노회청수(爐灰淸水, 화롯재 가라앉힌 맑은 물)을 쓴다. 우물물을 가장 꺼린다.

반드시 사방에 고르게 물을 주되 잎 아래쪽으로 물을 뿌려 잎이 누렇게 뜨지 않도록 한다. 잎이 누렇게 뜨면 맑은 찻물로 잎을 씻어 주고, 햇볕에 쬐어도 무방하다. 폭우를 만나면 폭우가 잎을 떨어뜨릴까 염려되니, 잎을 가느다란 끈으로 묶어 세워 준다. 만약 3~5일 연달아 비가 오면 반드시 비를 피하여 바람이 통하는 곳으로 옮겨야 한다.

4월부터 7월까지는 반드시 구멍들의 크기가 적당한 대바구니로 가려서 보호하고 햇볕이 들면서 바람이 통하는 곳에 두어야 한다. 물주기는 반드시 오경(五更, 오전 3~5시)에 해야 한다. 혹은 해가 뜨기 전에 1번, 해질 무렵에 1번 주기도 한다.

또 반드시 습도를 살펴서 습하면 물을 주어서는 안 된다. 장마철에 갑자기 폭우를 만나면 반드시 화분을 그늘진 곳으로 옮겨야 하고, 비가 그치면 곧바로 햇볕에 말린다. 화분 안의 물이 뜨거우면 잎을 시들게 하고 뿌리를 상하게 하기 때문이다.

7~8월에 뙤약볕이 한창 내리쬐어 난화가 수분을 잃으면 잎이 누렇게 뜬다. 이때는 생선 부산물 삭힌 액이나 구정물을 준다. 이 법은 가을바람이나 쌀쌀한 기운이 난화를 죽이는 근심을 예방한다. 9월에 화분이 건조해지면 물을 주고, 습해지면 물을 주지 않는다. 10월에서 1월까지는 물을 주지 않아도 무방하다.

魚腥水、鷄毛水、浴湯. 夏用皁角水、豆汁水, 秋用爐灰淸水, 最忌井水.

須四面均灌, 勿得灑下, 致令葉黃. 黃則淸茶滌之, 日曬不妨. 逢十分大雨, 恐墜其葉, 用小繩束起. 如連雨三五日, 須移避雨通風處.

四月至七月, 須用疏密得所竹籃遮護, 置見日色通風處. 澆須五更, 或日未出一番, 黃昏一番.

又須看乾濕, 濕則勿澆. 梅天忽逢大雨, 須移盆向背日處, 若雨過卽曬. 盆內水熱, 則蕩葉傷根.

七八月時驕陽方熾, 失水則黃, 當以腥水或腐穢澆之, 以防秋風、肅殺之患. 九月盆乾, 用水澆, 濕則不澆. 十月至正月, 不澆不妨.

일반적으로 거름을 쓸 때는 모래흙이 건조해지기를 기다렸다가 저녁이 되어야 비로소 물을 주고, 새벽이 되면 맑은 물 1사발 정도를 뿌려 준다. 그런 뒤에 기름기가 많은 거름물을 그 뿌리에만 적시면 그 뿌리가 구부러져 거꾸로 올라가거나 뿌리가 어지럽게 얽혀 화분에 서릴 근심이 없을 것이다.

또한 미리 질항아리 따위에다 빗물을 받아 둘 수 있다. 시간이 지나 빗물이 녹색이 되면 간간이 난화에 뿌려 준다. 그러면 잎이 쑥쑥 자라 다투듯이 무성해져서 누대와 난간을 가득 채우고 푸르게 늘어질 것이다. 설령 꽃이 피지 않더라도 고아하고 정결한 자태를 볼 것이다. 《군방보》[61]

추운 봄에는 화분을 방으로 들여 놓아야 한다. 신선한 생선피 씻어 낸 물·받아 둔 빗물·피설수(皮屑水, 가죽조각 담근 물)·쓴 찻물 등을 항상 뿌려 준다. 《군방보》[62]

난화잎은 심은 지 1년 동안에는 다 자라지 못하고, 다음해 늦은 여름이 되어서야 다 자란다. 자라는 동안에는 물주기를 그치지 말고, 항상 햇볕과 그늘이 번갈아 드는 곳에 두어야지, 건조하게 해서는 안 된다. 《청천양화록》[63]

凡用肥之時, 當俟沙土乾燥, 遇晚方始灌漑[12], 候曉, 以淸水碗許澆之. 使肥膩之物, 得以下漬其根, 自無勾蔓逆上、散亂盤盆之患.

更能預以甕缸之屬, 儲蓄雨水, 積久色綠者, 間或灌之. 其葉淳然挺秀, 濯然爭茂, 盈臺簇檻, 列翠羅靑, 縱無花開, 亦見雅潔. 《群芳譜》

春寒時, 要進屋. 常以洗鮮魚血水幷積雨水、皮屑水、苦茶灌之. 同上

蘭葉, 始種一年不能盡長, 明年季夏畢抽, 抽時澆水不止, 常置陰陽備處, 勿使乾燥. 《菁川養花錄》

61 《二如亭群芳譜》〈貞部〉 "花譜" 3 '蘭'(《四庫全書存目叢書補編》80, 747쪽).
62 《二如亭群芳譜》, 위와 같은 곳.
63 《養花小錄》〈蘭蕙〉, 197쪽.
[12] 漑 : 저본에는 "肥". 《二如亭群芳譜·貞部·花譜》에 근거하여 수정.

7) 보호하기

여름에 더운 열기를 만나면 그늘지게 해주고, 겨울에 혹독한 추위를 만나면 따뜻하게 햇볕을 쪼인다. 화분의 아래쪽 모래는 성글게 해야 한다. 모래가 성글면 연달아 비가 오더라도 습해질 수 없다. 위쪽 모래는 젖게 해야 한다. 모래가 젖어 있으면 해가 심하게 쪼여도 건조해질 수 없다.

잎을 지탱해 주는 지지대를 꽂아 줄 때에는 뿌리를 보호하는 모래를 평평하게 하고, 지렁이의 해를 예방하고, 땅강아지나 개미의 구멍이 생기는 일이 없도록 한다. 또 강아지풀 같은 잡초를 뽑아내고 거미줄을 제거하여, 새 뿌리덩이가 나도록 돕고, 시든 잎을 잘라 준다. 이는 모두 난을 아껴 기르는 법이다. 《금장난보》[64]

오늘날 사람들은 난의 포기를 나눈 다음해에 반드시 꽃술을 뽑아내어 꽃이 피지 못하도록 한다. 이는 대개 꽃이 펴서 그 기가 새나가면 잎이 길게 자라지 못할까 염려해서이다. 일반적으로 꽃 기르기를 잘하는 사람들은 절실히 그 잎을 아껴야 한다. 잎이 높이 자라면 꽃이 피지 않을 것은 걱정하지 않는다. 《금장난보》[65]

護養

夏遇炎烈則蔭之, 冬逢沍寒則曝之. 下沙欲疏, 疏則連雨不能陰; 上沙欲濡, 濡則酷日不能燥.

至於揷引葉之架, 平護根之沙, 防蚯蚓之傷, 禁螻蟈之穴. 去其莠草, 除其絲綱[13], 助其新篛, 翦其敗葉, 皆愛養之法也. 《金漳蘭譜》

今人分蘭之次年, 必搯去蕊, 不令發花. 蓋恐泄其氣, 則葉不長爾. 凡善於養花, 切須愛其葉, 葉聳則不慮[14]其花不發也. 同上

---

64 《金漳蘭譜》卷上〈天地愛養〉《文淵閣四庫全書》845, 126쪽).
65 《金漳蘭譜》卷中〈灌漑得宜〉《文淵閣四庫全書》845, 128쪽).
13 絲綱:《金漳蘭譜·天地愛養》에는 "細蟲".
14 慮: 저본에는 "應".《金漳蘭譜·灌漑得宜》에 근거하여 수정.

보통은 화분 윗면을 꽉 채웠으면 대나무조각으로 모래진흙 부분을 긁어 파서 푸슬푸슬하게 해 준다. 또 뿌리를 뽑아서 상하게 해서는 안 된다. 《원포일고》[66]

尋常盆面倂實, 則用竹片挑剔泥鬆. 又不可撥損了根.《園圃日考》

건란(建蘭)[67]은 5월에 가장 번성한다. 바람·추위를 두려워 하고, 쥐·지렁이·개미를 두려워한다. 그 뿌리는 맛이 달아 개미가 꼬이니, 건란을 기르는 사람은 항상 물 담은 상자로 땅과 격리시켜서 개미가 들어오지 못하도록 해야 한다. 《학포여소》[68]

建蘭盛於五月. 畏風畏寒畏鼠畏蚓畏蟻. 其根甜, 爲蟻所逐, 養者常以水匬隔, 不令得入.《學圃餘疏》

난화뿌리는 달기 때문에 개미가 잘 생긴다. 개미를 없애는 법은 다음과 같다. 화분을 물속에 두었다가 물이 뿌리에 스며들면 물에서 들어 올린다. 이어서 화분에 똥오줌을 뿌리고 다시 물속에 두어 개미가 물에 떠오를 때까지 기다린다. 개미가 모두 없어지지 않을까 염려된다면 이 방법을 다시 1번 더 한다. 《쾌설당만록》[69]

蘭根甘, 易生蟻. 去之法, 置盆水中, 俟水及根, 卽取起, 次用便溺澆之, 復置水中, 俟蟻浮水爲度. 恐未盡, 再行前法一次.《快雪堂漫錄》

꽃이 필 때 만약 가지 위에 꽃술이 많으면 튼튼하고 큰 꽃술만 남겨 두고 약하고 작은 꽃술은 제거한다. 만약 작은 꽃술까지 남겨 두어 다 피게 한다면 이는 이듬해 꽃 소식을 빼앗는 것이다. 난은 본성

花時, 若枝上蕊多, 留其壯大者, 去其瘦小. 若留之開盡, 則奪來年花信. 性畏寒暑, 尤忌塵埃. 葉上有塵,

---

66 《遵生八牋》卷16〈燕間淸賞牋〉下 "蘭譜" '種蘭奧訣'(《遵生八牋校注》, 660쪽).
67 건란(建蘭):난초과에 딸린 여러해살이풀. 잎은 무더기로 나고 가늘고 길며 마르면 맥줄이 둥그러진다. 여름에 잎 사이에서 나온 긴 꽃줄기에 황록색으로 얼룩진 꽃이 여남은 송이씩 핀다.
68 《學圃雜疏》〈花疏〉(《叢書集成初編》1355, 4쪽).
69 《快雪堂漫錄》〈栽蘭法二〉(《四庫全書存目叢書》247, 326쪽).

이 추위와 더위를 두려워하고, 먼지나 때를 더욱 꺼린다. 잎 위에 먼지가 있으면 곧바로 물로 씻어 내야 한다. 《군방보》[70]

卽當滌去.《群芳譜》

사람의 열기에 훈증되게 해서는 안 된다. 《청천양화록》[71]

勿蒸人氣.《菁川養花錄》

8) 사계절의 난화 재배하는 비결

민간에 전해오는 난화 재배할 때의 4가지 경계 사항이 세상에 다음과 같이 전해진다. "봄에는 밖에 내놓지 않는다【봄바람과 봄눈 맞기를 피해야 한다】. 여름에는 햇볕에 두지 않는다【폭염에 뜨겁게 마르기를 피해야 한다】. 가을에는 건조하게 하지 않는다【항상 습하게 해 주어야 한다】. 겨울에는 습하게 하지 않는다【땅속에 보관해야 하며, 물이 어는 곳에 있게 해서는 안 된다】."《준생팔전》[72]

四時培蘭訣

世傳培蘭四戒曰: "春不出【宜避春之風雪】, 夏不日【避炎日之銷燥】, 秋不乾【宜常濕也】, 冬不濕【宜藏地中, 不當見水成氷】."《遵生八牋》

9) 12개월의 난화 기르는 비결

1월에는 감방(坎方, 북쪽)에 두면서,
밝도록 햇볕이 잘 드는 곳 향하게 하라.
새벽과 저녁에 해 쪼이기 모두 신경 쓰지 말고,
푸른잎이 그 푸르름 잃지 않게 하는 일 중요하지.

十二月養蘭訣

正月安排在坎方,
離明相對向陽光.
晨昏日曬都休管,
要使蒼顔不改常.

70 《二如亭群芳譜》〈貞部〉 "花譜" 3 '蘭'(《四庫全書存目叢書補編》 80, 747쪽).
71 《養花小錄》〈蘭蕙〉, 197쪽.
72 《遵生八牋》 卷16〈燕間淸賞牋〉下 "蘭譜" '培蘭四戒'(《遵生八牋校注》, 660쪽).

2월에는 난화 재배하기 실로 어려우니,　　　　　二月栽培其實難,
잎에 자고반(鷓鴣斑)73 같은 얼룩 생기지 않게 해야　須防葉作鷓鴣斑.
하지.
사방에 대나무 꽂아 바람에 꺾이지 않게 하고,　　四圍揷竹防風折,
난화잎 아끼기를 옥가락지 아끼듯 해야 하리.　　惜葉須如惜玉環.

3월에는 새 줄기가 묵은 떨기에서 나오니,　　　三月新條出舊叢,
화분을 절대 서쪽 바람 맞게 놓지 말라.　　　　花盆切忌向西風.
제방의 축축한 곳에는 이가 많이 생기며,　　　隄防濕處多生虱,
뿌리 아래쪽은 오히려 걸쭉한 똥 닿기 싫어하네.　根下猶嫌着糞濃.
【돼지피에 맑은 물을 타서 뿌려 주면 좋다】　　【以猪血和淸水灌之佳】

4월에는 정원의 해 별안간 뜨거워져,　　　　四月庭中日乍炎,
화분 속 진흙 금세 마른다네.　　　　　　　盆間泥土立時乾.
신선한 우물물 주기를 그치고,　　　　　　新鮮井水休澆灌,
기름진 물 줄 때는 맛이 가장 단 물 주어야지.　膩水時傾味最甜.

5월에는 새싹이 오래된 그루에 가득하니,　　五月新芽滿舊窠,
녹음 짙은 곳 가장 화평하구나.　　　　　　綠陰深處最平和.
이때 잎 지고 다른 본성 따르게 하려면,　　此時葉退從他性,
가위로 잎 잘라 줄 때 더욱 많아진다네.　　翦了之時愈見多.

6월에는 양기 거세지고 더운 기운 증가하니,　六月驕陽暑氣加,

향 짙은 줄기와 잎 바로 꽃 피어서라네.　　　芬芳枝葉正生花.

서늘한 정자나 물가 누각에 둘 만하나,　　　涼亭水閣堪安頓,

처마 앞에 두려면 시렁과 차양 만들어 주지.　或向簷前作架遮.

7월에는 비록 더위가 점차 사그라지더라도,　七月雖然暑漸消,

3일에 1번만은 물 주어야 하네.　　　　　只宜三日一番澆.

지렁이가 뿌리 상하게 하는 일 가장 싫어하니,　最嫌蚯蚓傷根本,

맛이 쓴 쥐엄나무 달인 물에 오줌 섞어 주어라.　苦皁煎湯尿汁調.

8월에 날씨 조금씩 서늘해지면,　　　　　八月天時稍覺涼,

바람과 햇볕 받도록 두어도 무방하네.　　　任他風日也無妨.

해 지난 구정물 이때 갈아 주어야 하니,　　經年汚水今須換,

도리어 닭 튀한 물로 해야 하리.　　　　　却用鷄毛浸水漿.

9월에 때마침 엷은 서리 내리면,　　　　　九月時中有薄霜,

계단 앞이나 처마 아래로 조심히 옮겨 보관하네.　階前簷下愼行藏.

개미 생겨 잎 누렇게 상할 때,　　　　　若生蟻蟷妨黃腫,

잎에 유다(油茶)[74]를 뿌려 주면 거의 상하지 않으리.　葉灑油茶庶不傷.

10월에 봄날처럼 따뜻한 기운이 돌면　　　十月陽春煖氣回,

내년 피어날 꽃눈 또한 움튼다네.　　　　來年花筍又胚胎.

그윽한 뿌리 드러나지 않아야 참으로 기묘한 법,　幽根不露眞奇法,

화분에 뿌리 가득 차면 서둘러 갈아 심어야 한다　盆滿尤須急換栽.
네.

74　유다(油茶) : 쌍떡잎식물 산다과의 상록교목인 차나무의 열매로 짠 기름. 이 나무는 한 해 동안 꽃이 3번 피
고 2번 열매를 맺는다. 유다는 음식의 재료 및 공업용 기름으로도 사용된다.

11월에는 천기가 양(陽)을 향하나,[75]

한밤중에는 조심히 거두어들여 보관해야 한다네.

항상 흙 표면에 습기 조금씩은 생기도록 해야 하니,

흙이 건조한 시기에는 잎 누렇게 뜨기 때문이지.

12월에는 바람 찬 데다 눈발도 날리니

따뜻한 곳에 단단히 거둬들여 곁가지 보호하라.

추위 풀리고 봄소식 들리기만 하면

정원 앞으로 옮겨 햇볕 받게 해야 하리.

이통(李侗)[76] 《양란구결(養蘭口訣)[77]》[78]

十一月天宜向陽,

夜間須要愼收藏.

常敎土面微生濕,

乾燥之時葉便黃.

臘月風寒雪又飛,

嚴收煖處保孫枝.

直敎凍解春司令,

移向庭前對日暉.

<u>李延平</u>《養蘭口訣》

조선도자 백자청화난문호(국립중앙박물관)

---

75 천기가……향하나:《주역》64괘 중 24번째인 복괘(復卦, ䷗, 11월의 괘)의 제1효(爻)만 양효임을 말한다.

76 이통(李侗) : 1093~1163. 중국 남송(南宋)의 문인. 자는 원중(願中), 호는 연평(延平). 나종언(羅從彦)에게 정자(程子, 정명도·정이천)의 이학(理學)을 배워 이정(二程)의 삼전제자(三傳弟子)가 되었다. 평생 과거를 단념하고 40여 년 동안 산야에 은거한 채 제자를 양성했다. 그의 문하에서 주희(朱熹)와 나박문(羅博文), 유가(劉嘉) 등이 배출됨으로써 이정의 학문이 주희에게 이어지는 교량적 역할을 했다. 저서로 《이연평집(李延平集)》이 있다.

77 양란구결(養蘭口訣) : 난 기르는 방법을 기술하고 있는 책 또는 편명으로 추정된다.

78 출전 확인 안 됨;《二如亭群芳譜》〈貞部〉 "花譜" 3 '蘭'《四庫全書存目叢書補編》80, 746쪽).

10) 치료하기

난잎이 자홍색이면 아마도 서리를 맞아 손상되어 그런 것이다. 이때는 서리와 눈을 피할 수 있는 남쪽 처마 아래로 급히 옮겨 두면 이어서 다시 절로 파래진다. 《원포일고》[79]

봄에 눈이 내릴 때 눈 한 송이라도 잎에 닿으면 온 잎이 시든다. 이때는 닭이나 거위 튀한 물을 항아리에 가득 담아 냄새가 날 때까지 기다렸다가 털을 제거하고 뿌려 준다. 더러는 가죽조각을 물에 담갔다가 그 물을 뿌려 주거나 생선 부산물 삭힌 액을 주면 효과가 매우 빼어나다. 《원포일고》[80]

난잎에 백색 점이 갑자기 생기는 현상을 '난슬(蘭蝨)'이라고 한다. 이때는 대바늘로 난슬을 살살 긁어낸다. 그래도 다 없어지지 않으면 생선 부산물 삭힌 액이나 조개 삶은 물을 자주 부어 주면 곧 사라진다. 간혹 마늘을 갈아 물과 섞고 새 양털붓으로 찍어다 묻혀서 씻어 내기도 한다.

화분은 반드시 나무 그늘 아래에 두어야 한다. 화분 안에 지렁이가 있으면 오줌을 뿌려 주어 지렁이를 다른 곳으로 나가게 한다. 그런 뒤에 바로 맑은 물로 오줌독을 풀어 준다. 만약 개미가 있으면 생선

醫治

葉紫紅, 恐因受霜打以致耳. 急須移向南簷背霜雪處安頓, 則仍復自靑[15].《園圃日考》

春雪, 一點着葉, 則一葉斃. 可將鷄鵝燖水, 用缸盛貯, 待其作臭, 去毛澆之. 或以皮屑浸水澆之, 或以洗魚腥水澆之絶妙. 同上

忽然葉生白點, 謂之"蘭蝨", 用竹針輕輕剔去. 如不盡, 用魚腥水或煮蚌湯, 頻灑之卽滅. 或硏蒜和水, 新羊毛筆醮洗去.

盆須安頓樹陰下, 如盆內有蚓, 用小便澆, 出移蚓他處, 旋以淸水解之. 如有蟻, 用腥骨或肉, 引而棄

---

79 《遵生八牋》卷16〈燕閒淸賞牋〉下"蘭譜"'種蘭奧訣'(《遵生八牋校注》, 660쪽).
80 《遵生八牋》, 위와 같은 곳.
[15] 靑 : 저본에는 "淸". 《遵生八牋·燕閒淸賞牋·蘭譜》에 근거하여 수정.

뼈나 생선살로 유인하여 버린다. 《군방보》[81]

之.《群芳譜》

서리와 눈을 가장 두려워한다. 봄눈을 더더욱 두려워하여 눈 한 송이라도 잎에 닿으면 온 잎이 바로 시든다. 이때는 촘촘하게 짠 바구니로 난화를 가려서 보호한다. 아침 햇살이 드는 남쪽 창 처마 아래에 잘 두고 2~3일에 1번씩 방향을 돌려서 햇볕을 고루 쪼여야 한다. 그러면 사방에서 모두 꽃이 핀다. 《군방보》[82]

最怕霜雪. 更怕春雪, 一點着葉, 一葉卽斃. 用密籃遮護. 安朝陽日照處南窓簷下, 須兩三日一番旋轉, 使日曬均, 則四面皆花. 同上

11) 보관하기

겨울에 풀로 된 곳집을 만들 때는 난화에 비하여 0.2~0.3척 높게 하고, 위에는 풀덮개를 엮는다. 추울 때는 난을 그 안에 두고 풀덮개로 덮는다. 10여일 뒤에 강물을 1차례 살짝 뿌려 준다. 춘분이 지난뒤 풀로 된 곳집을 제거하고 실내에만 두어 바람을 맞지 않도록 한다. 만약에 위쪽이 마른 잎이 생기면 잎을 잘라 버리고 충분히 따뜻해지면 비로소 밖에 내어 바람을 쏘여도 된다. 《군방보》[83]

收藏

冬作草囤, 比蘭高二三寸, 上編草蓋. 寒時將蘭頓在中, 覆以蓋, 十餘日河水微澆一次. 春分後, 去囤, 只在屋內, 勿見風. 如上有枯葉, 翦去, 待太煖, 方可出外見風.《群芳譜》

보관할 때는 따뜻하게 하면 안 된다. 《청천양화록》[84]

收藏勿煖.《菁川養花錄》

---

81 《二如亭群芳譜》〈貞部〉"花譜" 3 '蘭'《四庫全書存目叢書補編》80, 747쪽).
82 《二如亭群芳譜》, 위와 같은 곳.
83 《二如亭群芳譜》, 위와 같은 곳.
84 《養花小錄》〈蘭蕙〉, 197쪽.

12) 자질구레한 말

난화의 본성은 그늘을 좋아한다. 여자가 함께 난화를 심으면 향이 좋다. 《회남자(淮南子)》에 "남자가 난을 심으면, 아름답지만 향이 나지는 않는다."[85]라 했다【안《회남자》에서 말한 것은 난초를 가리키는 것이지, 난화는 아닌 듯하다】.《군방보》[86]

맑은 새벽에 반드시 머리에 빗질하여 기름때가 묻은 손으로 어루만져 주어야 한다. 부녀자의 손으로 하면 더욱 좋다. 그래서 민간에서는 '난은 음란함을 좋아한다[蘭好淫].'라 했다.《오잡조》[87]

瑣言

性喜陰. 女子同種則香. 《淮南子》曰:"男子種蘭, 美而不芳"【案《淮南》所言, 疑指蘭草, 非蘭花也】. 《群芳譜》

清晨, 須用櫛髮油垢之手摩弄之. 得婦人手尤佳, 故俗謂"蘭好淫"也.《五雜組》

춘란(《매원화보》)

춘란

---

85 남자가……않는다:《淮南子集釋》卷10〈繆稱訓〉(《新編諸子集成》1, 728쪽).
86 《二如亭群芳譜》〈貞部〉"花譜"3 '蘭'(《四庫全書存目叢書補編》80, 746쪽).
87 《五雜粗》卷10〈物部〉2, 131~132쪽.

2. 국화[菊, 국]¹

菊

1) 이름과 품종

名品

일명 '치장(治薔)', '일정(日精)', '절화(節華)', '부공(傳公)', '주영(周盈)', '연년(延年)', '갱생(更生)', '제녀화(帝女花)'이다.²

一名"治薔", 一名"日精", 一名"節華", 一名"傳公", 一名"周盈", 一名"延年", 一名"更生", 一名"帝女花".

【비아(埤雅)】³⁴ 국(菊)은 본래 국(蘜)⁵이라고 쓴다. 국(蘜)은 '다하다[窮]'라는 뜻이다. 《월령(月令)》에 "9월이면 국화에 노란 꽃이 핀다."⁶라 했다. 화사(華事, 꽃감상)가 이때에 이르러 다하기[窮盡] 때문에 '국(蘜)'이라 이른 것이다. 절화(節華)라는 이름 또한 절기[節候]에 호응한다는 뜻을 취한 것이다.

【埤雅】 菊, 本作蘜. 鞠, 窮也. 《月令》: "九月, 菊有黃華." 華事至此而窮盡①, 故謂之"蘜". 節華之名, 亦取其應節候也.

---

1 국화[菊, 국]: 쌍떡잎식물 초롱꽃목 국화과의 여러해살이풀. 관상용으로 널리 재배하며, 많은 원예 품종이 있다. 국(菊)·구화라고도 한다.

2 일명……제녀화(帝女花)이다: 《二如亭群芳譜》〈貞部〉"花譜" 3 '菊'(《四庫全書存目叢書補編》80, 753쪽)에 보인다.

3 비아(埤雅): 중국 송(宋)나라의 육전(陸佃, 1042~1102)의 훈고서(訓詁書). 명물(名物)에 대한 해석으로, 석어(釋魚)·석수(釋獸)·석조(釋鳥)·석충(釋蟲)·석마(釋馬)·석목(釋木)·석초(釋草)·석천(釋天)으로 구성되어 있다. 본인의 저술인 《이아신의(爾雅新義)》를 보충했다[埤]는 의미로 《비아(埤雅)》라 했다.

4 《埤雅》 卷17〈釋草〉"蘜"(《文淵閣四庫全書》222, 206쪽).

5 국(蘜): 국(菊)의 이형자(異形字).

6 9월이면……핀다: 출전 확인 안 됨.

① 盡:《埤雅·釋草·蘜》에는 "焉".

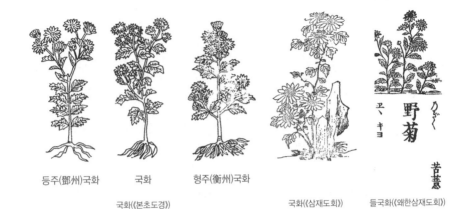

등주(鄧州)국화   국화   형주(衡州)국화

국화(《본초도경》)   국화(《삼재도회》)   들국화(《왜한삼재도회》)

도경본초(圖經本草) [7][8] 국화는 그 종류가 제법 많다. 이중 오직 자색 줄기가 향기로우며, 잎이 두꺼우면서도 부드러운 국화로, 어릴 때 잎을 먹을 수 있으며, 꽃이 약간 크고 맛이 매우 단 국화가 진짜 국화이다. 줄기가 청색이며, 그 크기가 크고, 잎이 가늘고 쑥[蒿艾]처럼 향이 진하며, 꽃이 작고 맛이 쓴 국화는 '고억(苦薏)'이라 하며, 진짜 국화는 아니다】

圖經本草 種類頗多. 惟紫莖氣香, 葉厚而柔者, 嫩時可食, 花微大, 味甚甘者, 爲眞. 其莖靑而大, 葉細氣烈似蒿艾, 花小味苦者, 名 "苦薏", 非眞也】

산국싹

해국싹

감국싹(이상 임원경제연구소, 국립원예과학특작원에서 촬영)

---

7   도경본초(圖經本草):《본초도경(本草圖經)》의 이칭. 1061년에 중국 송나라의 의학자 소송(蘇頌)이 편찬하여 20권으로 간행한 의서. 중국 각 군현(郡縣)의 약초와 해외의 약물 자료를 수집하고, 여러 학자의 학설을 참고하고 정리해서 만들었다. 원서는 없어졌으나, 그 내용이 《본초강목》·《증류본초(證類本草)》 등에 전한다. 《도경(圖經)》이라 약칭하기도 한다.

8   《本草圖經》卷4〈草部〉"上品之上"'菊花', 88쪽;《本草綱目》卷15〈草部〉"菊", 929~930쪽.

2) 알맞은 토양

국화를 심을 땅은 반드시 햇볕이 잘 들면서 높은 언덕 지대에 있어야 한다. 그늘도 좋고 햇볕도 좋다. 하지만 비바람이 치는 곳은 사방으로 울타리를 쳐서 보호하고 텃밭 안에 구덩이 몇 개를 만든다. 구덩이마다 국화항아리 몇 개를 둔다. 항아리 사이의 거리는 1.5~1.6척으로, 겨우 사람 1명이 오가면서 물을 주고 벌레를 잡을 수 있을 정도면 된다.

항아리 아래에는 벽돌을 바닥에 깔아 물이 흐르기에 편하도록 한다. 그 옆으로 작은 장소 하나를 마련하여 각종 기구를 보관한다. 꽃이 피면 감상할 곳으로 옮겨서 감상한 뒤에 국화밑동을 거두어 이 텃밭에 보관한다. 다음해에 모종이 될 뿌리가 손상되지 않도록 하려면 보호할 시설을 그곳에 갖춘다. 《군방보》[9]

국화를 심을 때 좋은 땅심은 점성 있는 흙이 가장 중요하다. 누런흙·붉은흙이 최상이고, 모래흙·서덜[10]흙·검은흙이 그 다음이다. 모두 매년 가을이나 겨울에 높은 언덕의 기름진 땅을 골라서 흙을 갈아엎는다. 걸쭉한 똥을 흙에 뿌리고서 말린다. 이를 체로 거른 다음 닭똥과 거위똥을 넣어 만든 흙을 섞어 땅을 기름지게 한다. 이를 거적으로 덮어 기가 새

土宜

種菊之處, 須在向陽高原. 宜陰宜日, 風雨可到之所, 四傍設籬遮護, 圃內開作幾埂. 每埂置花幾缸, 缸之相去一尺五六寸, 僅容一人往來, 澆灌捕蟲.

缸下, 用塼石砌起以便走水. 傍設一小所以藏各色哭具, 待花開, 移賞之後, 收根原藏此圃, 庶根苗不失, 而關防有地.《群芳譜》

種菊土力, 最要埴[2]壤. 黃壤、赤壤爲上, 沙壤、磧壤、黑壤次之. 俱在每歲秋冬, 擇高阜肥地, 將土挑起. 澆以濃糞, 篩[3]過, 雜以鷄、鵝糞壤, 令肥, 用草薦蓋之, 勿令泄氣, 正、二月內,

---

9 《二如亭群芳譜》〈貞部〉"花譜" 3 '菊'(《四庫全書存目叢書補編》80, 768쪽).

10 서덜: 강가나 바닷가에 있는 모래톱의 흙.

② 埴: 저본에는 "黏";《二如亭群芳譜·貞部·花譜》에는 "植". 일반적인 용례에 근거하여 수정.

③ 篩: 저본에는 "節". 오사카본·《二如亭群芳譜·貞部·花譜》에 근거하여 수정.

나가지 못하게 한 채로 1~2월에 몇 차례 다시 발효 시킨다.

국화포기를 나눌 때가 되면 바로 고운 체로 이 거름흙을 거르고, 조개껍데기를 화분 안에 0.5~0.6 척 정도 높이로 옮겨 넣는다. 국화를 옮겨 심었다가 국화가 비를 맞아 그 뿌리가 드러났을 때는 이 거름 흙으로 뿌리를 덮어 준다. 그러면 비 맞은 효과를 거둘 수도 있고, 뿌리가 썩어 문드러지지 않게 할 수 있다. 국화는 새 흙을 좋아하기 때문에 대개 해마다 흙을 바꿔주고 포기를 나누어 심는다. 묵은 흙을 그대로 두는 경우 땅심이 두텁지 못해 꽃이 피더라도 여위고 작을까 염려된다.

처음 심을 때에는 4/10의 거름흙으로 북주고, 장마가 오기 2~3일 전에는 3/10의 거름흙으로 다시 북준다. 비가 내린 뒤 습기가 가시면 다시 흙으로 북주어야 한다. 꽃봉오리가 녹두크기로 맺히면 꽃봉오

再酵數次.

候至分菊時, 仍以細篩篩 過, 用蚌殼搬入盆內五六 寸許. 栽菊, 遇雨過根露, 覆以肥土, 可收雨澤, 不使 根爛. 菊喜新土, 大率每年 換土分種. 若舊土, 恐力不 厚, 花發瘦小.

初種土培十分之四, 至黃 梅前三二日, 再培土三分. 雨後淋去, 再宜封培. 至蕊 發如菉豆大, 搯後, 又培

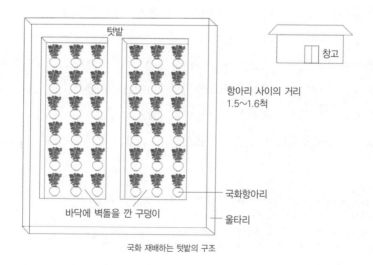

국화 재배하는 텃밭의 구조

리를 따 낸 뒤에 또 2/10로 북준다. 북주는 거름흙 의 양을 때에 맞게 증감한다.

또 다른 한 가지 법: 기름지면서도 부슬부슬한 흙을 가는 체로 곱게 거른다. 이를 시루에 넣고 2~3 번 물이 끓도록 찐 뒤 쏟아서 햇볕에 쬐어 말린다. 이 흙을 화분에 넣고 국화를 심으면 해충을 죽여 국 화가 벌레 먹는 근심을 없앨 수 있다. 《군방보》[11]

土二分, 以時消息.

又一法: 以肥鬆土用細篩 篩, 入甑蒸二、三沸, 取起 倒出曬乾, 入盆植菊, 能 殺蟲無侵蝕之患. 同上

기름진 땅 한 쪽을 골라 동지(冬至, 양력 12월 22·23 일경)가 지난 뒤에 똥만을 뿌려 준다. 똥이 얼었다가 마르면 부슬부슬한 흙을 이 땅 위에 놓고 다시 똥을 뿌린다. 물기가 걷힌 뒤에야 건물 안으로 들여놓았 다가 춘분이 지난 뒤에 밖으로 내놓고 햇볕을 쬔다. 이때 하루에 몇 차례씩 뒤적여서 온갖 벌레와 풀줄 기를 제거한다. 풀줄기가 제거되지 않으면 김이 오 르면서 흙이 썩는다. 그러면 여기에서 홍충(紅蟲)[12]이 나 굼벵이나 지렁이가 생겨서 국화에 해를 끼친다.

흙이 깨끗해져야 비로소 흙을 잘 보관하여 화분 에 올려 심을 때의 필요에 대비한다. 화분에 올려 심을 때에는 모두 이 흙을 쓴다. 또한, 화분을 늘릴 때의 필요에도 대비한다.

국화를 화분에 올려 심은 뒤 간혹 3일 이상 비가 내려 흙이 다져지면서 뿌리가 드러나면 그 거름흙을

擇肥地一方, 冬至後以純糞 澆之, 候凍而乾, 取其土 浮鬆者, 置場地之上, 再 糞之, 收水後, 乃收於室 中, 春分後出而曬之, 日數 次翻之, 去其蟲蟻及其草 梗. 草梗不去, 則蒸而腐 焉. 是生紅蟲, 生土蠶, 生 蚯蚓, 爲菊之害.

土淨矣, 乃善藏以待登盆 之需. 登盆也, 俱用此土. 又以待加盆之需.

菊登於盆, 或遭三日以上 之雨, 土實根露, 則以土加

---

11 《二如亭群芳譜》〈貞部〉"花譜" 3 '菊'(《四庫全書存目叢書補編》80, 770쪽).
12 홍충(紅蟲): 절지동물 양갑목 물벼룩과의 갑각류 물벼룩. 일반적으로 연못이나 호수에 사는데, 여기에서는 풀줄기와 김이 발생하면서 생기는 습기로 인하여 발생되는 벌레를 가리키는 듯하다.

더하여 덮어 준다. 거름흙은 한편으로는 강한 햇볕을 피하여 그 뿌리를 시들지 않게 하며, 한편으로는 빗물을 흡수하는 효과를 보면서 뿌리를 썩어 문드러지지 않게 한다. 《농정전서》[13]

而覆之. 一則避日之曝, 不枯其根; 一則收雨之澤, 不爛其根.《農政全書》

국화는 본성이 그늘을 좋아하면서도 정작 그늘에 심으면 오히려 꽃을 피우지 않는다. 국화는 본성이 습함을 좋아하면서도 정작 물이 고이게 되면 오히려 말라 시든다.《증보도주공서(增補陶朱公書)[14]》[15]

菊, 性喜陰, 而種陰, 又不發菊; 性喜濕, 而有積水, 又枯槁.《增補陶朱公書》

---

13 《農政全書》卷39〈種植〉"雜種"'菊'(《農政全書校注》, 1097쪽).
14 증보도주공서(增補陶朱公書) : 저자 미상. 도주공(陶朱公)은 중국 춘추 시대 월(越)나라 왕 구천(句踐)의 신하인 범려(范蠡)이다. 범려는 화식(貨殖)에 뛰어났기에 상왕(商王)으로 불렸으며 그런 그의 이름에 가탁하여 쓴 책으로 추정된다.
15 출전 확인 안 됨.

3) 파종 시기

국화 재배는 다소 쉬운 편이다. 민간에서는 "2월 12일 온갖 꽃의 생일인 때에 국화를 나누어 심는다. 이때 거름흙으로 북주면 가지와 줄기가 무성하고 튼튼하며 꽃봉오리도 마침내 커진다."라 했다.《초화보》[16]

국화를 화분에 올려 심기에는 입하(立夏, 양력 5월 5·6일경) 전후에 해야 한다. 만약 이때를 놓치면 반드시 8월 20일 전후를 기다렸다가 올려 심어야 한다.《증보산림경제》[17]

時候

菊栽培稍易. 俗云: "二月十二日百花生日之候, 分種, 以肥土壅之, 令枝梗壯茂, 花朶乃大."《草花譜》

登盆, 宜在立夏前後. 如失此時[4], 必待八月二十日前後.《增補山林經濟》

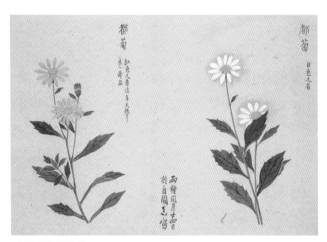

도국(都菊)《매원화보》

---

16 출전 확인 안 됨;《和漢三才圖會》卷94〈濕草類〉"菊"《倭漢三才圖會》11, 209쪽).
17 《增補山林經濟》卷4〈養花〉"菊" '盆菊法'《農書》3, 226~227쪽).
[4] 此時:《增補山林經濟·養花·菊》에는 "四月".

4) 종자 보전하기

주두산(朱斗山)[18]은 다음과 같이 말했다. "일반적으로 품종이 좋은 국화는 가을에 시들면 꽃가지째로 잘라 울타리 아래에 둔다. 이듬해 수등일(收燈日)[19]이 지난 뒤에 거름으로 땅을 기름지게 해 둔다. 2월이 되면 울타리 아래 두었던 시든 꽃을 이 땅에 뿌린다. 대개 꽃 속에 절로 자잘한 씨들이 있으니, 그 씨에서 싹이 나면 사일[社日, 입춘 후 5번째 무일(戊日)]에 이르러 마침내 나누어 심는다."[20]

【화한삼재도회】[21] 국화씨는 몹시 작아서 간혹 보이지 않으므로 옛날에는 뿌리를 나누어 심거나 가지를 꺾꽂이했다. 근년에야 비로소 중춘(仲春, 2월)에 꽃을 옮겨 심어 살려내는 법을 깨달았다】《계신잡지(癸辛雜識)[22]》[23]

가을에 국화가 시든 뒤에 시든 꽃을 기름진 흙 위에 쌓아 두고 땅에 살짝 닿게 한다. 굳이 흙에 묻을 필요는 없지만 때에 맞게 기름진 거름을 준다. 이듬해 초봄에 저절로 싹이 돋아나면 거두어 심는

傳種

朱斗山云: "凡菊之佳品, 候其枯, 斫取帶花枝, 置籬下. 至明年收燈後, 以肥膏地, 至二月卽以枯花撒之. 蓋花中自有細子, 俟其苗, 至社日乃分種."

【和漢三才圖會】菊子極細, 或不見, 故古者[5]分根揷枝. 近年始覺仲春蒔花生出之法】《癸辛雜識[6]》

秋菊枯後, 將枯花堆放腴土上, 令略着土, 不必埋, 時以肥沃之. 明年春初, 自然出苗收種. 其花色多變,

---

18 주두산(朱斗山) : 미상.

19 수등일(收燈日) : 1월 18일. 옛 풍속에 1월 15일에 등을 달고 불을 켜는 명절인 등절(燈節)이 있는데, 등절 이전인 13일을 상등(上燈), 이후인 18일을 수등(收燈)이라 했다.

20 일반적으로⋯⋯심는다 : 출전 확인 안 됨.

21 《和漢三才圖會》卷94〈濕草類〉"菊"(《倭漢三才圖會》11, 209쪽).

22 계신잡지(癸辛雜識) : 중국 송나라의 주밀(周密)이 지은 책. 도교의 호흡법·과학론·음악론 등 다양한 주제를 다루었다.

23 《癸辛雜識》別集 卷上 "菊子"(《文淵閣四庫全書》1040, 130쪽).

5 者 : 저본에는 "必". 《和漢三才圖會·濕草類·菊》에 근거하여 수정.

6 識 : 저본에는 "志". 일반적인 용례에 근거하여 수정.

다. 그 꽃의 색이 많이 변하여 황색이나 백색이나 홍자색으로 자꾸 변한다. 심지어 사람들이 이름을 알지 못하는 변종이 나오는 경우도 있는데, 참으로 기이하고 빼어나다. 《군방보》[24]

或黃或白或紅紫更變, 至有變出人所不識名者, 甚爲奇絶.《群芳譜》

꽃이 진 뒤에 곧바로 위쪽 줄기를 잘라 버리고 뿌리에 가까운 줄기 0.3~0.5척만 남긴다. 항아리마다 가지를 꺾꽂이하고 이름과 색깔을 표시하여 기록해 둔다. 더러는 항아리의 가장자리에 기호를 기록해 두어도 괜찮다.

花謝後, 卽翦去上幹, 止留近根三五寸, 每缸挿, 籌記認名色. 或于缸邊記號亦可.

줄기를 자른 부분은 진흙으로 입구를 봉하고 햇볕이 잘 드는 곳으로 옮겨 햇볕을 쬐어 준다. 흙이 하얗게 마를 때에는 거름물을 1~2차례 뿌려 준다. 폭설이 쏟아질 것 같으면 헝클어진 짚으로 덮어서 얼어 손상되는 것을 피한다. 이때 드문드문 덮어야지 너무 배게 덮으면 안 된다. 배게 덮으면 싹이 누렇게 되기 때문이다.

翦處用泥封口, 移至向陽處, 曬之. 土白燥時, 將肥水澆一二次. 天將大雪, 用亂穰草覆之, 以避凍損. 宜稀蓋, 不可過密, 密則苗黃.

또 다른 법: 쌀겨를 갈아 태운 재로 덮으면 찬 기운을 막을 수 있다. 날씨가 쾌청하고 따뜻할 때 똥을 국화뿌리의 사방에 둘러 뿌려 준다. 이때 뿌리에 닿게 해서는 안 된다. 그러면 봄에 싹이 저절로 왕성해진다. 입춘 무렵이 되면 똥은 그 양을 적게 쓴다.

又法: 以礱糠燒灰覆之, 可避寒氣. 天日晴和, 用糞搯搲菊本四邊, 勿着根, 春苗自旺. 交立春, 糞卽少用.

다른 곳에서 얻어온 이름난 국화에 접붙인 국화는 이듬해 꽃이 필 때 반드시 꽃색깔이 변할 것이다. 이때는 접붙인 원래 국화의 가지와 줄기를 기름

有他處討來名花根接者, 明年花開必變. 卽以原花枝梗, 橫埋肥地中, 每節自

24 《二如亭群芳譜》〈貞部〉 "花譜" 3 '菊'(《四庫全書存目叢書補編》80, 768쪽).

진 땅속에 횡으로 묻으면 마디마다 자연스레 싹이 난다. 가운데 근처의 줄기를 거두어 심으면 새로 나는 본래 국화의 뿌리는 변하지 않으면서도 꽃은 진종(眞種, 진짜인 품종)을 얻을 수 있다.

입춘 뒤에도 여전히 날씨가 추우면 또한 국화를 함부로 옮겨 심으면 안 된다. 그 상태에다 풀을 덮어 뿌리를 보호하면 새싹이 일찍 돋고 왕성하게 잘 자란다. 2월이 되어 얼음과 눈이 반쯤 녹았을 때라야 덮어 두었던 풀을 치운다. 그러면 기이한 종을 볼 수 있다.

가을비나 장맛비가 내릴 때에는 잘 자란 줄기를 잘라 기름지고 그늘진 땅에 꺾꽂이하여 정성스럽게 배양해 주어야 한다. 그러면 또한 품종을 보전할 수 있다. 《군방보》[25]

초겨울이 되면 국화가 쇠해진다. 국화가 모두 쇠해지면 꽃과 잎이 달린 채로, 위쪽 줄기를 제거하고 줄기 0.5~0.6척만 남겨 둔다. 간혹 화분 안에 두거나 화분 밖으로 내어 놓고, 텃밭의 햇볕이 드는 곳으로 부슬부슬한 흙에다 묻어 둔다.

12월에는 반드시 걸쭉한 똥을 수차례 뿌려 준다. 국화의 본성은 추위를 잘 견딘다. 그러므로 반드시 흙거름이 많아야 하니, 그러면 따뜻하여 얼지 않는다. 그 결과 국화의 뿌리를 튼튼하게 할 수 있고, 매서운 추위를 막을 수도 있으며, 윤택하게 할 수 있어

然出苗, 收起近中幹者, 則花本不變, 可得眞種.

立春後天尙寒, 且不可輕動, 仍用草護其本, 則新秧早發壯大. 至二月內, 氷雪半消, 方可撤去覆草, 遇奇種.

宜于秋雨、梅雨二時, 修下肥梗, 揷在肥陰之地, 加意培養, 亦可傳種. 同上

冬初而菊殘也. 一衰卽幷英葉而去其上莖, 其幹留五六寸焉. 或附於盆, 或出於盆, 埋之圃之陽. 鬆土之內.

臘之月, 必濃糞澆之以數次. 菊之性耐於寒, 故須土糞多, 則煖而不氷, 可以壯菊本, 可以禦隆寒, 可以潤澤, 而不至於枯燥. 《農政

25 《二如亭群芳譜》, 위와 같은 곳.

서 시들어 마르지 않는다. 《농정전서》[26]

초겨울마다 국화가 쇠해지면 시든 가지와 잎은 잘라 버린다. 땅을 파서 못처럼 만든 다음 뿌리를 그 안에 묻는다. 그 위에 새 진흙을 뿌려 준 뒤 똥을 수차례 준다. 이렇게 하면 국화의 뿌리가 튼튼해져 봄에 싹이 나온다. 이를 '양태(養胎, 뿌리 기르기)'라 한다.

일반적으로 기이한 품종을 얻으면 썩은 나무에 구멍을 뚫고 그 위에 국화모종을 꽂아 물항아리에 띄운다. 뿌리를 내리면 그늘진 땅으로 옮겨 심는다. 더러는 국화모종을 꽂은 진흙 환(丸)을 흙속에 묻었다가 법에 따라 며칠 동안 물을 주면 살아난다. 이를 '전종(傳種, 품종 보전하기)'이라 한다. 《증보도주공서》[27]

全書》

每於冬初菊殘, 折去枝葉. 掘地作潭, 埋根其內. 糝以新泥, 澆糞數次. 菊本旣壯, 春苗乃發, 謂之"養胎".

凡遇奇種, 用朽木鑽眼, 挿秧其上, 浮之水缸, 俟其生根, 移栽陰地. 或泥丸埋之土中, 依法澆灌數日卽活, 謂之"傳種".《增補陶朱公書》

---

26 《農政全書》卷39〈種植〉"雜種" '菊'(《農政全書校注》, 1097~1098쪽).
27 출전 확인 안 됨.

5) 심기와 가꾸기

국화는 백지(白地)[28]에 심고 단물을 뿌려 주어야 한다. 3~4월에 뿌리에 흙이 붙어 있는 채로 파낸다. 구전(區田)[29]을 만든 다음 구전의 각 구덩이에 똥물을 섞어서 진흙을 만든다. 뿌리를 가르고 나누어 심는데, 구전의 구덩이마다 1~2그루씩 심는다. 그런 뒤에야 매우 무성하게 자란다. 《무본신서(務本新書)[30]》[31]

장마철에 국화 떨기의 어린 가지를 따는 족족 땅속에 꺾꽂이해서 한 곳을 마련한다. 갈대자리로 높이 4~5척 되는 지지대 1개를 만들어 덮는다. 비가 오면 갈대자리를 치우고 비를 맞도록 하니, 살아나지 않는 국화가 없다. 게다가 떨기 진 작은 국화가 꽃을 피워도 볼 만하고, 화분에 옮겨 심으면 더욱 아름답다. 《계신잡지》[32]

분앙법(分秧法, 모종 나누어 심는 법): 춘분부터 곡우(穀雨, 양력 4월 20·21일경)까지의 절기 안에 날씨가 청명하고 땅이 촉촉한 때를 살펴 전에 심어 두었던 국화의 뿌리 주변을 파서 뿌리 전체를 꺼낸다. 이를 가볍

種藝

宜白地栽, 甜水澆. 三四月帶根土掘出. 作區, 下糞水調成泥. 劈根分栽, 每區一二科, 後極滋胤.《務本新書》

梅雨中, 旋摘菊叢嫩枝, 插地下, 作一處. 以蘆席作一棚高尺四五, 覆之. 遇雨則除去而受露, 無不活者. 且叢矮作花可觀, 上盆尤佳.《癸辛雜識》

分秧法: 春分至穀雨節內, 看天氣晴明, 地上滋潤, 將舊收花本四圍, 掘出總根, 輕輕擊開, 勿損苗芽、根

---

28 백지(白地):농사가 되지 않아 거두어들일 것이 없는 땅.

29 구전(區田):구역을 만들어 씨앗을 심는 구전법.《임원경제지 본리지》권1〈토지제도〉"구전"에 보인다.

30 무본신서(務本新書):중국 원(元)나라 때, 또는 그 이전 시기에 서술된 작자 미상의 농서(農書)로 추정된다. 원나라 때 농업 진흥을 위해 설치한 중앙기구인 대사농사(大司農司)에서 이 책과《제민요술(齊民要術)》에 근거하여 중국 최초의 관찬 농서인《농상집요(農桑輯要)》를 출간했다.

31 출전 확인 안 됨;《農桑輯要》卷6〈藥草〉"菊花"《文淵閣四庫全書》730, 278쪽).

32《癸辛雜識》續集 卷上 "插花種菊"《文淵閣四庫全書》1040, 63쪽).

게 쳐서 가른다. 이때 싹과 뿌리털을 손상시키지 않 鬚.
도록 한다.

싹이 잘 자란 홑줄기를 고른다. 이때 뿌리털의 많 擇肥苗單莖, 不拘根鬚多
고 적음에 구애받지 않는다. 만약에 원뿌리에 있는 少. 如在原本上者, 須近原
것이면 반드시 원뿌리 가까이에서 마디진 곳을 나누 本有節處分, 以其節中生根
어야 한다. 마디진 데에서 뿌리가 나야 왕성해지기 方旺也.
때문이다.

모종뿌리에 털[鬚]이 많고 흙속에 있는 줄기가 황 秧根多鬚, 而土中之莖黃白
백색인 모종을 '노수(老鬚, 오래된 뿌리털)'라 하고, 털이 色者, 謂之"老鬚"; 少而純
적고 흙속 줄기가 순백색인 모종을 '눈수(嫩鬚, 어린 뿌 白者, 謂之"嫩鬚". 老可分,
리털)'라 한다. 노수는 모종을 나눌 수 있지만, 눈수 嫩不可分.
는 모종을 나눌 수 없다.

【안】《고금의통(古今醫統)》33에 "춘분에 심을 때 【案】《古今醫統》云: "春分
에는 묵은 뿌리를 버리고 어린뿌리를 옮겨 심는다. 種時, 去舊根, 以嫩根栽.
만약에 묵은 뿌리를 남겨 두면 국호(菊虎)34가 생겨 如留舊根, 則生菊虎而蝕
서 잎을 갉아먹기 때문에 정원의 국화가 모두 시든 葉, 園中菊皆敗." 與此異】
다."35라 했다. 본문의 설명은 이와는 다르다】

털이 없고 흰 뿌리가 있는 국화 또한 심어서 살 有禿白根者, 亦可種活. 但
릴 수 있다. 다만 그 뿌리 위 표면의 백예(白翳)36 한 要去其根上浮起白翳一層,
층을 제거한 뒤 마르고 기름진 흙으로 심어야 한다. 以乾潤土種之. 不可雨中
비가 올 때는 뿌리를 나눠 심어서는 안 된다. 축축 分種, 令濕泥着根, 則花不

---

33 고금의통(古今醫統) : 중국 명(明)나라의 의학자인 서춘보(徐春甫, 1520~1596)의 의학 저서. 작자는 내과
(內科), 부인과(婦人科), 소아과(小兒科) 등에 능통하여 많은 사람을 치료한 인물이다.
34 국호(菊虎) : 국화에 생기는 해충의 일종. 일반적으로 하늘소를 가리킨다고 한다. 반딧불이와 비슷한 흑각
충(黑殼蟲, 흑색껍질벌레)으로서 배는 누렇고 꼬리 위에 두 개의 집게가 있다. 국우(菊牛)·화형(花螢)·천
우(天牛)라고도 한다.
35 춘분에……시든다 : 출전 확인 안 됨.
36 백예(白翳) : 원래는 눈알의 겉을 싼 얇은 막에 하얀 꺼풀이 생기는 병증을 가리키는데, 여기서는 그와 비슷
한 색깔을 띤 꺼풀을 가리키는 것으로 추정된다.

해진 흙이 뿌리에 닿으면 국화가 무성하게 자라지 못하기 때문이다.

茂.

흙은 김을 매어 부슬부슬하게 해야 하고, 너무 두텁고 단단하게 해서는 안 된다. 너무 두텁고 단단하면 흙이 국화싹눈을 꽉 덮음으로 인해 싹이 나지 못하게 하기 때문이다. 반드시 묵은 흙을 깨끗하게 털어 내야 한다. 벌레의 해가 있을까 염려해서이다.

土須鋤鬆, 不可甚肥. 肥則籠菊頭而不發. 須令淨去宿土, 恐有蟲子之害.

그 땅은 평지에 비해 1척 정도 높게 하고, 1척 남짓의 간격마다 1그루씩 심는다. 구덩이마다 똥을 1국자씩 주되, 법대로 뿌려 주어야 비로소 모종을 옮겨 심을 수 있다. 구덩이 주위 사방의 나머지 흙은 호미로 파서 뿌리를 북준다. 이때 만두모양으로 높게 북주기를 하여 물이 빠지기 쉽게 한다.

其地比平地高尺許, 每尺餘栽一株. 每穴加糞一杓, 搪搹如法, 方可搬秧植之. 四圍餘土, 鋤爬壅根, 高如饅頭樣, 令易瀉水.

국화뿌리는 물을 싫어해서 물이 많으면 반드시 썩어 문드러지기 때문에 주변에 깊은 도랑을 남겨 두어 물이 빠져나가게 한다. 다만 비가 오면 어느 달이든 상관없이 도랑 속의 물을 다른 곳으로 소통시켜 흘러가게끔 힘써야 한다.

菊根惡水, 水多必爛, 周圍留深溝泄水. 但雨過, 不拘何月, 務將溝中水疏通流別處.

비올 때는 땅에 심었든 화분에 심었든 구분하지 말고 푹 발효시킨 마른 흙으로 뿌리를 바로 북준다. 간혹 대껍질로 테를 두른 와기로 화분을 만들어 땅에 묻기도 한다. 이때 절반만 흙속에 들여 땅의 기운과 서로 접하도록 하면 화분에 물이 고이지 않는다. 비가 올 때 화분에 옮겨 심는 것이 편하다. 왜냐하면 뿌리를 상하지 않게 하고 원기(元氣)를 새어 나가지 않게 하기 때문이다.

不分在地在盆, 即以酵熟乾土壅根. 或用篾箍瓦作盆埋地, 令一半入土內, 使地氣相接, 水不停積. 雨過便于上盆, 不傷根, 不泄元氣.

대소(大笑)[37] 및 불정(佛頂)[38]·어애황(御愛黃)[39]은 곡우 때에 그 가지를 기름진 땅에 꺾꽂이해 두면 곧바로 살아났다가 가을이 되면 역시 꽃이 핀다.

예장(豫章)[40]에서 자라는 국화는 아름다운 것이 많다. 정원사에게 그 이유를 물으니, 다음과 같이 대답했다. "매해 상사일(上巳日)[41] 전후로 며칠 사이에 나누어 심어야 합니다. 이때를 놓치면 꽃은 적고 잎만 많아집니다. 만약 뿌리를 나누어서 다른 곳에 두지 않으면 떨기가 번성하지 못할 뿐만이 아닙니다. 이따금 하나의 뿌리에서 여러 줄기가 나거나, 한 줄기에서 핀 꽃도 저마다 다른 모양이 됩니다. 이 때문에 지은 이름이 같지 않은 것입니다."《군방보》[42]

화분에 올려 심는 법: 입하 때에는 국화의 싹이 자라서 무성해진다. 그러므로 화분에 올려 심으려면 심기 며칠 전부터는 물을 주어서는 안 된다. 물을 주지 않음으로써 그 뿌리를 단단하고 뻣뻣하게

大笑及佛頂、御愛黃, 至穀雨時, 以其枝挿于肥地卽活, 至秋, 亦着花.

豫章菊多佳者. 問之園丁, 云: "每歲以上巳前後數日分種, 失時則花少而葉多. 如不分置他處, 非惟叢不繁茂, 往往一根數幹, 一幹之花, 各自別樣, 所以命名不同."《群芳譜》

登盆法: 立夏時, 菊苗長盛, 將上盆, 先數日, 不可澆灌. 令其堅老, 上盆則耐日色.

---

37 대소(大笑):국화의 일종. 백색 꽃잎에 황색 꽃술이며, 꽃송이가 작다. 잎이 밤나뭇잎과 비슷하므로 율엽국(栗葉菊)이라고도 한다. 《예원지》권5 〈꽃 이름 고찰〉 "국화"에 보인다.

38 불정(佛頂):국화의 일종. 꽃 바깥 부분에 큰 꽃잎이 나고 중간에 작은 꽃받침 여러 개가 무성하게 솟아 올라 부처의 정수리 모양과 같다. 꽃 색깔과 크기에 따라서 황불정(黃佛頂)·하월불정국(夏月佛頂菊)·불정국(佛頂菊)·소백불정(小白佛頂) 등이 있다. 《예원지》권5 〈꽃 이름 고찰〉 "국화"에 보인다.

39 어애황(御愛黃):국화의 일종. 《유씨국보(劉氏菊譜)》〈어애(御愛)〉에 다음과 같은 내용이 있다. "어애는 경사(京師)에서 자란다. 9월 말에 꽃이 핀다. 일명 '소엽(笑靨)'·'희용(喜容)'이다. 담황색을 띠며 겹꽃이다. (중략) 어떤 사람은 '궁중 안에서 자라기 때문에 이름을 붙인 것이다.'라 했다(御愛出京師, 開以九月末. 一名'笑靨', 一名'喜容'. 淡黃千葉. (中略) 或云: '出禁中, 因此得名')."《劉氏菊譜》〈御愛〉《文淵閣四庫全書》845, 20~21쪽).

40 예장(豫章):중국 강서성(江西省)의 성도 남창(南昌) 일대의 옛 지명.

41 상사일(上巳日):음력 3월의 첫째 사일(巳日). 동쪽으로 흐르는 물가에서 몸을 깨끗이 씻으며 재앙을 떨치는 풍속이 있었다. '첫뱀날'이라고도 한다.

42 《二如亭群芳譜》〈貞部〉 "花譜" 3 '菊'《四庫全書存目叢書補編》80, 768쪽).

하여 화분에 올려 심으면 국화가 햇볕에 잘 견디기
때문이다.

뽑아 낸 뿌리마다 흙이 많이 붙어 있다. 이때
는 먼저 기름진 흙을 엎어서 부슬부슬하게 말려
2/10~3/10을 화분에 채운다. 이어서 걸쭉한 똥 1
국자를 준 뒤에 국화모종을 옮겨 심는다. 다시 국화
가 자랐던 흙을 화분에 채우되, 역시 만두모양으로
북준다. 모종을 심은 뒤에는 반드시 하루 걸러 이른
아침에 강물을 뿌려 준다.

每起根上多帶土, 先將肥
土倒鬆, 填二、三分于盆,
加濃糞一杓, 後搬菊秧植
之. 再將前土填滿, 亦如
饅頭樣. 種後必隔一日, 早
用河水澆之.

또 시렁을 걸쳐서 햇볕을 가려야 한다. 비나 이슬
이 내릴 때는 시렁을 걷어 치운다. 만약 비가 오래
오면 화분을 처마 아래로 옮긴다. 모종의 높이가 1
척 정도 자라면 비로소 거름을 사용할 수 있다.

又要搭棚遮避日色, 遇雨
露揭去. 如久雨, 將盆移簷
下. 長高尺許, 方可用肥.

이어서 홍유(紅油)[43] 칠한 가느다란 대나무를 국화
옆에 꽂고, 가는 줄로 느슨하게 국화를 묶어 비바람
에 줄기가 꺾이는 피해를 막는다. 대나무에 홍유를
사용하면 국호(菊虎)가 생기는 것을 피할 수 있고, 가
는 줄을 이용하면 바람과 햇볕을 견디게 할 수 있는
것이다.

仍以紅油細竹挿傍, 用細
綜寬縛以防風雨摧折. 竹
用油, 可避菊虎; 用綜奈風
日.

일반적으로 국화가 무성하고 꽃이 크게 하려는
데에는 다시 특별한 법이 없다. 다만 11월 대설(大雪,
양력 12월 7·8일경)·소설(小雪, 양력 11월 22·23일경) 중에
화분 가장자리에 왕성하게 자란 싹을 나누어 옮겨
심을 뿐이다. 만약에 싹이 돋지 않았으면 푸른 잎의
싹눈이나 흰색 어린 싹눈이 있는 것을 심어 서리와

凡要菊盛花大, 更無別法.
只是十一月大、小雪中, 分
盆邊旺苗栽之. 如未發苗,
有青葉頭白芽者, 種之, 遮
霜雪, 要見日色, 開春花自
盛. 同上

---

43 홍유(紅油) : 주사(硃沙) 섞은 옻칠로 추정된다. 일반적으로 고추기름을 가리킨다.

눈을 막는다. 햇볕을 쬐어야 봄에 꽃이 절로 무성하
게 핀다. 《군방보》[44]

압삽법(壓揷法, 휘문이법과 꺾꽂이법)[45]: 5월 장마철에
살지게 잘 자란 작은 가지를 0.3~0.5척 길이로 꺾어
마디 근처를 마디와 나란하도록 잘라 낸다. 기름진
흙속에 대략 0.05척 정도 꽂고 진흙으로 묻되, 마디
를 넘으면 그친다. 마디에서 뿌리가 날 수 있기 때문
이다.

이를 그늘진 곳으로 옮겨 두거나 대자리로 가리
고 보호하여 햇볕을 쬐지 않도록 한다. 물을 자주
뿌려 주되 간간이 거름물도 준다. 키가 1척이 되면
약간씩 해그림자를 보게 한다. 중추(中秋, 8월 15일)가
되면 굳이 가려서 보관할 필요가 없다.

꽃은 이미 심어 놓은 국화와 같은 시기에 핀다.
다만 꽃이 약간 작을 뿐이다. 그러므로 이를 화분에

壓揷法: 五月梅雨時, 將摘
下肥壯小枝長三五寸者, 齊
節邊截取. 揷入肥腴土內,
約半寸許, 以泥埋, 過節爲
止. 以其節能出根故耳.

移置陰處, 或用箔簟遮護,
令不見日, 頻以水澆, 間用
肥水. 待至盈尺, 略見日
影. 至中秋, 不必遮藏.

與種菊同開, 但花略小耳.
可移盆中, 置几上清玩. 揷

마디　　진흙

0.05척　　기름진 흙

국화 꺾꽂이법

---

44 《二如亭群芳譜》〈貞部〉"花譜" 3 '菊'(《四庫全書存目叢書補編》80, 770쪽).
45 압삽법(壓揷法, 휘문이법과 꺾꽂이법):이 기사에는 꺾꽂이법만 설명하고, 휘문이법에 대해서는 설명이 없다.

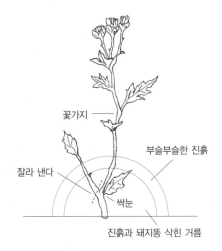

꽃가지
부슬부슬한 진흙
잘라 낸다
싹눈
진흙과 돼지똥 삭힌 거름

일반적인 국화 꺾꽂이법

옮겨 심고 책상 위에 두어 청아하게 완상할 만하다. 커다란 토란덩이 안에 꽂아 흙에 묻어도 좋다. 이렇게 꽂아 둔 국화뿌리를 거두어 옮겨 심으면 이듬해에 싹이 더욱 왕성하게 자란다.

일반적으로 국화가 꽃이 피는 때에 가지 가까이에서 싹눈이 돋아나면 가지를 딴 다음 진흙과 돼지똥으로 삭힌 거름을 꽃가지에 준다. 이때 싹눈이 거름 안에 있게 하고, 그 위에다 부슬부슬하게 말린 진흙을 덮어 주면 이 싹이 바로 살아난다. 또 겨울에 싹눈을 얻으면 반드시 돼지똥을 섞어 삭힌 진흙으로 심어야 한다.

자금령(紫金鈴)·밀작약(蜜芍藥)·자모란(紫牡丹)·백모란(白牡丹)·추모란(秋牡丹)·금보상(金寶相)·은보상(銀寶相)·자보상(紫寶相)·금변자령(金邊紫鈴)은 옮겨 심기 어렵기 때문에 대부분 꺾꽂이해야 한다.《군방보》[46]

大芋頭內, 埋土中亦佳. 此根收起, 來年發苗更旺.

凡菊開花時, 有苗頭近梗, 搯下, 以汚泥猪糞釀肥下花, 苗頭在內, 上蓋鬆泥, 此苗卽活. 冬間分得芽頭, 須用猪糞釀泥種之.

紫金鈴、蜜芍藥、紫牡丹、白牡丹、秋牡丹、金寶相、銀寶相、紫寶相、金邊紫鈴難栽, 宜多揷. 同上

분앙법(分秧法, 모종 나누어 심는 법): 춘분이 지난 뒤가 바로 국화모종을 나눠 심는 시기이다. 모종뿌리에 털[鬚]이 많고 흙속에 있는 줄기가 황백색인 모종을 '노수(老鬚)'라 하고, 털이 적고 흙속 줄기가 순백색인 모종을 '눈수(嫩鬚)'라 한다. 노수는 모종을 나눌 수 있지만, 눈수는 모종을 나눌 수 없다.

새로 김을 매어 부슬부슬해진 땅에 모종을 나눠 심어야 하고, 흙이 너무 두텁고 단단하게 해서는 안 된다. 너무 두텁고 단단하면 국화싹눈을 꽉 덮음으로 인해 잘 자라서 싹이 날 수 없도록 하기 때문이다.

흐린 날에 모종을 나눠 심어야 한다. 햇볕이 드는 날에 모종을 나눠 심으면 시들어 말라버려서 살리기 어렵다. 모종을 심을 때에는 묵은 흙을 모두 털어내야 한다. 그렇지 않으면 벌레의 해가 있을까 염려해서이다.

이미 흙에 모종을 심었으면 자리로 만든 시렁을 모종에 걸쳐 덮어서 햇볕을 받게 해서는 안 된다. 햇볕을 쬐면 멀쩡하게 살기 어렵다. 새벽마다 물을 뿌려 주고, 저녁때 물을 뿌려 준다. 흐린 날에는 물에 상하게 해서는 안 된다. 옮겨 심은 국화 모종에서 싹이 돋아나면 덮어 두었던 자리를 치워도 된다. 《농정전서》[47]

화분에 올려 심는 법: 입하 즈음에는 국화의 싹

分秧法: 春分之後, 是分菊秧. 根多鬚而土中之莖黃白色者, 謂之"老鬚"; 少而純白者謂之"嫩". 老可分, 嫩不可分.

分之於新鋤之鬆地, 不宜太肥, 肥則籠菊頭而不能長發.

陰天之天可分, 有日分之, 則枯乾而難活. 種之, 其宿土也盡去. 否則恐有蟲子之害.

既秧於土矣, 以越席架而覆之, 毋令經日. 經日則難醒. 每日晨灌之, 晚灌之. 天之陰, 不可傷於水. 秧心發芽矣, 可去其覆席. 《農政全書》

登盆法: 立夏之候, 菊苗成

---

46 《二如亭群芳譜》, 위와 같은 곳.
47 《農政全書》卷39 〈種植〉 "雜種" '菊'(《農政全書校注》, 1098쪽).

이 다 자란다. 싹의 길이가 0.5~0.6척 정도 되는 때가 화분에 올려 심을 적절한 시기이다. 화분에 올려 심으려면 심기 전 며칠 동안 물을 주어서는 안 된다. 싹을 힘들게 하여 단단하고 뻣뻣하게 하면 화분에 옮겨 심은 뒤에도 국화가 햇볕에 잘 견딜 수 있기 때문이다.

矣, 可五六寸許, 是爲上盆之期. 將上盆也, 數日不可以澆灌, 使苗受勞而堅老, 則在盆可以耐日.

옮겨 심을 모종을 뽑으려면 뿌리의 흙을 파낼 때 반드시 넓고 크게 파야 한다. 작게 파내면 뿌리를 드러내면서 상하게 하기 때문이다. 작년 12월 전에 똥을 뿌려 삭힌 흙으로 북준다. 《농정전서》[48]

起秧苗也, 掘根之土, 必廣而大, 小則露根而傷其本. 用臘前所澆之土壅之. 同上

일반적으로 국화를 기를 때에는 묵은 떨기를 남겨 두어서는 안 된다【묵은 뿌리가 묵은 땅에 남아 있다가 비를 맞으면 반드시 떨기 전체가 말라 죽기 때문이다】. 반드시 5월 중에【3~4월이라고도 한다】비가 올 때를 이용하여 땅을 0.5척 정도 움푹 판다.

凡養菊, 毋留舊叢【舊根留舊地, 遇雨必全叢枯死】. 須於五月內【或云三四月】, 因雨掘地半尺許.

이에 앞서 거름흙에 묵은 똥을 섞어 말린 흙을 체로 곱게 거른다. 또 이를 참기름을 짜 내고 난 깻묵과 섞어 구덩이 속에 넣는다. 그 다음에 모래흙으로 덮는다. 구덩이마다 뿌리 1개씩 나누어 심는다【깊게 심으면 물을 견디지 못하고 얕게 심으면 햇볕을 견디지 못하므로, 깊이를 적당하게 맞춰야 한다】.

以肥土和陳糞篩細. 又和芝麻榨油滓, 納坎中, 次覆沙土, 每一坎, 分種一根【深則不耐水, 淺則不耐日, 深淺要得中】.

국화가지가 약한 경우에는 갈대나 대나무 같은 것을 대서 지탱해 준다. 가지가 갈라지지 않은 채 자

條弱者, 用葦、竹之類扶之. 枝孤而長, 截去枝末,

---

48 《農政全書》, 위와 같은 곳.

라면 가지 끝을 잘라 버려 갈라지도록 한다. 뿌리를 내린 뒤에 기름진 흙으로 뿌리를 덮어 주면 자연히 무성하게 자란다. 《청천양화록》49

令歧之. 着根後, 用肥土覆根, 自然茂盛. 《菁川養花錄》

여러 색깔의 꽃이 피는 국화 가지들을 꺾어서 와기로 된 화분에 촘촘하게 꽂는다. 이를 그늘진 곳에 두고 서서히 물을 뿌려 주면 곧 살아난다. 꽃이 알록달록하게 피어 나면 책상에 두고서 완상할 만하다. 땅에 심을 때에는 반드시 습기에서 먼 곳을 선택해야 한다. 《청천양화록》50

折雜色菊枝, 密挿瓦盆, 置陰處, 徐徐澆水便活. 花開斑爛, 可置几案間賞玩. 其地種者, 須擇遠濕處. 同上

4~5월에 국화를 옮겨 심을 때 간혹 꺾여서 버려야 할 국화가 있으면 기름진 흙을 화분에 채우고 대꼬챙이를 흙에 꽂아 구멍을 만든다. 꺾인 가지 0.4~0.5척 정도를 구멍 속에 살살 꽂는다. 이때 껍질이 말려 올라가지 않도록 해야 한다. 손으로 흙을 잘 토닥여 그늘진 곳에 둔다. 물을 자주 뿌려 주면 10여 일이 지나서 바로 살아난다. 《증보산림경제》51

四五月間栽菊時, 或有傷折當棄者, 以肥土盛盆, 用籤子挿土作穴. 取折枝四五寸許, 穩挿於穴中, 勿令皮捲揭. 用手按⑦土, 置陰處, 頻以水澆之, 則過十餘日卽活. 《增補山林經濟》

화분에 올려 심는 시기는 입하 전후여야 한다. 그 법은 다음과 같다. 와기로 된 화분을 벽돌 위에 놓는다. 방법대로 푹 썩힌, 도랑의 기름진 흙을 참

登盆, 宜在立夏前後. 其法: 用瓦盆, 安於塼上, 取溝中肥土如式蒸熟者, 和

49 《養花小錄》〈菊花〉, 206쪽. 이 책에 나오지 않은 내용이 많다.
50 《養花小錄》, 위와 같은 곳.
51 《增補山林經濟》卷4〈養花〉"菊"'挿菊法'(《農書》3, 225쪽).
⑦ 按: 저본에는 "安".《增補山林經濟·養花·菊》에 근거하여 수정.

깨깻묵과 섞는다【깻묵은 벌레가 뿌리와 잎을 갉아 먹는 것을 예방한다】.

별도로 황사흙을 먼저 화분바닥에 0.1척 정도 깐다. 다음으로 앞서 만든 기름진 흙을 화분에 넣는다. 이때 부슬부슬하게 해야지 눌러서 꼭꼭 채워 넣어서는 안 된다. 화분아가리와 평평하도록 채워 넣은 뒤에 국화 4그루를 화분 네 가장자리에 심는다.

또 황사흙을 화분 표면에 높이 덮어 주어서 화분 표면이 오목하게 패여 물이 고일 근심을 면하게 해야 한다. 가느다란 대나무를 국화의 가지에 붙여 대서 지탱해 준다. 꽃이 핀 뒤에 서리나 바람이 갑자기 심해지면 화분을 반드시 처마 아래로 옮겨야 한다. 더러 지지대를 이용하여 덮고 보호해 주면 오래도록 견디면서 시들지 않는다. 《증보산림경제》52

芝麻油滓【防蟲蝕⑧根葉】.

別用黃沙土先鋪盆底一寸許, 次將肥土內盆, 而要鬆不要堅. 與盆口平滿, 然後以菊四株, 栽於盆內四隅.

又以黃沙土高覆盆面, 要免面凹停水. 用細竹扶接菊枝. 花開後霜風⑨頓嚴, 須移盆簷下. 或用棚蓋護, 則耐久不衰. 同上

52 《增補山林經濟》卷4〈養花〉"菊"'盆菊法'(《農書》3, 226~227쪽).
⑧ 蝕 : 저본에는 "食". 《增補山林經濟·養花·菊》에 근거하여 수정.
⑨ 風 : 《增補山林經濟·養花·菊》에는 "氣".

6) 접붙이기

4월 장마철에 흔한 국화의 굵직한 본 줄기에서 뿌리에 가까운 싹눈을 잘라 내고 몇 촌만을 남긴다. 다른 색깔 국화의 싹눈 아래쪽을 잘라서 잘 드는 칼로 오리의 부리모양으로 깎는다. 먼저 싹눈을 잘라 낸 그루의 본 줄기 위를 잘 드는 칼로 가른다. 이때 부리모양으로 깎은 싹눈이 들어갈 만하게 가른다. 여기에 가지를 꽂는다.

이곳을 바로 삼끈으로 단단히 묶어 고정시킨다. 이어서 진흙을 바른 다음 다시 종이나 대껍질로 싸둔다. 접붙인 싹눈이 살아났을 때 비로소 종이나 대껍질을 걷어 버리면 국화 1그루에서 3가지 색의 꽃을 담을 수 있다. 게다가 늦가을에 이르러 접붙인 부분이 다 자라면 접붙인 흔적도 없어져서 볼만 해진다. 《군방보》[53]

초봄에 늙은 쑥을 골라 옮겨와 가지와 잎을 자르고 쑥이 본래 자랐던 흙으로 북준다. 여기에 여러 가지 국화를 접붙이고 쑥이 원래 자랐던 흙으로 접붙인 부분을 단단하게 봉한다. 접붙인 국화가지가 무성해진 뒤에 봉한 흙을 제거한다. 가을이 깊어 꽃이 피면 각각 원래 국화의 색깔대로 핀다. 《증보도주공서》[54]

接換

四月間梅雨時, 將賤菊本幹肥大者, 截去苗頭近根, 止留數寸. 將他色菊苗頭截下, 以利刀披削如鴨嘴樣. 將前去苗頭本上, 以利刀劈開, 僅可容苗頭削枝, 挿落.

卽用麻線縛定, 以汚泥塗之, 再以紙·箬包裹, 至活方去, 則一本可容三色. 且至深秋, 接頭長完, 無痕可見. 《群芳譜》

春初, 擇取老艾, 翦其枝葉, 故土培之. 接以諸菊, 將本土封固接頭. 俟其枝茂, 然後去之. 秋深花開, 各依本色. 《增補陶朱公書》

---

53 《二如亭群芳譜》〈貞部〉 "花譜" 3 '菊'(《四庫全書存目叢書補編》80, 770쪽).
54 출전 확인 안 됨.

황색·백색 2가지 국화를 각각 한쪽 껍질을 벗기고 삼끈으로 동여매 놓으면 그 꽃이 반절은 노랗고 반절은 하얗게 된다.《종수서》[55]

黃、白二菊, 各披去一邊皮, 用麻皮扎合, 其花半黃半白.《種樹書》

---

55 《種樹書》卷下〈花〉(《叢書集成初編》1469, 43쪽).

7) 물주기와 거름주기

처음 심었을 때 물을 뿌려 준 뒤에 강한 햇볕에 3~4일 쬐어 준다. 날씨가 맑고 건조해지면 끓인 강물[河蕩水]을 아침저녁으로 1차례씩 준다. 물을 줄 때는 반드시 물동이를 천천히 기울여 물이 흙에 완전히 스며들도록 해야 한다. 물이 완전히 스며들지 않으면 아래쪽 흙이 뜨거워져 잎이 누렇게 뜰 염려가 있다.

비가 오면 굳이 물을 뿌려 줄 필요가 없다. 이미 살아나서 잘 자라 길이가 0.6~0.7척이 되어서야 묵힌 똥 1국자와 물 1통을 고루 섞어서 1차례 뿌려 준다. 하루걸러 또 1차례 뿌려 준다. 이 똥거름물을 주는 시기는 반드시 비가 내린 하루 뒤로 해야 한다.

만약 오랫동안 날이 맑아 흙이 건조해지면 거름물을 뿌려 주어서는 안 된다. 국화의 뿌리 주변에도 거름물을 뿌려서는 안 된다. 뿌리를 상하게 할 수도 있기 때문이다. 먼저 항아리 안에 든 흙의 사방 가장자리를 파내서 이 흙으로 높은 언덕 모양처럼 뿌리 위쪽을 북준다. 거름물은 사방 둘레의 낮은 곳에 뿌려 주다가 녹색 가지와 잎이 짙은 비취색이 되면 바로 그친다.

국화가 대략 수척해졌으면 거름을 많이 뿌려 주고, 통통해졌으면 거름을 조금 뿌려 준다. 그렇지 않으면 꽃봉오리는 닫히고 푸른 잎만 무성해지게 한다.

망종(芒種, 양력 6월 6·7일경) 절기가 지난 뒤 장맛비가 오래 내리면 뿌리 상하기가 너무 쉽기 때문에 큰 비가 내릴 때 거름물 주기는 더더욱 어렵다. 장마철

澆壅

初種時, 澆水後, 得大日色, 曬三四日. 候天色晴燥, 早晚用河蕩水澆一次. 澆時, 須用盆緩緩澆透. 不透, 恐下邊土熱, 葉卽發黃.

天雨不必澆. 旣活長至六七寸長, 方將宿糞一杓, 水一桶和均澆一次, 隔日又一次. 澆時須在雨過後一日.

若晴久土燥, 不可澆肥, 亦不可澆在花根邊, 令根傷損. 先將缸內土四邊掘, 壅根上如高阜樣, 肥灌四周低處, 量看枝葉綠色深翠卽止.

大約瘦者多澆, 肥者少澆, 否則令蕊籠閉靑葉勝.

交芒種節後, 黃梅久, 極易傷根, 大雨時行, 尤爲難看. 梅天但遇大雨一歇便

에 다만 큰비가 잠시 그치면 뿌려 주고, 덩어리똥[冷糞] 약간으로 북준다. 그렇게 하지 않으면 아무 이유 없이 절로 시든다.

만약 똥거름물을 충분하게 뿌려 주었다면 똥거름흙을 뿌리 위에 0.05척 되게 쌓아 북준다. 다시 비가 와서 똥거름흙을 적시면, 효과가 똥거름물을 뿌려 줄 때보다 배가 되고, 게다가 잎도 상하지 않게 한다.

6~7월에는 똥거름물을 써서는 안 된다. 똥거름물을 쓰면 가지와 잎이 모두 벌레 먹는다. 대신 매일 새벽에 강물을 뿌려 준다. 닭·거위 튀한 물이 있으면 이 물을 가라앉혀 맑게 식힌 물이나, 누에똥을 담갔다가 맑게 가라앉힌 물을 수시로 뿌려 주면 효과가 더욱 빼어나다. 더욱이 반드시 뿌리에 흙을 쌓아 북주어야 한다. 그 뿌리가 다시 살아나면 그 국화그루는 더욱 튼튼해진다. 이 이후로는 거름물을 주어서는 안 된다.

망종이 지난 뒤 만약 싹이 시들면 진흙물만 3~5일 걸러 1번씩 뿌려 주되, 일기가 맑은지 비인지를 기준으로 한다. 6월 대서(大暑, 양력 7월 22·23일경) 절기 중에는 매일 아침 일찍 강물만 뿌려 준다. 이달에는 날씨가 푹푹 찌고 똥도 건조하기 때문에 똥을 사용하면 국화를 상하게 한다.

이후로 꽃봉오리[花蕊]가 메주콩만 하게 커져야 비로소 맑은 똥물을 1~2차례 준다. 꽃이 막 피려고 할 때 다시 똥거름물을 1차례 뿌려 주면 꽃이 필 때 풍성하고 어여뻐서 볼 만하다. 이 꽃은 대체로 물을

澆, 些少冷糞以扶植之. 否則無故自瘁.

若厭澆糞, 用糞泥于根邊週圍堆壅半寸. 再雨濕泥, 功倍于澆糞, 且不壞葉.

六七月內, 不可用糞, 用則枝葉皆蛀. 每晨用河水澆灌, 若有燖鷄、鵝毛水, 停積作冷淸, 或浸蠶沙淸水, 時常澆之, 尤妙. 尤須蓄土以備封培, 其根復生, 其本益固. 自此以後, 不可澆肥.

芒種後如苗瘦者, 止用汚泥水, 隔三五日一澆, 以天色晴雨爲則. 六月大暑中, 每早止用河水澆. 此月天熱糞燥, 用糞則傷菊.

此後至花蕊發如黃豆大, 方澆淸淡糞水一二次. 花將放時, 又澆肥一次, 則花開豐艶可觀. 此花大率惡

싫어한다. 물이 많으면 벌레에게 해를 입거나 습기로 썩어 문드러질 우려가 있다.

자금령(紫金鈴) 1종은 거름을 싫어하고 그늘을 좋아한다. 또 물을 주어서도 안 된다. 밀작약(蜜芍藥)·금작약(金芍藥)·은작약(銀芍藥)은 똥거름물을 주어서는 안 된다. 오로지 진흙을 조금 섞은 물을 주어야 한다. 자선반(紫線盤)도 거름을 주면 안 된다. 금령(金鈴) 1종은 자태가 빼어나지만 살리기가 몹시 어렵다. 다만 그늘진 곳에 두고, 물을 많이 주되, 거름물을 주지 않도록 한다. 《군방보》[56]

물 저장법: 꽃 옆의 사방 모서리에 항아리 4개를 둔다. 하나에는 똥물, 하나에는 거름물, 두 개에는 강물과 빗물을 담는다. 꽃에 물을 줄 때는 강물과 빗물이 최상이다. 생선이나 고기 씻은 물·닭털이나 거위털 튀한 물·고치 삶은 물이 모두 좋다.

닭털이나 거위털 튀한 물 발효시키는 법은 다음과 같다. 항아리에 털 벗긴 물을 가득 담고 부추 1줌이나 비파씨를 넣으면 털이 모두 썩어 문드러진다.

어떤 곳에서는 "죽은 게로 먼저 물을 발효시켜 꽃에 뿌려 주면 잡초벌레[莠蟲]가 생기지 않고 또 꽃을 살찌게 할 수 있다."라 한다.

똥물을 쓰는 데에도 각각 차례가 있다. 1차에는 똥물 2/10, 물 8/10을 섞어 뿌려 준다. 5일 뒤에 2차에는 똥물 3/10, 물 7/10을 섞어 뿌려 준다. 다시 15

水, 水多則有蟲傷濕爛之患.

紫金鈴一種忌肥喜陰, 又不可見水. 蜜芍藥、金芍藥、銀芍藥, 不宜見糞, 惟沃以汚泥稀水. 紫線盤不宜見肥. 金鈴一種絶妙, 極難活. 但置陰處, 多見水, 不見肥.《群芳譜》

蓄水之法: 花傍四角設四缸, 一蓄糞水, 一蓄汚肥水, 二蓄河水, 雨水. 澆花, 河水、雨水爲上, 洗鮮肉、退鷄·鵝毛水、繰絲湯俱佳.

釀鷄、鵝毛水法: 用缸盛貯, 投韭菜一把或枇杷核, 則毛盡爛.

一云:"先時以死蟹釀水澆花, 不生莠蟲, 又能肥花."

用糞, 各有次序. 一次, 糞二水八; 越半旬第二次, 糞三水七; 再越半月第三次,

---

56 《二如亭群芳譜》〈貞部〉"花譜" 3 '菊'(《四庫全書存目叢書補編》80, 769쪽).

일 뒤에 3차에서는 똥물과 물을 반반씩 섞어 뿌려 준다. 또 5일 뒤에 4차에서는 똥 7/10, 물 3/10을 섞어 뿌려 준다. 5차에서는 오로지 똥물만 뿌려 주면 된다.

꽃이 너무 살진 상태를 고치려면 들겨자[野芥菜]씨앗을 물항아리에 가득 채우고, 그 물을 국화에 주어 꽃의 기력을 떨어뜨린다. 12월 안에 땅을 파서 항아리를 묻고 걸쭉한 똥을 항아리에 담은 다음 위에 널판을 덮고 구덩이에 흙을 채워 단단히 봉한다. 봄이 되면 똥의 찌꺼기가 녹아 맑은 물만 남는다. 이를 '금즙(金汁)'이라 한다. 5~6월에 국화가 누렇게 시들 때 금즙을 뿌려 주면 충분히 다시 살아난다. 게다가 꽃이 살찌고 윤택하게 피어 난다.《군방보》[57]

일반적으로 국화를 북줄 때 머리에 낀 때[頭垢]를 쓰면 잡초벌레가 생기지 않는다. 국화를 깨끗하게 하려면 물주고 거름줄 때 기름진 똥을 쓰지 않고 강바닥의 진흙을 사용한다.《군방보》[58]

모종을 나눠 심은 뒤 물을 뿌려 줄 때는 똥과 물이 반반인 물을 먼저 쓰고, 다시 거름물[肥水]을 뿌려 준다. 잎에는 똥물을 묻혀서는 안 된다. 똥물이 묻으면 잎이 시든다. 강물을 쓰려면 오로지 강물만

糞、水相半；又越半旬第四次，糞七水三；第五次，全糞可也.

救花太肥，用野芥菜子滿缸，下之以減其力. 臘月內掘地埋缸積濃糞，上蓋板，塡土密固. 至春，渣滓融化，止存淸水，名曰"金汁". 五六月菊黃萎，用此澆之，足以回生，且開花肥潤. 同上

凡壅花以頭垢，不生莠蟲. 欲其淨，則澆壅捨肥糞而用河泥. 同上

分秧後灌澆，先用半糞之水，復用肥水灌之. 葉上不可沾糞，沾之則葉枯. 用河之水，則純河之水；用井之

57 《二如亭群芳譜》〈貞部〉 "花譜" 3 '菊'(《四庫全書存目叢書補編》80, 770쪽).
58 《二如亭群芳譜》, 위와 같은 곳.

쓰고, 우물물을 쓰려면 오로지 우물물만 써야지, 2 가지를 섞어 쓰면 안 된다. 《농정전서》[59]

水, 則純井之水, 不可雜焉.《農政全書》

---

[59] 《農政全書》卷39〈種植〉"雜種" '菊'(《農政全書校注》, 1098쪽).

8) 관리하기

길이가 1척 정도 자랐을 때 망종 절기 중에 가지마다 잎 위쪽의 줄기 가까운 곳에 싹눈[眼]이 돋아나면 일일이 따서 제거한다. 이 싹눈을 따지 않으면 다시 곁가지가 생겨나기 때문이다.

싹눈을 딸 때는 반드시 손놀림을 가볍게 해야 한다. 왼손 두 손가락으로 줄기를 잡고, 오른손 손톱으로 싹눈[蕊][60]을 따는데 거칠게 따거나 줄기를 함부로 놓아서는 안 된다. 대개 국화잎은 매우 부드러워서 1번이라도 살짝 닿으면 곧바로 떨어지기 때문이다.

꽃술을 맺을 때가 되면 그루마다 정심(頂心, 꼭지눈) 위에 꽃술 1개만을 남기고 나머지는 모두 잘라버린다. 만약에 꽃술이 잘면 침으로 그 마디 사이를 따라가며 후벼 파낸다. 혹시라도 이전에 싹눈을 다따지 못하였다면 이 시기에 이르러 또 꽃술을 맺기 때문에 이 또한 모두 제거한다. 제거한 뒤 바로 흙을 더하여 항아리아가리와 평평하게 만든다.

이렇게 하면 가지 1개의 힘이 모두 꽃술 하나에 집중되기 때문에 꽃이 필 때 더욱 탐스러워져 꽃송이의 지름이 0.3~0.4척이 된다. 하지만 오직 감국(甘菊)[61]·한국(寒菊)[62]은 줄기 1개에 꽃이 여러 송이가

葺理

長高尺許, 芒種節中, 每枝逐葉上近幹處, 生出眼, 一一搯去. 此眼不搯, 便生附枝.

搯時切須輕手, 左手雙指拈梗, 右手指甲搯蕊, 勿猛摘猛放. 蓋菊葉甚脆, 略一觸卽墮矣.

至結蕊時, 每株頂心上留一蕊, 餘則剔去. 如蕊細, 用針挑其逐節間. 或先搯眼不盡, 至此時, 又結蕊, 亦盡去之, 隨加土平缸.

庶一枝之力, 盡歸一蕊, 開花尤大, 可徑三四寸. 惟甘菊、寒菊, 獨梗而有千頭, 不可去.

---

60 싹눈[蕊]: 원문의 '예(蕊)'는 주로 '꽃술', '꽃'이라는 뜻으로 쓰이나, 여기서는 맥락 상 '싹눈'으로 풀었다. 하지만 다음 단락에서는 원뜻대로 '꽃술'로 풀었다.
61 감국(甘菊): 쌍떡잎식물 초롱꽃목 국화과의 여러해살이풀.《예원지》권5〈꽃 이름 고찰〉"국화" '감국'에 자세히 보인다.
62 한국(寒菊):《예원지》권5〈꽃 이름 고찰〉"국화" '한국'에 자세히 보인다.

달리므로 꽃술을 제거해서는 안 된다.

입추(立秋, 양력 8월 8·9일경)가 지난 뒤에는 가지의 길이에 관계없이 꽃술을 모두 손상시켜서는 안 된다. 꽃술이 메주콩만 하게 커졌을 때 2~3일 걸러 1차례씩 거름을 뿌려 주면 꽃송이가 크고 색이 짙어진다. 그러다 상강(霜降, 양력 10월 23·24일경)이 되면 꽃이 활짝 필 것이다.

立秋後, 不論枝長短, 幷不可損. 蕊至黃豆大, 隔二三日澆肥一次, 則花大色濃, 至霜降, 花大發矣.

중간에 피는 시기에 차이가 있으므로, 빨리 핀 국화는 먼저 옮겨서 감상하고 뒤에 핀 국화는 또 한 번 완상한다. 그 사이에 꽃이 피지 않거나 시들어 떨어진 국화는 남겨 뒀다가 화본(花本)63을 만든다.

中有早晚不同, 開早者, 先移賞玩, 後開者, 又作一番. 其間不開放幷零落者, 存之作本.

만약에 꽃술을 많게 하려면 봄이 되어 싹이 1척 정도 자랐을 때 줄기의 끝부분을 잘라 버린다. 며칠 지나면 두 가지가 갈라져서 나오므로 이를 또 잘라낸다. 자를 때마다 가지가 더욱 갈라져 나온다.

如欲蕊多, 至春苗尺許時, 掇去其顚. 數日則岐出兩枝, 又掇之, 每掇益岐.

가을이 되면 줄기 1개에서 나온 수백 개의 꽃송이가 마치 거개(車蓋, 수레덮개)나 훈롱(熏籠, 향덮개)처럼 너울너울 아름답게 피어난다. 이렇듯 사람이 부지런히 애쓰고 흙 또한 기름지고 비옥하면 꽃 또한 그에 맞춰 여러 차례 변한다.

至秋則一幹所出數百千朶, 婆娑團欒如車蓋、熏籠. 人力勤, 土又膏沃, 花亦爲之屢變.

본성에 키가 쉽게 커지는 국화가 있다. 취서시(醉西施)64와 같은 종이 이것이다. 원래 낮은 국화도 있으니, 자작약(紫芍藥)과 같은 종이 이것이다. 높이를 낮게 하려면 본가지 끝의 싹눈을 따고, 높게 하려면

菊之本性有易高者, 醉西施之類是也. 有原低者, 紫芍藥之類是也. 欲其低, 摘正頭, 欲其高, 摘傍頭, 庶

---

63 화본(花本) : 접붙일 때 밑꽃이 되어주는 뿌리.
64 취서시(醉西施) : 국화의 일종. 중국 춘추 시대 말기 월나라 미인 서시(西施)의 이름을 따서 붙여졌다.

걸가지 끝의 싹눈을 딴다. 그리하면 지나치거나 모자랄 염려가 거의 없을 것이다. 《군방보》[65]

無過不及之患.《群芳譜》

국화가 1척 정도 자랐을 때가 관리하기에 좋다. 길게 하려면 걸가지를 제거하고 짧게 하려면 본가지를 제거한다. 꽃떨기는 그 품종의 크기를 살펴서 남겨 둔다. 즉 꽃이 큰 경우에는 4~5송이, 그 다음으로 큰 경우에는 7~8송이, 또 그 다음의 경우에는 10송이 남짓, 작은 경우에는 20송이 남짓이다. 오직 감국·한국은 줄기 1개에 꽃이 여러 송이가 달리므로 꽃술을 제거해서는 안 된다. 《농정전서》[66]

菊之尺許矣, 是宜理緝. 欲長也則去其旁枝, 欲短也則去其正枝. 花之朶, 視其種之大小而存之, 大者四五蘂焉, 次者七八蘂焉, 又次十餘蘂焉, 小者二十餘蘂焉. 惟甘菊、寒菊, 獨梗而有千花, 不可去也.《農政全書》

모종을 나눠 심은 뒤에 높이가 몇 촌 되면 그 본가지 끝의 싹눈을 제거하여 걸가지를 돋게 한다. 걸가지가 번다하더라도 자르지 말고 벌레의 피해에 대비한다.

分秧後, 候高數寸, 摘去其頭, 令生岐枝, 繁亦勿刪以備蟲傷.

길이가 1척이 되면 대바구니로 국화를 덮어 둔다. 이렇게 1개월에 9일 동안 덮어 두되, 대바구니 높이를 넘어 나오는 가지가 있으면 그 가지 끝을 제거한다. 추분(秋分)이 되어서야 제거하기를 그친다. 이 처리 과정이 진행되는 동안 밤에는 그 대바구니를 치우고 밖으로 내놓아 이슬을 맞게 한다. 이렇게 하면 꽃이 고르게 핀다. 이 일련의 과정을 '적두(摘頭, 가지 끝 따기)'라 한다.

長及一尺, 用籃蓋覆, 月覆九日, 有出籃者, 則撥其腦, 秋分方止. 夜去其籃, 出以承露, 花開平齊, 謂之"摘頭".

---

65 《二如亭群芳譜》〈貞部〉"花譜" 3 '菊'(《四庫全書存目叢書補編》80, 769~770쪽).
66 《農政全書》卷39〈種植〉"雜種" '菊'(《農政全書校注》, 1098쪽).

김정희 〈난초와 국화〉(국립중앙박물관)

가지 끝을 땄으면 잎 사이에 싹눈[眼]이 돋는다. 이 또한 따 주어서 기력을 빼앗기지 않도록 해야 한다. 이를 '도안(搯眼, 싹눈 따기)'이라 한다. 《증보도주공서》[67]

頭旣摘, 葉間生眼, 亦須搯去, 勿使奪力. 謂之"搯眼". 《增補陶朱公書》

---

67 출전 확인 안 됨.

9) 보호하기

가을에 사납게 바람이 불거나 폭우가 내리면 그루마다 견고하고 곧은 줄기를 다시 고른 다음 울타리에 쓰는 대나무를 꽂아 여기에 동여맨다. 이어 사초(莎草)[68]로 뿌리부터 2~3마디까지 묶어 놓는다. 그리하여 바람이나 비에 요동치다가 국화가 손상되지 않도록 한다.

국화는 본성이 열을 두려워하니, 반드시 높은 울타리나 큰 나무 옆에 두어서 햇볕을 피하도록 해야 한다. 꽃이 활짝 피면 햇볕을 쪼이거나 비 맞을 곳에 두어서는 안 된다. 반드시 그늘진 곳에 두고 밤이슬을 맞혀야 한다.

날씨가 차가워지고 서리가 내리면 지붕 아래로 옮겨 놓는다. 뿌리에 종이끈을 묶고 종이끈이 물잔의 물을 빨아들이도록 한다. 이렇게 하여 뿌리가 항상 촉촉하면서 물에 손상되지 않게 한다. 그러면 꽃이 오래도록 감상할 만하며 잎 또한 빼어나서 사랑스럽다.

장맛비가 오래가면서 국화뿌리가 잠겨 썩어 문드러지고 국화잎이 시들려 하면 뽑아 낸다. 이어서 썩어 문드러진 뿌리털은 잘라 제거하고 곧은 본뿌리만 남긴다. 이를 평평하고 축축한 땅에 국화를 꺾꽂이하는 법처럼 거듭해서 꺾꽂이해 둔다. 그러면 이 품종을 남길 수 있고, 또한 꽃도 피게 할 수 있다.《군

護養

秋時有狂風、驟雨, 每本再揀堅直, 籬竹綁定, 用莎草從根縛二三節, 勿令搖動, 傷殘.

菊, 性畏熱, 須傍高籬、大樹, 以避日色. 花開盛大, 不可置之日曬雨濯處. 須放陰處以待夜露.

天寒有霜, 移置屋下, 根縛紙條, 就盞引水, 使根常潤而不傷水, 則花久可觀, 葉秀可愛.

黃梅雨久, 花根浸爛, 花葉將萎, 卽拔起, 翦去爛鬚, 止留直根, 重挿平濕土內如挿花法, 旣可留種, 亦可有花.《群芳譜》

---

68 사초(莎草) : 외떡잎식물 벼목 사초과 사초속 식물의 총칭. 여러해살이풀로 땅속줄기가 있다.

꽃을 기르기는 쉬우나 잎을 잘 기르기는 어렵다. 일반적으로 뿌리 쪽에 시든 잎이 있어도 따 버리면 안 된다. 시든 잎을 따 버리면 기운이 새어나가 그 그루의 잎이 아래부터 위로 차츰 누렇게 뜬다. 뿌리 주변에는 잘게 부순 와기나 꽃덮개를 촘촘하게 둔다. 이는 대개 빗물이 튀어 잎을 더러워지게 하는 것을 막기 위해서이다. 혹은 왕겨나 소라껍질을 두어도 괜찮다.

잎에 진흙이 묻으면 맑은 물로 깨끗하게 씻는다. 달마다 모두 그렇게 한다. 똥물이나 물을 뿌려 줄 때는 잎에 똥물이나 물이 닿지 않도록 조심해야 한다. 1번이라도 잎에 닿으면 곧바로 잎이 누렇게 시들어 떨어진다. 잎을 푸르고 무성하게 하려면 알맞은 때에 부추즙을 뿌리에 뿌려 주면 효과가 빼어나다.

국화 심은 항아리 아래에 큰 벽돌을 바닥 부분만 약간 묻어 항아리바닥을 높여 준다. 그리하여 고인 빗물이 흘러가게 하면 잎이 손상되지 않는다. 이와 같이 보호하면 가지와 잎이 푸르고 무성해진다. 맑은 날새벽 잎에 이슬이 맺힐 때 잎은 매우 부드러우므로 1번만이라도 잎에 닿으면 잎이 떨어진다.

또 다른 법: 볏짚을 1척 정도로 잘라 나누어 묶어서 사방에 둔다. 뿌리와의 거리가 0.4~0.5척 정도 되게 하여 뿌리 주변에 볏짚을 도롱이처럼 흩뜨려

養花易, 養葉難. 凡根有枯葉, 不可摘去, 去則氣泄, 其葉自下而上, 逐漸黃矣. 根邊用碎瓦或花蓋密, 蓋防雨濺泥汚葉. 或礱糠螺殼亦可.

葉有泥, 以淸水洗淨, 各月皆然. 澆糞澆水, 愼勿令着葉. 一着葉隨卽黃落. 欲葉靑茂, 時以韭汁澆根妙.

缸下用大塼墊, 高缸底, 以走積雨, 則葉不損. 如此護之, 則枝葉翠茂. 淸晨葉帶露甚脆, 一觸則落.

一法: 以稻草翦作尺許, 分開縛在四圍, 根上, 去根四五寸許, 周圍分撒如蓑

---

69 《二如亭群芳譜》〈貞部〉"花譜" 3 '菊'(《四庫全書存目叢書補編》80, 769쪽).

놓고 진흙을 덮으면 이 또한 잎을 보호해 준다.

또 다른 법: 4~5월에 큰비가 내리면 뿌리 근처에 나는 잎이 쉽게 손상된다. 이때는 반드시 시렁을 설치하여 국화를 가려 덮어 주어야 한다. 《군방보》[70]

국화가 조금 자라면 대나무를 그 옆에 꽂고 대나무에 묶어서 바람에 흔들리지 않게 한다. 비가 오래 내리면 물을 흘려보내야 한다. 화분 안도 마찬가지이다. 《농정전서》[71]

衣, 蓋泥, 亦是護葉.

一法: 四五月大雨, 脚葉易壞, 須設棚遮蓋. 同上

菊稍長也, 竹而縛之, 毋令風得搖之. 雨之久也, 宜出水, 盆內亦然. 《農政全書》

---

70 《二如亭群芳譜》, 위와 같은 곳.
71 《農政全書》卷39〈種植〉“雜種”‘菊’(《農政全書校注》, 1098~1099쪽).

10) 치료하기

처음 심었을 때 0.5~0.6척 자라면 검고 작은 땅벌레가 생겨 뿌리를 갉아먹으므로 아침저녁으로 살펴서 없애야 한다. 또 어떤 잔벌레가 생겨 잎을 뚫는다. 이 벌레는 오직 하얀 머리가 빙빙 휩싸여 돌아가는 모습만 보인다. 이때는 침으로 찔러 죽이면 된다.

입하(立夏, 양력 5월 5·6일경)에서 소만(小滿, 양력 5월 21·22일경)에 이르는 4~5월 중에는 참새[麻雀]가 가지를 꺾어서 둥지를 만드는 것을 막아야 한다. 비가 내린 뒤에 간혹 청색 촌백충(寸白蟲)이 생겨 싹눈과 잎을 좀먹는다. 더러는 이(虱)와 비슷한 검은색 잡초벌레가 생긴다. 이때는 손가락으로 가지를 튕겨 없애고 수시로 살펴야 한다.

망종(芒種, 양력 6월 5·6일경)이 지난 뒤 4~5월에는 반딧불이[螢火]와 비슷한 흑각충(黑殼蟲, 흑색껍질벌레)이 생긴다. 이 벌레는 배 아래쪽이 황색이고 꼬리에 2개의 집게가 있다. 이 벌레를 '국우(菊牛)'라 이름한다. 또 '국호(菊虎)'라 이름한다.

맑은 새벽이나 저물녘이나 비 갠 뒤 맑을 때에 갑자기 나타나서 잎을 손상시키므로 빨리 찾아서 죽여야 한다. 이 벌레는 나는 속도가 무척 빨라서 지체하다가는 잡지 못한다. 만약에 국화줄기의 끝이 힘없이 아래로 처졌으면 곧바로 주변의 집게질한 곳을 찾아 손톱으로 따 낸다. 이때 손상된 부분에서 0.1~0.2척 더 되는 곳을 따면 이 그루 전체가 손상되는 피해를 면할 수 있다.

이 벌레는 1번 집게질하면 곧바로 잘린 줄기 위에

醫治

初種時, 長至五六寸, 卽有黑小地蠶嚙根, 早晚宜看除之. 又生一種細蟲穿葉, 惟見白頭縈廻. 可用針刺死之.

立夏至小滿四五月中, 防麻雀折枝作窠. 雨過後, 或生靑寸白蟲食腦葉. 或生如虱黑莠蟲, 以指彈梗去之, 時常須看.

芒種後四五月時, 有黑殼蟲似螢火, 肚下黃色, 尾上二鉗, 名曰"菊牛", 又名"菊虎".

或淸晨或將暮或雨過晴時, 忽來傷葉, 可疾尋殺之. 此蟲飛極快, 遲則不及. 若花頭垂軟, 卽看四圍鉗處, 用甲指摘去, 過傷處一二寸, 免致傷此一本.

此蟲一嚙, 卽生子梗上, 變

새끼를 까고, 새끼는 좀벌레로 변한다. 손상된 곳을 따라 갈라 보면 그 안에 작은 벌레가 있다. 이를 짓이겨서 죽여야 좋다.

장마철 습하고 더운 시기에는 잎바닥에 벌레가 생긴다. 이 벌레를 '상간(象幹)'이라 한다. 이 벌레는 청색을 띤다. 누에처럼 잎을 갉아 먹는다. 그 달의 상순(上旬)에는 엽근(葉根)의 위쪽 줄기에 있고, 하순(下旬)에는 엽근의 아래쪽 줄기에 있으므로 줄기를 쪼개 이 벌레를 꺼내기도 한다. 그리고 바로 종이를 꼬아 만든 끈으로 쪼갠 줄기를 묶어 놓은 다음 물로 항상 촉촉하게 해 주면 국화 또한 별 탈이 없다.

6~7월에 비가 그쳤을 때는 또 잘디 잔 청색 면충(綿蟲)이 생겨 가지 끝을 갉아 먹는다. 이 벌레는 찾기가 몹시 어렵다. 잎 아래에 모래만 한 진흙 같은 벌레똥이 먼저 보이면 여기가 바로 벌레가 생긴 곳이니, 찾아서 없앤다.

국화의 높이가 거의 3척 정도로 자라 싹을 따 준 뒤로, 소서(小暑, 양력 7월 5·7일경)에서 추분(秋分, 양력 9월 22·23일경)에 이르는 시기에는 항상 마디 주변의 좀 구멍을 잘 살펴야 한다. 벌레가 그 안에 생겼으면 바늘이나 철사를 구멍에 꽂는다. 그 달의 상순에는 위쪽에서 찾고, 하순에는 아래쪽에서 찾아 벌레를 죽이면 좋다.

가지 위에 해충(蠍蟲, 게벌레)이 생겼을 때 동유(桐

作蛀蟲. 從損處劈開, 中有小蟲, 可撚殺之.

黃梅雨中濕熱時候, 葉底生蟲, 名"象幹". 蟲靑色, 如蠶食葉, 上半月在葉根之上幹, 下半月在葉根之下幹, 破幹取之. 旋以紙撚縛住, 常以水潤之, 花亦無恙.

至六七月, 雨過時, 又生細細靑綿蟲食頭. 此蟲極難尋見, 可先看葉下有蟲糞如沙泥, 卽蟲生處, 覓去之.

高僅三尺許, 摘苗之後, 小暑至秋分時, 常要看節邊蛀孔. 有蟲在內, 用針或鐵線挿入孔, 上半月向上搜, 下半月向下搜, 蟲死卽好.

枝上生蠍[10]蟲, 用桐油圍

油)[72]를 가지 위에 발라 놓으면 벌레가 저절로 죽는다. 가지 끝을 병들게 하는 벌레를 '국의(菊蟻)'라 한다. 자라등딱지를 옆에 두고 여기로 벌레를 유인하여 버린다. 가지를 여위게 하는 벌레를 '흑유(黑蚰, 검정그리마)'라 한다. 이때는 삼베로 벌레머리를 싼 다음 살짝 문질러서 제거한다.

까닭 없이 잎이 누렇게 시들해지면 흙 안에 반드시 굼벵이나 지렁이가 있어서 뿌리를 먹었기 때문이다. 이때는 쇠갈고리로 뿌리 아래의 진흙을 긁어 내서 벌레를 찾아 죽인다. 간혹 석회수를 뿌려 준 다음에 강물을 주어 해독해 주기도 한다. 거미는 가지 끝을 해치므로 거미줄을 제거해야 한다.

또 국화줄기 마디에 있는 싹눈 안쪽에 벌레가 생기는 것을 막을 때도 역시 철사로 찾아 죽인다. 꽃술이 나려고 하거나 꽃술이 이미 나면 그 위에 흑청색 잡초벌레가 생긴다. 이때는 종려나무껍질로 만든 솔로 쓸어 내면 된다.

간혹 모회(茅灰, 띠풀 태운 재)로 벌레를 잡거나, 생선 부산물 삭힌 액을 뿌리거나, 생선 씻은 물이나, 죽은 게 담근 물을 잎 위에 뿌리기도 한다. 간혹 부추·염교·파·마늘을 국화뿌리 옆에 심기도 한다. 이 모두가 벌레를 제거하는 법이다. 항상 민달팽이[蜒

梗上, 蟲自死. 癰頭者, 曰"菊蟻", 以鱉甲置旁, 引出棄之. 瘠枝者, 曰"黑蚰", 以麻裹筋頭, 輕捋去之.

無故葉黃色憔悴, 土內必有蠐螬或蚯蚓食根. 可用鐵鉤抓開根下土泥, 尋蟲死之. 或以石灰水灌過, 以河水解之. 蟢蛛侵腦, 當去其絲.

又防節眼內生蟲, 亦以鐵絲搜殺之. 蕊將發頭, 或蕊腦已發, 上生黑靑莠蟲, 可用棕刷拂去.

間用茅灰摻蟲, 或以魚腥水灑之, 或將洗鮮魚水或死蟹水灑葉上, 或種韭、薤、蔥、蒜于菊根傍, 皆去蟲法也. 常要除去蜒蚰,

72 동유(桐油) : 유동(油桐)의 씨에서 짜낸 기름. 점성이 높고 건조가 빠르며 이로서 도장한 막이 강하고 탄력이 있어 옛날부터 장판지 및 우산지의 도장유, 등유, 해충 퇴치, 설사제 등으로 많이 사용되었다. '유동'은 《임원경제지 만학지》 권4 〈나무류〉 "오동나무"에도 나오고, 풍석 서유구 지음, 임원경제연구소 옮김, 《임원경제지 섬용지》 1, 풍석문화재단, 2016, 165쪽~166쪽의 화단의 난간목에 색을 내는 용도 등 동유의 여러 쓰임이 나온다.

蚰]를 제거해야 한다. 그리하면 싹이나 잎이 손상되는 것을 면할 수 있다.《군방보》[73]

則苗葉可免傷害.《群芳譜》

국화 주변에 개미가 많으면 자라등딱지를 그 옆에 둔다. 그러면 개미들이 반드시 모여들 것이다. 모여들면 자라등딱지를 먼 곳으로 옮긴다. 하지(夏至) 전후로 생기는 벌레가 있다. 이놈은 흑색을 띠며 단단한 껍질이 있다. 그 이름을 '국호(菊虎)'라 한다. 맑고 따뜻할 때 날아다니고, 사시(巳時, 오전 9~11시)·오시(午時, 오전 11시~오후 1시)·미시(未時, 오후 1~3시) 이 세 시간대에는 나오지 않으니, 나오는 때를 잘 살펴 없애야 한다.

菊傍之多蟻也, 則以鱉甲置於傍, 蟻必集焉, 移之遠所. 夏至之前後有蟲焉, 黑色而硬殼. 其名曰"菊虎", 晴煖而飛出, 不出於巳、午、未之三時, 宜候而除之.

국화가 국호에 의해 손상되면 손상된 곳을 그 상태로 손으로 살짝 따 내고 그 부분을 문질러 버려야 벌레의 독을 면할 수 있다. 가을 이후로 벌레가 생기는 것은 마치 호랑이가 많아진 것과 같이 피해가 크다. 이때는 반드시 쉽게 잘 자라서 무성해지는 국화를 텃밭 주변에 많이 옮겨 심어야 한다.

菊之爲菊虎所傷也, 傷之處, 仍手微摘之, 磨去其牙, 蟲毒可以免. 秋後之生蟲, 如虎之多也. 必多栽易[11]壯盛之菊於圃之周.

국화에 향이 있어서 개미가 위로 올라와서 똥을 싸면 벌레가 생겨난다. 그 벌레가 자라서 개미가 또 그 벌레를 먹으면 국화싹눈을 꽉 덮음으로 인해 자라지 못하게 된다. 그 벌레의 모습은 마치 흰 이[白虱]와 같아서 종려나무껍질에서 나온 실로 빗자루를 만들고 이것으로 쓸어 낸다. 이를 부채로 받아다가

菊有香焉, 蟻上而糞之則生蟲. 蟲長而蟻又食之, 則菊籠頭而不長. 其蟲之狀如白虱, 以棕線作帚而刷之, 扇以承之, 揮之於遠所.

---

73 《二如亭群芳譜》〈貞部〉"花譜" 3 '菊'(《四庫全書存目叢書補編》80, 770~771쪽).
[11] 易 : 저본에는 "移". 《農政全書·種植·雜種》에 근거하여 수정.

먼 곳에다 버려 버린다.

가을 이후로 벌레를 볼 수 없게 되면 벌레의 똥자국을 찾아내야 한다. 여기에 상간(象幹)이라는 벌레가 있다. 그 색이 국화줄기와 다름이 없다. 잎바닥에서 생겨 그 달의 상순에는 엽근의 위쪽 줄기에 있고, 하순에는 엽근의 아래쪽 줄기에 있다【일반적으로 초목이 다 그러하다. 이는 그 초목의 양분[膏脂]이 그믐과 초하루를 따라 오르내리기 때문이다. 이것이 초목의 생리이다】.

간혹 줄기를 쪼개고 이 벌레를 꺼내기도 한다. 종이를 꼬아 만든 끈으로 쪼갠 줄기를 묶어 놓은 다음 물로 그 종이끈을 항상 촉촉하게 해 주어야 국화가 별 탈이 없다. 더러는 철사를 갈아 끝이 비스듬한 작은 칼을 만든 다음 그 달의 상순에는 좀구멍의 위쪽에서 벌레를 찾고, 하순에는 좀구멍의 아래쪽에서 벌레를 찾기도 한다.

국우(菊牛)라는 벌레가 있다. 이 벌레가 국화에 올라가면 국화는 시든다[蔞][74]. 이때는 대총(臺蔥)[75]을 심으면 물리칠 수 있다. 참새는 국화잎을 따다가 둥지 만들기를 좋아한다. 참새가 잎을 따 가면 국화는 시든다[蔞][76]. 4월은 바로 참새가 둥지를 트는 시기이므로 조심해야 한다. 《농정전서》[77]

秋後而不見蟲也, 宜認糞跡. 是有象幹之蟲, 其色與幹無殊也. 生於葉底, 上半月在於葉根之上幹, 下半月在於葉根之下幹【凡草木盡然, 其膏脂以晦朔爲升降故耳. 此物理也】.

或破幹取之. 以紙撚縛之, 常以水而潤其紙條, 花乃無恙. 或用鐵線磨爲邪鋒之小刀, 上半月於蛀眼向上而搜蟲, 下半月在蛀眼向下而搜蟲.

有菊牛焉, 沿之則蔞, 種臺蔥則可以辟. 麻雀愛取菊之葉而爲巢, 取之則蔞. 四之月, 雀乃爲巢時, 宜愼也. 《農政全書》

---

74 시든다[蔞] : 원문의 "루(蔞)"는 황성증(黃省曾, 1490~1540)의 《예국서(藝菊書)》에 "위(萎)"로 적혀 있다 (《농정전서교주》, 1109쪽 주48번 참조). 여기서는 이를 반영하여 옮겼다.

75 대총(臺蔥) : 파를 가리킨 듯하다.

76 시든다[蔞] : 원문의 "루(蔞)"를 옮기면 의미가 통하지 않아 앞의 사례처럼 "위(萎)"로 바꾸어 옮겼다.

77 《農政全書》 卷39 〈種植〉 "雜種" '菊'(《農政全書校注》, 1099쪽). 여기에 인용된 《농정전서》 원문은 저자 서광계(徐光啓, 1562~1633)의 저술이 아니라, 실제로는 황성증(黃省曾)의 《예국서(藝菊書)》를 옮긴 내용이다. 《농정전서교주》, 1108쪽 주44번 참조.

11) 주의사항

건조하면서 찬 날씨, 건조하면서 무더운 날씨를 꺼린다.

거센 바람, 폭우, 뜨거운 햇볕을 꺼린다.

사방의 높은 담을 꺼린다.

지세가 우묵하거나 낮은 곳을 꺼린다.

욕심스레 많이 조장하여 관구(罐口)[78]·유황(硫黃)[79]·마발(馬勃)[80]과 같이 꽃이 피기를 재촉하는 약물 따위를 사용하기를 꺼린다.

한 줄기만 홀로 높게 자라고 곁가지가 없는 것을 꺼린다.

사방이 가지런하여 등롱(燈籠)[81]모양처럼 되는 것을 꺼린다.

휘어 묶거나 서리서리 얽히는 것을 꺼린다.

사향노루배꼽[麝臍, 사제]이 닿는 것을 꺼린다.《군방보》[82]

햇볕을 지나치게 쬐면 잎이 황적색이 되고, 비를

宜忌

忌燥寒、燥熱天色.

忌大風、大雨、烈日.

忌四圍高墻.

忌地勢汚下.

忌貪多助長, 如用罐口、硫黃、馬勃催放藥物之類.

忌孤高無傍枝.

忌四面一齊, 似燈籠樣.

忌圈縛盤結.

忌麝臍觸犯.《群芳譜》

過曝葉黃赤, 過雨又萎黑,

---

78 관구(罐口):미상. 본래는 오지병의 아가리라는 의미이다.《의학입문》에 따르면, 염화제1 수은의 한방 약재인 경분(輕粉)을 만드는 과정에서 식염과 녹반을 오지병에 넣고 달구면 안에 있는 약이 모두 오지병아가리로 올라와 이것을 식히면 경분이 된다고 하였다. 여기서는 오지병아가리에 묻은 경분을 가리키는 것으로 추정된다. 경분은 살충제에 주로 쓰인다(《醫學入門》卷2〈本草分類〉, 411쪽).

79 유황(硫黃):비금속 원소의 하나. 냄새가 나지 않고 광택이 나는 황색의 결정(結晶)이다. 의약품 등의 원료로 사용된다.

80 마발(馬勃):마발과의 마발 또는 대마발의 균체. 잘 낫지 않는 부스럼이나 말의 옴병을 치료하는 약재로 활용된다. 마비(馬疕), 회고(灰菰) 우시고(牛屎菰)라고도 한다.

81 등롱(燈籠):등의 한 가지. 대오리나 쇠로 살을 만들고, 겉에 종이나 헝겊을 덮어 씌워 그 속에 촛불을 켠다. 걸어 놓기도 하고 들고 다니기도 한다.

82 《二如亭群芳譜》〈貞部〉 "花譜" 3 '菊'(《四庫全書存目叢書補編》80, 771쪽).

지나치게 맞아도 까맣게 시드니, 이를 모두 꺼린다.   幷忌之.《菁川養花錄》
《청천양화록》[83]

---

83 《養花小錄》〈菊花〉, 206쪽.

12) 보관하기

날씨가 추운 달에는 움집[土宇]에 보관하되, 너무 따뜻하지 않게 한다【너무 따뜻하면 연약한 싹을 돋게 하고, 그 싹은 쉽게 시들어 꺾인다】.《청천양화록》[84]

10월에 꽃이 시들면 즉시 그 그루를 잘라 버리고 하나하나에 작은 나무패를 달아 이름을 기록해 둔다. 날씨가 추우면 움집[土宇]에 보관한다.

만약 밖에 두려면 반드시 두툼한 섬전[篇][85] 안에 화분을 넣는다. 목화씨와 썰어 놓은 짚 따위로 화분 주위를 채우고, 햇볕이 잘 드는 처마 아래 두어서 얼지 않도록 해야 한다. 이듬해 봄에 싹이 돋으면 화분에서 꺼내 기름진 땅에 옮겨 심는다. 새 줄기가 튼실하게 자란 뒤에야 다시 화분에 올린다.《증보산림경제》[86]

收藏

寒月收入土宇, 勿令太煖【太煖則抽出嫩芽, 易致萎折】.《菁川養花錄》

十月花衰, 卽折去其株, 每繫小木牌, 記其名. 天寒收入土宇.

如置外, 必納盆厚篇中, 以木綿核、剉藁之類塡充盆體, 置於向陽軒下, 使不受凍. 明春生芽, 出之盆中, 移栽肥地, 待新莖壯實, 然後上盆.《增補山林經濟》

---

84 《養花小錄》〈菊花〉, 205쪽.
85 섬전[篇] : 풀이나 볏짚으로 엮어 만든 빈섬. 곡식을 담는 용도로 사용한다.《임원경제지 본리지》권1〈토지의 종류〉"섬전"에 자세히 보인다.
86 《增補山林經濟》卷4〈養花〉"菊"(《農書》3, 227쪽).

| 6월에 피는 국화(《매원화보》) | 동국(東菊)(《매원화보》) |

13) 자질구레한 말

국화에는 남색·먹색이 없다. 이 2가지 색은 전해 오는 다음의 염색법이 있다. 반드시 먼저 일봉설(一捧雪)[87]·은작약(銀芍藥)·월하백(月下白)[88] 3종류를 많이 심어 두어야 한다.

꽃술이 막 피려고 할 때 금색 먹을 진하게 간 다음 여기에 기름 1~2방울을 떨어뜨리거나 젖을 섞는다. 작은 솔로 이 먹을 꽃술에 뿌려 꽃술 중심에 배어들도록 한다. 이어서 이슬을 맞혀 밤을 보내게 하고, 이튿날 이른 아침에 또 염색한다. 이렇게 모두 3~4차례 하면 꽃이 먹색이 된다.

瑣言

菊無藍、墨, 二色傳有染法, 須先多種一捧雪、銀芍藥、月下白三種.

花蕊將開, 用金墨研濃, 下油一二點, 或和以乳汁, 用牙刷濺墨, 到入蕊心. 待露過夜, 次早又染, 凡三四遍, 則花墨色.

87　일봉설(一捧雪) : 국화의 일종. 눈처럼 백색을 띤 국화로 추정된다.
88　월하백(月下白) : 국화의 일종. 국화가 청백색을 띠어 달 아래에서 보는 것과 같아서 이름 붙여졌다.

현대의 분화용 국화품종

꽃을 남색으로 만들려면 새로 쪽물들인 면의 즙[89]을 꽃술 중심에 떨어뜨리면 남색 꽃이 핀다【안 꽃 염색하는 법과 꽃 빨리 피게 하는 법은 모두《예원지》권1 〈총서(總敍)〉의 '꽃의 색 바꾸기[幻花, 환화]'·'꽃을 빨리 피게 하기[최화, 催花]' 2가지 항목에 자세히 보인다[90]】.《군방보》[91]

欲作藍色, 用靑綿汁滴蕊中心, 則開作籃色【案 染花法及催放法, 俱詳《總敍·幻花》、《催花》兩條】. 《群芳譜》

---

89 새로 쪽물들인 면의 즙 : "새로 물들여 거둔 면을 쓴다. 솜이 밤에 이슬을 맞아 촉촉해지게 한다. 다음날 이른 아침에 이 솜을 짜서 물을 들인다(用新收靑綿, 夜至露中候濕, 次早絞綿色水)."는 내용이《군방보》원전에 추가로 설명되어 있다.

90 꽃……보인다 :《예원지》권1 〈총서(總敍)〉의 "자질구레한 말" '꽃의 색 바꾸는 법'·'꽃을 빨리 피게 하는 법'에 있다.

91 《二如亭群芳譜》〈貞部〉 "花譜" 3 '菊'(《四庫全書存目叢書補編》80, 771쪽).

3. 작약(芍藥)[1]

芍藥

1) 이름과 품종

일명 '여용(餘容)', '연(鋋)', '이식(犁食)', '장리(將籬)', '남미춘(婪尾春)'이다.[2]

【본초강목】[3] 작약(芍藥)은 '작약(婥約)'과 같다. 이 꽃의 모습이 아름답게 다발지어[婥約] 나기 때문에 이름으로 삼은 것이다. 나원(羅願)[4]의 《이아익(爾雅翼)[5]》에서 "음식의 독을 억제하는 데 작약보다 좋은 것이 없으므로 '약(藥)'이라는 이름을 얻었다."[6]라 했는데, 또한 이와 통한다】

名品

一名"餘容", 一名"鋋", 一名"犁食", 一名"將籬", 一名"婪尾春".

【本草綱目 芍藥, 猶"婥約"也. 此草花容婥約, 故以爲名. 羅願《爾雅翼》云: "制食之毒, 莫良于此, 故得'藥'名", 亦通】

---

1 작약(芍藥) : 쌍떡잎식물 작약과 작약속의 여러해살이풀. 원산지는 중국이며, 관상용으로 많이 심는다. 붉은색, 흰색, 분홍색 등 꽃색이 다양하며 많은 원예품종이 있다.

2 일명⋯⋯남미춘(婪尾春)이다 : 《二如亭群芳譜》〈貞部〉"花譜" 4 '芍藥'(《四庫全書存目叢書補編》80, 781쪽)에 보인다.

3 《本草綱目》卷14〈草部〉"芍藥", 849쪽.

4 나원(羅願) : 1136~1184. 중국 송나라의 관리. 자는 단량(端良), 호는 존재(存齋). 효종(孝宗) 건도(乾道) 2년(1166) 진사(進士)가 되고, 파양지현(鄱陽知縣)에 올랐다. 8년(1172) 공주통판(贛州通判)이 되어 고을의 일을 대신했는데, 청렴하고 간결하게 처리했다. 저서로 《이아익(爾雅翼)》30권과 《악주소집(鄂州小集)》이 있다.

5 이아익(爾雅翼) : 중국 송대(宋代)의 관리 나원(羅願)의 저술. 13경의 하나로 중국의 가장 오래된 자전인 《이아(爾雅)》에 언급되는 초목·조수·충어 각종 물명을 해석하여 보충하였기 때문에 《이아익(爾雅翼)》이라 했다. 총 32권이며, 5만여 글자이다.

6 음식의⋯⋯얻었다 : 《爾雅翼》卷3〈釋草〉"芍藥"(《文淵閣四庫全書》222, 274쪽).

2) 알맞은 토양

햇볕이 잘 드는 곳에 심으면 뿌리가 길어지고 가지가 무성하며 꽃도 만발한다. 《군방보》[7]

채소밭에 작약을 심으면 꽃이 가장 만발한다. 《종수서》[8]

3) 파종 시기

작약을 나누어 심기에는 처서(處暑, 양력 8월 23·24일경)가 가장 좋은 시기이고, 8월도 무난한 시기이고, 9월이 너무 늦은 시기이다. 《낙양화목기(洛陽花木記)》[9]

8월부터 12월까지는 작약의 진맥(津脈)이 뿌리에 있으므로 옮겨 심을 수 있다. 그러나 봄에는 좋지

土宜

栽向陽則根長枝榮, 發生繁盛. 《群芳譜》

萊園中種芍藥, 最盛. 《種樹書》

時候

分芍藥, 處暑爲上時, 八月爲中時, 九月爲下時. 《洛陽花木記》

自八月至十二月, 其津脈在根, 可移栽, 春月不宜. 諺

작약

작약순(이상 정성섭·김복남)

7 《二如亭群芳譜》〈貞部〉"花譜" 4 '芍藥'(《四庫全書存目叢書補編》80, 782쪽).
8 《種樹書》卷下〈花〉(《叢書集成初編》1469, 42쪽).
9 《說郛》卷104下〈洛陽花木記〉"分芍藥法"(《文淵閣四庫全書》882, 91쪽).

작약순

작약1

작약2(이상 임원경제연구소, 파주시 월롱면 덕은리에서 촬영)

않다. 속담에 "춘분(春分)에 작약포기를 나누어 심 으면 쇠잔해질 때까지 꽃이 피지 않는다."라 했다. 그 진맥이 흩어져 바깥 부분에 퍼져 있기 때문이다. 《군방보》[10]

云 : "春分分芍藥, 到老不 開花." 以其津脈發散在外 也. 《群芳譜》

---

10 《二如亭群芳譜》〈貞部〉"花譜" 4 '芍藥'(《四庫全書存目叢書補編》80, 782쪽).

4) 심기와 가꾸기

작약을 캘 때는 반드시 뿌리로부터 멀찍이 호미
질을 하여 뿌리가 상하지 않도록 한다. 캔 다음 흙
을 깨끗하게 씻어 낸다. 구덩이 안에 들어 갈 그루의
크기와 작약싹눈[花芽]의 양을 살펴서 반드시 때에
맞추어 나눠 심어야 한다. 그루마다 반드시 4개 이
상의 싹눈을 남긴다. 토질이 좋고 고운 황토에 진흙
을 섞은 다음 작약뿌리를 여기에 담가 흙을 묻히고
구덩이 속에 앉힌다.

구덩이 속의 흙돈대 위에 뿌리를 정리할 때에는
사방으로 비스듬히 드리워지도록 한 뒤에 고운 황토
로 북준다. 뿌리는 깊게 심어서는 안 된다. 깊게 심으
면 작약이 무성하게 자라지 못한다. 뿌리를 흙표면보
다 손가락 1개 굵기 이하로 낮게 하는 것이 좋다. 이
때 똥은 사용해서는 안 된다. 《낙양화목기》[11]

작약은 그늘진 곳에 옮겨 심는다. 뿌리를 햇볕에
쪼여 약간 마르게 한 다음 심으면 작약이 빨리 살아
난다. 뿌리를 캐낸 뒤로도 1개월 남짓 살 수 있어서 먼
곳으로 보내도 무방하므로 더욱 좋다. 《낙양화목기》[12]

심는 법: 8월에 뿌리째 캐내어 흙을 제거한다. 이
를 대칼로 쪼개되, 잔뿌리가 상하지 않도록 한다.

種藝

取芍藥須闊鉏, 勿令損根
取出, 淨洗土. 看窠株大
小, 花芽多寡, 須時分之.
每窠須留四芽以上, 用好
細黃土和泥, 採蘸花根, 坐
于坑中.

土墩上整理根, 令四向橫
垂, 然後以細黃土培之. 根
不欲深, 深則花不發旺. 令
花根低如土面一指以下爲
佳耳. 不得用糞. 《洛陽花
木記》

栽芍藥于陰處. 晾根令微
乾, 然後種則花速起. 發
掘取後, 可留月餘, 不妨寄
遠, 尤宜. 同上

種法: 以八月起根去土[1],
以竹刀剖開, 勿傷細根. 先

---

11 《說郛》, 위와 같은 곳.
12 《說郛》, 위와 같은 곳.
① 土: 저본에는 "去". 《遵生八牋·燕間淸賞牋·芍藥譜》에 근거하여 수정.

먼저 삭힌 돼지똥에 왕겨, 검은 진흙을 섞어 화분에 넣어 둔다. 여기에 뿌리를 나누어 심되, 촘촘하게 심지 말아야 한다. 《원포일고》[13]

釀猪糞和礱糠、黑泥, 入盆, 分根栽種, 勿密.《園圃日考》

3년마다 1번씩 포기나누기를 해야 한다. 모두 8월이 적절한 때이다. 이른바 "작약은 뿌리를 털어 준다."라는 것이 이것이다. 《원포일고》[14]

須三年一分, 俱以八月爲候. 所謂"芍藥洗脚"是也. 同上

양주(楊州)[15] 사람들은 작약을 관리할 때 매번 9~10월이 되면 그 뿌리를 캐내어 감천수(甘泉水, 단샘물)로 씻는다. 그런 뒤에 늙어 단단해지거나 병들어 썩은 부분을 도려낸다. 이어 모래와 똥을 섞어 북주고, 묵은 흙을 새 흙으로 갈아 준다.

維楊人治芍藥, 每九十月悉出其根, 滌以甘泉, 然後剝削老硬病腐之處, 揉調沙糞以培之, 易其故土.

그리고 대략 3년이나 2년에 1번씩 뿌리를 나누어 심는다. 작약을 나누어 심지 않으면 묵은 뿌리가 늙어 단단해져 새싹을 해치므로 작약이 잘 자라지 못한다. 그렇다고 너무 자주 나누어 심으면 크기가 작아지고 잘 자라지 못한다. 포기를 나누어 심지 않는 것과 너무 자주 나누어 심는 것 모두 작약의 병이 된다. 왕관(王觀)[16] 〈양주작약보서(楊州芍藥譜序)[17]〉[18]

大約三年或二年一分. 不分則舊根老硬而侵蝕新芽, 故花不成就. 分之數則小而不舒. 不分與分之太數, 皆花之病也. 王觀《楊州芍藥譜序》

---

13 《遵生八牋》卷16〈燕間清賞牋〉下 "芍藥譜" '種法'(《遵生八牋校注》, 645쪽).
14 《遵生八牋》, 위와 같은 곳.
15 양주(楊州) : 중국 강소성(江蘇省) 중부, 양자강 하류의 북쪽 일대. 원문의 '유양(維楊)'은 양주의 별칭이다.
16 왕관(王觀) : 1035~1100. 중국 송나라의 문인. 자는 달수(達叟), 호는 축객(逐客). 희녕(熙寧) 연간 (1068~1077)에 관직 재임 시 양주부(楊州賦)를 지어 황제의 사랑을 받았다. 저서로《학림(學林)》10권과 《양주작약보(楊州芍藥譜)》1권이 있다.
17 양주작약보서(楊州芍藥譜序) : 중국 송나라 왕관이 강소성(江蘇省) 중부, 양자강 하류의 북쪽 일대인 양주에서 자라는 작약의 종류와 재배 방법, 감상 방법 등에 대해 서술한《양주작약보》의 서문.
18 《楊州芍藥譜》(《文淵閣四庫全書》845, 9쪽).

작약은 서로 약 2~3척 거리를 두고 모란 심는 법과 똑같이 한다. 거리를 너무 멀게 심거나 너무 가깝게 심어서는 안 된다. 구덩이는 깊게 파야 하고, 흙은 기름지게 해 주어야 하며, 뿌리는 곧게 심어야 한다. 땅은 호미로 잘게 부수어 푸석푸석하게 하고 거름기 좋은 하천 진흙에 돼지똥이나 소똥·양똥을 섞어 1척 남짓 깊이로 심으면 효과가 더욱 빼어나다.

조금이라도 그 뿌리를 구부러지게 해서는 안 된다. 뿌리 끝부분은 다만 물을 대어 채워줘야지, 발로 밟아서 다지지 말아야 한다. 고운 흙으로 덮어 주되, 기존의 묵은 흙 자국보다 손가락 1개 굵기 정도 높게 해 준다. 《군방보》[19]

相離約二三尺, 一如栽牡丹法, 不可太遠太近. 穴欲深, 土欲肥, 根欲直. 將土鉏虛, 以壯河泥拌猪糞或牛、羊糞, 栽深尺餘尤妙.

不可少掘其根, 梢只以水注實, 勿踏築. 覆以細土, 高舊土痕一指. 《群芳譜》

5) 물주기와 거름주기

인분(人糞)을 뿌려 주면 이듬해 봄에 꽃이 매우 무성하게 피어난다. 《원포일고》[20]

澆壅

以人糞灌之, 來春花發極盛. 《園圃日考》

꽃색의 옅고 짙음과 잎과 꽃봉오리의 번성함은 모두 북주고 병든 부분을 깎아 내는 공력에서 나온다. 〈양주작약보서〉[21]

花顔色之淺深與葉蕊之繁盛, 皆出於培壅剝削之力. 《楊州芍藥譜序》

경칩(驚蟄, 양력 3월 5·6일경)에서 청명(淸明, 양력 4월 5·6일경)까지 날마다 물을 뿌려 준다. 그러면 뿌리가 깊어지고 가지는 높아지며, 꽃송이가 커지는 데다가

自驚蟄至淸明, 逐日澆水, 則根深枝高, 花開大而且久, 不茂者亦茂矣. 以鷄矢

---

19 《二如亭群芳譜》, 위와 같은 곳.
20 《遵生八牋》卷16〈燕間淸賞牋〉下 "芍藥譜" '種法'(《遵生八牋校注》, 645쪽).
21 《楊州芍藥譜》(《文淵閣四庫全書》845, 9쪽).

풀꽃인 작약과 꽃나무인 모란의 차이(가을철 모습)

오랫동안 피어 있으며, 무성하지 않았던 작약도 무성해진다. 닭똥에 흙을 섞어 작약떨기를 북주고, 황주(黃酒)[22]를 부어 주면 옅은 홍색이던 작약이 모두 짙은 홍색이 된다. 《군방보》[23]

和土培花叢下, 渥以黃酒, 淡紅者悉成深紅. 《群芳譜》

겨울철에 인분을 자주 뿌려 주면 이듬해에 꽃이 번성하고 빛깔에 윤기가 돈다. 《군방보》[24]

冬間頻澆大糞, 明年花繁而色潤. 同上

겨울철에는 물 뿌려 주기를 금한다. 《군방보》[25]

冬日, 忌澆水. 同上

6) 관리하기

봄에 꽃망울이 나올 때, 만약 꽃망울[花頭]이 둥그렇고 평평하면서 실하면 남겨 둔다. 꽃망울이 빈

葺理

春間花芽發, 如頭圓平而實卽留之, 虛大者無花矣.

---

22 황주(黃酒):중국술의 한 가지. 누룩과 차조, 또는 찰수수 따위로 만들며, 옅은 갈색 또는 검은 갈색을 띤 순한 술이다. 미주(米酒)라고도 한다.
23 《二如亭群芳譜》, 위와 같은 곳.
24 《二如亭群芳譜》, 위와 같은 곳.
25 《二如亭群芳譜》, 위와 같은 곳.

데다 크기만 하면 꽃이 없는 것이다. 새로 심을 때에는 그루마다 꽃망울 1~2떨기만 남겨 두는 게 좋다. 1~2년이 지나 꽃이 땅심[地力]을 얻으면 4~5떨기도 가능하다. 꽃망울이 많으면 겹꽃이 되지 못하므로, 조심하고 조심해야 한다.《낙양화목기》26

新栽時, 每窠只可留花頭一兩朵, 候一二年花得地力, 可四五朵. 花頭多則不成千葉矣, 愼之愼之.《洛陽花木記》

꽃이 이미 시들어 떨어지면 서둘러 그 열매를 잘라 내고 가지를 구부려 에워싸서 흩어지지 않도록 한다. 양분[脈理]이 위로 흐르지 않고 모두 뿌리로 돌아가면 이듬해 새로 피는 꽃이 번성하고 빛깔에 윤기가 돈다. 〈양주작약보서〉27

花旣萎落, 亟翦去其子, 屈②盤枝條, 使不離散. 脈理不上行而皆歸於根, 明年新花繁而色潤.《楊州芍藥譜序》

처서(處暑, 양력 8월 22·23일경) 전후로 땅을 평평하게 고르고 작약줄기를 잘라 내면 이듬해 반드시 무성해진다.《군방보》28

處暑前後平土翦去, 來年必茂.《群芳譜》

봄에는 본가지의 꽃술[正蕊]만 남기고 곁가지의 작은 꽃떨기들을 제거하면 꽃이 살지고 커진다.《군방보》29

春間止留正蕊, 去其小苞, 則花肥大. 同上

7) 보호하기

護養

꽃이 필 때 대나무로 지지해주면 꽃이 기울거나

開時扶以竹, 則花不傾倒,

---

26 《說郛》卷104下 〈洛陽花木記〉 "分芍藥法"(《文淵閣四庫全書》882, 91쪽).

27 《楊州芍藥譜》(《文淵閣四庫全書》845, 9쪽).

28 《二如亭群芳譜》, 위와 같은 곳.

29 《二如亭群芳譜》〈貞部〉 "花譜" 4 '芍藥'(《四庫全書存目叢書補編》80, 783쪽).

② 屈: 저본에는 "屋". 규장각본·오사카본·《楊州芍藥譜》에 근거하여 수정.

넘어지지 않는다. 비가 올 때는 발[箔]로 가려 주면 오래 피어 있다. 《군방보》[30]

有雨遮以箔則耐久.《群芳譜》

겨울철에는 잘 보호해야 한다. 《군방보》[31]

冬日宜護. 同上

초봄에 붉은 싹이 어지럽게 돋아나면 반드시 울타리를 만들어서 사람이나 가축이 밟는 것을 막아 주어야 한다. 《증보산림경제》[32]

春初紅芽亂抽, 須作欄, 以防人畜踐踏.《增補山林經濟》

8) 자질구레한 말

瑣言

잡화(雜花)의 뿌리[根窠]는 대부분 먼 곳으로 보낼 수가 없다. 작약만이 제때 뿌리째 가져다 묻혀 있던 곳의 흙을 다 털어 내고 대자리와 같은 기물에 넣으면 비록 수천 리를 한 사람이 수백 포기를 지고 가더라도 힘들지 않다. 〈양주작약보서〉[33]

雜花根窠, 多不能致遠. 惟芍藥及時取根, 盡去本土, 貯以竹席之器, 雖數千里一人可負數百本而不勞.《楊州芍藥譜序》

작약

---

30 《二如亭群芳譜》, 위와 같은 곳.
31 《二如亭群芳譜》, 위와 같은 곳.
32 《增補山林經濟》卷4〈養花〉"芍藥"(《農書》3, 249쪽).
33 《楊州芍藥譜》(《文淵閣四庫全書》845, 9쪽).

4. 하화(荷花, 연꽃)[1]

【안 연(蓮)은 이미 《만학지(晚學志)》에 보인다.[2] 여기에서는 다만 꽃을 기르는 여러 가지 방법만을 기록한다】

荷花

【案 蓮已見《晚學志》. 此特載養花雜法耳】

1) 이름과 품종

일명 '부거(芙蕖)', '수부용(水芙蓉)'이다. 더러는 "꽃이 핀 연꽃을 '부거(芙蕖)'라 하고, 아직 피지 않은 연꽃을 '함담(菡萏)'이라 한다."라고도 한다.[3]

【군방보】[4] 연꽃은 종류가 매우 많다.

'중대련(重臺蓮, 겹연꽃)'은 꽃 한 송이가 피고 나면 연방(蓮房) 안에서 또 꽃이 나온다. 열매를 맺지 않는다.

'병두련(竝頭蓮)'은 진(晉)나라 태화(泰和) 연간(366~371)에 현포(玄圃)[5]에서 자랐다. '가련(嘉蓮)'이라고도 한다. 지금은 곳곳에 자란다. 가장 쉽게 자라지만 다른 연꽃을 해칠 수도 있으므로 이 품종만 심어야 한다.

'일품련(一品蓮)'은 뿌리 한 포기에서 꽃받침이 3개씩 난다.

名品

一名"芙蕖", 一名"水芙蓉". 或曰: "花已發爲'芙蕖', 未發爲'菡萏'."

【群芳譜】種類甚多.

有曰"重臺蓮", 一花旣開, 從蓮房內又生花. 不結子.

曰"竝頭蓮", 晉泰和間生於玄圃, 謂之"嘉蓮", 今所在有之. 最易生, 能傷他蓮, 宜獨種.

曰"一品蓮", 一本生三蕚.

1　하화(荷花, 연꽃) : 쌍떡잎식물 미나리아재비목 수련과의 여러해살이 수초. 원산지는 아시아 남부와 오스트레일리아 북부이며, 연못·저수지 등에서 서식한다.
2　연(蓮)은……보인다 : 《임원경제지 만학지》 권4 〈풀열매류〉 "연밥"에 자세히 보인다.
3　일명……한다 : 《二如亭群芳譜》〈亨部〉 "果譜" 4 '蓮'《四庫全書存目叢書補編》80, 457쪽)에 보인다.
4　《二如亭群芳譜》〈亨部〉 "果譜" 4 '蓮'《四庫全書存目叢書補編》80, 458쪽).
5　현포(玄圃) : 전설로 전해지는, 곤륜산(崑崙山) 위의 신선이 사는 곳.

'사면련(四面蓮)'은 둘레에 모두 꽃받침 4개가 있다.

曰"四面蓮", 周圍共四蕚.

'쇄금련(灑金蓮)'은 꽃잎 위에 황색 점이 있다.

曰"灑金蓮", 瓣上有黃點.

'금변련(金邊蓮)'은 꽃잎 가장자리에 선 하나가 둘러져 있으며, 옅은 황색이다.

曰"金邊蓮", 瓣周圍一線, 色微黃.

'의발련(衣鉢蓮)'은 꽃이 쟁반처럼 넓적하고 겹꽃으로, 꽃술이 3가지 색으로 나누어져 있다. 전지(滇池)[6]에서 난다.

曰"衣鉢蓮", 花盤千葉, 蕋分三色. <u>産滇池</u>.

'천엽련(千葉蓮, 겹연꽃)'은 화산(華山)[7] 정상에 있는 못에서 천엽연꽃(겹연꽃)으로 난다. 그 열매를 먹으면 신선이 된다고 한다. 지금은 인가에도 있다. 그러나 꽃봉오리가 무거워서 쉽게 시들고, 활짝 피기가 대부분 어렵다.

曰"千葉蓮", <u>華山</u>頂有池, 産千葉蓮花, 服之羽化. 今人家亦有之. 然頭重易萎, 多難開完.

'수련(睡蓮)'은 잎이 마름[荇][8]과 비슷하지만 그보다 더 크고, 수면에 잠겨 있다. 그 꽃은 여러 겹으로 잎을 피우며, 모두 5가지 색을 띤다. 여름이 되면 낮에 피었다가 밤에는 물속으로 들어가고, 다음날 다시 나온다. 남해(南海)[9]에서 난다.

曰"睡蓮", 葉如荇而大, 沉於水面. 其花布葉數重, 凡五種色. 當夏晝開, 夜入水底, 次日復出. <u>生南海</u>.

'사계련(四季蓮)'은 담주(儋州)[10]의 맑은 물이 고인 못들에서 난다. 연꽃은 사계절 동안 끊임없이 피며, 12월에 더욱 번성한다.

曰"四季蓮", <u>儋州</u>淸水池産. 荷花四季不絶, 臘月尤盛.

---

6 전지(滇池) : 중국 운남성(雲南省) 곤명시(昆明市) 서남쪽에 있는 호수. 중국 서남지구 제1의 호수이며, 옛날부터 '고원의 보배[高原明珠]'로 칭송받았다. 곤명지(昆明池)·곤명해(昆明海)·곤명호(昆明湖)라고도 한다.

7 화산(華山) : 중국 섬서성 동부에 있는 산. 태산(泰山)·형산(衡山)·항산(恒山)·숭산(崇山)과 함께 오악(五岳) 중 하나이다.

8 마름[荇] : 마름과의 한해살이풀. 연못이나 늪지에서 자란다. 뿌리는 진흙 속에 박고 줄기가 길게 자라서 물 위로 뜬다.

9 남해(南海) : 중국 남쪽에 있는 바다. 지금의 남중국해와 남해에 연한 중국 연안지방을 가리킨다.

10 담주(儋州) : 지금의 중국 해남성(海南省) 담주시(儋州市) 일대.

학포여소 11 '벽대련(碧臺蓮)'은 꽃이 흰색이고 꽃잎 위에 항상 비취색 점 1개가 찍혀 있다. 연방 위에 다시 초록잎이 돋아난다. 이 잎은 꽃같지만 꽃은 아니다.

또 '금변련(錦邊蓮)'이라는 한 종이 있다. 꼭지가 초록색이고 꽃은 흰색이다. 꽃송이가 맺힐 때 초록색 꽃잎 끝에 홍색 선 1개가 희미하게 둘러진다. 꽃이 필 때는 겹꽃이다. 꽃잎마다 모두 연지로 가장자리를 붉게 물들인 듯하다.

벽대련과 금변련은 모두 기이한 품종이다. 연못 2개를 조성해서 마주보게 심어야 한다. 큰 항아리에 두고서 책상 앞의 완상거리로 삼아도 된다.

안 우리나라의 연꽃은 다양한 품종이 없다. 홍·백색 두 종류만 있다】

學圃餘疏 碧臺蓮, 花白而瓣上恒滴一翠點. 房之上復抽綠葉, 似花非花.

又有一種曰"錦邊蓮", 蒂綠花白. 作藥時, 綠苞已微界一線紅矣. 開時千葉, 每葉俱似胭脂染邊.

皆奇種也, 當甃二池對種. 亦可置大缸中, 爲几前之玩.

案 我東蓮花, 無多品. 但有紅、白二種】

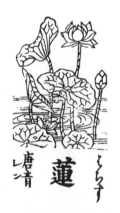

연꽃(《왜한삼재도회》)

---

11 《學圃雜疏》〈花疏〉(《叢書集成初編》1355, 5쪽).

필자미상 화조도(국립중앙박물관)

2) 파종 시기

춘분 전에 심으면 꽃이 잎 위에 난다. 《농정전서》[12]

연꽃을 심을 때에는 반드시 먼저 양똥으로 땅을 기름지게 해야 한다. 입하(立夏, 양력 5월 5·6일경) 2~3일 전에 심으면 그해에 바로 꽃을 피운다. 또 다른 법에는 5월 20일에 옮겨 깊게 심는다. 연줄기[蓮柄]가 긴 경우에는 대지팡이로 지지해주면 모두 살아난다. 《종수서》[13]

時候

春分前栽, 則花出葉上. 《農政全書》

種蓮, 須先以羊糞壤地. 於立夏前兩三日種, 當年便着花. 又法, 用五月二十日移深種. 蓮柄長者, 以竹杖挾之, 無不活者. 《種樹書》

---

12 《農政全書》卷27 〈樹藝〉 "蓏部" '蓮'(《農政全書校注》, 681쪽).
13 《種樹書》卷下 〈花〉(《叢書集成初編》1469, 43쪽).

3) 심기와 가꾸기

일반적으로 연꽃을 심을 때에는 크게 잘 자라 손상이 없는 연뿌리 3마디를 생긴 대로 펴서 흙 위에 놓고 머리는 남쪽을 향하게 하면 싹눈이 아침에 올라온다. 유황을 갈아서 비녀자루굵기만 한 종이심지에 거칠게 묻혀 연뿌리마디를 1~2차례 감아 두면 그해에 꽃을 피운다. 《농정전서》[14]

연뿌리를 심을 때에는 연뿌리에 술지게미를 발라 주면 무성하게 자란다. 《종수서》[15]

연꽃에는 백색·홍색·분홍색·구홍(口紅, 입술연지)색 등 여러 품종이 있다. 하지만 한 연못 속에 섞어서 심어서는 안 된다. 연꽃색이 수가 많은 쪽 품종의 색으로 바뀌어 버리기 때문이다. 《화한삼재도회》[16]

홍련(홍색 연꽃)·백련(백색 연꽃)은 한 연못에 같이 심어서는 안 된다. 백련이 무성하면 홍련이 반드시 쇠잔해지기 때문이다. 만약 한 연못에 심으려면 반드시 간격을 띄워 나누어 심어야 한다. 《청천양화록》[17]

種藝

凡種時, 藕壯大三節無損者, 順鋪在上, 頭向南, 芽朝上, 用硫黃研碎, 紙撚簪把麤, 纏藕節一二道, 當年有花. 《農政全書》

種藕, 以酒糟塗之則盛. 《種樹書》

蓮有白、紅、粉紅、口紅數品, 一池中不可雜栽. 變成其多者也. 《和漢三才圖會》

紅、白蓮, 不宜竝種一池. 白盛則紅必殘. 苟欲種一池, 須作隔分種. 《菁川養花錄》

---

14 《農政全書》卷27〈樹藝〉"蓏部"'蓮'(《農政全書校注》, 682~683쪽).
15 《種樹書》, 위와 같은 곳.
16 《和漢三才圖會》卷91〈水果類〉"蓮"(《倭漢三才圖會》10, 500쪽).
17 《養花小錄》〈蓮花〉, 192쪽.

4) 화분에 심는 법

처사(處士) 등창우(滕昌祐)[18]의 연꽃 심는 법: 처음에 큰 화분을 묻고 부드러운 흙에다 잘게 자른 생파와 술지게미 각각 약간을 섞은 다음 2척 남짓 깊이로 넣고 물을 부어 담가놓는다. 초봄이 되면 못을 파서 굵은 연뿌리를 취한다. 이때 위쪽에서 3마디 이상 되는 놈으로 4~5뿌리를 손상이 없도록 얻는다. 이를 깊은 진흙 속 화분 밑바닥에 가깝도록 묻는다. 춘분이 되면 비로소 잎이 나고 그해에 꽃을 피운다. 《모정객화(茅亭客話)[19]》[20]

질그릇을 구워서 큰 화분을 만든 다음 2월에 연꽃 모종을 심는다. 반드시 곁뿌리를 모두 제거하여 연줄기가 뒤얽혀 어지럽지 않도록 해야 한다. 그렇게 하지 않으면 꽃이 피지 않는다.

날씨가 춥고 땅이 얼면 화분을 햇볕이 잘 드는 곳에 보관하여 얼어 손상되지 않도록 한다. 이듬해 봄에 다시 화분을 꺼내서 묻으면 꽃이 더욱 무성하게 핀다. 만약 화분이 무거워서 움직일 수 없다면 묵은 뿌리를 파내서 그 화분을 비워 두었다가 이듬해에 다시 심는 것도 괜찮다. 《청천양화록》[21]

盆種法

滕處士昌祐種蓮法: 初埋大盆, 致細土, 拌細切生蔥、酒糟各少許, 深二尺餘, 以水漬之. 候春初, 掘取藕根麤者, 和顚三節已上四五莖, 無令傷損, 埋入深泥, 令近盆底. 纔及春分葉生, 當年有花. 《茅亭客話》

燔瓦造大盆, 二月栽種. 須悉去傍根, 勿令花柄雜擾. 不爾花不開也.

天寒地凍, 藏盆陽處, 勿使凍損. 明春復取而埋之, 開花益盛. 若重不可轉動, 掘去宿根, 空其盆, 明年改種亦可. 《菁川養花錄》

---

18 등창우(滕昌祐):?~?. 중국 당나라 말~오대(五代) 시기의 화가. 자는 승화(勝華). 큰 글씨를 잘 썼고, 촉(蜀)나라의 사액(祠額)과 관액(款額)을 많이 썼다. 색채가 선명한 초충화와 절지화(折枝畫)에 뛰어났고, 훗날에는 거위 그림으로 명성을 얻었다.
19 모정객화(茅亭客話):중국 송나라의 화가 황휴복(黃休復, ?~?)의 저술. 촉나라의 문헌에 빠진 일화나 풍취 있는 이야기들을 모아 수합하였다. 총 10권.
20 《茅亭客話》卷8〈滕處士〉《文淵閣四庫全書》1042, 951~952쪽).
21 《養花小錄》〈蓮花〉, 192쪽.

5) 작은 연꽃 감상하는 법

계란 1개에 작은 구멍을 뚫어 흰자·노른자를 빼내고 연밥을 가득 채운다. 종이로 계란구멍을 3~4겹 바른 다음 닭으로 하여금 그 계란을 품게 한다. 같이 품었던 계란에서 병아리가 부화하면 연밥 채운 계란을 따뜻한 곳에 놓아 둔다.

시기에 관계없이 천문동가루·유황을 기름진 진흙이나 술지게미와 섞고 화분바닥에 넣은 다음 연밥을 심는다【안《준생팔전》에 이 법을 실어 "천문동을 가루 낸 뒤, 양털·양뿔가루와 섞고 이것을 진흙과 반죽하여 화분 밑바닥에 넣는다."[22]라 했다】. 이어서 술을 물에 타서 뿌려 주면 꽃이 동전만 하게 핀다.《농정전서》[23]

연밥을 2월에 머리와 꼬리의 뾰족한 부분을 자른

賞小蓮法

用鷄子一枚開一小孔, 去淸、黃, 將蓮子塡滿. 紙糊孔三四層, 令鷄抱之. 鷄出, 取放煖處.

不拘時, 用天門冬末、硫黃同肥泥或酒罈泥, 安盆底, 栽之【案《遵生八牋》載此法, 云: "以天門冬爲末, 和羊毛、角屑, 拌泥安盆底"】. 仍用酒和水澆, 開花如錢.《農政全書》

蓮子, 二月斫去頭尾尖, 用

연꽃

백자 동화 연꽃 무늬 항아리(국립중앙박물관)

---

22 천문동을……넣는다:《遵生八牋》卷16〈燕閑淸賞牋〉下 "四時花紀" '種盆荷花'(《遵生八牋校注》, 625쪽).
23 《農政全書》卷27〈樹藝〉"蓏部" '蓮'(《農政全書校注》, 683쪽).

연꽃1

연꽃2

연잎(이상 전종욱)

연꽃과 연방

다음 작은 그릇에 물을 담아 연밥을 넣고 햇볕을 쬐어 주면 5~7일 만에 흰수염뿌리가 난다. 잎이 돋아날 때 항아리에 옮겨 심으면 그 잎과 꽃이 아담하고 아름다워서 사랑스럽다.《화한삼재도회》[24]

小器盛水, 投之, 中日[1]則五七日生白髭根. 候葉生, 移栽於甕, 其葉花小艶可愛.《和漢三才圖會》

6) 꽃을 푸르게 물들이는 법

연밥을 남색 염료인 청대즙 항아리에 넣어 두었다가 해를 넘겨 심으면 푸른색 연꽃을 피운다.《종수서》[25]

染碧花法

以蓮薂投靛甕中, 經年種之, 發碧花.《種樹書》

24 《和漢三才圖會》卷91〈水果類〉"蓮"(《倭漢三才圖會》10, 500쪽).
25 《種樹書》卷下〈花〉(《叢書集成初編》1469, 43쪽).
1 中日 : 저본에는 "日中".《和漢三才圖會·水果類·蓮》에 근거하여 수정.

5. 수선(水仙)[1]

水仙

1) 이름과 품종

일명 '금잔은대(金盞銀臺)'이다.[2]

【본초강목】[3] 낮은 습지가 좋다. 물이 없어서는 안 되므로 '수선'이라 한다. 또 '금잔은대'라 하는 이유는 꽃의 모양 때문이다.

떨기로 난다. 뿌리는 마늘·염교와 비슷하지만 그보다 더 길고, 겉은 붉은 껍질이 싸고 있다. 겨울

名品

一名"金盞銀臺".

【本草綱目】 宜卑濕地. 不可缺水, 故名"水仙". 又名 "金盞銀臺", 則花之狀也. 叢生. 根似蒜、薤而長, 外有赤皮裹之. 冬生葉, 似薤

수선화

수선(《본초강목》)

1　수선(水仙) : 외떡잎식물 수선화과의 여러해살이풀. 지중해 연안이 원산지이며 꽃과 비늘줄기는 약용한다.
2　일명 금잔은대(金盞銀臺)이다 :《本草綱目》卷13〈草部〉"水仙", 809쪽 ;《二如亭群芳譜》〈貞部〉"花譜" 4 '水仙'(《四庫全書存目叢書補編》80, 788쪽)에 보인다.
3　《本草綱目》卷13〈草部〉"水仙", 810쪽.

에 잎이 날 때는 염교 및 마늘과 비슷하다. 초봄에 줄기가 돋을 때는 파 끝과 비슷하다.

줄기 끝에서 몇 떨기의 꽃이 핀다. 그 크기는 비녀머리만 하고, 모양은 술잔 같다. 꽃잎 5장이 뾰족하게 위를 떠받치듯 하고, 황색 꽃심은 완연히 술잔 모양이다. 꽃은 맑고 운치가 있으며, 향은 맑고 그윽하다.

한 종류인 겹꽃의 경우에는 꽃잎이 말리고 주름졌으며, 위는 옅은 백색이고 아래는 가벼운 황색이다. 술잔모양이 되지는 않는다. 그런데도 사람들이 이를 진짜 수선화라고 여기는 까닭은 이것이 하나의 수선이면서 2가지 종류임을 알지 못해서일 뿐이다. 홍색 꽃도 있다.

及蒜; 春初抽莖, 如蔥頭.

莖①頭開花數朶, 大如簪頭, 狀如酒杯. 五尖上承, 黃心宛然盞樣. 其花瑩韻, 其香清幽.

一種千葉者, 花片捲皺, 上淡白而下輕黃, 不作杯狀. 人以爲眞水仙, 不知其一物二種耳, 亦有紅花者.

초화보4 2가지 종류가 있다. 홑꽃은 '수선'이라 하고, 겹꽃은 '옥영롱(玉玲瓏)'이라 한다. 홑꽃은 잎이 짧고 향이 있어 사랑스럽다. 화분에 심어 책상 위에 올려 둔다.

草花譜 有二種. 單瓣者, 名"水仙"; 千瓣者, 名"玉玲瓏". 單②者, 葉短而香可愛, 用以盆種上几.

금화경독기5 우리나라에는 옛날에 수선이 없었다. 근래에 비로소 북경의 시장에서 사 온 것이 있다. 호사자들은 종종 그림을 그린 화분에 뿌리를 나누고 심어 책상에 두면서 기이한 완상물이라 자랑한

金華耕讀記 我東舊無水仙, 近始有購諸燕市而來者. 好事者往往以畫盆分根, 置之几案, 詫爲奇玩.

---

4   출전 확인 안 됨;《遵生八牋》卷16〈燕閑淸賞牋〉下 "水仙花"(《遵生八牋校注》, 631~632쪽).
5   출전 확인 안 됨.
① 莖 : 저본에는 "葱". 오사카본·《本草綱目·草部·水仙》에 근거하여 수정.
② 單 : 저본에는 "鮮卑".《遵生八牋·燕閑淸賞牋·水仙花》에 근거하여 수정.

다. 그러나 값이 비싸 재력이 있는 사람이 아니면 그
취미를 누릴 수 없다】

然價重, 非有力者, 不能致
也】

2) 알맞은 토양

흙이 갯벌흙에 가까우면 꽃이 무성하다.《초화보》[6]

土宜

土近鹵鹹則花茂.《草花譜》

항주(杭州)[7]의 강 근처에 정원사가 수선화를 심어
숲을 이루었다. 흙이 갯벌흙에 가까웠기 때문에 꽃
이 무성했다.《군방보》[8]

杭州近江處, 園丁種之成
林. 以土近鹹鹵, 故花茂.
《群芳譜》

기름진 땅에 심으면 꽃이 무성해지고, 척박한 땅
에 심으면 꽃이 피지 않는다.《본초회편(本草會編)[9]》[10]

栽肥壤則花茂盛, 瘦地則
無花.《本草會編》

수선은 남향의 언덕 그늘에서 무성하게 자랄 수
있다.《화한삼재도회》[11]

水仙, 南面岸陰, 能茂生.
《和漢三才圖會》

3) 파종 시기

9월 초에 심고, 5월 초에 뿌리를 거둔다. 만약 옮
겨 심지 않으면 묵은 뿌리가 더욱 왕성해진다.《본
초회편》[12]

時候

九月初栽, 五月初收根. 若
不移, 宿根更旺.《本草會
編》

---

6 출전 확인 안 됨;《遵生八牋》卷16〈燕閑淸賞牋〉下 "水仙花"(《遵生八牋校注》, 632쪽).
7 항주(杭州):지금 중국의 절강성(浙江省) 항주시(杭州市) 일대. 남송의 수도였으며, 외국 선박이 많이 드나
   드는 항구도시였다.
8 《二如亭群芳譜》, 위와 같은 곳.
9 본초회편(本草會編):중국 남송의 근기교(靳起蛟, ?~?)가 지은 본초서. 총 20권으로 되어 있다.
10 출전 확인 안 됨;《本草綱目》卷13〈草部〉"水仙", 810쪽.
11 《和漢三才圖會》卷92〈山草類〉下 "水仙"(《倭漢三才圖會》11, 96쪽).
12 《本草綱目》卷13〈草部〉"水仙", 810쪽.

4) 심기와 가꾸기

5월 초에 뿌리를 거두어 소변에 하룻밤 담근다. 이를 햇볕에 말린 다음 축축한 흙을 섞어 연기가 닿는 곳에 매달아 둔다. 8월에 꺼내어 통마늘처럼 생긴 뿌리의 쪽을 하나씩 갈라 돼지똥에 흙을 섞어서 심는다. 심은 뒤에는 물주기를 빠뜨리면 안 된다. 거둘 때나 심을 때 만약 철기(鐵器)에 닿게 되면 영원히 꽃이 피지 않는다.

또 다른 법: 흙에 섞어 15일 동안 햇볕에 쬐고서야 심어서 양기를 거두어들인다. 거름흙으로 덮은 다음 백주(白酒)[13] 술지게미에 물을 섞어 주면 무성해진다. 《군방보》[14]

또 다른 법: 처음 잎이 돋을 때 벽돌로 눌러 두어 바로 뚫고 올라오지 못하게 하면 나중에 꽃이 잎보다 위쪽에 핀다. 《군방보》[15]

수선화 심는 구결에서 "5월에 흙에 있지 않아야 하고, 6월에 방(房)에 있지 않아야 한다. 동쪽을 향하는 울타리 아래에 심으면 꽃이 필 때 송이마다 향기롭다. 5월에 거두어서 소변에 1개월 동안 담근다. 6월에 부엌 근처에 두고, 7월에 심으면 꽃이 핀다."라 했다. 하지만 전혀 그렇지 않다. 내가 이전에 해

種藝

五月初收根, 用小便浸一宿, 曬乾, 拌濕土, 懸當火煙所及處. 八月取出, 瓣瓣分開, 用猪糞拌土, 植之. 植後, 不可缺水. 起時種時, 若犯鐵器, 永不開花.

又法: 和土曬半月, 方種以收陽氣, 覆以肥土, 白酒糟和水澆之則茂. 《群芳譜》

又法: 初起葉時, 以磚壓住, 不令即透, 則他日花出葉上. 同上

種水仙訣云: "五月不在土, 六月不在房. 栽向東籬下, 花開朶朶香. 五月取起, 以人溺浸一月. 六月近竈處置之, 七月種則有花." 甚不然也. 余曾爲之, 無驗.

---

13 백주(白酒): 탁주. 막걸리 등의 탁주는 색이 희기 때문에 붙었다. 현대에는 중국 고량주 등의 증류주를 가리킨다.
14 《二如亭群芳譜》, 위와 같은 곳.
15 《二如亭群芳譜》, 위와 같은 곳.

수선(《왜한삼재도회》)

보았는데 효험이 없었다. 《초화보》[16]

《草花譜》

　종자를 보관할 때에는 비단으로 주머니를 만들어 종자를 넣은 다음 들보 사이에 매달고 바람을 맞힌다. 파종하기 전에 먼저 해진 짚신을 0.1척 크기로 자른다. 이를 종자와 서로 섞고 오줌을 부어 속으로 스며들게 한다. 싹이 나려 할 때를 기다렸다가 비로소 흙에 심는다. 흙에 심는 시기에 따라 꽃이 먼저 피거나 나중에 피게 된다. 우약영(于若瀛)[17]의 설[18]

蓄種, 囊以紗, 懸於梁間, 風之. 未播, 先以敝草履寸斷, 雜溲浡浸透. 俟有生意, 方入土. 以入土早晚, 爲花先後. 于念東說

　여름날 자라고 있는 흙에서 수선뿌리를 파내어 오줌에 담갔다가 햇볕에 말린 다음 하룻밤 두었다가

夏土用中掘其根, 浸尿曬乾, 一宿種之則佳. 大抵

16　출전 확인 안 됨;《遵生八牋》卷16〈燕閑淸賞牋〉下 "水仙花"(《遵生八牋校注》, 632쪽).
17　우약영(于若瀛):1552~1610. 중국 명나라의 관료. 문집으로《불고당집(弗告堂集)》이 있다. 자는 문약(文若). 염동(念東)은 그의 호이다.
18　《二如亭群芳譜》〈貞部〉"花譜" 4 '水仙'(《四庫全書存目叢書補編》80, 789쪽).

심으면 좋다. 대체로 11월이면 거의 꽃이 피지만, 간혹 7~8월에 피는 경우가 있다. 이는 대개 또한 거름의 힘 때문이다. 《화한삼재도회》[19]

十一月開花近, 或有七八月開者, 蓋亦培壅之力也. 《和漢三才圖會》

수선화1

수선화2

수선화3

수선화4(이상 임원경제연구소, 서울식물원에서 촬영)

---

19 《和漢三才圖會》卷92 〈山草類〉下 "水仙"(《倭漢三才圖會》11, 96쪽).

5) 보호하기

서리가 거듭 내릴 때는 시렁으로 수선을 가려 서리와 눈을 피한다. 남쪽으로 문 하나를 내고 날이 맑고 햇볕이 따뜻하면 문을 열어서 햇볕을 받게 한다. 북쪽 지방은 흙이 차서 모란·첩경해당(貼梗海棠)이 모두 이 법을 사용하므로 수선만 쓸 수 있는 법이 아니다. 《군방보》[20]

護養

霜重時, 卽搭棚遮蓋以避霜雪. 向南開一門, 天晴日暖, 則開之以承日色. 北方土寒, 凡牡丹、貼梗海棠, 俱用此法, 不特水仙也. 《群芳譜》③

6) 품등

일반적으로 꽃은 겹꽃이 귀하지만 수선은 홑꽃이 귀하다. 짧은 잎에다 높게 피는 꽃이 가장 좋다. 수선화가 피기에 앞서 납매(蠟梅)의 꽃을 보고, 수선화를 감상한 뒤로는 강매(江梅, 야생 매화)의 꽃을 보면 진실로 한겨울 추위의 벗이다. 《학포여소》[21]

品第

凡花重臺者爲貴, 水仙以單瓣爲貴. 短葉高花最佳也. 前接蠟梅, 後接④江梅, 眞歲寒友也. 《學圃餘疏》⑤

---

20 《二如亭群芳譜》〈貞部〉 "花譜" 4 '水仙'(《四庫全書存目叢書補編》 80, 788쪽).
21 《學圃雜疏》〈花疏〉(《叢書集成初編》 1355, 7쪽).
③ 護養……芳譜 : 오사카본에는 이 기사가 뒤에 있고 "앞으로 올리라[上]"는 두주가 있다.
④ 接 : 《學圃雜疏·花疏》에는 "迎".
⑤ 品第……餘疏 : 오사카본에는 이 기사가 앞에 있고, "뒤로 내리라[下]"는 두주가 있다.

6. 옥잠화(玉簪花)[1]

玉簪花

1) 이름과 품종

일명 '백학선(白鶴仙)', '백악(白蕚)', '계녀(季女)'이다.[2]

【본초강목】[3] 2월에 싹이 돋아 떨기를 이룬다. 높이는 1척 정도이다. 줄기는 배추와 비슷하다. 잎은 크기가 손바닥만 한데 둥글면서도 뾰족하며, 색은 청백색으로 꽤 아름답다.

6~7월에 줄기가 돋고, 줄기 위에 가는 잎이 있으며, 여기에서 꽃떨기 십수 개가 난다. 꽃떨기의 길이는 0.2~0.3척이고, 밑은 작고 끝은 크다. 꽃이 피지 않았을 때는 백옥을 깎아 만든 비녀와 꼭 비슷하다. 꽃이 피었을 때는 꽃잎이 약간 벌어지면서 꽃잎 4장이 나오고 그 안에서 황색 꽃술을 뱉어 낸다. 꽃은 상당히 향기로우며, 열매를 맺지 않는다.

名品

一名"白鶴仙", 一名"白蕚", 一名"季女".

【本草綱目】二月生苗成叢, 高尺許. 莖如白菘, 葉大如掌, 團[1]而有尖, 色靑白, 頗[2]嬌瑩.

六七月抽莖, 莖上有細葉中, 出花朵十數枚, 長二三寸, 本小末大. 未開時, 正如百玉搔頭簪, 開時, 微綻四出, 中吐黃蘂, 頗[3]香, 不結子.

---

1 옥잠화(玉簪花) : 외떡잎식물 백합과의 여러해살이풀. 중국 원산이며 관상용으로 심는다.

2 일명……계녀(季女)이다 :《二如亭群芳譜》〈貞部〉 "花譜" 4 '玉簪花'(《四庫全書存目叢書補編》80, 790쪽)에 보인다.

3 《本草綱目》卷17 〈草部〉 "玉簪", 1208쪽.

① 團 : 저본에는 "圑". 오사카본·규장각본·《本草綱目·草部·玉簪》에 근거하여 수정.

② 頗 : 저본에는 "頩". 오사카본·규장각본·《本草綱目·草部·玉簪》에 근거하여 수정.

③ 頗 : 저본에는 "頩". 오사카본·규장각본·《本草綱目·草部·玉簪》에 근거하여 수정.

옥잠화   옥잠화(《본초강목》)

뿌리는 귀구(鬼臼)⁴뿌리처럼 연이어 난다. 오래된   其根連生如鬼臼, 舊莖死
줄기가 죽으면 뿌리에 절구처럼 오목한 모양이 하나   則根有一臼, 新根生則舊
생기고, 새 뿌리가 나면 오래된 뿌리는 썩는다. 또한   根腐. 亦有紫花者, 葉微
자색 꽃도 있는데, 잎이 약간 좁다】   狹】

2) 알맞은 토양   土宜

기름진 흙에 심으면 무성해진다.《초화보》⁵   種肥土則茂.《草花譜》

3) 파종 시기   時候

초봄에 옮겨 심는다.《초화보》⁶   春初移種.《草花譜》

4) 옮겨심기   種栽

봄에 처음 비가 내린 뒤, 새싹을 나누어 기름진   春初雨後, 分其句萌, 種以

---

4 귀구(鬼臼):매자나무과의 여러해살이풀. 천남성(天南星)과 유사하며 약재로 쓴다.
5 출전 확인 안 됨;《遵生八牋》卷16〈燕閑淸賞牋〉下 “玉簪花”(《遵生八牋校注》, 625쪽).
6 《遵生八牋》, 위와 같은 곳.

흙에 심고 부지런히 물을 주면 산다. 나눌 때는 철기(鐵器)를 금한다.《군방보》[7]

肥土, 勤澆灌則活. 分時忌鐵器.《群譜芳》

5) 품등

자색은 꽃이 작고, 잎 위에 황록색 잎맥이 있다. 물을 좋아하고 나누어 심거나 분석(盆石)[8]으로 심으면 완상할 만하다.《초화보》[9]

品第

紫者花小, 葉上黃綠間道, 喜水, 分種, 盆石栽之, 可玩.《草花譜》

---

7 《二如亭群芳譜》, 위와 같은 곳.
8 분석(盆石):돌·모래 등으로 자연의 경치처럼 꾸며 놓은 화분. 분경(盆景)이라고도 한다.
9 출전 확인 안 됨;《遵生八牋》卷16〈燕閑淸賞牋〉下 "玉簪花"【二種】《遵生八牋校注》, 625쪽).

7. 훤(萱, 원추리)[1]

萱

1) 이름과 품종

名品

일명 '망우(忘憂)', '요수(療愁)', '의남(宜男)'이다.[2]

一名"忘憂", 一名"療愁", 一名"宜男".

【군방보】[3] 훤(萱)은 본래 훤(諼)으로 쓴다. 훤(諼)은 잊는다는 뜻이다. 《시경》에 "어찌하면 훤초를 얻어 뒤쪽 북당(北堂, 부인이 기거하는 방)에 심을까?"[4]라 했다. 이는 군대 간 남편에 대한 근심을 잊기[忘憂] 위함이다.[5]

【群芳譜】 萱, 本作諼. 諼, 忘也. 《詩》云: "焉得諼草, 言樹之背?" 爲其忘憂也.

원추리꽃

원추리

---

1 훤(萱, 원추리) : 외떡잎식물 백합과의 여러해살이풀. 산지에서 자라며 관상용·식용으로 사용한다.
2 일명……의남(宜男)이다 : 《二如亭群芳譜》〈貞部〉 "花譜" 3 '萱'(《四庫全書存目叢書補編》 80, 742쪽)에 보인다.
3 《二如亭群芳譜》〈貞部〉 "花譜" 3 '萱'(《四庫全書存目叢書補編》 80, 742쪽).
4 어찌하면……심을까 : 《毛詩正義》 卷3〈衛風〉 "伯兮"(《十三經注疏整理本》 4, 287쪽)에 보인다.
5 훤(萱)은……위함이다 : 《本草綱目》 卷16〈草部〉 "萱草", 1036쪽에 보인다.

고니(국가생물종지식정보시 스템. 국립수목원)

큰고니(국가생물종지식정보시스 템. 국립수목원)

고니부리 같은 원추리봉우리

《초목기(草木記)》[6]에 "부인이 임신했을 때 그 꽃을 몸에 차면 반드시 아들을 낳는다."[7]라 했다. 의남(宜男)이라는 명칭은 또한 이 때문이다.

포기로 나기 때문에 줄기에 갈라 나온 가지가 없다. 화려한 꽃받침이 모여 이어졌으며, 잎은 사방으로 늘어졌다. 꽃이 처음 맺힐 때는 고니[黃鵠][8]의 부리 같고, 꽃이 피면 꽃잎 6장이 나온다.

개화 시기에 따라 봄꽃·여름꽃·가을꽃·겨울꽃의 4계절 꽃이 있고, 색은 황색·백색·홍색·자색이 있다. 사향(麝香)·겹꽃·홑꽃 등의 여러 종 가운데 오직 꿀색과 같은 황색만이 맑고 향기롭다】

《草木記》云: "婦人懷孕, 佩其花, 必生男." 宜男之稱, 亦以此也.

苞生, 莖無附枝. 繁萼攢連, 葉四垂. 花初發如黃鵠嘴, 開則六出.

時有春花、夏花、秋花、冬花四季花, 色有黃、白、紅、紫. 麝香、重葉、單葉數種, 惟黃如蜜色者, 淸香】

2) 알맞은 토양

기름진 흙에서 난 원추리는 꽃이 두텁고 색이 깊으며, 얼룩무늬가 있고, 겹꽃받침이 올라와서 꽃이

土宜

生肥土者, 花厚色深, 有斑文, 起重臺, 開可數月. 生

---

6 초목기(草木記) : 미상.
7 부인이……낳는다 : 출전 확인 안 됨.
8 고니[黃鵠] : 기러기목 오리과 고니속의 총칭. 흔히 백조라 불리며 약 7종의 아종(亞種)이 있다. 유럽·시베리아에 번식하며 한국에는 겨울에 찾아와 겨울을 난다.

원추리 (《본초강목》)

원추리(농촌진흥청 국립원예특작과학원)

몇 달 동안 필 수 있다. 반면 척박한 흙에서 자란 원추리는 꽃이 얇고 색이 옅으며, 꽃 또한 오래가지 못한다. 《본초강목》[9]

瘠土者, 花薄色淡, 花亦不久. 《本草綱目》

낮은 습지가 좋다. 《본초강목》[10]

宜下濕地. 同上

3) 심기와 가꾸기

種藝

비가 내릴 때 구부러져 난 어린 싹을 나누어 심는다. 《군방보》[11]

雨中分句萌種之. 《群芳譜》

봄에 싹눈이 돋으면 옮겨 심는다. 심을 때는 그루의 간격이 성글어야 한다. 1년이 지나면 저절로 조밀해진다. 심을 때 뿌리를 위로 향하고 잎을 아래로

春間芽生移栽. 栽宜稀, 一年自稠密矣. 種時用根向上, 葉向下, 當年開花, 皆

---

9 《本草綱目》卷16〈草部〉 "萱草", 1063쪽.
10 《本草綱目》, 위와 같은 곳.
11 《二如亭群芳譜》, 위와 같은 곳.

향하게 하면 그해에 꽃이 피며, 모두 겹꽃이다.《농 정전서》[12]

千葉也.《農政全書》

4) 물주기와 거름주기

원추리는 입춘에 뿌리에 볏짚을 펼쳐 놓으면 2월 에 싹과 잎이 무성해진다.《화한삼재도회》[13]

澆壅

萱草立春布稻藁於根，則 二月苗、葉盛.《和漢三才 圖會》

5) 품등

원추리는 3종류가 있다. 홑꽃은 먹을 수 있다. 겹꽃은 먹으면 사람을 죽게 한다. 꿀과 같은 색인 경 우에는 향이 맑고 잎이 부드러워 고아한 서재에 청 아한 즐길 거리가 될 만하다. 또 채소로 먹을 수 있 으므로 많이 심지 않을 수 없다.《송씨종식지(宋氏種 植志)[14]》[15]

品第

萱有三種，單瓣者可食，千 瓣者食之殺人. 色如密者， 香清葉嫩，可作高齋清供. 又可作蔬食，不可不多種 也.《宋氏種植志》

꽃이 작고 완전히 황색인 원추리를 '금훤(金萱)'이 라 한다. 매우 향이 짙으며 먹을 수 있다. 더욱이 돌 주변에 심어야 한다.《학포여소》[16]

花小而絶黃者，謂之"金 萱"，甚香而可食. 尤宜植 于石畔.《學圃餘疏》

여름원추리는 본래 더 번성하나, 가을원추리 또 한 없어서는 안 된다. 대개 가을에는 색이 매우 적

夏萱固繁，秋萱亦不可無. 蓋秋色甚少，此品亦庶幾可

---

12 《農政全書》卷40〈種植〉"雜種"下'萱'(《農政全書校注》中，1122쪽).
13 《和漢三才圖會》卷94〈濕草類〉"萱草"(《倭漢三才圖會》11, 268쪽).
14 송씨종식지(宋氏種植志) : 미상.
15 출전 확인 안 됨;《遵生八牋》卷16〈燕閑淸賞牋〉下"玉簪花"(《遵生八牋校注》, 625쪽).
16 《學圃雜疏》〈花疏〉(《叢書集成初編》1355, 4쪽).

원추리싹

원추리(이상 임원경제연구소, 한밭수목원에서 촬영)

어서, 이 가을원추리도 가을색을 거의 아름답게 할 壯秋色耳.《群芳譜》
수 있기 때문이다.《군방보》[17]

---

17 《二如亭群芳譜》, 위와 같은 곳.

8. 촉규(蜀葵, 접시꽃)[1]

蜀葵

1) 이름과 품종

일명 '융규(戎葵)', '일장홍(一丈紅)'이다.[2]

【본초습유[3] 《이아(爾雅)》[4]에 "견(菺)은 융규(戎葵)
이다."라 했다. 이에 대한 곽박(郭璞)[5]의 주석에 "융규
는 지금의 촉규(蜀葵)이다. 융(戎)과 촉(蜀)은 모두 유
래한 곳으로 명명한 것이다."[6]라 했다.

名品

一名"戎葵", 一名"一丈紅".

【本草拾遺 《爾雅》: "菺,
戎葵也." 郭璞注: "今蜀葵
也. 戎、蜀, 皆以其所自來
者名之也."

접시꽃싹

접시꽃(이상 임원경제연구소, 국립원예특작과학원에서 촬영)

---

1 촉규(蜀葵, 접시꽃):쌍떡잎식물 아욱목 아욱과의 여러해살이풀. 전국 각처에서 자라며, 관상용으로 심는다.
2 일명……일장홍(一丈紅)이다:《廣群芳譜》卷46〈花譜〉"蜀葵", 1119쪽에 보인다.
3 출전 확인 안 됨:《本草綱目》卷16〈草部〉"蜀葵", 1042쪽.
4 이아(爾雅):중국의 가장 오래된 사전. 주공(周公)이나 공자(孔子)가 편찬했다는 설이 있었으나, 지금은 전
   한(前漢) 때 완성된 것으로 본다.
5 곽박(郭璞):276~324. 중국 진나라의 관료. 서진(西晉) 말~동진(東晉) 초 시풍을 대표하는 인물로, 《이아》
   ·《초사(楚詞)》등에 주석을 달았다.
6 견(菺)은……것이다:《爾雅注疏》卷8〈釋草〉13(《十三經注疏整理本》24, 282쪽)에 보인다.

군방보 7 꽃은 무궁화[木槿, 목근]와 비슷하지만 그보다 크다. 빛깔로는 짙은 홍색·옅은 홍색·자색·백색·먹색·짙은 도홍색·옅은 도홍색·가지색·남색의 여러 색이 있다. 꽃의 형태로는 겹꽃·오심(五心, 꽃술이 5개)·겹꽃잎·겹잎·홑잎·전융(翦羢)8·큰 입[鉅口]·가는꽃잎·둥근꽃잎·겹꽃잎의 여러 종류가 있다.

옛날 사람들이 접시꽃의 특징을 성근 줄기, 빽빽한 잎, 비취색 꽃받침, 예쁜 꽃, 금가루 뿌린 꽃술이라 묘사했다. 참으로 이 꽃을 잘 묘사했다고 할 만하다】

群芳譜 花, 如木槿而大. 色有深紅、淺紅、紫、白、墨深、淺桃紅、茄紫、藍數色. 形有千瓣、五心、重臺、重葉、單葉、翦羢、鉅①口、細瓣、圓瓣、重瓣數種. 昔人謂其疏莖、密葉、翠萼、艷花、金粉檀心, 可謂善狀此花已】

2) 심기와 가꾸기

8~9월 김맨 땅에 파종한다. 겨울에 눈이 내릴 때마다 로(耮, 勞)질9을 한다. 눈이 증발하지 않도록 하여 땅이 습기를 보존하게 해야 해충으로 인한 재해가 없다.

초봄이 되면 가늘고 작은 싹은 제거하고, 나머지 싹만 땅에 두어 자주 물을 준다. 거름은 빠뜨리지 말아야 한다. 특이한 색의 꽃을 피우는 변종이 싹트기 마련이고, 정원 가득 가장 오래 꽃이 핀다. 7월이 되어도 여전히 꽃이 번성한다.《군방보》10

種藝

八九月間鋤地下種. 冬有雪輒耮之, 勿令飛去, 使地保澤, 無蟲災.

至春初, 刪其細小, 餘留在地, 頻澆水, 勿缺肥. 當有變異色者發生, 滿庭花開最久, 至七月中, 尙蕃.《群芳譜》

---

7 《二如亭群芳譜》〈貞部〉 "花譜" 3 '葵'(《四庫全書存目叢書補編》80, 738~739쪽).
8 전융(翦羢):가늘고 부드러운 솜털을 잘라 놓은 듯한 모양, 또는 꽃잎에 고운 솜털이 난 모양인 듯하다.
9 로(耮, 勞)질:로를 이용하여 흙을 고르게 펴거나 덮는 일.《본리지》권4〈농지 가꾸기〉'밭갈이, 써레질, 고무래질' '써레질 총론'에 자세히 보인다. 로 그림은《본리지》권10〈그림으로 보는 농사 연장〉상 "갈이 연장과 삶이 연장" '로(勞)'에 보인다.
10 《二如亭群芳譜》〈貞部〉 "花譜" 3 '葵'(《四庫全書存目叢書補編》80, 739쪽).
① 鉅:《廣群芳譜·花譜·蜀葵》에는 "鋸".

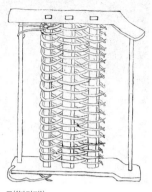

로(《본리지》)

3) 물주기와 거름주기

땅이 기름지고 물을 잘 주면 꽃에 50~60종의 기이한 형태가 있다. 5월에 번성한 꽃 중에 이보다 더한 꽃이 없다.《초화보》[11]

4) 보호하기

큰 비바람이 친 뒤에는 곧 지탱하여 일으키고 뿌리를 북주어야 한다. 조금이라도 늦으면 그 머리가 바로 꺾여 볼 만하지 않게 된다.《군방보》[12]

5) 종자 거두기

종자를 거둘 때에는 많은 양을 얻는 일이 중요하다.《군방보》[13]

澆壅

地肥善灌, 花有五六十種奇態. 五月繁華, 莫過于此.《草花譜》

護養

大風雨後, 卽宜扶起壅根. 少遲則其頭便曲, 不堪觀矣.《群芳譜》

收種

收子, 以多爲貴.《群芳譜》

---

11 출전 확인 안 됨;《遵生八牋》卷16〈燕閑淸賞牋〉"戎葵"(《遵生八牋校注》, 627쪽).
12 《二如亭群芳譜》, 위와 같은 곳.
13 《二如亭群芳譜》, 위와 같은 곳.

촉규(《본초강목》)

접시꽃

6) 품등

겹꽃 4~5종을 찾아서 담이나 울타리의 양지바른 곳에 색깔을 섞어서 심으면 줄기가 길고 곧으며, 꽃이 예쁘고 오래 간다. 앵속(罌粟)[14]를 심는 것보다 10배는 낫다. 《군방보》[15]

7) 쓰임새

접시꽃줄기의 껍질을 벗겨 베를 짜고 끈을 만들 수 있다. 《본초강목》[16]

品第

尋千葉者四五種, 墻籬向陽處, 間色種之, 幹長而直, 花艶而久. 勝種罌粟十倍.《群芳譜》

功用

蜀葵稭剝皮, 可緝布作繩.《本草綱目》

---

14 앵속(罌粟) : 쌍떡잎식물 양귀비과의 두해살이풀. 앵속(罌粟)으로도 쓴다. 익지 않은 열매의 유즙에 모르핀·코데인 등의 마약성분이 있어 진정제의 원료로 쓴다. 우리나라 전역에서 재배가 가능하지만 금지되어 있다.
15 《二如亭群芳譜》, 위와 같은 곳.
16 《本草綱目》 卷16 〈草部〉 "蜀葵", 1042쪽.

접시꽃1

접시꽃2

접시꽃3(이상 임원경제연구소, 파주시 월롱면 덕은리에서 촬영)

9. 금규(錦葵, 당아욱)[1]

錦葵

1) 이름과 품종

일명 '교(荍)', '형규(荊葵)', '전규(錢葵)'이다.[2]

【군방보】[3] 떨기지어 낮게 자란다. 잎은 약간 두터우며, 꽃은 동전[錢]처럼 작다. 꽃빛깔은 짙은 홍색·엷은 홍색·엷은 자색이 있으며, 모두 홑꽃이다. 《시경》에 "그대를 교(荍)처럼 본다."[4]라 했고, 주석에 "교(荍)는 비부(蚍芣)이다."[5]라 한 것이 바로 이것이다】

2) 심기와 가꾸기

심는 법은 접시꽃과 같다. 《군방보》[6]

名品

一名"荍", 一名"荊葵", 一名"錢葵".

【群芳譜】 叢低, 葉微厚, 花小如錢. 色深紅、淺紅、淡紫, 皆單葉. 《詩》"視爾如荍", 注"荍, 蚍芣", 卽此也】

種藝

種法, 同蜀葵. 《群芳譜》

---

1 금규(錦葵, 당아욱) : 당아욱(*Malva sylvestris*)이다.
2 일명……전규(錢葵)이다 : 《廣群芳譜》 卷46 〈花譜〉 "錦葵", 1123쪽에 보인다.
3 《二如亭群芳譜》, 위와 같은 곳.
4 그대를……본다 : 《毛詩正義》 卷7 〈秦風〉 "東門之枌"(《十三經注疏整理本》 4, 517쪽).
5 교(荍)는 비부(蚍芣)이다 : 《毛詩正義》, 위와 같은 곳.
6 《二如亭群芳譜》, 위와 같은 곳.

이욱싹(임원경제연구소, 국립원예특작과학원에서 촬영)

당아욱

당아욱

10. 추규(秋葵)[1]

1) 이름과 품종

일명 '측금잔(側金盞)'이다.[2]

【군방보】[3] 높이는 6~7척이다. 황색 꽃에 초록색 잎, 옅은 홍색[檀] 꽃받침과 백색 심(꽃술)이 있다. 잎은 부용(芙蓉)의 잎과 비슷하며 뾰족한 모양으로 5장이 있어서 사람의 손가락모양과 비슷하다. 좁으면서 이지러진 곳이 많다.

6월에 사발만 한 크기의 옅은 꽃이 피고, 옅은 황색이다. 6장의 꽃잎이 있으며, 꽃모양이 기울어져 있다[側]. 아침에 꽃잎이 벌어졌다가 낮에 오므라든다. 꽃이 지면 꼬투리가 맺히고, 꼬투리에는 6개의 방이 있으며, 씨앗이 방 안에 있다. 규화(葵花)와 비슷하므로 '추규(秋葵)'라 했다. 아침 저녁으로 태양의 방향으로 기울어지는 꽃이 바로 이것이다】

秋葵

名品

一名"側金盞[1]".

【群芳譜】高六七尺, 黃花綠葉, 檀蒂白心. 葉, 如芙蓉, 有五尖, 如人爪形, 狹而多缺.

六月放花大如碗, 淡黃色, 六瓣而側. 朝開午收. 花謝結角, 角有六房, 子在房內. 與葵相似, 故名"秋葵". 朝夕傾陽, 此葵是也】

---

1 추규(秋葵) : 닥풀속(*Abelmoschus spp.*) 식물이다.
2 일명 측금잔(側金盞)이다 : 《二如亭群芳譜》, 위와 같은 곳에 보인다.
3 《二如亭群芳譜》, 위와 같은 곳.
[1] 盞 : 《廣群芳譜·花譜·秋葵》에는 "箋".

닥풀(국가생물종지식정보시스템)

2) 파종 시기

가을이 지나면 씨앗을 거두고, 2월에 심는다.
《군방보》[4]

3) 심기와 가꾸기

손을 높이 들어 씨를 흩뿌리면 줄기가 또한 길고
커진다.《군방보》[5]

時候

秋盡收子, 二月種.《群芳
譜》

種藝

以手高撒, 梗亦長大.《群
芳譜》

---

4 《二如亭群芳譜》, 위와 같은 곳.
5 《二如亭群芳譜》, 위와 같은 곳.

11. 산단(山丹)[1]

山丹

1) 이름과 품종

일명 '홍백합(紅百合)', '연주(連珠)', '천강구(川强瞿)', '홍화채(紅花菜)'이다.[2]

【군방보】[3] 뿌리는 백합과 비슷하나 몸이 그보다 작고 꽃잎이 적으며, 줄기도 짧고 작다. 잎은 좁고 길면서 뾰족하여 버드나무잎과 제법 비슷하지만 백합과는 뚜렷하게 구별된다. 4월에 꽃잎 6장이 달린 붉은 꽃이 피는데, 사방으로 드리워지며 또한 작은 열매를 맺는다.

어떤 종은 높이가 4~5척이며 원추리꽃과 비슷하다. 꽃의 크기는 사발만 하고, 홍색 얼룩무늬에 흑색 반점이 있으며, 꽃잎은 모두 뒤집혀 말렸고 잎 1장에서 열매가 1개씩 난다. 이 품종을 '회두견자화(回頭見子花)', 또는 '번산단(番山丹)'[4]이라 한다. 뿌리는

名品

一名"紅百合", 一名"連珠", 一名"川强瞿", 一名"紅花菜".

【群芳譜】根似百合, 體小而瓣少, 莖亦短小. 葉狹長而尖, 頗以柳葉, 與百合迴別. 四月開紅花六瓣, 下[1] 四垂, 亦結小子.

一種高四五尺, 如萱花. 花大如椀, 紅斑黑點, 瓣俱反捲, 一葉生一子, 名"回頭見子花", 又名"番山丹". 根似百合, 不堪食.

---

1 산단(山丹) : 식용이 아닌 관상용으로 이용하는 나리속(*Lilium spp.*) 식물의 총칭.
2 일명……홍화채(紅花菜)이다 : 《二如亭群芳譜》〈貞部〉 "花譜" 4 '山丹'(《四庫全書存目叢書補編》80, 796쪽);《廣群芳譜》卷47〈花譜〉"山丹", 1127쪽에 보인다.
3 《二如亭群芳譜》, 위와 같은 곳.
4 번산단(番山丹) : 백합과의 여러해살이풀인 참나리.
[1] 下 : 저본에는 "不".《廣群芳譜·花譜·山丹》에 근거하여 수정.

백합과 비슷하며, 먹을 수 없다.

어떤 종은 높이가 1척 정도이고, 꽃은 주사(朱砂)처럼 홍색이다. 무성한 것은 줄기 1개에서 꽃 2~3송이가 핀다. 꽃은 백합보다 작고 향이 없다. 일명 '중정화(中庭花)'이다. 뿌리는 백합과 같으며, 먹을 수 있다】

一種高尺許, 花紅如朱砂. 茂者一幹兩三花, 花小於百合, 無香. 一名"中庭花". 根同百合, 可食】

2) 파종 시기

산단은 봄에 나누어 심는다.《군방보》[5]

時候

山丹, 春時分種.《群芳譜》

번산단꽃은 반드시 매년 8~9월에 나누어 심어야 비로소 무성해진다.《광군방보》[6]

番山丹花須每年八九月分種, 方盛.《廣群芳譜》

3) 심기과 가꾸기

1년에 한 번 알뿌리를 캐서 큰 것은 음식에 쓰고, 작은 것은 기름진 흙으로 달래 심는 법과 같이 심는다.《군방보》[7]

種藝

一年一起, 取其大者供食, 小者用肥土如種蒜法.《群芳譜》

4) 물주기와 거름주기

산단은 닭똥으로 거름주면 무성해진다.《군방보》[8]

澆壅

山丹, 以鷄糞壅之則茂.《群芳譜》

---

5 《二如亭群芳譜》, 위와 같은 곳.
6 《廣群芳譜》, 위와 같은 곳.
7 《二如亭群芳譜》, 위와 같은 곳.
8 《二如亭群芳譜》, 위와 같은 곳.

번산단(참나리)

중정화는 본성이 닭똥을 좋아한다. 이것은 백합
과 대략 같다.《군방보》[9]

中庭花, 性喜鷄糞, 與百合
略同. 同上

---

9 《二如亭群芳譜》, 위와 같은 곳.

12. 옥미인(玉美人)[1]

玉美人

1) 이름과 품종

名品

【금화경독기】[2] 예전에는 이런 종이 없었다. 그런데 20년 전 북경에 갔던 사람이 옥미인의 종자를 얻어 왔다. 잎은 국화잎과 비슷하지만 그보다 마르고 가늘다. 5월에 꽃이 피고, 분홍색·짙은 홍색 2가지 색이 있다. 분홍색은 겹꽃이고 짙은 홍색은 홑꽃이다. 아침에 피었다가 저녁에 지며, 연달아 계속해서 피고 진다】

【金華耕讀記】舊無其種, 廿年前, 赴燕者得其種而來. 葉如菊葉而瘦細. 五月開花, 有粉紅、深紅二色. 粉紅者千葉, 深紅者單葉. 朝開暮落, 接續開謝】

2) 알맞은 토양

土宜

토양은 기름져야 한다.《금화경독기》[3]

土宜肥.《金華耕讀記》

3) 파종 시기

時候

2월에 씨를 심는다.《금화경독기》[4]

二月子種.《金華耕讀記》

---

1 옥미인(玉美人) : 양귀비속(*Papaver*)의 우미인(虞美人)과 비슷한, 그 당시 최근 도입되어 조선 또는 중국에서 이름을 붙인 식물로 추정된다. 투명감 있는 녹색 빛의 색상인 옥(玉)이란 한자를 붙인 것으로 보아 양귀비속 식물 중 꽃색에 투명감이 있는 아이슬란드포피(*P. nudicaule*, 몽고·시베리아에 자생)로 추정된다.
2 출전 확인 안 됨.
3 출전 확인 안 됨.
4 출전 확인 안 됨.

13. 금전화(金錢花)[1]

金錢花

1) 이름과 품종

名品

일명 '자오화(子午花)', '야락금전화(夜落金錢花)'[2]이다.[3]

一名"子午花", 一名"夜落金錢花".

【군방보】[4] 가을에 황색 꽃이 피고, 꽃송이가 동전[錢]과 같다. 녹색 잎에, 부드러운 가지이며, 예뻐서 사랑스럽다. 양(梁)[5]나라 대동(大同) 연간(535~546)에 외국에서 들어왔다.

【群芳譜】秋開花黃色, 朶如錢. 綠葉柔枝, 嬶娟可愛. 梁 大同中進自外國.

안 《본초강목》에 "선복(旋覆)은 일명 '금전화', '적적금(滴滴金)'이다. 또 《이아》에서 말한 '도경(盜庚)'은 곧 '선복'을 말한다.[6] '경(庚)'이라 말한 이유는 금(金, 금색)이라는 뜻이다. 여름에 황색 꽃이 피어 금기(金氣)를 훔치기 때문이다."[7]라 했다. 그런데 《군방보》에서는

案 《本草綱目》云: "旋覆, 一名'金錢花', 一名'滴滴金'. 又以 《爾雅》 所稱'盜庚', 謂卽'旋覆'. 而云'庚' 者, 金也, 夏開黃花, 盜竊金氣

---

1 금전화(金錢花) : 조선 시대에는 주황색의 염료로도 이용된 펜타페테스 푀니케아(Pentapetes phoenicea)로 추정된다. 《본초강목》〈초부〉 "선복화"를 보면 금전화는 선복화의 이칭이라고 나온다. 그러나 안설에서 서유구는, 금전화는 가을꽃이고 선복화는 여름꽃으로 엄연히 다른 종이라 했다. 대체로 금전화와 금불초를 섞어서 같은 종으로 분류하면 오류라고 여겼던 것이다.

2 야락금전화(夜落金錢花) : 정오에 피고 밤이 되면 진다 해서 '야락(夜落)'이 이름에 붙었다.

3 일명……야락금전화(夜落金錢花)이다 : 《二如亭群芳譜》〈貞部〉 "花譜" 4 '金錢花'(《四庫全書存目叢書補編》80, 793쪽)에 보인다.

4 《二如亭群芳譜》, 위와 같은 곳.

5 양(梁) : 502~557. 중국 위진남북조(魏晉南北朝) 시대 남조(南朝)의 왕조. 무제(武帝) 소연(蕭衍, 464~549)이 건국했으며 진(陳)나라에 멸망당했다.

6 도경(盜庚)은……말한다 : 《爾雅注疏》 卷8 〈釋草〉(《十三經注疏整理本》24, 282쪽)에 보인다.

7 선복(旋覆)은……때문이다 : 《本草綱目》 卷15 〈草部〉 "旋覆花", 961쪽.

금전화

"금전은 일명 '자오화'이고, 가을에 꽃이 핀다."[8]라 했다. 하지만 선복은 일명 '적적금'으로, 여름에 꽃이 피기 때문에 두 꽃은 전혀 달라서 한 종류가 아니다.

지금 《풍토기》를 살펴보니, "금전화는 낮에 피고 밤에 진다. 꽃이 피는 때가 항상 가을이다."[9]라 했다. 소식(蘇軾)[10]의 시에 "금전화 가을 곁에 있네."[11]라 했고, 《백씨집(百氏集)》[12]에서는 "가을 3개월의 경치 살 수 있네."[13]라 했으니, 금전화가 가을꽃임은 믿을

也."《群芳譜》則"金錢, 一名'子午花', 秋開花." 旋覆, 一名"滴滴金", 夏開花, 兩卉迥別, 非一類也.

今案《風土記》, 云:"日開夜落, 花時常在於秋." 東坡詩云"金錢色傍秋",《百[1]氏集》云"能買三秋景", 金錢之秋花, 信矣. 與李時珍

8   금전은……핀다:《二如亭群芳譜》, 위와 같은 곳.
9   금전화는……가을이다:《二如亭群芳譜》, 위와 같은 곳;《御定淵鑑類函》卷407〈花部〉3 "金錢" 1(《文淵閣四庫全書》992, 843쪽).
10 소식(蘇軾):1037~1101. 중국 북송의 관료. 문장에 뛰어나 당송팔대가(唐宋八大家)의 한 명으로 꼽히며, 아버지 소순(蘇洵), 동생 소철(蘇轍)과 함께 3소라 불렸다. 정치적으로는 구법당에 속했고, 정쟁에 휘말려 오랜 유배생활 중에 죽었다. 문집으로《동파전집(東坡全集)》이 있다.
11 금전화……있네:《全芳備祖集》〈前集〉卷26 "花部" '金錢花'(《文淵閣四庫全書》935, 251쪽).
12 백씨집(百氏集):중국 송(宋)나라 여러 시인들의 작품을 모아 놓은 시문집으로 추정된다.
13 가을……있네:《二如亭群芳譜》, 위와 같은 곳;《山堂肆考》卷26〈花品〉"金錢花" '九府難輸'(《文淵閣四庫全書》978, 133쪽).
[1] 百:저본에는 "白".《二如亭群芳譜·花譜·金錢花》에 근거하여 수정.

만하다. 이시진(李時珍)[14]이 말한 "여름에 금기를 훔 친다."[15]라 한 표현과 서로 맞지 않으므로 지금은 《군방보》를 따른다】

所謂"夏竊金氣"者, 不相 應, 今從《群芳譜》】

2) 심기와 가꾸기
씨를 심는다.《군방보》[16]

種藝
以子種.《群芳譜》

3) 품등
자기화분에 심고, 작은 대나무로 받침대를 만들 어 받쳐 주면 또한 서재의 우아한 완상품이다.《군 방보》[17]

品第
栽磁盆中, 副以小竹架, 亦 書室中雅翫也.《群芳譜》

---

14 이시진(李時珍) : 1518~1593. 중국 명나라의 의학자.《본초강목》의 저자이다.
15 여름에……훔친다 : 《本草綱目》卷15〈草部〉"旋覆花", 961쪽에 보인다.
16 《二如亭群芳譜》, 위와 같은 곳.
17 《二如亭群芳譜》, 위와 같은 곳.

14. 적적금(滴滴金, 금불초)¹

滴滴金

1) 이름과 품종

일명 '하국(夏菊)', '애국(艾菊)', '선복화(旋覆花)', '첩라황(疊羅黃)'이다.²

【군방보】³ 줄기가 푸르고 향기롭다. 잎은 푸르고 길며, 뾰족하고 갈라진 부분이 없다. 높이는 겨우 2~3척이다. 꽃은 황금색이며, 겹꽃 중에 가장 가늘다. 일반적으로 2~3겹의 밝은 황색 꽃잎이고, 꽃심은 진한 황색이다. 그 가운데 1개의 옅은 녹색 점이

名品

一名"夏菊", 一名"艾菊", 一名"旋覆花", 一名"疊羅黃".

群芳譜 莖青而香, 葉青而長, 尖而無椏. 高僅二三尺, 花色金黃, 千瓣最細. 凡二三層明黃色, 心乃深黃, 中有一點微綠者, 巧小

적적금

---

1 적적금(滴滴金, 금불초) : 쌍떡잎식물 국화과의 여러해살이풀인 금불초(*Inula britannica*)로 추정된다. 조선시대에는 여름에 피는 국화류라서 하국(夏菊)이라 불렀다.
2 일명……첩라황(疊羅黃)이다 : 《二如亭群芳譜》〈貞部〉 "花譜" 4 '滴滴金'(《四庫全書存目叢書補編》80, 797쪽)에 보인다.
3 《二如亭群芳譜》, 위와 같은 곳.

절이전

금불초(《본초강목》)

있는 품종은 예쁘고 작아서 동전만 하다. 절이전(折二錢)⁴처럼 큰 품종도 있다.

    꽃은 6월부터 핀다. 8월이 되어 처음 싹이 난다. 싹은 묵은 뿌리에서 나오는데, 하나가 나오고 나면 곳곳에 싹이 난다. 꽃 끝에 맺힌 이슬방울[露滴]이 떨어져 흙으로 들어가면 곧 새 뿌리가 나기 때문에 '적적금(滴滴金)'이라 했다. 예전에 땅을 파서 뿌리를 확인해 본 적이 있는데, 과연 연속된 것이 없었다】

如錢, 亦有大如折二錢者.

自六月開, 至八月苗初生, 自陳根出, 旣則遍地生苗. 緣花梢頭露滴入土, 卽生新根, 故名"滴滴金". 嘗劚地驗其根, 果無聯屬】

2) 알맞은 토양

    물가에서 난 것은 꽃이 작고 홑꽃이고, 인가에서 재배하는 것은 꽃이 크고 꽃송이가 떨기진다. 대개 물가의 꽃은 토양이 척박하여 그렇게 된 것이다. 《본초강목》⁵

土宜

水澤邊生者, 花小瓣單; 人家栽者, 花大蕊簇. 蓋壤瘠使然也.《本草綱目》

---

4 절이전(折二錢) : 중국 동전의 하나. 기존 동전 2개에 해당한다고 하여 '당이전(當二錢)'이라고도 한다. 남당 (南唐) 교태(交泰) 2년(959)에 주조된 '당국통보(唐國通寶)'가 최초의 절이전이다.

5 《本草綱目》卷15〈草部〉"旋覆花", 962쪽.

15. 봉선(鳳仙)[1]

鳳仙

1) 이름과 품종

일명 '해납(海納)', '한진주(旱珍珠)', '소도홍(小桃紅)', '염지갑초(染指甲草)', '협죽도(夾竹桃)'이다.[2]

【군방보】[3] 싹은 높이가 2~3척이고, 줄기는 홍색·백색 2가지 색이 있다. 잎은 길고 뾰족하여 복숭아나무잎·버드나무잎과 비슷하지만 이들과 달리 톱니 모양이 있다. 그러므로 '협죽도'라는 이름이 생겼다.

잎이 갈라져 나온 부분에서 꽃이 핀다. 꽃의 머리·날개·꼬리·발이 모두 봉황의 모양처럼 나는 듯하므로 '봉선'이라는 이름이 생겼다.

꽃색은 홍색·자색·황색·백색·벽색(碧色, 푸른색) 및 기타 색깔로 잘 변한다. 금가루를 뿌린 듯한 것이나, 흰 꽃잎 위에 홍색 점 몇 개가 있는 봉선화도 있다. 이 또한 색이 변한 종류 중에서도 특이한 품종이다.

열매는 앵두와 비슷하지만 그보다 조금 길다. 익

名品

一名"海納", 一名"旱珍珠", 一名"小桃紅", 一名"染指甲草", 一名"夾竹桃".

【群芳譜】苗高二三尺, 莖有紅、白二色, 葉長而尖, 似桃、柳葉而有鉅齒, 故有"夾竹桃"之名.

椏間開花, 頭、翅、尾、足俱翹然如鳳狀, 故有"鳳仙"之名.

其色紅、紫、黃、白、碧及雜色善變易. 有灑金者, 白瓣上紅色數點, 又變之異者也.

實如櫻桃而微長, 生青熟

---

1 봉선(鳳仙) : 쌍떡잎식물 봉선화과의 한해살이풀. 봉숭아라고도 한다. 염료·약용·관상용으로 심는다.
2 일명⋯⋯협죽도(夾竹桃)이다 : 《二如亭群芳譜》〈貞部〉"花譜" 4 '鳳仙'(《四庫全書存目叢書補編》80, 791쪽)에 보인다.
3 《二如亭群芳譜》, 위와 같은 곳.

봉선화

지 않았을 때는 청색이고 익으면 홍색이다. 건드리면 곧 터지면서 씨가 모두 뿔뿔이 흩어진다. 그러므로 이 씨에 '급성자(急性子, 본성이 성질 급한 씨)'라는 이름이 생겼다】

紅. 觸之卽裂, 子皆迸散, 故有"急性子"之名】

2) 파종 시기

2월에 씨를 뿌리고 수시로 다시 파종할 수 있다. 즉 겨울 혹한에는 아궁이 곁에 심어도 살아난다. 《군방보》[4]

時候

二月下子, 隨時可再種, 卽冬月嚴寒, 種之火坑亦生. 《群芳譜》

3) 관리

봉선화는 진 꽃을 다시 피게 하려면 다만 씨를 그때그때 따 주면 또한 꽃이 핀다. 《물류상감지》[5]

葺理

鳳仙花欲去再開, 但將子逐旋摘去, 則又生花.《物類相感志》

---

4 《二如亭群芳譜》, 위와 같은 곳.
5 《物類相感志》卷上〈花草〉(《叢書集成初編》1344, 7쪽).

16. 앵속(罌粟)

1) 이름과 품종

일명 '미낭화(米囊花)', '어미화(御米花)', '미각화(米殼花)'이다.[1]

【군방보[2] 줄기는 높이가 1~2척이다. 잎은 쑥갓[蒿蒿, 동호][3]의 잎과 같다. 꽃에는 대홍색·도홍색·홍자색·순자색·순백색·겹꽃·홑꽃이 있다. 열매는 연방(蓮房)과 모양이 같다. 그 씨주머니에 씨 수천 알이 있고, 크기는 정력자(葶藶子, 다닥냉이씨)[4]와 같다.

名品

一名"米囊花", 一名"御米花", 一名"米殼花".

【群芳譜】莖高一二尺, 葉如茼蒿. 花有大紅、桃紅、紅紫、純紫、純白、千葉、單葉. 實如蓮房. 其子囊數千粒, 大小如葶藶子.

정력(다닥냉이)

정력(다닥냉이)꽃(이상 임원경제연구소, 전남 신안군 흑산도에서 촬영)

---

1 일명……미각화(米殼花)이다:《二如亭群芳譜》〈貞部〉"花譜" 4 '罌粟'(《四庫全書存目叢書補編》80, 792쪽)에 보인다.
2 《二如亭群芳譜》, 위와 같은 곳.
3 쑥갓[茼蒿, 동호]: 쌍떡잎식물 국화과의 두해살이풀. 식용으로 재배하며 서양에서는 관상용으로 심는다.
4 정력자(葶藶子, 다닥냉이씨): 쌍떡잎식물 십자화과의 두해살이풀의 씨. 식용·약용으로 쓴다.

개양귀비(국립수목원)

개양귀비(국가생물종지식정보시스템. 국립수목원 정수영)

초화보 [5] 우미인(虞美人, 개양귀비)[6]는 꽃잎이 짧고 예
쁘며, 만원춘(滿園春)은 겹꽃잎이 날리듯 흔들린다. 2
가지 모두 양귀비의 일종이다】

草花譜 虞美人, 瓣短而
嬌; 滿園春, 夾瓣飛動. 皆
罌粟一種也】

2) 알맞은 토양

앵속은 산비탈에 더욱 적합하다. 휴전(畦田)에도
심는다. 《사시유요》[7]

土宜

罌粟尤宜山坡, 亦畦種.
《四時類要》

3) 파종 시기

9월 9일에 심는다. 또 추석날 밤에 심으면 양귀
비가 크고 씨가 가득 찬다. 《박문록(博聞錄)[8]》[9]

時候

重九日種. 又中秋夜種, 則
罌大子滿. 《博聞錄》

---

5 출전 확인 안 됨; 《遵生八牋》卷16 〈燕閑淸賞牋〉 下 "罌粟花"(《遵生八牋校注》, 624쪽).
6 우미인(虞美人, 개양귀비): 쌍떡잎식물 양귀비과의 두해살이풀. 애기아편꽃이라고도 한다. 씨껍질에 몰핀
   등의 마약성분이 들어 있다.
7 출전 확인 안 됨; 《農桑輯要》卷6 〈藥草〉 "罌粟"(《農桑輯要校注》, 225쪽).
8 박문록(博聞錄): 중국 송말원초의 문인 진원정(陳元靚, ?~?)이 찬집한 유서(類書). 10권으로 구성되었으
   나 일실되어, 《농상집요》 등에 인용되어 보존된 자료와 《세시광기(歲時廣記)》, 《사림광기(事林廣記)》 등
   의 여타 저술을 통해 그 내용을 짐작할 수 있다.
9 출전 확인 안 됨; 《農桑輯要》, 위와 같은 곳.

8월 추석날 밤에 심거나 9월 9일 달밤에 씨를 뿌린다. 《화사》[10]

八月中秋夜, 或重陽月下子. 《花史》

4) 심기와 가꾸기

심은 뒤에 대나무비로 파종한 곳을 쓸어 준다. 《박문록》[11]

種藝

種訖, 以竹箒掃之. 《博聞錄》

씨뿌리기를 마치고 대나무비로 고루 쓸어 주면 꽃이 곧 겹꽃이 된다. 두 손을 교차하여 씨를 뿌리면 겹꽃받침이 있는 꽃이 핀다. 더러는 "먹물을 섞어 뿌리면 개미가 먹는 일을 면할 수 있다."라 한다.

下子畢, 以掃箒掃均, 花乃千葉. 兩手交換撒子, 則花重臺. 或云 : "以墨汁拌撒, 免蟻食."

반드시 먼저 땅에 똥거름을 주어 매우 기름지고 부드럽게 한다. 냉음탕(冷飮湯)[12]과 솥 밑바닥의 재에 부드럽고 건조한 흙을 고루 섞어 놓았다가, 씨앗을 뿌린 다음에 그대로 이 흙으로 덮는다. 싹이 나온 뒤에는 맑은 똥물을 준다. 배게 자란 곳은 솎아 준다. 이는 성글게 자라는 것이 중요하기 때문이다.

須先糞地極肥鬆. 用冷飮湯竝鍋底灰和細乾土拌均, 下訖, 仍以土蓋. 出後澆淸糞, 刪其繁, 以稀爲貴.

자라면 대나무나 갈대로 지탱해 준다. 만약 땅이 척박하거나 심기가 늦으면 홑꽃으로 변한다. 그러나 홑꽃은 씨가 반드시 꽉 차고, 겹꽃은 씨가 빈 것이 많다. 《화사》[13]

長卽以竹、葦扶之. 若土瘦種遲, 則變爲單葉. 然單葉者, 粟必滿 ; 千葉者, 粟多空. 《花史》

---

10 출전 확인 안 됨 ; 《二如亭群芳譜》, 위와 같은 곳.
11 출전 확인 안 됨 ; 《農桑輯要》 卷6 〈藥草〉 "罌粟"(《農桑輯要校注》, 225쪽).
12 냉음탕(冷飮湯) : 미상. 끓인 물을 식힌 것으로 추정된다.
13 출전 확인 안 됨 ; 《二如亭群芳譜》 〈貞部〉 "花譜" 4 '罌粟'(《四庫全書存目叢書補編》 80, 792~793쪽).

5) 품등

작약이 진 뒤로는 앵속이 가장 번성하고 화려하다. 그 꽃은 잘 변화하기 때문에 정성으로 물주고 심으면 곱고 아름다운 온갖 자태를 보인다. 예전에 황색·녹색으로 피는 꽃이 있어서 멀리서 보면 매우 아름다웠는데, 가까이서 보면 그다지 볼 만하지 않았다. 《학포여소》[14]

品第

芍藥之後, 罌粟花最繁華. 其物能變, 加意灌植, 妍好千態. 曾有作黃色、綠色者, 遠視佳甚, 近頗不堪聞. 《學圃餘疏》

---

14 《學圃雜疏》〈花疏〉(《叢書集成初編》1355, 3쪽);《二如亭群芳譜》〈貞部〉 "花譜" 4 '罌粟'(《四庫全書存目叢書補編》80, 793쪽).

17. 여춘(麗春, 개양귀비)[1]

麗春

1) 이름과 품종

名品

【초화보】[2] 양귀비의 종류이다. 꽃이 항상 흩날리듯 춤추기 때문에 꼭 나비의 날개가 팔랑거리는 모습 같다. 또한 화초 중의 빼어난 품종이다.

【草花譜】罌粟類也. 其花常飛舞, 儼如蝶翅扇動, 亦草花中之妙品也.

【군방보】[3] 떨기지어 난다. 부드러운 줄기와 많은 잎이 있으며, 가시가 있다. 뿌리와 싹은 한 종류이지만 꽃은 여러 가지 색깔을 갖추었다. 즉 홍색·백색·자색, 분칠한 듯한 홍색·청색 섞인 황색·옅은 홍색·반(半)홍색·흰 바탕에 붉은 무늬의 색·붉은 옷에 순백 무늬의 색·은홍(殷紅)색에 꼭두서니를 물들인 듯한 색이 있다. 자태는 파잎처럼 줄기가 위로 솟아나며, 색이 윤택하고 선명하여 상당히 눈을 즐겁게 할 만하다】

【群芳譜】叢生. 柔幹多葉, 有刺. 根苗一類而具數色, 紅者、白者、紫者、傅粉之紅者、間靑之黃者、微紅者、半紅者、白膚而絳理者、丹衣而素純者、殷紅而染茜者. 姿狀蔥秀, 色澤鮮明, 頗堪娛目】

2) 심기와 가꾸기

種藝

이 꽃은 옮겨 심으면 안 된다. 1번이라도 옮기면

此花不可移, 一移遂成單

---

1 여춘(麗春, 개양귀비) : 쌍떡잎식물 양귀비과 두해살이풀.
2 출전 확인 안 됨 ; 《遵生八牋》 卷16 〈燕閑淸賞牋〉 下 "麗春花"(《遵生八牋校注》, 617쪽).
3 《二如亭群芳譜》 〈貞部〉 "花譜" 4 '麗春'(《四庫全書存目叢書補編》 80, 793쪽).

마침내 홑꽃이 된다.

【안】《초화보》에서는 "여춘은 홑꽃이다."⁴라 했고, 《증보도주공서》에서는 "겹꽃이 있다."⁵라 했는데, 대개 본 것이 달라서이다.

【우안】《초화보》·《군방보》에서는 모두 "우미인·만원춘은 곧 양귀비의 일종이다."⁶라 했고, 《증보도주공서》에서는 "여춘은 일명 '우미인'이고, 또 '호접(蝴蝶)'·'만원춘'이다."⁷라 했다. 하지만 무엇이 옳은지 모르겠다. 대체로 우미인·만원춘·여춘은 모두 양귀비의 별종이므로 그 심고 가꾸는 법이 양귀비와 다름이 없어야 할 것이다】《증보도주공서》⁸

葉.

【案】《草花譜》謂"麗春單葉",《陶朱公書》則謂"有千葉", 蓋所見之異也.

【又案】《草花譜》、《群芳譜》皆"以虞美人、滿園春爲卽罌粟一種", 而《陶朱公書》則謂"麗春, 一名'虞美人', 又名'蝴蝶'、'滿園春'", 未知孰是. 大抵虞美人、滿園春、麗春, 俱是罌粟別種, 其種蒔之法, 當與罌粟無異】《增補陶朱公書》

개양귀비

양귀비(《매원화보》)

4　여춘은 홑꽃이다 : 출전 확인 안 됨 ;《遵生八牋》卷16〈燕閑淸賞牋〉下 "麗春花"(《遵生八牋校注》, 617쪽).

5　겹꽃이 있다 : 출전 확인 안 됨.

6　우미인……일종이다 :《遵生八牋》卷16〈燕閑淸賞牋〉下 "麗春花"(《遵生八牋校注》, 617쪽) ;《廣群芳譜》卷46〈花譜〉"麗春", 1108쪽.

7　여춘은……만원춘이다 : 출전 확인 안 됨.

8　출전 확인 안 됨.

18. 전춘라(翦春羅)[1]

翦春羅

1) 이름과 품종

名品

일명 '전홍라(翦紅羅)'이다.[2]

一名"翦紅羅".

【본초강목[3] 2월에 싹이 난다. 높이는 1척 남짓이며, 부드러운 줄기에 초록색 잎이 난다. 잎은 마주보고 나며 줄기를 싸고 있다. 여름이 되면 꽃이 피고 크기는 동전만 하다. 일반적으로 꽃잎은 6장이 나고, 줄기를 빙 두른 꽃잎이 가위로 잘라 만든 듯하여 사랑스럽다.

【本草綱目】 二月生苗, 高尺餘, 柔莖綠葉, 葉對生抱莖. 入夏開花, 大如錢, 凡六出, 周廻如翦成可愛.

또 전홍사화(翦紅紗花)는 줄기 높이가 3척이다. 여름에서 가을에 꽃이 피며, 그 모양은 석죽화(石竹花)[4]와 비슷하면서도 그보다 크다. 사방으로 빙 두른 꽃잎이 가위로 자른 듯하고 선홍색이어서 사랑스럽다】

又有翦紅紗花, 莖高三尺, 夏秋開花, 狀如石竹花而大, 四圍如翦, 鮮紅可愛】

2) 관리

葺理

화분에 심으며, 화분마다 몇 그루씩 심는다. 작은 대나무나 갈대를 세우고 대나무통처럼 엮어 둥

種之盆盎中, 每盆數株. 豎小竹、葦, 縛作圓架如筒,

---

1 전춘라(翦春羅) : 동자꽃속(Lychnis spp.) 중 개화기가 빠른 종류를 지칭하는 것으로 추정된다.
2 일명 전홍라(翦紅羅)이다 : 《二如亭群芳譜》〈貞部〉 "花譜" 4 '翦春羅'(《四庫全書存目叢書補編》80, 794쪽)에 보인다.
3 《本草綱目》 卷16 〈草部〉 "翦春羅", 1064쪽.
4 석죽화(石竹花) : 쌍떡잎 식물 석죽과 패랭이꽃.

근 시렁을 만들면 꽃이 그 위에 붙는다. 꽃이 피면 불타는 나무 같아 또한 우아한 완상거리이다.《군방보》[5]

花附其上. 開如火樹, 亦雅玩也.《群芳譜》

5 《二如亭群芳譜》〈貞部〉 "花譜" 4 '翦春羅'(《四庫全書存目叢書補編》80, 794쪽).

19. 전추라(翦秋羅)[1]

翦秋羅

1) 이름과 품종

名品

일명 '한궁추(漢宮秋)'이다.[2]

一名"漢宮秋".

【군방보】[3] 꽃은 짙은 홍색이고, 꽃잎이 여러 갈래로 뾰족하게 나뉘어서 사랑스럽다. 8월 중에 꽃이 핀다.

【群芳譜】 色深紅, 花瓣分數歧尖峭可愛. 八月間開.

초화보 [4] 춘라(春羅)·하라(夏羅)·추라(秋羅)·동라(冬

草花譜 春、夏、秋、冬羅,

동자꽃

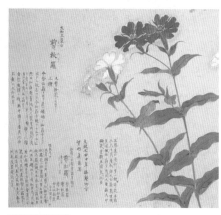

전추라(《매원화보》)

1　전추라(翦秋羅): 동자꽃속(Lychnis spp.) 중 개화기가 늦은 종류를 지칭하는 것으로 추정된다.

2　일명 한궁추(漢宮秋)이다:《二如亭群芳譜》〈貞部〉"花譜" 4 '翦秋羅'(《四庫全書存目叢書補編》80, 794쪽)에 보인다.

3　《二如亭群芳譜》, 위와 같은 곳.

4　출전 확인 안 됨;《遵生八牋》卷16〈燕閑清賞牋〉下 "翦秋羅花"(《遵生八牋校注》, 623쪽).

羅)는 꽃 피는 시기로 명명한 것이다. 춘라·하라는 황홍색이라 아름답지 않다. 오직 추라·동라만이 짙은 홍색으로 아름답다. 또 다른 한 종류는 금황색으로, 매우 아름답다】

以時名也. 春、夏二羅, 色黃紅不佳; 獨秋、冬羅, 紅深色美. 又有一種, 色金黃美甚】

2) 알맞은 토양

거름을 잘 주면 무성해진다. 《초화보》[5]

그늘진 땅을 좋아한다. 《군방보》[6]

土宜

喜肥則茂. 《草花譜》

喜陰地. 《群芳譜》

3) 파종 시기

봄에 나누어 심는다. 《초화보》[7]

時候

春時分種. 《草花譜》

4) 심기와 가꾸기

봄에 싹눈이 흙에서 0.1척 정도 나오기를 기다려 뿌리를 나누어 심는다. 씨를 심어도 좋다. 똥거름이 닿는 일을 싫어하므로 기름진 땅에 심고 맑은 물을 준다. 《군방보》[8]

種藝

春時待芽出土寸許, 分其根種之. 種子亦可. 怕糞觸, 種肥土, 淸水灌之. 《群芳譜》

5) 관리

대나무로 둥글게 시렁을 만들어 지탱하면 완상할 만하다. 《군방보》[9]

葺理

用竹圈作架, 扶之可翫. 《群芳譜》

5　출전 확인 안 됨; 《遵生八牋》, 위와 같은 곳.
6　《二如亭群芳譜》〈貞部〉 "花譜" 4 '翦秋羅'(《四庫全書存目叢書補編》 80, 794쪽).
7　출전 확인 안 됨; 《遵生八牋》 卷16 〈燕閑淸賞牋〉 下 "翦秋羅花"(《遵生八牋校注》, 623쪽).
8　《二如亭群芳譜》〈貞部〉 "花譜" 4 '翦秋羅'(《四庫全書存目叢書補編》 80, 794쪽).
9　《二如亭群芳譜》, 위와 같은 곳.

전라화(국가생물종지식정보시스템, 국립수목원)

6) 물주기와 거름주기

또 다른 한 종으로 전라화(翦羅花)[10]가 있다. 남월(南越)[11]에서 난다. 색이 매우 붉다. 닭똥으로 거름주고, 돼지고기 삶아 낸 물이나 닭·거위 튀한 물을 주면 무성해진다. 《군방보》[12]

7) 보관하기

남월에서 난 품종은 본성이 추위를 두려워하므로, 겨울에는 움 속에 넣어 둔다. 《군방보》[13]

澆壅

又有一種翦羅花, 出南越. 色甚紅. 壅以鷄糞, 澆以燖猪湯、退鷄鵝水則茂. 《群芳譜》

收藏

出南越者, 性畏寒, 冬入窖中.《群芳譜》

---

10 전라화(翦羅花) : 쌍떡잎식물 석죽과의 여러해살이풀. 꽃잎이 전추라보다 가늘고 뾰족하다.
11 남월(南越) : 지금의 중국 광동성(廣東省)·광서성(廣西省) 일대.
12 《二如亭群芳譜》, 위와 같은 곳.
13 《二如亭群芳譜》, 위와 같은 곳.

20. 계관화(鷄冠花, 맨드라미)[1]

鷄冠花

1) 이름과 품종

名品

【군방보】[2] 소추계관(掃箒鷄冠)[3], 선면계관(扇面鷄冠)[4], 영락계관(纓絡鷄冠)이 있고, 짙은 자색·연한 홍색·순백색·연한 황색의 4가지 가 있다. 또 한 떨기에 자색·황색이 각각 절반씩인 품종도 있다. 이를 '원앙계관(鴛鴦鷄冠)'이라 한다.

또 자색·백색·분홍색 3색이 한 떨기에 나는 품종도 있다. 또 하나의 종에 5가지 색으로 꽃이 피는 품종도 있으니, 가장 왜소하다. 이를 수성계관(壽星鷄

【群芳譜】有掃箒鷄冠, 有扇面鷄冠, 有纓絡鷄冠, 有深紫、淺紅、純白、淡黃四色. 又有一朶而紫、黃各半, 名"鴛鴦鷄冠".

又有紫、白、粉紅三色一朶者. 又有一種五色者, 最矮, 名壽星鷄冠. 扇面者以

맨드라미(전영창)

---

1 계관화(鷄冠花, 맨드라미) : 쌍떡잎식물 비름과의 한해살이풀. 꽃차례·잎·줄기·종자를 약용한다. 관상용으로 심는다.
2 《二如亭群芳譜》〈貞部〉 "花譜" 4 '鷄冠花'(《四庫全書存目叢書補編》80, 794~705쪽).
3 소추계관(掃箒鷄冠) : 꽃모양이 빗자루꼴인 맨드라미.
4 선면계관(扇面鷄冠) : 꽃모양이 펼쳐 놓은 부채꼴인 맨드라미.

수탉 볏 같은 맨드라미

꽃이 길쭉한 맨드라미(이상 전영창)

冠)이라 한다. 선면계관은 왜소함을 귀하게 여기고, 소추계관은 높게 자란 것을 정취있게 여긴다.

3월에 싹이 돋는다. 여름이 되면 높은 것은 5~6척, 왜소한 것은 겨우 몇 촌으로 자란다. 5~6월에 줄기 끝에 꽃이 핀다. 이삭이 둥글고 길며 뾰족한 것은 청상(靑箱)[5]의 이삭 같고, 납작하고 말렸으며 평평한 것은 수탉의 볏[雄鷄之冠] 같다.

꽃의 크기는 둘레가 1~2척인 것이 있다. 이 꽃은 층층이 겹이 지고 말려 있어 사랑스럽다. 이 꽃은 가장 오래 피어서 서리가 내린 뒤에 비로소 시든다】

矮爲貴, 掃箒者以高爲趣.

三月生苗, 入夏高者五六尺, 矮者纔數寸. 五六月莖端開花. 穗圓長而尖者, 如靑箱之穗; 扁卷而平者, 如雄鷄之冠.

花大有圍一二尺者, 層層疊卷可愛. 花最耐久, 霜後始蔫】

2) 알맞은 토양

기름진 땅을 좋아한다. 《군방보》[6]

土宜

喜肥地. 《群芳譜》

5　청상(靑箱) : 쌍떡잎식물 비름과의 한해살이풀. 야계관(野鷄冠)·개맨드라미라고도 한다. 잎·줄기·종자를 약용한다.
6　《二如亭群芳譜》〈貞部〉第4 "花譜" 4 '鷄冠花'(《四庫全書存目叢書補編》80, 705쪽).

청상(국가생물종지식정보시스템, 국립수목원 정수영)

3) 파종 시기

청명에 파종한다. 《군방보》[7]

時候

清明下種. 《群芳譜》

4) 심기와 가꾸기

키로 씨앗을 까부른 다음 파종하면 꽃이 크고 납작한 모양으로 핀다. 《군방보》[8]

일반적으로 씨를 뿌릴 때, 높게 뿌리면 높게 자라고, 낮게 뿌리면 낮게 자란다.[9] 부채를 지니고서 뿌리면 둥근 부채와 같은 모양이 되고, 산발한 채로 뿌리면 구슬목걸이처럼 된다. 《증보도주공서》[10]

種藝

用簸箕扇子, 撒種則成大片. 《群芳譜》

凡撒子, 撒高則高, 撒低則低. 盛扇撒之, 則如團扇, 散髮撒之, 則成瓔絡. 《增補陶朱公書》

7 《二如亭群芳譜》, 위와 같은 곳.
8 《二如亭群芳譜》, 위와 같은 곳.
9 일반적으로……자란다:《遵生八牋》卷16〈燕閑淸賞牋〉下"鷄冠花"(《遵生八牋校注》, 629쪽)에 보인다.
10 출전 확인 안 됨;《汝南圃史》卷10〈草本花部〉下"鷄冠花"(《續修四庫全書》1119, 145쪽).

5) 보호하기

키가 큰 것은 나무나 대나무로 시렁을 만들어 고정시켜야 비바람을 맞아도 꺾이거나 구부러지지 않는다.《군방보》[11]

護養

高者, 宜以木竹架定, 庶遇風雨, 不摧折卷屈.《群芳譜》

---

11 《二如亭群芳譜》〈貞部〉"花譜" 4 '鷄冠花'(《四庫全書存目叢書補編》80, 705쪽).

21. 추모란(秋牡丹, 대상화)[1]

秋牡丹

1) 이름과 품종

名品

【초화보[2] 초본(草本)으로, 곳곳에 널리 퍼져 있다. 잎은 모란과 비슷하다. 꽃이 피면 옅은 자색이고, 꽃술은 황색이다.

【草花譜 草本, 遍地延蔓. 葉肖牡丹, 花開淺紫, 黃心.

【군방보[3] 꽃은 국화 중 자학령(紫鶴翎)[4]과 비슷하며, 꽃술은 황색이다】

群芳譜 花似菊之紫鶴翎, 黃心】

2) 알맞은 토양

土宜

기름진 흙이 좋다. 《군방보》[5]

肥土爲佳. 《群芳譜》

3) 심기와 가꾸기

種藝

뿌리가 나면 나누어 심는다. 《초화보》[6]

根生, 分種. 《草花譜》

---

1 추모란(秋牡丹, 대상화) : 쌍떡잎식물 미나리아재비과의 여러해살이풀인 대상화(*Anemone hupehensis*). 관상용으로 심는다.

2 출전 확인 안 됨 ; 《遵生八牋》卷16〈燕閑淸賞牋〉下 "秋牡丹花"《遵生八牋校注》, 622쪽).

3 《二如亭群芳譜》〈貞部〉"花譜" 2 '牡丹'《四庫全書存目叢書補編》80, 712쪽).

4 자학령(紫鶴翎) : 모란의 일종으로 자주색의 꽃.

5 《二如亭群芳譜》, 위와 같은 곳.

6 출전 확인 안 됨 ; 《遵生八牋》, 위와 같은 곳.

추모란(대상화)

나누어 심으면 쉽게 살아난다. 《군방보》[7]

分種, 易活.《群芳譜》

4) 품등

가을빛이 쓸쓸할 때 다른 화초들 사이에 몇 그루
를 심으면 가을 풍경을 아름답게 하기에 충분하다.
《군방보》[8]

品第

秋色寂寥, 花間植數枝,
足壯秋容.《群芳譜》

---

7 《二如亭群芳譜》, 위와 같은 곳.
8 《二如亭群芳譜》, 위와 같은 곳.

22. 전지모란(纏枝牡丹)[1]

纏枝牡丹

1) 이름과 품종

名品

일명 '선복(旋葍)', '근근(筋根)', '속근근(續筋根)', '돈장초(狁腸草)', '미초(美草)', '천렴초(天斂草)', '고자화(鼓子花)'이다.[2]

一名"旋葍", 一名"筋根", 一名"續筋根", 一名"狁腸草", 一名"美草", 一名"天斂草", 一名"鼓子花".

【촉본초】[3] 덩굴로 난다. 잎은 마[薯蕷, 서여][4]와 비슷하지만 그보다 좁고 길다. 꽃은 홍색이다. 뿌리에는 털과 마디가 없다.

【蜀本草】蔓生. 葉似薯蕷而狹長, 花紅色, 根無毛節.

마잎

나팔꽃(이상 국가생물종지식정보시스템, 국립수목원 정수영)

---

1 전지모란(纏枝牡丹):쌍떡잎식물 메꽃과의 여러해살이풀인 메꽃류의 겹꽃 품종이다. 어린 순과 줄기를 식용하고 전체를 약용한다.
2 일명……고자화(鼓子花)이다:《廣群芳譜》卷34〈花譜〉"纏枝牡丹", 825쪽에 보인다.
3 출전 확인 안 됨;《廣群芳譜》, 위와 같은 곳.
4 마[薯蕷, 서여]:외떡잎식물 마과의 여러해살이 덩굴식물. 식용·약용으로 쓰며 산지에서 자생한다.

|본초강목|[5] 가을에 꽃이 핀다. 나팔꽃[白牽牛, 백견우][6] 과 비슷하고 꽃은 분홍색이다. 겹꽃도 있는데, 색은 분홍모란과 비슷하다】

|本草綱目| 秋開花, 如白牽牛, 花粉紅色. 亦有千葉者, 色似粉紅牡丹】

2) 파종 시기

망종(芒種, 양력 6월 6·7일경) 때 싹이 자라 나오면 그제서야 나누어 심을 수 있다.《화사》[7]

時候

芒種時開芽萌長出, 方可分種.《花史》

3) 품등

부드러운 가지가 다른 것에 의지하여 타고 올라가 꽃을 낸다. 모란의 자태가 있지만 그보다는 매우 작다. 작은 병풍처럼 얽어 매서 지지대를 만들면 꽃이 흐드러지게 피고 또한 우아한 정취가 있다.《초화보》[8]

品第

柔枝倚附而生花, 有牡丹態度, 甚小. 纏縛小屛, 花開爛然, 亦有雅趣.《草花譜》

메꽃류(전지모란은 메꽃류의 겹꽃품종이다)

5　《本草綱目》卷18〈草部〉“旋花”, 1261쪽.
6　나팔꽃[白牽牛, 백견우] : 쌍떡잎식물 메꽃과의 한해살이 덩굴식물. 관상용으로 심고, 씨를 약용한다. 백견우는 씨가 백색인 것을 드러내는 명칭이다.
7　출전 확인 안 됨;《廣群芳譜》卷34〈花譜〉“纏枝牡丹”, 825쪽.
8　출전 확인 안 됨;《廣群芳譜》, 위와 같은 곳.

23. 추해당(秋海棠)¹

秋海棠

1) 이름과 품종

名品

일명 '팔월춘(八月春)'이다.²

一名"八月春".

【군방보³ 초본이다. 꽃색은 분홍색이고, 매우 곱고 예쁘다. 잎은 물총새[翠羽]⁴처럼 녹색이다. 그 종류는 2가지가 있다. 잎 아래에 홍색 잎맥이 있으면 보통의 품등이고, 녹색 잎맥이 있으면 꽃이 필 때 우아한 정취가 더욱 있다.

【群芳譜】草本. 花色粉紅, 甚嬌艶, 葉綠如翠羽. 其種有二, 葉下紅筋者爲常品, 綠筋者開花更有雅趣.

물총새(국가생물종지식
정보시스템. 국립수목원)

---

1 추해당(秋海棠):쌍떡잎식물 베고니아과의 여러해살이풀인 추해당(*Begonia grandis ssp.grandis*). 관상용으로 심는다. 우리나라 중부 지방에서 월동 가능한 숙근초이다. 하지만 현재 우리 주변에서 찾아볼 수 없다는 사실이 의아하다.
2 일명 팔월춘(八月春)이다:《二如亭群芳譜》〈貞部〉"花譜" 1 '海棠'(《四庫全書存目叢書補編》80, 683쪽)에 보인다.
3 출전 확인 안 됨;《二如亭群芳譜》, 위와 같은 곳.
4 물총새[翠羽]:파랑새목 물총새과의 조류. 물가에 살며 주로 민물고기를 잡아먹는다.

예로부터 "옛날에 어떤 여자가 그리던 사람이 오지 않아 눈물을 땅에 뿌리자 마침내 이 꽃이 생겼다. 꽃색이 아름다운 여인의 얼굴빛처럼 매우 예뻐서 '단장화(斷腸花)'라 한다."라 전해졌다】

舊傳: "昔有女子, 懷人不至, 淚灑地, 遂生此花, 色如美婦面甚媚, 名'斷腸花'."】

2) 알맞은 토양

추해당은 음지에서 잘 자라고, 또 낮고 습한 지대에 알맞다. 우약영(于若瀛)의 설[5]

土宜

秋海棠喜陰生, 又宜卑濕. 于若瀛說

본성이 음지를 좋아하여, 한 번 햇빛을 보면 곧 시든다. 《초본화보(草本花譜)[6]》[7]

性喜陰, 一見日色則瘁. 《草本花譜》

3) 심기와 가꾸기

9월에 가지 위의 검은 씨를 거두어 화분의 흙 위에 뿌리면 다음해 봄에 싹이 난다. 오래된 뿌리가 겨울을 지낸 다음 꽃을 피우면 더욱 무성해진다. 《초본화보》[8]

種藝

九月收枝上黑子, 撒於盆內地上, 明春發芽[1]. 其老根過冬, 發花更茂. 《草本花譜》

깨끗한 것을 좋아하고 똥거름을 싫어한다. 화분에 심어서 남쪽 담 아래 두고 때때로 물을 주어야 한다. 가지 위에 종자가 있어서 땅에 떨어지면 다음해에 스스로 뿌리를 내리고 여름에 바로 꽃이 핀다. 둘

喜淨而惡糞. 宜盆栽, 置南墙下, 時灌之. 枝上有種, 落地, 明年自生根, 夏便開花. 四圍用碎瓦鋪之,

---

5 《二如亭群芳譜》, 위와 같은 곳.
6 초본화보(草本花譜) : 미상.
7 《二如亭群芳譜》, 위와 같은 곳.
8 출전 확인 안 됨;《遵生八牋》卷16〈燕閑淸賞牋〉下 "四時花紀" '海棠花'(《遵生八牋校注》, 619쪽).
[1] 芽 :《遵生八牋·燕閑淸賞牋·海棠》에는 "枝".

추해당

레에 부순 와기를 깔면 뿌리가 썩지 않는다. 오래된 뿌리가 겨울을 나면 꽃이 더욱 무성하다.《군방보》[9]

뿌리는 새박뿌리[土芋, 새박덩굴의 뿌리]와 같다. 서리가 내린 뒤에 뿌리를 파내어 상자에 보관한다. 사람의 기운을 오랫동안 가깝게 하여, 얼어서 손상되지 않도록 한다. 2월에 그림 그린 화분에 심는다.《금화경독기》[10]

4) 품등

줄기가 갈라진 곳은 옅은 홍색을 띠고, 녹색 잎은 무늬가 붉은실과 같다. 우아하고 아름다워 마음에 드는 점이 단지 꽃만은 아니다. 우약영의 설[11]

則根不爛. 老根過冬者, 花更茂.《群芳譜》

其根如土芋, 霜後掘取, 藏之箱篋. 長近人氣, 勿令凍損, 二月種之畫盆.《金華耕讀記》

品第

莖岐處, 作淺絳色, 綠葉文似朱絲. 婉媚可人, 不獨花也. 于若瀛說

---

9 《二如亭群芳譜》〈貞部〉"花譜" 1 '海棠'(《四庫全書存目叢書補編》80, 683쪽).
10 출전 확인 안 됨.
11 《二如亭群芳譜》〈貞部〉"花譜" 1 '海棠'(《四庫全書存目叢書補編》80, 683쪽).

추해당은 예쁘고 고우므로, 그윽한 섬돌이나 북쪽 창 아래에 심어야 한다. 옆에 예스럽고 소박한 한 그루 창포나 비취색 대나무를 두면 모두 유익한 벗이 될 만하다.《학포여소》[12]

추해당은 예쁘고 부드러워 마치 미인이 열심히 단장한 듯하다.《초본화보》[13]

秋海棠嬌好, 宜于幽砌、北牕下種之. 傍以古拙一峯菖蒲、翠筠, 皆可益友也.《學圃餘疏》

秋海棠, 嬌冶柔軟, 如美人捲[2]粧.《草本花譜》

---

12 《學圃雜疏》〈花疏〉(《叢書集成初編》1355, 6쪽).
13 출전 확인 안 됨;《遵生八牋》卷16〈燕閑淸賞牋〉下 "四時花紀" '海棠花'(《遵生八牋校注》, 619쪽).
[2] 捲:《遵生八牋·燕閑淸賞牋·四時花紀》에는 "倦".

24. 석죽(石竹, 패랭이꽃)[1]

石竹

1) 이름과 품종

名品

일명 '구맥(瞿麥)'이다.[2]

一名"瞿麥".

【본초강목[3] 잎은 처음 돋아나는 작은 댓잎과 비슷하고, 씨는 귀리[燕麥]와 비슷하다. 그러므로 여러 이름이 있다. 야생패랭이꽃은 꽃의 크기가 동전만 하며 홍자색이다. 인가에서 재배하는 것은 꽃이 조금 작지만 더 아리따우며, 고운 흰색 가루가 있다. 홍색·자색·적색이 얼룩진 여러 색이 있다.

【本草綱目 葉似初生小竹葉, 子似燕麥, 故有諸名. 野生者, 花大如錢, 紅紫色. 人家栽者, 花稍小而嬌娟, 有細白粉, 紅、紫、赤斑爛數色.

초화보[4] 홑꽃은 '석죽'이라 하고, 겹꽃은 '낙양화(洛陽花)'라 한다】

草花譜 單瓣者, 名"石竹"; 千瓣者, 名"洛陽花"】

2) 알맞은 토양

土宜

땅이 비옥하여 뿌리가 윤택하면 색의 변화가 매우 다양하다.《증보도주공서》[5]

土肥根潤, 則變色極多.《增補陶朱公書》

---

1 석죽(石竹, 패랭이꽃):쌍떡잎식물 석죽과의 여러해살이풀. 중국·러시아 극동부·우리나라에 분포한다. 관상용·약용으로 사용한다. 대란(大蘭)이라고도 한다.
2 일명 구맥이다:《本草綱目》卷16〈草部〉"瞿麥", 1060쪽에 보인다.
3 《本草綱目》, 위와 같은 곳.
4 출전 확인 안 됨;《遵生八牋》卷16〈燕閑淸賞牋〉下"四時花紀"'石竹花'(《遵生八牋校注》, 627쪽).
5 출전 확인 안 됨.

패랭이꽃

돌 틈 건조한 곳에서 자라기를 좋아한다. 담장이나 계단 곁에서도 또한 잘 살 수 있다. 《증보산림경제》[6]

喜生石間燥處, 牆階之上亦能生. 《增補山林經濟》

3) 파종 시기

8월에 씨를 뿌린다. 《증보도주공서》[7]

時候

八月下子. 《增補陶朱公書》

가을에 씨를 거두고, 봄에 심는다. 《증보산림경제》[8]

秋收子, 春種之. 《增補山林經濟》

4) 심기와 가꾸기

매년 초에 뿌리를 뽑아 나누어 심으면 무성해진

種藝

每年起根, 分種則茂. 《草

---

6 《增補山林經濟》卷4 〈養花〉 "石竹花"(《農書》3, 252쪽).
7 출전 확인 안 됨.
8 《增補山林經濟》, 위와 같은 곳.

다.《초화보》9

花譜》

5) 보호하기

가지가 덩굴지고 부드러워 쉽게 어수선해진다. 그러므로 반드시 가는 대나무나 작은 갈대로 주위를 둘러 묶어 주어야 한다. 그러면 꺾이지 않는다. 《군방보》10

護養

枝蔓柔脆, 易至散漫. 須用細竹或小葦, 圍縛則不摧折.《群芳譜》

6) 품등

패랭이꽃은 비록 야생화이지만 두텁게 북주면 겹꽃의 독특한 자태를 만들 수 있다. 그밖에 야락금전(夜落金錢)11·봉선화의 종류와 같이 모두 울타리에 심는 식물이다.《학포여소》12

品第

石竹雖野花, 厚培之, 能作重臺異態. 他如夜落金錢、鳳仙花之類, 俱籬落間物.《學圃餘疏》

패랭이꽃(국가생물종지식정보시스템, 국립수목원 이동혁)

---

9 출전 확인 안 됨;《遵生八牋》卷16〈燕閑淸賞牋〉下 "四時花紀" '石竹花'(《遵生八牋校注》, 627쪽).
10 《二如亭群芳譜》〈貞部〉"花譜" 4 '石竹'(《四庫全書存目叢書補編》80, 797쪽).
11 야락금전(夜落金錢):금전화(金錢花)의 이칭. 금전화는《예원지》권3〈꽃류〉"금전화"에 자세히 보인다.
12 《學圃雜疏》〈花疏〉(《叢書集成初編》1355, 6쪽).

야생패랭이(매원화보)

초본식물이다. 섬세하고 푸른 비취색이며, 꽃은 5가지 색이 있다. 또한 전융(翦絨, 가늘고 긴 꽃잎의 겹꽃)이 있는데, 아름다워 눈길을 빼앗으며, 예뻐서 사람을 감동시키니 풀꽃 중의 좋은 품등이다.《군방보》[13]

草品. 纖細而靑翠, 花有五色. 又有翦絨, 嬌艶奪目, 嫵娟動人, 草花中佳品也.《群芳譜》

---

13 《二如亭群芳譜》〈貞部〉"花譜" 4 '石竹'(《四庫全書存目叢書補編》80, 796~797쪽).

25. 사간(射干, 범부채)¹

射干

1) 이름과 품종

名品

일명 '편죽(扁竹)', '오선(烏扇)', '봉익(鳳翼)', '야훤화(野萱花)', '협접화(蛺蝶花)'이다.²

一名"扁竹", 一名"烏扇", 一名"鳳翼", 一名"野萱花", 一名"蛺蝶花".

【본초강목】³《조화지남(造化指南)》⁴에 "사간은 곧 편죽(扁竹)이다. 잎이 기울인 손바닥모양처럼 납작하게[扁] 나고, 줄기는 청록색이다. 한 종류는 자색 꽃이 피고, 한 종류는 황색 꽃이 피며, 한 종류는 푸

【 本草綱目 】《眞君本草》云: "射干卽扁竹. 葉扁生如側手掌形, 莖靑綠色. 一種紫花, 一種黃花, 一種

저주(滁州)사간

범부채(사간, 《도경본초》)

---

1 사간(射干, 범부채) : 외떡잎식물 붓꽃과의 여러해살이풀. 중국·러시아·우리나라 등지에 분포한다. 관상용·약용으로 쓴다.
2 일명……협접화(蛺蝶花)이다 :《本草綱目》卷17〈草部〉"射干", 1205쪽에 보인다.
3 《本草綱目》卷17〈草部〉"射干", 1206쪽.
4 조화지남(造化指南) : 중국 명나라의 도사 토숙진군(土宿眞君, ?~?)이 지은 책.《본초강목》인용서목에 있으나 현재 남아 있지 않다.《진군본초(眞君本草)》라고도 한다.

사간꽃

사간씨

른색 꽃이 핀다."[5]라 했다.

지금 사람들이 심는 종류에는 자색 꽃이 많다. 그 꽃은 3~4월에 피고, 꽃잎이 6장 나며, 크기는 원추리꽃과 같다. 포동(泡桐, 오동나무)의 씨방과 비슷한 씨방이 맺히고 씨방 안에 씨가 있다】

2) 알맞은 토양

범부채는 건조한 곳을 좋아한다. 산벼랑에서 많이 자라므로, 비록 기암괴석일지라도 틈만 있으면

碧花."

今人所種多紫花. 其花三四月開, 六出, 大如萱花. 結房似泡桐子, 房內有子】

土宜

射干喜燥. 多生山崖間, 雖崎巖怪石, 遇罅卽種. 橫

범부채

범부채(이상 임원경제연구소, 국립원예특작과학원에서 촬영)

5   사간은……핀다 : 출전 확인 안 됨;《御定佩文齋廣群芳譜》卷97〈藥譜〉"射干"(《廣群芳譜》4, 2388쪽).

사간꽃

곧 심을 수 있다. 눕히든 세우든 뒤엎든 기울이든 간에 아무렇게나 심어도 안 되는 법이 없다. 《금화경독기》[6]

豎倒側, 無所不可. 《金華耕讀記》

3) 파종 시기

8월에 씨를 뿌렸다가, 2월에 높은 언덕 지대에 옮겨 심는다. 《완화잡지(浣花雜志)》[7]

時候

八月下子, 二月移栽高阜處. 《浣花雜志》

4) 물주기와 거름주기

재를 섞지 않은 닭똥으로 북주지만, 또한 오랫동안 거름을 주어도 안 된다. 《완화잡지》[8]

澆壅

壅以無灰鷄糞, 然亦不宜久淹. 《浣花雜志》

---

6 출전 확인 안 됨.
7 출전 확인 안 됨.
8 출전 확인 안 됨.

26. 금려지(錦荔枝, 여주)[1]

錦荔枝

1) 이름과 품종

일명 '나포도(癩葡萄)'이다.[2]

【구황본초(救荒本草)[3][4] 덩굴로 뻗어 나간다. 줄기의 길이는 7~8척이다. 잎은 야포도(野葡萄, 개머루)[5]와 비슷하고 잎 사이로 가느다란 실덩굴이 난다. 꽃잎 5장이 달린 꽃이 핀다.

계란크기의 열매를 맺고, 열매는 뾰족한 고물(배

名品

一名"癩葡萄".

【救荒本草】引藤蔓延, 莖長七八尺. 葉似野葡萄, 葉間生細絲蔓, 開五瓣花.

結實如鷄子大, 尖艄紋皺,

여주

1 　금려지(錦荔枝, 여주) : 쌍떡잎식물 박과의 덩굴성 한해살이풀. 열매를 식용하며, 당뇨병에 효과가 있다.

2 　일명 나포도(癩葡萄)이다 : 《救荒本草》 卷4 〈草部〉 "錦荔枝"(《文淵閣四庫全書》 730, 730쪽); 《本草綱目》 卷28 〈菜部〉 "苦瓜", 1705쪽에 보인다.

3 　구황본초(救荒本草) : 중국 명나라의 황자 주숙(朱橚, ?~1425)이 편찬한 본초서. 기근에 유용한 작물 400여종에 관한 내용과 간략한 조리법이 서술되어 있다.

4 　《救荒本草》, 위와 같은 곳; 《本草綱目》 卷28 〈菜部〉 "苦瓜", 1705~1706쪽.

5 　야포도(野葡萄, 개머루) : 쌍떡잎식물 포도과의 낙엽성 덩굴식물. 돌머루라고도 한다. 줄기·잎·뿌리를 약용한다.

여주싹(임원경제연구소, 국립원예특작과학원에서 촬영)

여지열매(《도경본초》)

의 뒷부분)처럼 생겼고 주름진 무늬가 있으며, 모양은 여지(荔枝)[6]와 비슷하지만 그보다 크다. 처음 날 때는 청색이다가 익으면 황색이며, 안에 홍색 속이 있고 맛은 달다】

狀似荔枝而大. 生靑熟黃. 內有紅瓤, 味甛】

2) 관리

화분에 심어 묶으면 덮개처럼 된다. 《초화보》[7]

葺理

種盆結縛, 成蓋. 《草花譜》

3) 품등

서광계(徐光啓)[8]는 "남쪽 지방 사람들이 여주를 매우 잘 먹는다. 파랄 때 딴 것은 간혹 날로 먹는다. 오이와 쓰임이 같다. 민(閩, 중국 복건성)·광(廣, 중국 광동성·광서성) 지역 사람들은 맛이 매우 달다고 다투어 자랑한다."[9]라 했다.

品第

徐玄扈云: "南人甚食錦荔, 靑時採者, 或生食, 與瓜同用. 閩、廣人爭詑爲極甘也."

---

6 여지(荔枝): 쌍떡잎식물 무환자나무과의 상록 교목. 현대에는 대부분 리치(Litchi)라 한다. 열매를 식용한다.
7 출전 확인 안 됨;《遵生八牋》卷16〈燕閑淸賞牋〉下 "四時花紀" '錦荔枝'(《遵生八牋校注》, 635쪽).
8 서광계(徐光啓): 1562~1633. 중국 명(明)나라의 학자. 자는 자선(子先), 호는 현호(玄扈). 이탈리아인 마테오 리치(Matteo Ricci, 1552~1610)로부터 천문·역법 등 근대 과학 지식을 배웠다. 저서로는《농정전서(農政全書)》·《서씨치언(徐氏卮言)》 등이 있다.
9 남쪽……자랑한다:《農政全書》卷52〈荒類〉"錦荔枝"(《農政全書校注》, 1547쪽).

여주씨

여주환(임원경제연구소)

하지만 우리나라에서는 심고 가꾸는 일이 상당히 드물다. 내가 이전에 궁궐의 후원에서 여주를 본 적이 있었다. 그 열매는 크기가 거위알이나 오리알과 비슷하나 그보다 조금 길다. 껍질은 약간 울퉁불퉁하며, 속은 모래부스러기 같고 색이 붉다. 씹으면 달지만 상큼하지는 않았다.

대체로 비취색 덩굴에 금색 열매라서 정원의 기이한 감상품으로 장식할 만할 뿐이다. 제사용 과일로 충당한다면 다른 과일보다 훨씬 못하다. 또한 덧거름주는 일은 그 법을 아직 얻지 못한 듯하다. 《행포지(杏蒲志)[10]》[11]

我東則種蒔頗罕. 余曾見之禁苑, 其實大似鵝、鴨卵而稍長, 皮微磈礧, 瓤作砂屑而色紅, 嚼之甜而不爽.

大抵翠藤金實, 可貴園圃間奇賞耳. 用充籩實, 則殊遜他果. 意亦培壅之, 未得其法也.《杏蒲志》

---

10 행포지(杏蒲志) : 조선 시대 서유구(徐有榘, 1764~1845)가 편찬한 농서. 작물의 재배법과 쓰임새, 재해 대처법 등에 관한 내용이 수록되어 있다. 내용은 《임원경제지》의 여기저기에 거의 모두 반영되었다.

11 《杏蒲志》卷3〈果蓏〉"種錦荔枝"(《農書》36, 191~192쪽). 오사카본은 이 기사에서 권3이 끝난다.

27. 수구(繡毬)[1]

繡毬

1) 이름과 품종

名品

【증보도주공서】[2] 수구화는 덩굴로 핀다. 처음에는 푸르다가 나중에 하얗게 된다. 모란과 같은 시기에 핀다. 또 한 종류는 꽃이 작고 잎이 무성하다. 이를 '마엽수구(麻葉繡毬)'라 한다. 꽃이 피는 시기 또한 같다.

【增補陶朱公書】繡毬花藤生, 初靑後白. 與牡丹同時開. 又一種, 花小而葉繁, 謂之"麻葉繡毬", 開亦同時.

【군방보】[3] 목본(木本)이다. 주름진 몸체에, 잎은 청색에 약간 검은색이 돌며 껄끄럽다. 봄에 꽃잎 5장으로 핀다. 이렇게 모인 모든 꽃들이 떨기를 이루면 그 모양이 마치 공[毬]과 같이 둥글며, 그 공이 나무에 가득하다. 홍색·백색 2종류가 있다.

【群芳譜】木本. 皺體, 葉靑色微黑而澁. 春月開花五瓣, 百花成朶, 團圞如毬, 其毬滿樹. 有紅、白二種.

---

1 수구(繡毬):화서(花序) 중앙의 유성화 주변에 흰색의 무성화가 피는 비부르눔(Viburnum) 속(중국왕설구화, 설구화 등) 가운데 유성화가 무성화로 변태되어 둥근 공모양처럼 생긴 품종을 지칭한다. 흰색 꽃이 피면서 둥글게 무리지어 피는 조팝나무(Spiraea) 속을 지칭할 때도 사용한 듯하다(마엽수구). 결국 공처럼 둥근 화서로 피는 화훼류의 총칭으로 수구를 사용했다고 추정된다. 이는 권5 주요 화훼의 품종명에 많이 등장하는 것을 통해 유추해 볼 수 있다. 또한, 수국(Hydrangea) 속 식물의 자주색 무성화 품종을 자수구라고 하였는데, 조선 후기가 되면 이를 수구로 약칭하여 사용한 듯하다. 따라서 권3 본문의 앞은 중국 문헌을 인용하면서 모란과 같이 피고 흰색 꽃잎 5장의 인동과 무성화를 묘사하며, 권1의 번식법에서는 접목방법을 설명하고 있으나, 권3 본문의 후반부에는 우리나라 문헌을 인용하면서 삽목 번식과 재배적지를 음지로 서술하고, 개화기를 여름으로 서술하는 모순이 발생했다. 한편, 수구를 권2의 목본화훼에 포함시키지 않고 권3의 초본화훼에 포함시킨 점이 흥미롭다. 아마도 조선 후기에는 비부르눔(Viburnum) 속(중국왕설구화, 설구화 등)보다는 번식이 쉽고 화려한 색을 가진 수국(Hydrangea)이 화훼로 인기가 높아서 주로 이용하였는데, 수국은 중부 지방에서 월동이 어려워 작은 화분에 심어서 숙근초(宿根草)처럼 길렀기 때문에 권3에 포함시키지 않았을까 추정된다.

2 출전 확인 안 됨.

3 《二如亭群芳譜》〈貞部〉 "花譜" 1 '繡毬'(《四庫全書存目叢書補編》80, 704쪽).

사진 오른쪽의 설구화는 수구와, 사진 왼쪽의 설구화 원종은 수구의 대목
으로 이용된 팔선화와 유사한 모양이다

미공비급(眉公秘笈)⁴⁵ 촉(蜀, 중국 사천성) 지역에 자색 　眉公秘笈 蜀中有紫繡毬.
수구가 있다.

안 우리나라에도 또한 홍색과 백색 2종류가 있다. 가　案 我東亦有紅、白二種.
지와 줄기는 모란과 같고, 잎의 앞면은 짙은 청색, 뒷　而枝幹如牡丹, 葉面深靑,
면은 옅은 청색이다. 꼭지는 둥글고 뾰족하지 않으며　背淡靑. 蒂圓未尖, 四圍如
주위는 톱니와 같은 모양이다. 한여름에야 꽃이 핀다】　鉅齒. 深夏方開花】

2) 알맞은 토양　土宜

　수구는 본성이 그늘지고 습한 곳을 좋아하므로　繡毬, 性喜陰濕, 不可種
햇볕이 내리쬐는 곳에 심으면 안 된다.《금화경독기》⁶　陽曝之地.《金華耕讀記》

3) 심기와 가꾸기　種藝

　묵은 뿌리를 나누어 기름진 땅의 흙과 섞어 심는　分宿根, 和肥土種之.《金

4　미공비급(眉公秘笈) : 중국 명나라의 진계유(陳繼儒, 1558~1639)가 지은 총서.
5　출전 확인 안 됨 ;《廣群芳譜》卷38〈花譜〉"繡毬", 897쪽.
6　출전 확인 안 됨.

다. 《금화경독기》[7]

여름철에 가지를 꺾어다가 화분에 꽂아 그늘진 곳에 두고 자주자주 물을 주면 또한 살아난다. 《금화경독기》[8]

4) 접붙이기

먼저 팔선화(八仙花) 가지의 뿌리로부터 약 0.7~0.8척 떨어진 곳에서 껍질 반쪽을 깎아 낸다. 수구의 가지도 또한 껍질 반쪽을 깎아 낸 다음 삼끈으로 이 둘을 서로 매어 고정시킨다. 자주자주 물을 주어 껍질끼리 붙기를 기다렸다가 잘라내면 다음해 꽃이 필 때 매우 무성하다. 《증보도주공서》[9]

가지를 접붙일 때는 팔선화 몸체를 쓴다. 《군방보》[10]

華耕讀記》

夏月折枝, 插盆盎中, 置陰處, 頻頻澆水則亦活. 同上

接換

先將八仙梗, 離根約七八寸, 刮去半邊皮. 將繡毬枝亦刮去半邊, 用麻縛定. 頻頻澆水, 候皮連, 截斷, 次年開花甚茂. 《增補陶朱公書》

寄枝, 用八仙花體. 《群芳譜》

조선 후기부터 (자)수구라는 명칭으로 널리 이용된 수국
(Hydrangea)

산수국싹(이상 임원경제연구소, 한밭수목원에서 촬영)

7　출전 확인 안 됨.
8　출전 확인 안 됨.
9　출전 확인 안 됨;《農政全書》卷37〈種植〉"種法"(《農政全書校注》中, 1031쪽).
10　《二如亭群芳譜》〈貞部〉"花譜" 1 '繡毬'(《四庫全書存目叢書補編》80, 704쪽).

수국

5) 물주기와 거름주기

새벽과 저녁에 맑은 물을 주어 항상 땅을 촉촉하고 윤택하게 한다. 《금화경독기》[11]

澆壅

晨昏, 用淸水灌之, 常令土濕潤.《金華耕讀記》

6) 보호하기

가을이 깊어가면 반드시 화분에 올리고 처마 밑에 두어 서리를 피해야 한다. 겨울이 되면 움 속에 두었다가 한식(寒食)[12] 뒤에야 비로소 움에서 꺼내면 역시 서리의 기운을 멀리할 수 있다. 《금화경독기》[13]

護養

秋深, 須登盆, 置軒簷間, 避霜. 入冬, 置窖中, 寒食後始可出窖而亦遠霜氣.《金華耕讀記》

7) 관리

꽃이 피면 작은 대나무나 갈대로 지탱해 준다. 《금화경독기》[14]

葺理

花開, 用小竹或葦扶之.《金華耕讀記》

---

11 출전 확인 안 됨.

12 한식(寒食):동지(冬至) 뒤 105일째 되는 날. 양력 4월 5일 무렵으로, 설·단오·추석과 함께 4대 명절이다. 일정 기간 불의 사용을 금하고 찬 음식을 먹는 풍습에서 시작되었다.

13 출전 확인 안 됨.

14 출전 확인 안 됨.

28. 한련(旱蓮)¹

旱蓮

1) 이름과 품종

名品

【금화경독기】² 잎이 연잎과 비슷하기 때문에 이러한 이름이 붙었다. 덩굴지며 마디가 길고, 마디에서는 작은 줄기를 낸다. 줄기 끝에서 꽃이 핀다. 꽃은 봉선화와 비슷하지만 주황색이다. 우리나라에는 옛날에 그런 종류가 없었으나 근래에 연계(燕薊)³ 지역으로부터 왔다】

【金華耕讀記】葉如蓮葉故名. 引蔓而長節, 節生小莖. 莖端開花, 花如鳳仙花而朱黃色. 我東舊無其種, 近自燕薊來】

한련

---

1 한련(旱蓮) : 쌍떡잎식물 한련과의 덩굴성 한해살이풀. 전초를 약용한다.
2 출전 확인 안 됨.
3 연계(燕薊) : 지금의 중국 북경(北京). 연경(燕京). 중국 춘추 시대 때 계(薊)나라를 연(燕)나라가 정복하여 도읍지로 삼았던 계주(薊州) 지역이다. 당(唐)나라 현종(玄宗) 때 안록산(安祿山)이 난을 일으켰던 지역이기도 하다.

한련1

한련2(이상 임원경제연구소, 국립원예특작과학원에서 촬영)

2) 알맞은 토양

그늘진 저지대 습지가 좋다. 《금화경독기》[4]

土宜

宜背陰下濕之地. 《金華耕
讀記》

본성이 그늘을 좋아하므로 만약 햇볕이 강하게
쬐는 곳에 두면 곧 시든다. 《금화경독기》[5]

性喜陰, 若置曝陽處卽萎.
同上

3) 파종 시기

2월에 씨를 뿌리면 4~5월에 꽃이 핀다. 꽃이 시
들면 씨를 맺고, 씨가 익으면 다시 심을 수 있다. 비
록 겨울철 심한 추위라도 심어서 구들에 두면 꽃을
볼 수 있다. 《금화경독기》[6]

時候

二月下子, 四五月開花. 花
枯結子, 子熟便可再種. 雖
冬月嚴寒, 種之置房堗, 則
亦可見花. 《金華耕讀記》

4) 관리

화분에 심는다. 화분마다 1덩굴씩 심고 주위에
작은 대나무나 갈대를 세워 둥근 시렁을 만들어 주
면 덩굴잎이 구불구불 뻗으면서 완연히 푸른 통을
만든다. 꽃들이 그 사이에 붙어 피면 상당히 우아한
정취가 있다. 《금화경독기》[7]

葺理

種之盆盎中, 每盆一蔓, 四
圍豎小竹、葦, 作圓架則蔓
葉透迤, 宛作碧筒. 花附其
間, 頗有雅趣. 《金華耕讀
記》

예원지 권제3 끝

藝畹志卷第三

---

4 출전 확인 안 됨.
5 출전 확인 안 됨.
6 출전 확인 안 됨.
7 출전 확인 안 됨.

저자 및 교정자 소개

저자

풍석(楓石) 서유구(徐有榘, 1764~1845)

본관은 달성(대구), 경기도 파주 장단이 고향이다. 조선 성리학의 대가로서 규장각 제학, 전라 관찰사, 수원 유수, 이조 판서, 호조 판서 등 고위 관직을 두루 역임했다. 그럼에도 서명응(조부)·서호수(부)·서형수(숙부)의 가학에 깊은 영향을 받아, 경학이나 경세학보다는 천문·수학·농학 등 실용학문에 심취했다. 그 결과 조선시대 최고의 실용백과사전이자 전통문화콘텐츠의 보고인 《임원경제지》 113권을 저술했다.

벼슬에서 물러나 있는 동안에는 고향인 임진강변 장단에서 술 빚고 부엌을 드나들며, 손수 농사짓고 물고기를 잡으면서 임원(林園)에서 사는 선비로서 가족을 건사하고 덕을 함양하는 데 필요한 전반적인 실용 지식을 집대성했다. 이를 위해 조선과 중국, 일본의 온갖 서적을 두루 섭렵하여 실생활에 필요한 각종 지식을 체계적으로 수집하는 한편, 몸소 체험하고 듣고 관찰한 내용을 16분야로 분류하여 엄밀하게 편찬 저술하기 시작했다.

서유구는 실현 가능한 개혁을 추구하는 조정의 최고위 관료였고, 농부이자 어부, 집 짓는 목수이자 원예가, 술의 장인이자 요리사, 악보를 채록하고 거문고를 타는 풍류 선비이자 전적과 골동품의 대가, 전국 시장과 물목을 꿰고 있는 가문 경영자이자 한의학과 농학의 대가였다.

전라 관찰사 재직 때에 호남 지방에 기근이 들자 굶주린 백성들을 위해 《종저보》를 지어 고구마 보급에 힘쓰기도 했던 서유구는, 당시 재야나 한직에 머물렀던 여느 학자들과는 달랐다. 그의 학문은 풍석학(楓石學), 임원경제학(林園經濟學)이라 규정할 만한 독창적인 세계를 제시했던 것이다.

늙어 벼슬에서 물러나 그동안 모으고 다듬고 덧붙인 엄청난 분량의 《임원경제지》를 완결한 그는 경기도 남양주 조안면에서 82세의 일기를 다했다. 시봉하던 시사(侍史)가 연주하는 거문고 소리를 들으며 운명했다고 한다.

교정자

추담(秋潭) 서우보(徐宇輔, 1795~1827)

서유구의 아들로, 모친은 여산 송씨(宋氏, 1769~1799)이다. 자는 노경(魯卿), 호는 추담(秋潭)·옥란관(玉蘭觀)이다. 서유구가 벼슬에서 물러난 1806년부터 1823년에 회양부사로 관직에 복귀하기 전까지, 약 18년 동안 부친과 임원에서 함께 생활하며 농사짓고 물고기를 잡는 한편,《임원경제지》의 원고 정리 및 교정을 맡았다. 요절했기 때문에《임원경제지》전 권을 교정할 수 없었지만, 서유구는《임원경제지》113권의 권두마다 "남(男) 우보(宇輔) 교(校)"라고 적어두어 그의 기여를 공식화했다. 시문집으로《추담소고(秋潭小藁)》가 있다.

🌿 임원경제연구소

임원경제연구소는 고전 연구와 번역, 출판을 주요 목적으로 하는 사단법인이다. 문사철수(文史哲數)와 의농공상(醫農工商) 등 다양한 전공 분야의 소장학자 40여 명이 회원 및 번역자로 참여하여, 풍석 서유구의 《임원경제지》를 완역하고 있다. 또한 번역 사업을 진행하면서 축적한 노하우와 번역 결과물을 대중과 공유하기 위해 관련 전문가 및 단체들과 교류하고 있다. 연구소에서는 번역 과정과 결과를 통하여 '임원경제학'을 정립하고 우리 문명의 수준을 제고하여 우리 학문과 우리의 삶을 소통시키고자 노력한다. 임원경제학은 시골살림의 규모와 운영에 관한 모든 것의 학문이며, 경국제세(經國濟世)의 실천적 방책이다.

번역, 교열, 교감, 표점, 감수자 소개

번역

고연희(高蓮姬)

서울 출신. 이화여대 국어국문학과를 졸업하고, 동 대학원에서 한문학 및 미술사학으로 박사학위를 받았으며, 한국고등교육재단에서 한문교육을 받았다. 저서로 《조선시대 산수화》, 《그림 문학에 취하다》 등이 있고, 번역 및 해설집으로 《고전과 경영, 조선왕실의 그림책 예원합진》이 있다. 현재 성균관대학교 동아시아학술원 동아시아학과 교수로 재직하고 있다.

김남이(金南伊)

부산 출신. 이화여대 국어국문학과를 졸업하고, 동 대학원에서 한국한문학 전공으로 석사와 박사학위를 받았다. 주요 논문으로 〈입법과 창제의 시대, 문장의 책무와 한계〉(진단학보 135), 〈조선 전기 여성 주체의 경험과 감정에 대한 사례연구〉(여성학연구 28) 등이 있고, 공동 번역서로 《역주 점필재집》, 《용재총화》 등이 있다. 현재 부산대 한문학과 교수로 재직하고 있다.

정명현(鄭明炫)

광주광역시 출신. 고려대 유전공학과를 졸업하고, 도올서원과 한림대 태동고전연구소에서 한학을 공부했다. 서울대 대학원 '과학사 및 과학철학 협동과정'에서 전통 과학기술사를 전공하여 석사와 박사를 마쳤다. 석사와 박사 논문은 각각 〈정약전의 《자산어보》에 담긴 해양박물학의 성격〉과 《서유구의 선진농법 제도화를 통한 국부창출론》이다. 《임원경제지》 중 《본리지》·《섬용지》·《유예지》·《상택지》·《예규지》·《이운지》·《정조지》·《보양지》·《향례지》·《전어지》·《전공지》를 공역했다. 또 다른 역주서로 《자산어보 : 우리나라 최초의 해양생물 백과사전》이 있고, 《임원경제지 : 조선 최대의 실용백과사전》을 민철기 등과 옮기고 썼다. 현재 임원경제연구소 소장으로, 《임원경제지》 번역 사업에 참여하고 있다.

김용미(金容美)

전라북도 순창 출신. 동국대 철학과를 졸업하고, 고전번역원 국역연수원과 일반연구과정에서 한문 번역을 공부했다. 고전번역원에서 추진하는 고전전산화 사업에 교정교열위원으로 참여했고, 《정원고사(政院故事)》 공동번역에 참여했다. 전통문화연구회에서 추진하고 있는 《모시정의(毛詩正義)》 공동번역에 참여했다. 현재 임원경제연구소 연구원으로 근무하며, 《예규지》·《이운지》·《정조지》를 공역했고, 《보양지》·《향례지》·《전어지》·《전공지》를 교감·교열했다.

서문

도올 김용옥(金容沃)

우리시대가 지향해야 할 모든 가치의 지표를 만들어가고 있는 사상가이다. 고려대학교 생물과, 철학과, 한국신학대학 신학과에서 수학하고 원광대학교 한의과대학, 대만대학, 동경대학, 하바드대학에서 소정의 학위를 획득했다. 고려대학교, 중앙대학교, 한국예술종합학교, 연변대학, 사천사범대학 등 한국과 중국의 수많은 대학에서 제자를 길렀다. 《동양학 어떻게 할 것인가》 등 90

여 권에 이르는 다양한 주제의 저술을 통해 끊임없이 민중과 소통하여 왔으며, EBS 56회 밀레니엄특강《노자와 21세기》를 통해 고전의 세계가 민중의 의식 속으로 전파되는 새로운 문화의 혁명적 장을 열었다. 최근에는 우리나라 KBS1 TV프로그램《도올아인 오방간다》(2019, KBS1 TV), 여수MBC 3부작 《도올 말하다! 여순민중항쟁》(2018. 10)을 통하여 우리 현대사 100년의 의미를 국민에게 전했으며, 여순사건특별법이 제정되는 계기를 만들었다. 그가 직접 연출한《도올이 본 한국독립운동사 10부작》(2005, EBS)은 동학으로부터 해방에 이르는 다난한 민족사를 철학자의 시각에서 영상으로 표현한 20세기 한국역사의 대표적인 걸작으로 꼽히며, 향후의 모든 근대사 탐구의 기준을 제시했다. 역사에 대한 탐색은 여기에 그치지 않고, 국학(國學)의 정립을 위하여 《삼국유사》·《일본서기》·《고려사》·《조선왕조실록》의 역사문헌과 유적의 연구에 정진하며, 고대와 근세 한국사에 대한 인식을 새롭게 하고 있다. 최근에는 광주MBC에서 마한문명을 고조선의 중심으로 파악하는 파격적인 학설을 주장하여 사계 학자들의 관심을 집중시켰다. 도올 김용옥 선생은 역사와 문학과 철학, 문화인류학, 고고학, 그리고 치열한 고등문헌학을 총체적으로 융합시킬 수 있는 당대의 거의 유일한 학자로서 후학들의 역사이해를 풍요롭게 만들어가고 있다. 최근 50년 학문 역정을 결집시킨《노자도덕경》주석서, 《노자가 옳았다》는 인류문명 패러다임의 전환에 대한 새로운 시각을 제시하였으며, 그 사상의 실천으로서 농산어촌개벽대행진을 감행하며 8개 도 19 시군에서 민중의 소리를 듣는 민회를 열었다. 동학의 성경을 온전히 주석한《동경대전》1·2권과《용담유사—수운이 지은 하느님 노래》, 그리고《도올주역강해》는 《임원경제지》국역작업과 함께, 국학의 역사를 새로 써나가고 있다.

교열, 교감, 표점

최시남(崔時南)

강원도 횡성 출신. 성균관대학교 유학과(儒學科) 학사 및 석사를 마쳤으며 동 대학원 박사과정을 수료했다. 성균관(成均館) 한림원(翰林院)과 도올서원(檮杌書院)에서 한학을 공부했고 호서대학교에서 강의를 했다. IT회사에서 조선시대 왕실 자료와 문집·지리지 등의 고문헌 디지털화 작업을 했다. 현재 임원경제연구소 팀장으로 근무하며 《섬용지》·《유예지》·《상택지》·《예규지》·《이운지》·《정조지》·《향례지》·《전공지》를 공역했고, 《보양지》·《전어지》를 교감·교열했다.

민철기(閔喆基)

서울 출신. 연세대 철학과를 졸업하고 도올서원에서 한학을 공부했다. 연세대 대학원 철학과에서 학위논문으로 《세친(世親)의 훈습개념 연구》를 써서 석사과정을 마쳤다. 임원경제연구소 번역팀장과 공동소장을 역임했고, 현재는 선임연구원으로 재직하며 《섬용지》를 교감 및 표점했고, 《유예지》·《상택지》·《예규지》·《이운지》·《정조지》·《전어지》를 공역했으며, 《보양지》·《향례지》·《전공지》를 교감·교열했다.

김광명(金光明)

전라북도 정읍 출신. 전주대학교 한문교육학과를 졸업하고 한국고전번역원에서 한학을 공부했으며, 성균관대 대학원 고전번역협동과정에서 석박사통합과정을 수료했다. 현재 임원경제연구소 연구원으로 근무하며, 《유예지》·《상택지》·《예규지》·《이운지》·《정조지》·《향례지》를 공역했고, 《보양지》·《전공지》를 교감·교열했다.

강민우(姜玟佑)

서울 출신. 한남대 사학과를 졸업하고 한림대 태동고전연구소에서 한학을 공부다. 성균관대학교 대학원 사학과에서 박사과정을 수료했다. 《섬용지》를 교열했고, 《유예지》·《상택지》·《예규지》·《이운지》·《정조지》를 공역했으며, 《보양지》·《향례지》를 교감·교열했다.

김수연(金秀娟)

서울 출신. 한국전통문화대학교 전통조경학과를 졸업하고 한림대 태동고전연구소에서 한학을 공부했다. 현재 임원경제연구소 연구원으로 근무하며《섬용지》를 교감 및 표점했고, 《유예지》·《상택지》·《예규지》·《이운지》·《정조지》·《전공지》를 공역했으며, 《보양지》·《향례지》·《전어지》를 교감·교열했다.

김현진(金賢珍)

경기도 평택 출신. 공주대 한문교육과를 졸업하고 한림대 태동고전연구소와 한국고전번역원에서 한학을 공부하고 성균관대학교 대학원 한문학과에서 석사과정을 수료했다. 현재 임원경제연구소 연구원으로 근무하며 《섬용지》를 교열했고, 《유예지》·《상택지》·《예규지》·《이운지》·《정조지》·《전어지》를 공역했으며, 《보양지》·《향례지》·《전공지》를 교감·교열했다.

감수

서정남(농촌진흥청 국립원예특작과학원 원예작물부 화훼과)

교감·표점·교열·자료조사

임원경제연구소

🌐 풍석문화재단

(재)풍석문화재단은《임원경제지》등 풍석 서유구 선생의 저술을 번역 출판하는 것을 토대로 전통문화 콘텐츠의 복원 및 창조적 현대화를 통해 한국의 학술 및 문화 발전에 기여함을 목적으로 설립되었다.

재단은 ①《임원경제지》의 완역 지원 및 간행, ②《풍석고협집》,《금화지비집》,《금화경독기》,《번계시고》,《완영일록》,《화영일록》등 선생의 기타 저술의 번역 및 간행, ③풍석학술대회 개최, ④《임원경제지》기반 대중문화 콘텐츠 공모전, ⑤풍석디지털자료관 운영, ⑥《임원경제지》등 고조리서 기반 전통음식문화의 복원 및 현대화 사업 등을 진행 중이다.

재단은 향후 풍석 서유구 선생의 생애와 사상을 널리 알리기 위한 출판·드라마·웹툰·영화 등 다양한 문화 콘텐츠 개발 사업,《임원경제지》기반 전통문화 콘텐츠의 전시 및 체험교육 등을 목적으로 하는 서유구 기념관 건립 등을 추진 중이다.

풍석문화재단 웹사이트 및 주요 연락처

웹사이트

풍석문화재단 홈페이지 : www.pungseok.net

출판브랜드 자연경실 블로그 : https://blog.naver.com/pungseok

풍석디지털자료관 : www.pungseok.com

풍석문화재단 음식연구소 홈페이지 : www.chosunchef.com

주요 연락처

풍석문화재단 사무국

주　소 : 서울 서초구 방배로19길 18, 남강빌딩 301호

연락처 : 전화 02)6959-9921 팩스 070-7500-2050 이메일 pungseok@naver.com

풍석문화재단 전북지부

연락처 : 전화 063)290-1807 팩스 063)290-1808 이메일 pungseokjb@naver.com

풍석문화재단우석대학교음식연구소

주　소 : 전북 전주시 완산구 향교길 104

연락처 : 전화 063-291-2583 이메일 zunpung@naver.com

조선셰프 서유구(음식연구소 부설 쿠킹클래스)

주　소 : 전북 전주시 완산구 향교길 104

연락처 : 전화 063-291-2583 이메일 zunpung@naver.com

서유구의 서재 자이열재(풍석 서유구 홍보관)

주　소 : 전북 전주시 완산구 향교길 104

연락처 : 전화 063-291-2583 이메일 pungseok@naver.com

풍석학술진흥연구조성위원회

(재)풍석문화재단은《임원경제지》의 완역완간 사업 등의 추진을 총괄하고 예산 집행의 투명성을 기하기 위해 풍석학술진흥연구조성위원회를 두고 있습니다. 풍석학술진흥연구조성위원회는 사업 및 예산계획의 수립 및 연도별 관리, 지출 관리, 사업 수익 관리 등을 담당하며 위원은 아래와 같습니다.

위원장 : 신정수(풍석문화재단 이사장)

위　원 : 서정문(한국고전번역원 고전번역연구소장), 진병춘(풍석문화재단 사무총장)

　　　　안대회(성균관대학교 한문학과 교수), 유대기(공생사회적협동조합 이사장)

　　　　정명현(임원경제연구소장)

풍석문화재단 사람들

이사장	신정수 ((前) 주택에너지진단사협회 이사장)
이사진	김윤태 (우석대학교 평생교육원장) 김형호 (한라대학교 이사) 모철민 ((前) 주 프랑스대사) 박현출 ((前) 서울시농수산식품공사 사장) 백노현 (우일계전공업그룹 회장) 서창석 (대구서씨대종회 총무이사) 서창훈 (우석재단 이사장 겸 전북일보 회장) 안대회 (성균관대학교 한문학과 교수) 유대기 (공생사회적협동조합 이사장) 이영진 (AMSI Asia 대표) 진병춘 (상임이사, 풍석문화재단 사무총장) 채정석 (법무법인 웅빈 대표) 홍윤오 ((前) 국회사무처 홍보기획관)
감사	홍기택 (대일합동회계사무소 대표)
음식연구소장	곽미경 (《조선셰프 서유구》 저자)
재단 전북지부장	서창훈 (우석재단 이사장 겸 전북일보 회장)
사무국	박시현, 박소해
고문단	이억순 (상임고문) 고행일 (인제학원 이사) 김영일 (한국A.B.C.협회 고문) 김유혁 (단국대 종신명예교수) 문병호 (사랑의 일기재단 이사장) 신경식 (헌정회 회장) 신중식 ((前) 국정홍보처 처장) 신현덕 ((前) 경인방송 사장) 오택섭 ((前) 언론학회 회장) 이영일 (한중 정치외교포럼 회장) 이석배 (공학박사, 퀀텀연구소 소장) 이수재 ((前) 중앙일보 관리국장) 이준석 (원광대학교 한국어문화학과 교수) 이형균 (한국기자협회 고문) 조창현 ((前) 중앙인사위원회 위원장) 한남규 ((前) 중앙일보 부사장)

《임원경제지·예원지》 완역 출판을 후원해 주신 분들

진병춘 진선미 진성환 진인옥 진중현 차영익 차재숙 차홍복 채성희 천재박 최경수
최경식 최광현 최미옥 최미화 최범채 최상욱 최성희 최승복 최연우 최영자 최용범
최윤경 최정숙 최정원 최정희 최진욱 최필수 최희령 탁준영 태경스님 태의경 하영휘
하재숙 한승문 함은화 허문경 허영일 허 탁 현승용 홍미숙 홍수표 황경미 황재운
황재호 황정주 황창연 그 외 이름을 밝히지 않은 후원자분